FOLIES ROMANESQUES
au siècle des Lumières

Textes réunis par
René DÉMORIS et Henri LAFON

Actes du colloque organisé par
le Centre de Recherches Littérature et Arts visuels
Esthétiques du XVIIIᵉ siècle (CERLAV 18),
(Université de Paris III — Sorbonne Nouvelle)

(11, 12, 13 décembre 1997)

ÉDITIONS DESJONQUÈRES

Nous tenons à remercier les membres de l'équipe du CERLAV 18 qui ont apporté leur collaboration, en particulier Elisabeth Lavezzi, qui s'est chargée de l'organisation du colloque, avec l'assistance de Marie-Laure Bulliard, Audrey Dolezon, Mathieu Brunet et Gilles Delpierre pour l'élaboration du programme, Eric Leborgne, Florence Magnot, Christophe Martin pour l'établissement des actes et de leur bibliographie, qui a profité des propositions de Mathilde Cortey, Pierre Hartmann, Jean-François Perrin, Annie Rivara, Yann Salaün et Jean-Paul Sermain.

Nous remercions également le Conseil scientifique et le Service des Relations internatinales de l'Université de Paris III — Sorbonne Nouvelle qui ont apporté leur soutien au colloque.

Nous exprimons notre gratitude au Conservateur de la bibliothèque Sainte-Geneviève pour avoir mis gracieusement à notre disposition l'illustration de couverture.

Ouvrage publié avec le concours
du Centre de Recherches Littérature et Arts visuels (CERLAV 18)
et de l'École Doctorale de Littérature française et comparée,
de l'Université de Paris III — Sorbonne Nouvelle

FOLIES ROMANESQUES

au siècle des Lumières

SOMMAIRE

PRÉSENTATION

René Démoris et Henri Lafon

> " we are such stuff
> As dreams are made on ..."
> Shakespeare,
> *La tempête*, IV, I

Que le siècle des Lumières, volontiers placé et non sans quelque abus à l'enseigne de la raison, ait une affaire sérieuse avec la folie, depuis Michel Foucault et son œuvre majeure, on ne saurait l'ignorer. Il ne s'agit certes pas d'un objet simple, et c'est à des titres parfois fort divers que tel ou tel texte peut être rattaché légitimement à la notion de folie. Le projet de ce recueil a été de confronter quelques-unes des rencontres avec la folie qu'ont provoquées des recherches de nature diverse, en limitant volontairement le champ de l'enquête à la fiction romanesque. Il est inutile de dire que l'enquête ne prétend à aucune exhaustivité et aussi bien qu'elle n'a pas obéi d'abord à un critère de notoriété (qui eût imposé le *Neveu de Rameau* ou *Faublas* à coup sûr). Elle s'était donnée pour règle du jeu, d'autre part, de ne pas retenir la folie seulement comme objet de représentation, mais d'envisager aussi les textes où elle se manifeste au niveau de l'énonciation — celui du narrateur, ou éventuellement de l'auteur fou. La présente préface n'aura pas la prétention de proposer une synthèse, tout au plus de présenter quelques réflexions d'après-coup.

Folies romanesques : en 1713, c'est le sous-titre que Marivaux ou son éditeur choisissaient de donner à un *Pharsamon* qui restera inédit. Fort clairement, cette appellation renvoie au *Don Quichotte* de Cervantes (et plus encore, bien entendu, celle ultérieure, de *Don Quichotte* moderne). Nous avons choisi de ne pas limiter l'enquête à cette folie spécifique — née de la lecture des romans —, quitte à suggérer quelques allers-retours de cette folie-là aux autres. L'ombre de Don Quichotte n'en est pas moins présente en ce début de siècle. Les dernières années du règne de Louis XIV sont même marquées par un vrai bouquet de reprises : Filleau de

Saint-Martin, le traducteur, produit un cinquième tome de son cru, Challe une *Continuation* en 1713, Lesage déterre et traduit Avellaneda en 1704, Marivaux met, vers 1714, Fénelon à la place des *Amadis* dans son *Télémaque travesti*, tandis que Bordelon déplace le thème du côté de la sorcellerie. Les trois "grands" du roman auront éprouvé le besoin de se retourner vers le grand modèle.

"Romans critiques" : c'est ainsi que l'époque baptise ces épigones de *Don Quichotte*. Il est vrai que depuis quelques années, comme Fontenelle l'avait exprimé dès 1687, on assiste à un retour en vogue du romanesque, fût-ce à travers une nouvelle historique de plus en plus désinvolte avec la réalité historique, non sans rapport avec une nostalgie du temps d'avant l'absolutisme triomphant, d'avant 1661, qui est aussi celui des "grands romans", et d'une influence de l'Espagne, que les affaires de la succession vont remettre au goût du jour. Cette résurgence du romanesque est-elle de nature à justifier la reprise du thème cervantin ? Il ne le semble guère. C'est bien *comme telle* que l'on consomme une fiction destinée à plaire et à émouvoir (telle est bien la position de Marivaux dans les *Effets surprenants de la sympathie*), quitte à manifester d'ailleurs le plus vif intérêt pour le document vrai ou supposé vrai. Cet écartèlement — pas nécessairement malheureux — entre le goût du vrai et la jouissance de la fiction pourrait bien caractériser cette période trop longue pour être qualifiée de "crise", entre 1687 et 1730, pour aller vite, où se développe précisément l'esprit critique. Il n'est pas trop étonnant que les romanciers de ces années-là se soient tournés vers l'étonnant laboratoire de formes que proposait la fiction espagnole (le picaresque aussi fait retour), et en partciulier l'œuvre de Cervantes, et des modèles plus ou moins frappés de suspicion à l'époque classique (au sens étroit du terme).

L'histoire de Don Quichotte est-elle plus croyable que celle des chevaliers qui lui servent de modèle ? C'est en somme la question que pose du Bos en 1719, lorsqu'il entreprend de réhabiliter la fiction, et évoque Cervantes, le *Berger extravagant* de Sorel (et dans la foulée, les habitants d'Abdère frappés par une tragédie d'Euripide). et de conclure : "Il est bien rare de trouver des hommes qui aient le cœur si sensible & la tête si faible ; supposé qu'il en soit véritablement de tels, leur petit nombre ne mérite pas qu'on fasse une exception à la règle générale : que notre âme demeure toujours la maîtresse de ces émotions superficielles que les vers et les tableaux excitent en elle." Lecture réaliste, en quelque sorte, où *Don Quichotte* est envisagé non comme roman, mais comme représentation de ses conditions de lecture. A-t-on jamais réellement *cru* à l'aventure du nobliau espagnol ? L'intéressant dans la lecture de du Bos est dans l'incapacité ou le refus à lire l'œuvre comme *fable*, à lui reconnaître une dimension exemplaire (et bien entendu on ne saurait oublier que cette époque-là, éminemment critique, s'est vouée à une systématique démolition des moralités et sens mystérieux accumulés par toute une tradition sur la littérature ancienne et moderne).

A la fin du siècle, et, après le passage de la "folie" révolutionnaire, avec un certain sentiment de culpabilité, il semble que l'on s'inquiète, non des effets du roman (pour Mme de Charrière, vers 1795, arranger sa vie à la ressemblance d'un roman, s'imaginer qu'elle ressemble à un roman, "cela n'arrive qu'à quelques dupes"), mais de l'absence d'effets, c'est à dire de l'inutilité sociale de ce genre.

Le retour des romanciers à Don Quichotte, n'est-ce pas aussi une manière de fréquenter le rêve d'héroïsme, à l'abri d'une conscience aiguë de la fiction, et d'un point de vue critique qui autorise à se laisser aller — mais intelligemment — aux délices de la naïveté et de l'extravagance ? La manière dont Marivaux traite son Pharsamon ne va pas sans quelque tendresse. Sa folie lui vaut quelques horions, sans doute, mais lui permet de trouver à qui parler (si deux fous s'entendent...), et de terminer par un bon mariage. Faut-il dire que pour les héritiers de Quichotte, les lecteurs et les auteurs ont les yeux de Félonde ? Quant à la dame "romanesque" de la *Voiture embourbée*, elle a assez d'humour pour mettre en scène deux intoxiqués de la lecture, tandis que le "Roman impromptu" permet du moins de passer un temps qui pourrait être celui de l'ennui, mais aussi celui du déchaînement des passions, dans le lieu solitaire et obscur où les protagonistes de l'histoire primaire sont provisoirement immobilisés. Cet "usage des romans" pourrait bien dispenser d'un passage à l'acte...

Cette relative positivité de la folie quichottesque n'est pas une variante mineure sur le thème, mais bien un des éléments d'une évolution d'ensemble qui touche au statut et à la nature de l'imagination. "Folle du logis", "maîtresse d'erreur et de fausseté", l'imagination avait été fort maltraitée par le moralisme classique, mais Pascal lui-même, en maudissant son règne, reconnaissait qu'à défaut de rendre sages les fous, elle pouvait les rendre heureux, et ménageait des passerelles entre imagination et sentiment qui annoncent l'avenir. L'imagination ne voit pas toujours juste, certes : mais qu'importe si elle participe d'une dynamique qui porte le sujet, fût-ce au prix de l'erreur, à la satisfaction de ses désirs ? La "fonction fabulatrice" n'est certes pas inutile à la Marianne de Marivaux, qu'elle soit née ou non fille de qualité.

L'homme au reste est-il capable de vérité ? Dans cette période de vertige qui voit la résurgence d'un néo-quichottisme, l'entreprise critique, à force de s'en prendre aux certitudes acquises en vient de fait à mettre en question le critère même du vraisemblable et à élargir à l'extrême la palette des possibles : rien ne dit que la plus folle, en apparence, des hypothèses, ne sera pas au bout du compte la bonne... Dans la perspective sensualiste où toute connaissance dérive de l'expérience d'un sujet percevant, dépourvu désormais de l'étayage sur une vérité de la nature, à laquelle il aurait en permanence accès, qui pourrait poser la frontière où commence la folie ? La liaison des idées, telle que Condillac en élabore la théorie, fait de l'homme raisonnable un juste milieu entre le fou qui succombe à une association proliférante et le stupide chez qui elle tombe à peu près au degré zéro. Rien d'étonnant à ce que cette théorie chez un Diderot s'accompagne d'un amalgame plus ou moins poussé entre le génie et la folie, qui empruntent des voies interdites au commun des mortels. On connaît ses développements parallèles sur les effets de l'enthousiasme chez l'artiste ou le poète et ceux catastrophiques qu'il a chez le fanatique.

Le XVIIIe siècle n'a pas manqué de redonner vie à des figurations anciennes de la folie, que ce soit celles du bal ou de la nef des fous, du fou porteur de vérité, ou de la fureur amoureuse. La différence tient peut-être à ce qu'autrefois ces diverses expériences renvoyaient de manière plus ou moins directe à une expérience du divin : c'est à la lumière d'une vérité transcendante que le bal des fous prend son relief, c'est un au-delà de la raison humaine que dit la parole de l'extravagant, et la passion tragique mime dans le désespoir l'amour pour un créateur. L'égarement s'adosse à la présence d'un logos, d'un ordre divin, fût-ce pour l'ignorer. Même si le Renoncour de Prévost pose au début de ses mémoires la question d'une origine divine de la grande passion (mais l'on quêterait en vain dans son histoire les signes d'une réponse positive), c'est bien cet étayage surnaturel qui manque à la folie du siècle des Lumières.

Le roman n'a t-il pas joué sa partie dans ce désenchantement du monde où l'invisible à l'œuvre dans la folie cesse d'être de nature religieuse (prophétie, possession) : en insérant la folie dans le fil d'une histoire, d'une durée, d'une causalité ?

Y a-t-il des êtres humains destinés à être fous et d'autres voués à ne pas l'être ? D'un point de vue sensualiste, la question neuve est celle-ci : comment *devient-on fou*? S'il est vrai que le sujet se construit de l'ensemble de ses expériences, nul n'est a priori à l'abri d'une folie qui guette chacun de nous. L'ancienne thématique moralisante de la folie universelle prend ici une tout autre signification. C'est à tout sujet qu'il peut advenir d'éprouver une inadéquation peut-être fondamentale de la raison à un univers placé — peut-être — sous le signe du chaos. Et d'élaborer alors des interprétations qui le feront par les autres désigner comme fou. Alors que cette folie pourrait bien être une manière d'harmonie avec un univers menacé d'illisibilité. En regard d'une entreprise philosophique qui postule la rationalité de l'univers et la possibilité d'y constituer un savoir, il existe cette menace d'affrontement à ce qui serait l'abhumain, pendant terrifiant à la reconnaissance d'une capacité cognitive à l'imagination. C'est bien à un dialogue entre le fou et le sage, dûment identifiés par leurs attributs, que Diderot convie le lecteur dans le *Neveu de Rameau* : qui pourrait dire à la fin de l'œuvre de quel côté situer la folie, à moins de la déterminer dérisoirement par l'inconvenance vestimentaire du héros éponyme ? Rien de plus caractéristique de ce siècle, semble-t-il, que cette manière de désorienter un scénario et des personnages appartenant à une topique reconnue.

Au demeurant si le *Neveu* donne à méditer sur la relativité de la folie, il n'en fournit pas moins — sans visée systématique — un diagnostic sur la genèse du comportement singulier que les autres baptiseront ainsi, mais qui est peut-être la seule réponse possible à une situation où interviennent des facteurs divers, l'héritage d'un nom, la *doxa* contemporaine de la création esthétique, la misère, etc. Autant de facteurs qui éclairent un *devenir-fou*, installent le personnage dans une temporalité évolutive, qu'il prend du reste lui-même en charge dans une ébauche d'autobiographie. Mélancolie, hystérie, fureur, les catégories traditionnelles ne sont pas hors d'usage. Mais s'il est vrai que le roman se trouve de fait assumer la tâche d'une connaissance de l'âme — savoir fort délicat à manier dans la mesure même où il pourrait menacer les valeurs attachées à une vision spiritualiste du sujet humain —, c'est moins par le biais d'une conceptualisation que par une représentation supposée véhiculer un savoir sous les espèces de la fiction.

Qu'une expérience des limites, poussant à bout les intensités affectives, intéresse a priori les œuvres d'imitation, c'est là une conséquence logique de la théorie de du Bos, adoptée par le siècle, que la participation du spectateur est proportionnelle à la force des sentiments éprouvés par les personnages. L'argument destiné à assurer la suprématie de la tragédie cautionne de fait une esthétique du pathétique, dont les exemples sont fort nombreux, en particulier dans le genre romanesque. Rien d'étonnant à ce que le siècle prolonge la tradition de la folie amoureuse d'antan (Orlando furioso) ou sa version tragique (Oreste). Aussi bien cette folie a-t-elle partie liée, via l'imagination, avec ces forces vives du sentiment auxquelles Diderot et d'autres font appel pour conjurer le spectre d'une petitesse ou d'une sécheresse, engendrée par une raison qui ne laisserait plus de place à l'illusion. La folie est-elle du côté de la grandeur ? Que le siècle manifeste une admiration pour ceux qui ont pu aller au bout d'eux-mêmes et, le cas échéant, échapper aux eaux glacées du calcul égoïste, n'empêche pas que l'approche du phénomène ait une dimension critique, rendue possible par le mode personnel de l'énonciation, qu'elle se place dans le cadre des mémoires ou du genre épistolaire, où l'information passe par la voix ou la plume d'un énonciateur intéressé. On pourra rêver sur cet aveu de folie que font, chez Prévost, Cleveland, le commandeur, ou l'Homme de qualité, diagnostic après coup qui en appelle au topos tragique, glorifiant, mais diagnostic lui-même leurré peut-être par cette autre folie plus sournoise qui est de se construire une image de soi. Nouveau tour de l'imaginaire après tout moins nocif qu'une supposée raison qui mène à l'infanticide. Car tel est bien le paradoxe aussi que découvre le siècle. Non pas que la raison humaine est faillible, on le savait de reste, mais que son exercice, hors de tout égarement, peut conduire à l'inhumain. De quoi se demander alors si ce qu'on appelle raison est autre chose que la fiction de langage que l'homme plaque sur un univers que cela ne regarde pas. La folie propre au sujet humain. Le roman est tout à fait apte à la rendre : folie virtuelle de l'expérience normale qui est oscillation interminable entre : je suis le centre du monde et : je suis absent au monde, qui m'ignore.

A nouveau se pose la question : de quel côté est le fou ? celui du Neveu ou celui du Moi qui le fait parler ? celui des amants de la *Nouvelle Héloïse* ou celui de Wolmar leur construisant un bonheur qui ne donne envie que de mourir ?

Mimer la folie du moins pour n'en être pas victime ? De Bordelon à Chassaignon, il se trouve un certain nombre de textes qui tout à la fois exhibent une maîtrise indéniable de la pratique littéraire et s'acharnent à la détacher de ses objectifs habituels de telle manière que l'énonciateur semble y avoir perdu la raison. On se souviendra de la *Voiture embourbée* et de l'incohérence de son "Roman impromptu" : les personnages y avaient du moins l'excuse de ne vouloir que passer le temps. On pourrait entendre dans les tentatives bizarres d'un Bordelon, d'un Thémiseul ou d'un Mouhy, une espèce d'acte de foi absolu en l'écriture littéraire par une expérience qui la coupe de l'illusion référentielle ou la réduit à presque rien, prenant alors le risque de l'illisibilité. La parole de la littérature est-elle si différente de celle du fou, qui ne sait se trouver d'objet ? Ce serait dire que la littérature répond aussi à la demande de jeu et de liberté par rapport au sens reçu des mots de la tribu, qui est celle de l'enfant.

Il revenait peut-être à Jacques (le Fataliste) d'assagir et de canaliser cette "folie" des rapports avec le lecteur : l'"auteur fou", avec ses interruptions, ses commentaires, sa désinvolture à l'égard de la cohérence narrative, est intégré au texte, devient un personnage

Il revenait à Jean-Jacques d'explorer à ses dépens les chemins qui menaient de la littérature à la folie, pour se faire en dernière analyse, dans les *Rêveries*, le témoin de la sienne propre. Les contradictions de son siècle quant au statut de l'imaginaire romanesque — parle-t-il, cet imaginaire, en dernière analyse, du réel ou de l'idéal ? — il les assume jusqu'au bout, dénonçant tout à la fois l'aliénation propre à un imaginaire qui surgit avec la civilisation et célébrant la liberté que lui donnent ses chimères…

Faire de l'écriture une thérapeutique de la folie, puisqu'en cette fin de siècle, c'est aussi à la possibilité d'une guérison que l'on songe ? C'est la solution de Faublas. Faut-il en déduire que les romans ont gagné la partie ?

Puissent les quelques études réunies ici contribuer à mieux connaître cette partie liée de la folie et de la littérature qui met en question l'institutionnalisation, c'est-à-dire la reconnaissance de l'imaginaire à un niveau anthropologique, donc de son rôle politique dans la cité. Le regroupement de ces travaux en six rubriques, qui ne va pas sans quelque artifice, vise seulement à suggérer quelques dominantes, sans pour autant exclure, bien entendu, d'autres trajets de lecture.

René DÉMORIS — Henri LAFON

L'OMBRE DE DON QUICHOTTE

STATUT DU ROMANESQUE :
L'OPPOSITION *ROMAN / HISTOIRE*
DANS LA PRATIQUE SIGNIFIANTE DE 1635 À 1785

Robin Howells

Au comte Almaviva, qui veut coucher avec Suzanne, on demande : "Ainsi l'amour ... ?" Et lui de répondre : "L'amour ... n'est que le roman du cœur ; c'est le plaisir qui en est l'histoire."[1] Beaumarchais reprend à son tour presque cent cinquante ans de jeux discursifs autour de l'opposition "roman / histoire". Dans cette épigramme, comme depuis longtemps, "roman" signifie idéal, imaginaire, erreur sinon folie. "Histoire" par contre implique le réel, le vrai, le vérifiable et ce qui est conforme au bon sens. La comparaison est tout à l'avantage du second terme. Mais dans le *Mariage* le comte n'a pas le beau rôle. Dès le milieu du siècle, effectivement, le romanesque a été revalorisé. C'est l'utilisation de cette opposition, au cours du Classicisme et des "Lumières", que nous allons étudier. Elle peut servir de contexte à la question des folies romanesques.

L'opposition remonte en quelque sorte à Aristote, qui affirme dans sa *Poétique* que l'histoire nous montre ce qui a été et la poésie (la fiction) ce qui pourrait être. La distinction pourtant paraît peu opératoire jusqu'à la fin de la Renaissance. L'Europe médiévale et chrétienne avait une idée très différente des bases de la vérité. La Renaissance voulait embrasser toutes les manières de voir une "réalité" qui n'était toujours pas la nôtre. L'opposition "roman / histoire", favorisant la deuxième catégorie, paraît s'établir en France vers le milieu du dix-septième siècle. Elle fait partie sans doute de cette vaste mutation qu'on a appelé "le désenchantement du monde". Descartes veut repartir de zéro en excluant tout ce qui n'est pas clair et distinct. La "révolution scientifique" va s'occuper de physique et de faits. La critique des érudits décompose le texte vénéré en états historiques. Le culte du burlesque autour de 1650 manifeste l'esprit

---

1. *Le Mariage de Figaro* (1784), V. 7. (Les trois points sont dans le texte).

démystificateur et anticipe sur la Querelle des Anciens et des Modernes. Vers 1660 le grand roman est remplacé par la nouvelle et les mémoires pseudo-historiques.[2] La conception traditionnelle de l'Histoire — genre élevé, grands exemples — sera bientôt débattue.[3] Le classicisme tient pendant vingt-cinq ans l'équilibre entre la culture humaniste et le rationalisme moderne. Mais son "bon sens" résiste à tout ce qui prétend dépasser la norme.

La nouvelle confrontation entre "roman" et "histoire" marque l'avènement de cette culture classique. Nous prendrons deux exemples frappants, l'un synchronique et l'autre diachronique. Dans les *Conférences* de Théophraste Renaudot (1634-1641) l'une des Questions traitées est "Si l'usage des Romans est profitable."[4] Le contraste avec l'Histoire surgit tout de suite. "Il fut dit : Que la vérité n'estoit pas la plus puissante chose du monde, puisque souvent les fables et les Romans ont plus d'attraits, et non moins de sectateurs qu'ont les Histoires" (pp.107-108).

Ce premier intervenant continue :

"Les Romans qui ne sont que les images d'une fantastique beauté, sont neantmoins cheris et idolatrez de tant de personnes, non seulement pour l'eloquence dont l'on void les plus beaux traits en ces livres fabuleux, mais pour la beauté des actions de leurs personnages, qui peuvent servir d'un parfait modelle de vertu ; laquelle ne s'estant jamais trouvée accomplie de tous ses traits en pas un des hommes illustres, dont la vie a tousjours esté

2. Le grand roman avait déjà amorcé ce mouvement : "J'ai voulu que les fondements de mon ouvrage fussent historiques" (Préface de l'*Ibrahim* des Scudéry (1641), citée dans Bernard Magné, *Crise de la littérature française sous Louis XIV : Humanisme et nationalisme*, Lille, Atelier Reproduction des Thèses, 1976, p. 126). Mais le contraste avec la nouvelle était clair : "le roman écrit ces choses comme la bienséance le veut et à la manière du poète ; mais la nouvelle doit un peu davantage tenir de l'histoire" (fin de la première des *Nouvelles françaises* de Segrais (1656), citée dans Magné, *op.cit.*, p. 122) ; "Plusieurs cherchent des Romans vraisemblables qui soient faits pour des images de l'Histoire" (*La Bibliothèque française* de Sorel (1664), citée dans Faith E. Beasley, *Revising Memory : Women's Fiction and Memoirs in Seventeenth-Century France*, Rutgers University Press, 1990, p. 34.)

3. Voir René Démoris, *Le Roman à la première personne*, Paris, A. Colin, 1975, pp. 81-82 ; et Beasley, *op.cit.*, ch. 1.

4. Théophraste Renaudot, *Recueil général des Questions traitées ès conférences du Bureau d'adresse* (1634-1641), 6 t., Lyon, Antoine Valançoi, 1666, Question CVII (2) "Si l'usage des Romans est profitable" (t. IV, pp. 107-115). Cité dans l'excellent article de Roger Duchêne, "Signification du romanesque : l'exemple de Madame de Sévigné", *RHLF 77*, 1977, pp. 589-590.

ternie de quelque tache, l'histoire ne peut nous donner un parfait exemple à imiter si elle n'est assistée par les Romans, sans lesquels les narrations purement historiques qui ne s'attachent qu'à la simplicité d'un fait sont des scelets (squelettes) decharnez et comme ces tableaux tracez grossierement d'un premier crayon [...]. Les romans ramassans en un volume les plus memorables accidens [de l'Histoire], ils s'en peuvent dire l'essence et l'abrégé." (pp. 109-110) En un mot : "le Romaniste est le maistre et l'ouvrier de son sujet : l'historien en est l'esclave" (p.109). Comme le dit Roger Duchêne, qui cite cette dernière formule, "c'est conférer au romancier démiurge un pouvoir de libre création" (p. 589). On peut y voir les vestiges de l'esprit de la Renaissance. A cette mentalité s'oppose pourtant le dernier intervenant, qui affirme :

"Que les Romans estoient ordinairement ou de faits valeureux des Chevaliers, ou de passetemps amoureux. Ces premiers sont pour la plupart ridicules et remplies de chevaliers errans qui forcent des chasteaux enchantez, tuent des monstres, des geans et des hommes comme mouches ; les autres sont infames, contraires aux bonnes mœurs et dangereux aux jeunes hommes et aux filles [...]. Mais tous ces discours fabuleux ont cela de commun, qu'ils marquent la foiblesse du jugement en ceux qui s'y attachent et un déréglement d'esprit en leurs autheurs. Et puisque selon les Medecins, le premier degré de folie est de s'imaginer des opinions phantastiques : le second est de les dire aux autres : le troisiesme (à mon avis) sera de les escrire." (p. 113-114) Le roman est ou absurde ou immoral. (Bien avant le développement du roman des Lumières, le "dilemme" identifié par Georges May est déjà présent.) Le point de vue prétendu médical vient à l'appui des normes du classicisme. Préférer à la réalité les "images d'une phantastique beauté", et les "discours fabuleux" en général, est une folie.

A côté de ce débat rigoureux mais abstrait, mettons les réactions successives d'un lecteur-écrivain. Charles Sorel nous fournit l'exemple d'un développement qui s'étale sur plusieurs décennies. Dans la première livraison de son *Francion* (1623) le héros raconte sa vie estudiantine. Au cours d'un passage remarquable il rappelle comment les romans lui fournissaient le pays de ses rêves.

"De cet argent [de mon père ...] j'en achetois de certains livres que l'on appelle des Romants, qui contenoient des prouësses des anciens Chevaliers. [...]. Cela m'espoinçonnoit le

courage, et me donnoit des désirs nompareils [...]. Bref je
n'avois plus dans l'esprit que rencontres, que Tournois, que
Chateaux, que Vergers, qu'enchantements, que delices, et
qu'amourettes : et lors que je me representois que tout cela
n'estoit que fictions, je disois que l'on avoit tort neantmoins
d'en censurer la lecture, et qu'il falloit faire en sorte que dores-
navant l'on menast un pareil train de vie que celuy qui estoit
descript dedans mes livres : là dessus je commençois souvent a
blasmer les viles conditions à quoy les hommes s'occupent en
ce siècle, lesquelles j'ay aujourd'huy en horreur tout à fait."
(pp. 173-175) Non seulement les romans nourrissent-ils ses fantasmes d'adolescent. Ils dépeignent "un autre monde" (comme
le dira Jean-Jacques) qui fonctionne comme modèle de ce qui
doit être et comme condamnation de tout ce qui est.

Mais le prochain roman de Sorel est — dans la lignée du *Don
Quichotte* — une énorme satire du romanesque. Le héros éponyme de son *Berger extravagant* (1627-8) a été rendu fou par ce
que le titre appelle *"les impertinences des romans et de la
poésie"*. L'ambiguïté profonde de ce que Sorel rebaptisera en
1633 *L'anti-roman* sera résolue plus tard. Dans sa *Connaissance
des bons livres* (1671) — publiée en pleine période classique — il
dénonce le monde idéal des romans[5]: "A quoy sert de representer ce qui n'est point, et ce qui ne peut estre ? Quels bons
exemples trouve-t-on en ce qui ne peut arriver ? Peut-on former
de telles imaginations pour autre chose que pour tromper ceux
qui en conçoivent de vaines espérances ?". "De là vient que
plusieurs jeunes Hommes sont prests de perdre l'esprit par cette
Lecture." (p. 96) (On a bien l'impression que — comme dans
Francion — Sorel parle de lui-même.) Le dernier chapitre de son
Traité II s'appelle "Préférence de l'Histoire aux Fables et aux
Romans". D'après Sorel :

"Quand l'on auroit fait le meilleur Roman du Monde et le
plus dans les Reigles, que seroit-ce enfin, sinon une chose que
ressembleroit à une Histoire en quelque sorte, et qui pourtant ne
seroit point une Histoire ? [...] Doit-on estimer cette imitation
autant que la chose mesme ? N'est-ce pas comme si l'on compa-
roit un Singe à un Homme ?" (p. 172) Le roman singe l'Histoire ; la distinction devient d'autant plus nécessaire. "Il ne
faut donc pas se persuader, que quelque Roman que ce soit

5. *De la Connaissance des bons livres,* Paris, Pralard, 1671, Traité II "Des
Histoires et des Romans". Les citations de *Francion* sont tirées de l'éd. de la
Pléiade, *Romanciers du* XVIIᵉ *siècle.*

puisse jamais valoir une vraye Histoire, ny que l'on doive aprouver que l'Histoire tienne en aucune sorte du Roman" (p.173). Mélanger aux actions "véritables" des "actions feintes" met le tout en question (p.173). Les droits de l'Histoire sont absolus car elle représente la vérité.

Vers 1660 la supériorité de l'Histoire est établie, ainsi que l'irréalité du roman. L'essor des faux mémoires et de la nouvelle reflète cette valorisation. Ces "petits romans" essaient souvent de se faire passer pour de l'histoire.[6] Ce développement ne fait que confirmer la méfiance envers la fiction en prose, attitude qui dominera pendant presque cent ans. Mais notre sujet n'est ni la pratique de la fiction, ni la controverse littéraire, mais l'utilisation métadiscursive des termes de "roman" et d'"histoire". Dans cette opposition le modèle de la fiction reste et restera le grand roman. L'histoire est ce qui est vrai ; le roman signifie ce qui est beau et faux. Le littéralisme de l'époque, le pessimisme des classiques, ainsi que leur goût de la clarté, des juxtapositions spirituelles, et de la satire, s'accommodent très bien de cette valorisation binaire. C'est dans le sens de "beau et faux" que le signifiant "roman" entre dans le code général.[7]

Parmi les premiers à utiliser le terme de cette manière est Pascal, si nous en croyons ceux qui prétendent avoir recueilli ses propos. "Feu M. Pascal appelait la philosophie cartésienne "e roman de la nature"." Elle ressemblait, aurait-il ajouté, "à peu près à [...] Dom Quichot."[8] Ici "roman" a bien le sens figuratif de "compte-rendu imaginaire" ou "récit beau et faux". La référence à l'ouvrage de Cervantes confirme (si besoin en était) qu'il

---

6. Voir — toujours — Georges May, "L'Histoire a-t-elle engendré le roman?", *RHLF* 55, (1955), pp. 155-176. Le roman épistolaire, qui prétend (avec plus ou moins de sérieux) être composé de lettres authentiques, prolonge le même mouvement.

7. Ce décalage entre la pratique des romanciers et le signifiant idéologique "roman" se produit également de l'autre côté, quoique dans un sens contraire. L'Histoire restera un grand genre littéraire, bien qu'"histoire" dans notre opposition signifie ce qui est conforme à la réalité empirique, à la "vérité des faits" (comme le disaient Bayle et Fontenelle). Si "histoire" peut avoir d'une part le sens aussi de "récit" (donc éventuellement fiction !), n'oublions pas que le terme recèle d'autre part le sens d'histoire *naturelle*. Dans le *Dictionnaire* de Furetière (1690) nous lisons : "HISTOIRE s.f. : Description, narration, des choses comme elles sont, ou des actions comme elles se sont passées, ou comme elles se pouvoient passer [...]. Au premier sens il se dit de la description des choses naturelles [...]. Pline, *Histoire naturelle*."

8. Pascal, *Pensées*, éd. L. Lafuma, Paris, Seuil, 1966, n° 1008.

s'agit du roman romanesque.[9] (Il a fallu pourtant pour illustrer la fausseté des romans le témoignage d'un... roman.) Chez Molière, par contre, l'imagination romanesque est associée aux femmes. Magdelon et Cathos croient que le mariage doit être précédé de longues épreuves. "Venir de but en blanc à l'union conjugale", ce serait "prendre justement le roman par la queue". Elles veulent que leur vie se conforme au "plus beau roman du monde"; leur père les appelle des "folles" (*Les Précieuses ridicules*, sc. IV). La prétention féminine à une vie sentimentale devient plutôt légitime dans *L'Ecole des femmes*, où Arnolphe fait tout pour qu'Agnès ne ressemble pas aux "Héroïnes du temps, Mesdames les savantes, / Pousseuses de tendresse et de beaux sentiments", avec leurs "vers" et leurs "romans" (I, III). Le bon sens masculin reprend pourtant le dessus dans *Les Femmes savantes*. "Mesdames les savantes" redeviennent de précieuses ridicules. Bélise, qui interprète les démarches de Clitandre dans le sens de "tous les romans où [elle a] jeté les yeux", est qualifié par le jeune homme de "folle avec ses visions" (I, IV).

La *Lettre sur l'origine des romans* de Huet (1670) attribue la supériorité du roman français (dont il fait la défense aristotélicienne et mondaine) à l'influence des femmes. Huet fait remonter le roman à l'épopée et aux contes orientaux.[10] Mais ce grand érudit sacrifie lui aussi à notre opposition en tournant un dernier compliment au plus grand de tous les rois. Le règne de Louis XIV attend son historien. Mais :

"La vertu qui conduit ses belles actions est si héroïque et la fortune qui les accompagne est si surprenante que la postérité douterait si ce serait une histoire ou un roman."[11]

9. L'auteur des *Lettres Provinciales* déclarait pourtant qu'il n'avait jamais lu de roman (Lettre 15, fin). Il s'agissait pour Pascal de récuser l'adversaire jésuite qui affirmait que le rédacteur des *Provinciales* avait écrit des romans. C'était insinuer à la fois qu'il était un auteur à gages et un auteur de fictions. (Et pire : c'est bientôt après que son collaborateur Pierre Nicole écrira dans *Les Visionnaires* "qu'un faiseur de romans et un poète de théâtre est un empoisonneur public, non des corps mais des âmes des fidèles".) Nous savons pourtant que Pascal appréciait "Scarron, son roman" : voir *Provinciales* éd. M. Le Guern, Folio, Paris, 1987, p. 247 et n. 37. Le *Roman comique* de Scarron est bien dans la lignée démystificatrice, burlesque et moderne de *Don Quichotte*.

10. Autre raison pour laquelle on négligeait la pratique romanesque contemporaine en faveur du grand roman. Dans le contexte de cette définition très large, assez courante jusqu'au milieu du dix-huitième siècle, le développement tout récent de la nouvelle historique devait paraître de peu d'envergure.

11. *Lettre-traité de Pierre-Daniel Huet sur l'origine des romans*, éd. Fabienne Gégou, Paris, Nizet, 1971, pp. 149-50. Dans cette édition la *Lettre* est suivie du dialogue de Jean Chapelain *De la Lecture des vieux romans* (rédigé en 1647),

Pierre Jurieu, ministre réfugié qui ne partage certainement pas ce point de vue, adapte notre opposition à la polémique religieuse. Il se moque des controversistes catholiques qui prétendent que l'autorité de l'Eglise romaine a toujours servi de rempart contre les divisions. "Il faut [donc] que toutes les histoires [de querelles] soient des Romans, et tous les objets que nous voyons des illusions".[12] Pour son co-religionaire Bayle la vérité historique est une valeur fondamentale. Il proteste donc contre l'essor des petits romans qui sont "un mélange de fictions et de veritez ; moitié Roman, moitié Histoire", où "l'on n'a point d'autre voye de discerner ce qui est fiction d'avec les faits véritables."[13] Chez un historien de métier le truquage romanesque est plus grave. Bayle dénonce chez le jésuite espagnol Guevara "l'extravagance avec laquelle il osa manier l'Histoire". "La licence qu'il se donna de falsifier tout ce qui bon lui sembloit, et de débiter comme des faits veritables ce qui n'étoit que des inventions de son cerveau creux, approche de celles des faiseurs de Roman."[14]

Bayle se sert de la référence romanesque pour exprimer son scepticisme envers l'Histoire ancienne ou médiévale. "Il est certain que Plutarque a rapporté des actions de Pyrrhus qui sentent les Heros de Roman, beaucoup plus qu'un Heros réel."[15] Mais derrière cette moquerie se profile un rationalisme tout à fait anachronique. Les vieux récits sont soumis au triage moderne. "Après [le 9e siècle] on s'avisa d'ecrire l'Histoire d'un air Romanesque, et d'ajouter mille fables aux faits des vaillants hommes, comme étoit Roland, neveu de l'empereur Charlemagne."[16] Aux

---

qui affirme que les romans médiévaux nous offrent "une représentation naïve et, s'il faut ainsi dire, une histoire certaine et exacte des mœurs qui régnaient dans les cours d'alors" (p.177). Une telle intelligence culturelle (qu'on retrouvera seulement en 1734 chez Lenglet-Dufresnoy) fait défaut pendant toute la période classique.

12. Pierre Jurieu, *Lettres pastorales aux fidèles qui gémissent en France sous la captivité de Babylone* (1686-95), I, III, éd. R. J. Howells, Hildesheim, Georg Olms, 1988, p. 18a.

13. *Dictionnaire historique et critique* (1697), Cinquième éd., 4 t., Amsterdam : P. Brunel etc., 1740, article "Nidhard", Remarque C (II, p. 833b).

14. *Ibid.*, "Guevara", Rem. B (II, p. 632a).

15. *ibid.*, "Pyrrhus", Rem. N (III, p. 740b).

16. *Pensées diverses sur la Comète* (1681-1683), § 99 ; éd. A. Prat, 2 t. Paris, STFM, 1911, I, p. 267. De même Huet affirme à propos de la période médiévale, "on ne s'amusa donc plus à chercher de bons mémoires et à s'instruire de la vérité pour écrire l'histoire ; on en trouvait la matière dans sa propre tête et dans son invention. Ainsi les historiens dégénèrent en des romanciers" (Huet, *op.cit.*, p. 114).

"faits" historiques on a ajouté des "fables" romanesques. Les
légendes héroïques sont des inventions d'auteurs. On lit déjà
chez Pascal ce propos étonnant :

"Homère fait un roman, qu'il donne pour tel et qui est reçu
pour tel ; car personne ne doutait que Troie et Agamemnon
n'avaient non plus été que la pomme d'or. Il ne pensait pas aussi
à en faire une histoire, mais seulement un divertissement." [17]

Bayle, comme Pascal, fait preuve d'une incompréhension
totale envers les croyances collectives des "payens". Chez
Bayle d'ailleurs la chasse aux erreurs historiques fait partie de la
chasse aux superstitions. Celles-ci sont l'objet d'une double
condamnation, chrétienne autant que rationaliste. Elles témoignent pourtant d'une folie séculaire :

"Les Payens n'ont jamais eu de Systeme de Religion, ou de
Theologie, qui eut quelque ordre, ou quelque raport dans ses
parties. Tout y montre l'aveuglement, la fureur et la contradiction ; et je soûtiens, qui s'il y avoit des Esprits qui ne connussent
l'homme que par sa definition d'Animal raisonnable, et nullement par l'Histoire de ses faits, il seroit impossible de leur persuader que les livres d'Arnobe, de Clement d'Alexandrie, [...]
etc contre le Paganisme, ont été ecrits contre une Religion
actuellement establie dans le monde. Ils diroient que cela ne se
peut pas, que ce sont des fictions et des Romans, des livres faits
à plaisir par des personnes oiseuses, qui s'étoient formé des Gro-
tesques et des monstres dans leur esprit." [18] Le paradoxe, c'est
qu'ici le roman — devenu cauchemardesque — est historique.

"L'Histoire" nous permet de connaître l'homme par "ses
faits". Elle expose la vérité de la nature, qui pour Bayle est
déchue. Les romans héroïques sont donc d'autant plus faux ; les
petits romans scandaleux par contre reflètent la réalité. "Il
semble que la Nature ait été contrainte de se réfugier dans les
romans de Hollande ; car on dit qu'il s'y en débite de très
conformes à l'histoire naturelle." [19] Mais ces écrits ne manquent
pas en France. "Il s'est fait quelques Romans à Paris qui ne font

---

17. *Pensées*, éd. Lafuma, *op. cit.*, n° 436.

18. *Comète*, § 124, pp. 322-3.

19. *Nouvelles lettres de l'auteur de la Critique générale de l'Histoire du cal-
vinisme du père Maimbourg* (1685), *Œuvres diverses* (édition de 1733-1737),
II, p. 304. On pourrait voir derrière cette remarque (attribuée à un "M.Cri-
sante") une allusion à la fois personnelle et allégorique. Réfugié en Hollande
lui-même depuis 1682, ne serait-ce pas Bayle qui témoigne de "l'histoire naturelle" du règne prétendu romanesque du Roi Soleil ?

gueres de tort à la Nature, et qui meritent de passer pour Historiques, s'ils ne le sont pas en effet. "[20] Le ton ici est goguenard mais aussi désapprobateur. C'est que le roman doit nous montrer de bons exemples. Du point de vue moral, donc, les valeurs sont inversées. Bayle est amené à préférer aux récits trop "historiques" les belles fictions romanesques.

"Les Autheurs Mythologiques et les Ecrivains de Romans modernes, ont tenu des routes bien différentes : ceux-là s'approchent trop de l'Histoire ; ceux-ci s'en éloignent trop [...]. Dans la Mythologie [...] les Héros ne sont pas constants ; ils engrossent les Héroïnes, ou font ce qu'il faut pour cela, et puis ils se moquent d'elles. Cela ressent trop l'Histoire, et n'est point un bon exemple ni pour l'un ni pour l'autre sexe. Il vaut mieux, dis-je, en dépit du vraisemblable, forger des Héros et des Héroïnes qui ne fassent aucune faute. "[21] Mais l'Histoire a, elle aussi, une fonction morale. "Un Historien [...] est obligé de representer les gens selon leurs mauvaises qualitez" qu'"un faiseur de roman" supprimerait. C'est ainsi qu'on fait craindre aux grands "le jugement ... de la posterité, frein tres puissant pour les contenir dans leur devoir, et l'un des principaux fruits de l'Histoire. "[22] L'ignoble vérité historique s'oppose, de ce point de vue aussi, au beau mensonge romanesque.

Mais c'est surtout le discours masculin qui tient à la confrontation, normative et souvent satirique, entre roman et histoire. Du côté féminin les choses sont plus négociables. Dans la pratique de l'écriture narrative, les femmes ont été pour beaucoup dans le développement des genres intermédiaires. Mme de Villedieu et Mme de Lafayette ont établi la nouvelle historique. Roman et histoire sont entrelacés également dans les mémoires (pseudo-)historiques, auxquels les femmes ont fait une contribution considérable.[23] Dans le maniement figuratif du terme de "roman" on rencontre chez elles moins la satire, dirigée contre autrui, que l'ironie réflexive.

Chez elles histoire et roman ont toujours des sens opposés, bien sûr. "J'eus enfin besoin de toute mon adresse à inventer des Romans qui satisfissent les Curieux, et pûssent empêcher

---

20. Bayle, *op.cit.*, p. 323.

21. *Dictionnaire*, "Hypsipile", Rem. C (II, p. 773b).

22. *ibid.*, "Sforce, Catherine", Rem. E (IV 203b).

23. Sur le rôle fondamental des femmes dans l'élaboration de la nouvelle historique et des mémoires (qui constitueraient ensemble une "H/histoire particulière"), voir l'excellente étude de Faith E. Beasley, citée plus haut.

qu'on ne sçeût ma veritable histoire", note l'héroïne des (faux) *Mémoires de la vie de Henriette-Sylvie de Molière* (1671-74) de Mme de Villedieu.[24] A son lecteur par contre elle promet "un récit fidèle" (p. 5). Et pourtant elle attire souvent notre attention sur ce que "l'histoire de [s]a vie" (p. 8) a de romanesque. Si un événement commun tourne au drame, c'est que "quand on est née pour avoir les avantures [...] il arrive des choses qui donnent un tour de Roman aux affaires les plus simples et les plus communes" (p. 321). Un événement extraordinaire appelle un commentaire héroï-comique. Son amant va-t-il se noyer ?

"Il ne seroit pas juste, ny dans les regles que le Heros d'une Histoire, qui doit ressembler à une belle Fable, fût mort tout à fait avant que d'avoir achevé ses avantures. Nous le ressusciterons, s'il vous plaît, quand il en sera tems [...] par la misericorde du destin de Roman [...]" (p. 162)

La narratrice des (authentiques) *Mémoires de Madame la duchesse de Mazarin* (1676) observe dans son Epître dédicatoire que certains épisodes qu'elle va raconter "semblent tenir beaucoup du roman". La plus remarquable de ses aventures est accompagnée par la plus charmante des gloses. La duchesse et sa sœur, s'étant enfuies de Rome pendant la nuit, arrivent à Aix sans bagage. Mme de Grignan leur apporte du secours.

"Elle eut la charité de nous envoyer des chemises, disant ; Que nous voyagions en vrayes heroïnes de Roman, avec force pierreries, et point de linge blanc."[25]

Mme de Grignan aurait-elle pris le goût des ironies romanesques dans les lettres de sa mère ? Mme de Sévigné y prend plaisir.[26] Le plus souvent son ironie est tendre. La référence romanesque lui permet de rapprocher la réalité d'un rêve idéal. "J'ai vu le Chevalier, plus beau qu'un héros de roman" (I. 231) ; "la princesse était romanesquement belle" (II. 801) ; "ils s'aiment comme dans les romans" (II. 775) ; "Depuis mes chers romans, je n'ai rien vu de si parfaitement heureux que lui" (II. 64). Elle se réjouit si le rêve se réalise.

24. Ed. Micheline Cuénin, Tours, Université François-Rabelais, 1977, p. 111.

25. *Mémoires de Madame la duchesse de Mazarin* ; dans Saint-Evremond, *Mélanges curieux*, t. 2, Amsterdam, Couens et Mortier, 1739, p. 97. Saint-Réal (qui pratiquait l'histoire et la nouvelle historique) avait contribué à la rédaction du texte.

26. Tous les exemples suivants sont pris dans le riche article de Roger Duchêne, cité plus haut. Les références se rapportent à son édition de la *Correspondance* dans la Pléiade.

"Je reviens de Versailles. J'ai vu ces beaux appartements : j'en suis charmée. Si j'avais lu cela dans quelque roman, je me ferais un château en Espagne d'en voir la vérité. [Mais...] ce n'est point une illusion comme je le pensais." (III. 102)

Elle en regrette le désenvoûtement, qu'elle sait pourtant inévitable :

"L'étoile de M. Lauzun repâlit [...]. On lui a ôté le romanesque et le merveilleux de son aventure ; elle est devenue quasi tout unie. Voilà le monde et le temps." (III. 473)

Mme de Sévigné avait renoncé à la lecture des romans dès sa "conversion", mais la référence au grand roman perdure dans sa correspondance.

Vers la fin du siècle le roman - grand ou petit - est condamné par les dévots, critiqué par les adhérents de l'Histoire, et dédaigné par les "Anciens" dans la Querelle.[27] Et pourtant le récit en prose s'établit auprès du public des honnêtes gens. Parmi les romanciers la présence masculine deviendra plus marquée. Dans certaines catégories ("histoire", faux mémoires, lettres) la prétention à l'authenticité sera maintenue, mais souvent d'un air plus ludique que sérieux. Aux antipodes de ce type de récit est la mode des contes de fées et celui plus durable (et plus masculin) du conte "oriental". Cette légitimation par l'ironie, sinon par l'auto-parodie, caractérisera une grande partie de la production romanesque dans la première moitié du 18e siècle. L'allusion au roman héroïque y apporte sa contribution.

Si Robert Challe est bien l'auteur de la *Continuation de l'histoire de l'admirable Don Quichotte de la Manche* (1713), il aurait contribué à la petite vogue des "folies romanesques", affectionnées surtout par le jeune Marivaux. Dans la préface des *Illustres françaises* (1713) Challe prétend avoir suivi des "règles toutes contraires à celles du roman". Mais dans ce cas il s'agit d'affirmer la vérité des propos, et non de satire intertextuelle.[28] Les

27. Les griefs essentiels sont toujours son caractère mensonger (par rapport à l'Histoire, ou absolument) et sa thématique passionnelle. "Il est dangereux de s'accoutumer par la lecture des romans à aimer la fausseté"; "la passion d'amour règne par tout le roman, c'est à quoi se rapportent toutes les choses qu'on y représente : ce sont de dangereuses leçons pour la jeunesse" (Morvan de Bellegarde en 1696, cité dans Magné, *op. cit.*, pp. 95, 97).

28. De même chez Prévost, dont le narrateur nous aurait donné le portrait de sa sœur, "si ces sortes de descriptions ne conviendraient plus à un roman qu'à une histoire sérieuse" : *Mémoires et aventures d'un homme de qualité* (1728-1731), éd. P. Berthiaume et J. Sgard, *Œuvres de Prévost*, t. I, Presses Universitaires de Grenoble, 1978, p. 18.

autres romanciers principaux acceptent de jouer le jeu. C'est-à-dire qu'ils avouent, du coin de la bouche, que leur récit "véritable" fait partie lui aussi du système littéraire.[29] Ils attirent l'attention du lecteur sur les poncifs du romanesque pour s'en distancer mais non sans ironie réflexive. Gil Blas remarque en passant :

"Si j'imitais les faiseurs de romans, je ferais une pompeuse description du palais épiscopal de Grenade. Je m'étendrais sur la structure du bâtiment. Je vanterais la richesse des meubles. Je parlerais des statues et des tableaux qui y étaient."[30]

Si "genre oblige" dans la version française du roman picaresque, cela est moins évident pour le roman mondain des années 30 (à la première personne, lui aussi). Mais cette moquerie du grand roman héroïque en fait également partie. "Il n'y a rien de si beau que ces sentiments-là, quand ce serait pour un roman", dit M. Bono devant Jacob dans *Le Paysan parvenu*.[31] Le narrateur des *Egarements* de Crébillon se rappelle sa réaction après sa rencontre à l'Opéra avec une jeune personne :

"Je retournai chez moi [...] d'autant plus persuadé que j'étais vivement amoureux que cette passion naissait dans mon cœur par un de ces coups de surprise qui caractérisent dans les romans les grandes aventures."[32]

Mouhy fait état d'une autre servitude romanesque :

"Ces confidences précipitées sont bonnes pour les romans, où l'on est obligé de rapprocher les choses [...] ; mais la vérité [...] doit faire le fond des mémoires."[33] Cette affirmation ne porte pas

---

29. Ils "font semblant de faire semblant" — comme le dira si bien Marivaux. La question de l'ironie réflexive dans le roman des Lumières est traitée dans les études rigoureuses de Marian Hobson, *The Object of Art : The Theory of Illusion in Eighteenth-Century France*, Cambridge : CUP, 1982 ; et de Jan Herman, *Le Mensonge romanesque: paramètres pour un modèle du roman par lettres*, Amsterdam/Leuven, Rodopi/Leuven University Press, 1989.

30. Lesage, *Histoire de Gil Blas de Santillane* (1715-1735), VII, 2 ; éd. Roger Laufer, Garnier Flammarion, Paris, 1977, p. 322. Cette citation, avec plusieurs autres qui seront alléguées, se trouvent dans le livre fondamental de Georges May, *Le Dilemme du roman au XVIIIe siècle*, Yale University Press et PUF, 1963, pp. 44-46. Aujourd'hui pourtant — comme l'indique la note précédente — leur message nous paraît plus ambigu.

31. *Le Paysan parvenu, ou Mémoires de M.****, (1734-1735) éd. Frédéric Deloffre et Françoise Rubellin en Classiques Garnier, Paris, Bordas, 1992, p. 215.

32. *Les Egarements du cœur et de l'esprit, ou Mémoires de M. de Meilcour* (1736-1738), éd. Etiemble, Paris, Gallimard, 1977, p. 79.

33. Chevalier de Mouhy, *La Paysanne parvenue, ou les Mémoires de Mme la marquise de L. V.*, citée dans May, loc.cit.

en elle-même les marques de l'ironie. Mais le titre même du récit, *La Paysanne parvenue*, l'installe dans le circuit littéraire. L'opposition "roman / mémoires" recoupe évidemment notre couple "roman / histoire". Celui-ci sera mis en vedette dans la plus célèbre de ces formulations. Si vous ne croyez pas à un Valville infidèle, dit Marianne, "c'est qu'au lieu d'une histoire véritable, vous avez cru lire un roman."[34]

De l'ironie on passe à l'insolence. Montesquieu (sous l'influence de Crébillon ?) écrit un récit "oriental" parfaitement absurde, qu'il intitule *Histoire véritable*. Dans son avant-propos il observe pourtant que "le public peut acheter mon livre comme roman, s'il ne juge pas à propos de l'acheter comme histoire". Le paratexte d'un récit anonyme de 1739 se moque tranquillement de tout. "Je donne une histoire au public qui ressemble assez à la mienne, sans l'être entièrement. [...] Je mentirai un peu [...], parce que naturellement j'aime à mentir."[35]

A contrario, notre opposition est opératoire dans le discours "philosophique" des Lumières, qui prétend s'ancrer dans le réel. La formulation de Voltaire, à propos de Locke, est bien connue. "Tant de raisonneurs ayant fait le roman de l'âme, un sage est venu qui en fait modestement l'histoire."[36] Locke, poursuit-il, a étudié le développement de notre entendement "comme un excellent anatomiste explique les ressorts du corps humain. Il s'aide partout du flambeau de la physique". L'Histoire serait donc une science, le modèle même d'un empirisme dont les affirmations "modestes" ne dépassent pas les faits observés. Raynal employera la même pointe. Il s'agit d'une appréciation de la *Théorie des sentiments agréables* de Levesque de Pouilly. "C'est presque l'histoire du cœur humain. La plupart des autres écrivains ne nous en ont donné que le roman."[37]

Remarquons pourtant qu'il est question dans ces deux cas de phénomènes *physiologiques*. Locke s'occupe des impressions des sens, Levesque de Pouilly des sentiments, les deux de sensations. Le modèle est donc moins l'Histoire que l'histoire natu-

---

34. *La Vie de Marianne*, début de la 8ᵉ Partie (1741).

35. Ces deux derniers exemples se trouvent dans Hobson, *op. cit.*, pp. 103-104.

36. *Lettres philosophiques* (1734), XIII, éd. G. Lanson, revue par A.-M. Rousseau, Didier, 1964, I, p. 168. Le Père Buffier avait déjà affirmé que "[la] philosophie [de Locke] semble être par rapport à celle de Descartes et de Malebranche ce qu'est l'histoire par rapport aux romans" (cité par Lanson, p. 182). L'analogie devient chez Voltaire une épigramme satirique.

37. *Correspondance littéraire* de 1747 ; éd. M. Tourneux, 16 t. Garnier frères, 1877-1882, I, p. 76.

relle. Le paradigme de la vérité se modifie. En filigrane dans les formulations que nous venons de citer, cette modification devient explicite dans un poème satirique de Jean-Baptiste Rousseau, qui vise les ouvrages de Marivaux,

> [...] dans lesquels un auteur charlatan
> Du cœur humain nous écrit le roman.
> Hé ! ventrebleu, pédagogue infidèle,
> Décris-nous-en l'histoire naturelle.[38]

Voltaire se ravisera dans *Les Oreilles du comte de Chesterfield*. Son prête-parole est "le grand anatomiste Sidrac", qui exerce la profession de chirurgien. Ce médecin renvoie dos à dos l'Histoire et le roman. "Tant d'historiens prétendus" ressemblent à des "romanciers". Sa conclusion : "Je ne lis plus, Dieu merci, que l'histoire naturelle."[39] On passe sans trop de difficulté du matérialisme cynique de l'esprit gaulois au matérialisme "scientifique" de la pensée bourgeoise des Lumières. Chez les philosophes les plus avancés ce matérialisme est vitaliste. Il en est question dans les dialogues du *Neveu de Rameau*. "Moi" prêche la vertu. Le Neveu répond en se moquant des "petits Catons comme vous" :

"Vous croyez que le même bonheur est fait pour tous. Quelle étrange vision ! Le vôtre suppose un certain tour d'esprit romanesque que nous n'avons pas, une âme singulière, un goût particulier."[40]

Le moralisme est "romanesque" parce que idéaliste. Mais le Neveu exposera plus loin un autre point de vue. Quand on demande à ce mélomane comment il peut avoir "une si grande sensibilité pour les beautés de l'art musical" tout en étant "insensible" aux "belles choses en morale", il répond :

"C'est apparemment qu'il y a pour les unes un sens que je n'ai pas, une fibre qui ne m'a point été donnée, une fibre lâche qu'on a beau pincer et qui ne vibre pas ; ou peut-être c'est que j'ai toujours vécu avec de bons musiciens et de méchantes gens, d'où il est arrivé que mon oreille est devenue très fine et que

38. Cet extrait (qui date de la fin des années 30) est cité dans les notes du *Théâtre complet* de Marivaux, éd. F. Deloffre et F. Rubellin, Paris, Bordas, 1989-1992, t. II, p. 963.

39. *Les Oreilles du comte de Chesterfield* (1775), fin du ch. 7.

40. *Le Neveu de Rameau*, Diderot, *Œuvres romanesques*, éd. H. Bénac, Paris, Class. Garnier, 1962, p. 428.

mon cœur est devenu sourd. " (p. 473) Le moralisme, autant que la musicalité, est déterminé par la "fibre" ou influencé par le milieu social qu'on habite. Tout dépend de l'organisation de la sensibilité. Le "romanesque" se réduit encore une fois, dans le discours des philosophes, à l'histoire naturelle.

Et pourtant c'est à cette époque qu'on se détourne de l'Histoire et vers le roman. La vérité n'est plus historique, mais philosophique dans le sens (plus large et plus traditionnel) d'ontologique. La valorisation de nos deux termes est inversée. Mais le roman en tant que valeur positive sera investi de deux fonctions différentes, qu'on pourrait dénommer "intramondaine" et "extramondaine". Pour finir nous les examinerons à tour de rôle.

Le jeune Baculard d'Arnaud s'enthousiasme pour les romans de certains de ses contemporains (Prévost, Crébillon, Duclos, Marivaux). Il renchérit ensuite pour affirmer que :

"Le roman donc représente l'homme tel qu'il est, ses vertus, ses vices ; c'est un tableau naturel de la société à la portée de tous les esprits. Chaque lecteur peut goûter le plaisir de s'y reconnaître, de s'y retrouver, et par conséquent de s'amuser et de s'instruire à la fois, beaucoup mieux qu'en parcourant tous les volumes d'histoire. [...]

Le roman enfin est le livre de l'humanité. Il insinue dans notre âme cette sensibilité, cette tendresse, le principe des véritables vertus. "[41] Dans ce passage remarquable se trouvent plusieurs propositions essentielles pour notre propos. Le roman dépeint des hommes réels en leur milieu social ; il est à la portée de tous ; il nous donne du plaisir et de l'instruction en parlant à notre âme où il éveille nos sentiments humains.

Il s'agit maintenant de la représentation de la vie contemporaine, et non du grand romanesque. Cette distinction est établie en 1736 par Crébillon qui anticipe en partie sur Baculard.

"Le roman, si méprisé des personnes sensées, et souvent avec justice, serait peut-être celui de tous les genres qu'on peut rendre le plus utile, s'il était bien manié, si, au lieu de le remplir de situations ténébreuses et forcées, des héros dont les caractères et les aventures sont toujours hors du vraisemblable, on le rendait, comme la comédie, le tableau de la vie humaine,

---

41. Baculard d'Arnaud, "Discours sur le roman" dans *Theresa, histoire italienne* (1745) ; cité par Georges May qui souligne son importance, (*op.cit.*, pp. 148-150).

et qu'on y censurât les vices et les ridicules. [...] L'homme enfin verrait l'homme tel qu'il est ; on l'éblouirait moins, mais on l'instruirait davantage.[42] Sont présentes déjà ici deux des expressions-clés de Baculard. Mais chez lui " le *tableau*" doit être "*naturel*", et "*de la société*" — le mode autant que l'objet de la représentation sont plus précis. Et pour Baculard la vérité de "*l'homme tel qu'il est*" n'est plus conçue comme intertextuelle (le non-romanesque) mais comme référentielle. (C'est bien, il faut l'avouer, un programme "réaliste". Mais ce n'est qu'un programme.) En troisième lieu, est présente dans les deux passages l'idée classique d'instruction. Mais chez Baculard elle est quasiment transformée : il ne parle plus de "censurer" les vices, mais d'"insinuer" les vertus en permettant à chaque lecteur (sensible, donc bon en potentiel au moins) de se retrouver dans la fiction. Le moraliste se mue en moralisateur à sensations fortes.

Le contraste avec l'Histoire, esquissé seulement dans Baculard, est mis en vedette dans les deux ouvrages contradictoires de Lenglet-Dufresnoy. Dans *L'Histoire justifiée contre les romans* (1735) il répond aux arguments qu'il avait lui-même avancés dans *De l'Usage des romans* (1734).[43] En 1739 un autre écrivain prétend résumer ceux-ci :

"Qu'est-ce que l'on trouve dans l'Histoire, mille faits, mille incertitudes. Le Roman me satisfait sur tout ; sur le lieu, le tems et les caractères, les pensées mêmes de ses Personnages. Je ne vois les Hommes dans l'Histoire que tels que la Politique permet de les faire paroître ; dans le Roman, je les vois tels qu'ils sont."[44] Tableau vrai et complet de l'homme en société, où le lecteur se retrouve — le roman est à tous ces égards le contraire de l'Histoire. Nous arrivons au morceau célèbre de l'*Eloge* de Diderot :

"O Richardson ! j'oserai dire que l'histoire la plus vraie est pleine de mensonges, et que ton roman est plein de vérités. L'histoire peint quelques individus ; tu peins l'espèce humaine ;

42. Préface des *Egarements du cœur et de l'esprit*, 1736 ; citée dans May, *ibid.*, p. 111.

43. Sur l'ouvrage assez remarquable de 1734, voir René Démoris, "Du bon usage de la fiction romanesque selon l'abbé Lenglet-Dufresnoy ", *La Réception du roman français du XVIIe siècle en France de 1660 à 1789*, Tübingen/Paris, Gunter Narr/SEDES, 1987, pp. 159-169.

44. Gachet d'Artigny, *Relation de ce qui s'est passé dans une assemblée tenue au bas du Parnasse* (1739) ; citée dans Hobson, *op.cit.*, pp. 110, 324.

l'histoire attribue à quelques individus ce qu'ils n'ont ni dit, ni fait ; tout ce que tu attribues à l'homme, il l'a dit et fait [...]. J'oserai dire que souvent l'histoire est un mauvais roman ; et que le roman, comme tu l'as fait, est une bonne histoire. O peintre de la nature, c'est toi qui ne mens jamais."[45] Le ton enthousiasmé, l'apostrophe, les jugements absolus, la recherche des sentiments, l'esthétisme, sont déjà romantiques. Mais — de Crébillon jusqu'à Diderot — on demande au roman de nous faire voir notre monde.[46] La vérité du romanesque est ici intramondaine.

D'autres assignent au roman une vérité extramondaine. Pour eux le roman est *et doit être* tout ce qui n'est pas, le portrait d'un monde qui soit différent et supérieur au nôtre. Le plaidoyer du premier interlocuteur de Renaudot, comme les fantasmes du jeune Francion de Sorel, allaient dans ce sens. Il se retrouve, un peu édulcoré par le moralisme, dès la fin de la haute période classique. C'est dans La Bruyère que nous lisons cette affirmation curieuse :

"Il semble que le roman et la comédie [sc. le théâtre] pourraient être aussi utiles qu'ils sont nuisibles. L'on y voit de si grands exemples de constance, de vertu, de tendresse et de désintéressement, de si beaux et de si parfaits caractères, que quand une jeune personne jette de là sa vue sur tout ce qui l'entoure, ne trouvant que des sujets indignes et fort au-dessous de ce qu'elle vient d'admirer, je m'étonne qu'elle soit capable pour eux de la moindre faiblesse."[47] Si l'on croyait au beau monde romanesque, on serait dégoûté du réel. La satire est bivalente, pour le moins. Mme de Lambert tourne délicatement autour de la même proposition. En remerciant Huet de lui avoir envoyé son traité *De l'origine des romans,* elle lui dit (ou se dit) :

"Puisqu'on nous bannit [=les femmes] du pays de la raison et du savoir, et qu'on ne nous laisse que l'empire de l'imagination, au moins faudroit-il rêver noblement, et que l'esprit et les sentiments eussent quelque part à nos illusions. Vous permettez les romans [...]; nous avons une grande disposition à préférer l'illu-

---

45. Diderot, *Eloge de Richardson* (1761) : *Œuvres,* éd. A. Billy, bibliothèque de la Pléiade, Gallimard, 1951, pp. 1067-8.

46. Comme ses prédécesseurs, Diderot dans L'*Eloge de Richardson* oppose le roman à l'Histoire — narration officielle d'événements publics. Dans *Jacques le fataliste* et ailleurs il défend "la vérité de l'histoire" — (récit fidèle) des faits privés — contre la tentation de la fabulation romanesque.

47. *Les Caractères,* "Des Ouvrages de l'esprit", §53.

sion agréable au vrai ennuyeux."[48] C'est un constat, presqu'un regret, mais en même temps un vœu. Le roman (puisque roman il y a) doit nous fournir de quoi "rêver noblement".

Le père Bougeant écrira contre cette illusion agréable. Son *Voyage du Prince Fan-Férédin dans la Romancie* (1735) est une satire des romans. Et pourtant il se trahit. Non seulement parce que — comme tout auteur d'anti-roman — il se révèle un fin connaisseur de ce dont il prétend se moquer. Non seulement parce que — comme tout auteur d'anti-roman — il est obligé de recréer toutes les situations romanesques dont il prétend montrer l'invraisemblance, et d'y faire passer son "extravagant" qui y voit raisonnablement ses imaginations confirmées. Chez Bougeant c'est celui-ci qui raconte ses aventures, à la première personne, ce qui risque fort d'autoriser son point de vue. Et sa quête supposément folle paraît à ses débuts plus que légitime. Le Prince nous explique pourquoi il est parti en voyage.

"[Ma mère] se crut obligé en conscience de me faire lire le plus que je pourrais de romans, pour m'inspirer de bonne heure l'amour de la vertu et de l'honneur [...] . Je ressentis bientôt les fruits d'une si louable éducation. Agité de mille mouvements inconnus, le cœur plein de beaux sentiments, et l'esprit rempli de grandes idées, je commençai à me dégoûter de tout ce qui m'environnait. Quelle différence, disais-je, de ce que je vois et de tout ce que j'entends, avec ce que je lis dans les romans ! "[49] Enfin le Prince tombe sur "le pays des Romans" (p. 42). C'est pour lui comme une révélation :

"Je fus frappé d'un étonnement que je ne puis mieux comparer qu'à l'admiration où serait un aveugle-né qui ouvrirait les yeux pour la première fois ; cette comparaison est d'autant plus juste, que tous les objets me parurent nouveaux, et tels que je n'avais rien vu de semblable. " (p. 43)

Jean-Jacques Rousseau ne dira pas mieux. Selon lui, les personnages de *La Nouvelle Héloïse* "se détachent du reste de l'Univers, et créant entr'eux un petit monde différent du nôtre,

48. Lettre de 1710 ; citée par Georges Molinié, "Le problème moral dans la réception du roman baroque après 1660", *La Réception du roman français*, p. 24.

49. *Voyage merveilleux du Prince Fan-Férédin dans la Romancie* (1735), éd. Jean Sgard et Geraldine Sheridan, Publications de l'Université de Saint-Etienne, 1992, p. 37. Dans une note à ce passage Bougeant renvoie à l'ouvrage pseudonyme de Lenglet-Dufresnoy, *De l'Usage des romans*. Mais il commet la double erreur de pasticher — au lieu de parodier — les affirmations de Lenglet, et de les mettre dans la bouche d'un héros sympathique.

ils y forment un spectacle véritablement nouveau "(pp. 16-17).[50]
Cette différence est aussi une supériorité. Quand on lui reproche
que "[s]es personnages sont des gens de l'autre monde ", Rousseau
répond "J'en suis fâché pour celui-ci " (p. 12). Mais ce monde
n'est pas, nous assure Jean-Jacques, celui de la Romancie. "Il ne
s'agit pas de faire des Daphnis, des Sylvandres, des Pasteurs
d'Arcadie, des Bergers du Lignon [...] ni d'autres pareils êtres
romanesques qui ne peuvent exister que dans les livres " (p. 21).
Ce monde différent est accessible, aux "Habitans des champs " au
moins. "L'image des plaisirs d'un état tout semblable au leur, le
leur rendra plus supportable ". "Voyant le bonheur à leur portée,
ils apprendront à le goûter " (p. 23).

Rousseau préconise ce programme intramondain parce qu'il
ne connaît que trop bien la séduction du monde idéal :

"L'on se plaint que les Romans troublent les têtes : je le crois
bien. En montrant sans cesse à ceux qui les lisent les prétendus
charmes d'un état qui n'est pas le leur, ils les séduisent [...] et
voilà comment on devient fou. Si les Romans n'offroient à leurs
Lecteurs que des tableaux d'objets qui les environnent, que des
devoirs qu'ils peuvent remplir, que des plaisirs de leur condition, les Romans ne les rendroient pas fous, ils les rendroient
sages. " (pp. 21-22) Il sait bien que "l'esprit romanesque [...]
aggrandit et [...] trompe ". Mais son contraire, la "philosophie ", ne sert qu'"à rétrécir les cœurs, à rendre les hommes
petits " (p. 13). Il avoue même que cet "autre Univers ", créé
par l'amour, "n'est qu'illusion " (p. 15). Les mondains se
divertiront sans doute des personnages de son roman avec leurs
"folles idées ". Mais "leurs erreurs valent mieux que le savoir
des Sages " (p. 16). Enfin "la folie du monde est sagesse "
(p. 22). L'opposition se rétablit.[51]

De par son titre, La Nouvelle Héloïse se met sous la protection
d'un autre "roman " — celui d'Héloïse et d'Abelard. Dans le Ve
Livre de l'Emile les amours d'Emile et Sophie se placent sous
l'égide du romanesque Télémaque de Fénelon.[52] Chacun de ces
deux récits antérieurs est composé également de "folie" (désir

50. Seconde Préface de Julie, ou La Nouvelle Héloïse (1761), éd. Bernard
Guyon, Œuvres complètes dans la Pléiade, t. II, Paris, Gallimard, 1964.

51. Sur la folie romanesque dans le roman de Rousseau, voir mon article "La
Folie de Chaillot : notes sur un personnage de La Nouvelle Héloïse", Australian Journal of French Studies 21, 1984, pp. 115-123.

52. Voir mon étude parallèle, "Deux histoires, un discours : La Nouvelle
Héloïse et le récit des amours d'Emile et Sophie dans l'Emile", Studies on Voltaire and the Eighteenth Century 249 (1987), pp. 267-294.

de l'absolu) et de "sagesse" (acceptation de l'ordre intramondain). Dans le Ve Livre on pouvait supposer que Sophie — de par son nom — représente la sagesse. Et pourtant Rousseau est tenté encore une fois par l'absolu. Il invente une deuxième Sophie qui refuse le monde. Elle a renvoyé tous ses prétendants, et se laisse mourir — car "Sophie aimoit Télémaque."[53] Cette seconde Sophie se justifie auprès de son père : "Est-ce ma faute si j'aime ce qui n'est pas ?" (p. 762). A la fin pourtant Rousseau se discipline. Ayant égaré l'imagination de Sophie, "je me suis égaré moi-même" (p. 763). Emile et Sophie doivent se marier. Il recommence le récit de "leurs innocentes amours". Mais il récidive de plus belle, en affirmant que ce que nous allons lire est le roman de l'humanité. Ce roman comporte la condamnation de tout ce qui est — de toute l'histoire.

"C'est un assés beau roman que celui de la nature humaine. S'il ne se trouve que dans cet écrit, est-ce ma faute ? Ce devroit être l'histoire de mon espéce : vous qui la dépravez, c'est vous qui faites un roman de mon livre." (p. 777)

Les plus dépravés sont les mondains. Ils ne croiront pas au spectacle que nous montre Rousseau, et cela prouve leur corruption. Dans la Première Préface de *La Nouvelle Héloïse* nous retrouvons la même réaction. "La correspondance entière est-elle une fiction ? Gens du monde, que vous importe ? C'est sûrement une fiction pour vous." (p. 5) A la question de la vérité historique Rousseau substitue celle d'une vérité romanesque. Mais il n'ose pas affirmer absolument cette vérité. Il remet la question au cœur du lecteur, quitte à retourner tout jugement négatif contre l'émetteur. C'est que, tout simplement, "ces choses se sentent" (p. 28) ; "c'est ainsi que le cœur sait parler au cœur" (p. 15).

La supériorité du roman sur l'histoire est affirmée aussi par Diderot et ses prédécesseurs. Mais pour eux il s'agit plus exactement d'un parler officiel — l'Histoire. Rousseau condamne moins un discours que la réalité même (ou bien la temporalité). Le roman doit nous montrer le tableau de l'humanité. Sa vérité est philosophique. Elle doit parler au cœur du lecteur, qui en juge. Là encore Rousseau et Diderot, vérité extramondaine et vérité intramondaine, se rencontrent. Mais pour Rousseau le lecteur est jugé par sa réaction au roman.

---

53. *Emile, ou de l'Education* (1762), éd. Pierre Burgelin, *Œuvres complètes*, t. IV, p. 762.

Nous avons vu comment l'opposition entre roman et histoire est établie, à l'avantage de celle-ci et du bon sens, au moment où l'on fonde le classicisme. Le roman est faux (à l'histoire), invraisemblable, et dangereux (moralement) pour le lecteur. Pendant la haute période classique, dans le discours masculin la fonction de la référence romanesque est surtout hostile ou satirique. L'ironie réflexive qu'on trouve souvent chez les femmes est adoptée par les hommes, avec la pratique même de l'écriture romanesque, au début du dix-huitième siècle. Pendant les premières Lumières, l'histoire est la synecdoque de l'empirisme. Son remplacement vers le milieu du siècle par l'histoire naturelle marque l'avènement d'une nouvelle pensée "organique". C'est maintenant le roman qui prend le dessus. L'histoire est incomplète, incertaine et souvent immorale. Le roman est en mesure de nous satisfaire, car il offre sur l'homme une vérité philosophique et sensible qui s'adresse à notre cœur.

Robin HOWELLS
Birkbeck College, London

DE LA FOLIE QUICHOTTESQUE
À LA FOLIE DE L'INTÉRIORITÉ

Guiomar Hautcœur

L'idéalisme des romans du XVIᵉ et de la première moitié du XVIIᵉ siècle suscite comme on sait une forte réaction anti-romanesque qui se manifeste par la parution de nombreux textes de nature parodique. En 1605, le *Don Quichotte* de Cervantes ouvre la voie de l'anti-roman, genre qui connaît un immense succès en France tout au long du XVIIᵉ siècle.[1]

Le roman de Cervantes n'est pourtant pas exclusivement centré sur la figure du fou romanesque : don Quichotte rencontre au cours de ses pérégrinations des personnages tels le berger Grisóstomo ou le pícaro Ginés de Pasamonte qui renvoient à d'autres genres que le roman de chevalerie. On trouve par ailleurs dans la première partie du roman une nouvelle enchâssée, l'*Histoire du curieux impertinent*,[2] dont le protagoniste, un mari jaloux trompé par sa femme, est atteint d'une forme de folie différente de celle du Quichotte : ainsi, la réflexion cervantine sur la folie concerne non seulement le chevalier à la Triste Figure mais aussi le personnage d'Anselme.

Les nouvelles de Cervantes, celle du *Curieux impertinent* et celles qui composent le recueil des *Nouvelles Exemplaires* sont très rapidement traduites en français.[3] Des auteurs tels que

---

1. Voir Maurice Bardon, *Don Quichotte en France au XVIIᵉ et au XVIIIᵉ siècles* (1605-1815), Genève, Slatkine reprints, 1974 [1931]. On voit par exemple surgir, à la suite de la folie chevaleresque de don Quichotte, la folie pastorale du berger Lysis de Charles Sorel (*L'anti-roman ou l'histoire du berger Lysis, accompagné de ses remarques*, à Paris, chez Toussainct du Bray, 1633) ou celle héroïque de *La Fausse Clélie* de Subligny (*La Fausse Clélie, Histoire Françoise, Galante et comique*, à Amsterdam, chez Jacques Wagenaar, 1671).

2. Michel de Cervantes, *L'ingénieux Hidalgo Don Quichotte de la Manche*, Paris, Gallimard, Bibliothèque de la Pléiade, 1949 [première édition : 1605], chapitres XXXIII à XXXV.

3. Voir George Hainsworth, *Les Novelas Ejemplares de Cervantes en France*, Paris, Champion, 1933. *L'Histoire du Curieux impertinent* est traduite

Charles Sorel, Paul Scarron ou Jean Regnault de Segrais se réclament explicitement du modèle cervantin. Après 1660, la nouvelle française, que l'on désigne sous la dénomination de "nouvelle historique et galante", s'éloigne sensiblement du modèle espagnol.[4] Il est toutefois possible de déceler dans certains textes français de la deuxième moitié du XVIIe et du début du XVIIIe siècle des traces de la référence cervantine. Nous avons choisi d'analyser ici deux nouvelles françaises fondées sur le topos de la jalousie tel qu'il est élaboré par Cervantes dans la nouvelle du *Curieux Impertinent*.

Le roman de Madame de Lafayette intitulé *Zaïde*[5] (1670) contient l'*Histoire d'Alphonse et de Bélasire*, récit enchâssé dans le récit principal, qui reprend le motif de la "folle jalousie". Jean Regnault de Segrais, qui participe à la composition du roman et sous le nom duquel *Zaïde* est publiée, était non seulement un grand lecteur mais aussi un imitateur de Cervantes.[6]

Les liens entre les *Illustres Françaises* de Robert Challe et la nouvelle espagnole sont encore plus nettement perceptibles. Challe est l'auteur d'une *Continuation de l'Histoire de l'admirable Don Quichotte de la Manche*[7] parue en 1713. Au chapitre XXXVI de cet ouvrage une demoiselle française rencontrée par don Quichotte lui raconte la *Suite de l'Histoire de Silvie et de*

en français et publiée de manière autonome avant la traduction de *Don Quichotte* par César Oudin et François de Rosset en 1614 et 1618 pour la première et la seconde partie respectivement. Voir Nicolas Baudoin, *Le curieux impertinent* traduict de l'espagnol en François, à Paris, chez Jean Richer, 1608.

4. En ce qui concerne la nouvelle française de la deuxième moitié du siècle voir René Godenne, *Histoire de la nouvelle française aux XVIIe et XVIIIe siècles*, Droz, Genève, 1970 et Henri Coulet, *Le roman jusqu'à la Révolution*, tome I, Paris, Colin, 1967. La plus grande partie des textes écrits entre 1660 et 1700 appartiennent selon Coulet à la même catégorie que la *Princesse de Clèves*. Le modèle historique (Histoires ou Mémoires historiques) domine cette production. Voir sur ce point René Démoris, *Le roman à la première personne*, Paris, Colin, 1975, chapitre 2.

5. Madame de Lafayette, *Zaïde, Histoire Espagnole* dans *Romans et Nouvelles*, Paris, Garnier, 1990 [première édition parue en 1670 sous le nom de Jean Regnault de Segrais].

6. Dans ses *Nouvelles Françaises ou les divertissements de la Princesse Aurélie*, Paris, S.T.F.M., 1990 (première édition : 1657) Segrais déclare ceci : "Gélonide, qui a l'esprit fort naturel et le goût excellent pour toutes ces choses, répliqua que les Espagnols n'ont pas laissé d'en user autrement avec succès ; que les nouvelles qu'ils ont faites, n'en étaient pas plus désagréables pour avoir des héros qui ont nom Richard ou Laurens." (p. 20)

7. Robert Challe, *Continuation de l'histoire de l'admirable don Quichotte de la Manche*, Paris, Droz, 1994 [première édition : 1713].

Sainville, histoire qui a certainement servi de canevas à l'élaboration de l'*Histoire de Silvie et de Des Frans* dans les *Illustres françaises*.[8]

Aussi le but de ces pages est-il de montrer que la critique des " vieux romans " n'apparaît pas exclusivement sous la figure des fous quichottesques. Le motif de la folie, représenté dans les nouvelles de Cervantes, Madame de Lafayette et Robert Challe sous le mode d'une intériorité tourmentée par le soupçon amoureux, constitue à nos yeux une autre modalité du refus de l'idéalisme romanesque.

I. FOLIE ROMANESQUE ET ANTI-ROMAN

Les romans[9] tournés en dérision par les anti-romans du XVIIe siècle sont fondés sur un système de représentation que l'on peut qualifier d'idéaliste : il s'agit en effet de montrer la perfection idéale d'un héros dont la gloire militaire et la constance amoureuse sont des reflets de la perfection divine. Pour ce faire, le héros doit s'opposer à l'instabilité du monde terrestre. La représentation de ce dernier, guidée par la seule idée que le héros doit y résister, trouve sa cohérence dans la multiplication à l'infini des obstacles romanesques.

Aussi, face à la prolifération parfois désordonnée de l'aventure, le héros, assisté de la protection divine, demeure toujours vainqueur dans le domaine des armes et constant dans celui de

8. En 1695 Barbin fait paraître une traduction des deux parties du Quichotte cervantin (en quatre volumes) augmentée d'un cinquième volume anonyme qui relance don Quichotte et Sancho dans la Sierra Morena. Ce cinquième volume s'achève avec l'Histoire, interrompue en son milieu, de Sainville et de Silvie. En 1713, lorsqu'il publie sa continuation du Quichotte, Challe apporte une conclusion aux aventures de Sainville et de Silvie (chapitre XXXVI). Cette histoire rappelle par certains points l'*Histoire de Des Frans et de Silvie*, sixième histoire des Illustres Françaises, Paris, Droz, 1991 [première édition : 1713]. Dans l'*Histoire de Sainville et de Silvie* le héros rencontre rue Saint-Antoine, au retour d'un voyage, une marquise dont le carrosse s'est malheureusement renversé. Le jeune homme se rend chez elle et lui raconte son histoire : il a rencontré trois ans plus tôt une jeune fille nommée Silvie qu'il aime passionnément mais dont il est trahi ; la jeune fille a épousé un dénommé Deshayes. La marquise, qui connaît Silvie, lui demande de se rendre chez d'elle pour se justifier auprès de Sainville : Silvie leur découvre comment elle a été abusée par Deshayes au sujet de Sainville et comment elle s'est mariée par dépit. Deshayes est un homme sans honneur qui vit de la rapine.

9. Nous nous référons ici aux trois sous-genres romanesques principaux : roman de chevalerie, roman pastoral, roman " grec " à l'imitation des *Ethiopiques* d'Héliodore.

l'amour. L'inflexibilité du héros romanesque donne ainsi à voir une conception unifiée et harmonieuse du moi romanesque, un moi qui, toujours égal à lui-même, est indifférent à l'égard du monde extérieur.[10]

Il serait bien sûr nécessaire de nuancer ces remarques générales en fonction des différents sous-genres romanesques. Ainsi, le mode de présence du divin ne se réalise pas de la même manière dans le roman grec et dans le roman de chevalerie où il se trouve étroitement lié à la figure féminine selon la loi de courtoisie. Il semble toutefois certain que la plupart de ces romans présentent, par le biais de l'héroïsation, des personnages dont l'intériorité est à la fois harmonieuse et inviolable.

On sait que l'histoire de *Don Quichotte* est une parodie des romans de chevalerie. Aussi, la destruction de l'unité du moi romanesque est-elle l'une des conséquences de la critique cervantine du modèle chevaleresque.

Don Alonso Quijano souffre en effet d'une étrange folie qui consiste à se prendre pour un chevalier errant. L'aliénation romanesque d'un pauvre hidalgo castillan est le fondement de la duplicité constitutive du moi quichottesque.

Cette folie quichottesque possède en outre la particularité d'être toujours représentée sous le mode de l'extériorisation. Il est rare en effet que don Quichotte se livre à des réflexions ayant pour objet sa propre personne. Le personnage n'est presque jamais conscient de sa duplicité : sa folie se trouve en revanche constamment projetée vers le dehors, dans les rapports que le chevalier entretient avec le monde extérieur. La folie de don Quichotte est extériorisée parce que l'action chevaleresque consiste à agresser le monde afin d'y instaurer l'ordre moral chevaleresque.

Or, la représentation de ce monde extérieur n'est plus commandée, comme c'était le cas dans les romans idéalistes, par l'idée de l'invulnérabilité du héros. Au contraire, l'univers qui entoure don Quichotte, représenté sur le mode du détail réaliste et du bas corporel, oppose une résistance farouche au héros dont les aventures se terminent bien souvent par des coups de bâton. La folie quichottesque est donc rendue perceptible dans et par l'aventure. D'où la représentation emblématique d'un don Quichotte à l'assaut des moulins à vent.

---

10. Voir Thomas Pavel, *L'art de l'éloignement*, Paris, Folio, 1996, chapitre IV : "Le royaume des romans".

L'histoire de *Don Quichotte* dont la signification est diamétralement opposée à celle du roman chevaleresque, bat en brèche son modèle sur son propre terrain dans la mesure où Cervantes conserve les éléments formels de type dilatoire (errance et multiplicité des aventures) propres au roman de chevalerie. La folle aventure quichottesque, semblable dans sa forme à celle de son modèle romanesque, n'est pourtant plus commandée par une esthétique idéaliste. L'idée de la résistance indifférente au monde cède en effet la place à une folie herméneutique, à une interprétation toujours erronée du monde.

II. NOUVELLE ET PROJET ANTI-ROMANESQUE

La nouvelle n'est pas un genre dont la raison d'être consiste, comme c'est le cas pour l'anti-roman, à tourner en dérision l'idéalisme romanesque. Ce genre a toutefois été investi par certains auteurs du XVIIe siècle d'une fonction critique semblable à celle de l'anti-roman.

Les caractéristiques formelles de la nouvelle sont à l'opposé de celles qui régissent le roman. Voici quelques traits distinctifs issus, selon G. Mathieu-Castellani,[11] de la tradition narrative médiévale et de la Renaissance : une nouvelle aurait pour objet la relation d'un nombre très réduit d'événements (action unique)

– authentiques ou authentifiés par un témoin digne de foi ;

– nouveaux c'est-à dire survenus récemment, appartenant soit à l'actualité immédiate, soit à un passé historique tout proche ;

– non encore racontés, inouïs, ou en tout cas non encore transcrits ;

– dignes d'être rapportés, qu'ils soient exemplaires ou assez étonnants pour susciter l'intérêt des narrataires (l'intérêt de la nouvelle traditionnelle provient de l'aspect comique ou tragique des événements racontés).

La forme brève connaît un grand succès en Espagne dans la première moitié du XVIIe siècle.[12] Cervantes, se présente lui-

---

11. Nous renvoyons aux analyses de Gisèle Mathieu-Castellani dans *La conversation conteuse. Les Nouvelles de Marguerite de Navarre*, Paris, PUF, 1992, chapitre II : "Poétique de la nouvelle", p. 27.

12. En ce qui concerne la nouvelle espagnole du Siècle d'Or dans son ensemble voir Jean-Michel Lampéras, *La nouvelle en Espagne au Siècle d'Or (1493-1637)*, Montpellier, éd. du Castillet, 1987. Pour ce qui est de la poétique proprement cervantine voir Alban K. Forcione, *Cervantes and the Humanist Vision : a Study of Four Exemplary Novels*, Princeton N. J., Princeton university Press, 1982.

même dans le Prologue à ses *Nouvelles Exemplaires* comme "le premier qui ait fait des nouvelles en langue Castillane. Car les nombreuses nouvelles qui sont imprimées en cette langue sont toutes traduites de l'étranger."[13] Ce refus de s'inscrire dans la tradition de la nouvelle italienne permet à l'auteur d'utiliser des modèles narratifs très divers pour la composition de ses douze nouvelles. Cervantes se permet par exemple d'insérer des éléments propres au roman idéaliste dans le contexte beaucoup plus réaliste de la nouvelle.[14]

La nouvelle espagnole, traduite en France tout au long du siècle,[15] est particulièrement prisée par des auteurs tels que Charles Sorel, Paul Scarron ou Segrais. Or, ce qui amène ces auteurs à composer des nouvelles à l'espagnol,[16] c'est l'idée que ce genre peut contribuer au renouvellement du roman dont la forme idéaliste apparaît de plus en plus stéréotypée.[17] Ainsi,

13. Cervantes, *Nouvelles Exemplaires*, Paris, Gallimard, Bibliothèque de la Pléiade, 1949, p. 1073, [première édition : 1614].

14. *La petite Gitane* et *L'illustre laveuse de vaisselle* reprennent le motif de la "reconnaissance" : deux jeunes filles nobles, placées dans un contexte social bas, se conduisent avec une vertu exemplaire qui s'explique *in extremis* par leurs naissance illustre. *L'amant libéral*, *Les deux jeunes filles* et *L'espagnole Anglaise* reprennent le dispositif du conflit entre le héros et le monde et de la résistance inflexible du héros.

15. On compte une quinzaine de traductions de recueils de nouvelles espagnols entre 1608 et 1684. Quatre paraissent entre 1678 et 1684. Le *Para Todos* de Juan Pérez de Montalban, paru en Espagne en 1633 est en effet traduit en français par Claude Vanel en 1684. Même si son heure de gloire correspond au règne de Louis XIII la nouvelle espagnole n'est donc pas complètement oubliée après 1660.

16. Voir Charles Sorel, *Les nouvelles choisies ou se trouvent divers incidents d'Amour et de Fortune*, à Paris, chez Pierre David, 1645 (ce recueil est une réédition augmentée et corrigée des *Nouvelles Françaises* parues en 1623) ; Paul Scarron, *Les Nouvelles tragi-comiques traduites de l'espagnol en français*, Paris, Nizet, S.T.F.M., 1985 [première édition : 1661]. Il s'agit d'une réécriture plus que d'une traduction ; Jean Regnault de Segrais, *Nouvelles Françaises ou les divertissements de la Princesse Aurélie*, Paris, Nizet, S.T.F.M., 1990 [première édition : 1657].

17. Les critiques du roman héroïque se multiplient au XVIIe siècle. Voir entre autres Boileau, *Dialogue des héros de roman* dans *Œuvres Complètes*, Paris, Gallimard, Bibliothèque de la Pléiade, 1966 (œuvre composée en 1664-1665) ; Charles Sorel, *De la connaissance des bons livres ou Examen de plusieurs auteurs*, à Paris, chez André Pralard, 1671 ; Abbé de Villiers, *Entretiens sur les contes de fées et sur quelques autres ouvrages du temps pour servir de préservatif contre le mauvais goût*, à Paris, chez Jacques Collombat, 1696 ; Gabriel Guéret, *Le Parnasse réformé et la guerre des auteurs*, La Haye, J.-F. Neulme, 1716.

dans le chapitre XXI du *Roman Comique* de Scarron, un jeune Conseiller du Parlement de Rennes déclare que

"[...] les Espagnols avoient le secret de faire de petites histoires, qu'ils appellent Nouvelles, qui sont bien plus à notre usage et plus selon la portée de l'humanité que ces Héros imaginaires de l'Antiquité qui sont quelquefois incommodes à force d'êstre trop honnestes gens [...]. Et il conclud que, si l'on faisoit des Nouvelles en François, aussy bien faites que quelques-unes de celles de Michel Cervantes, elles auroient cours autant que les Romans Héroïques." [18]

La nouvelle repose en effet sur un système de représentation qui est considéré comme étant plus proche du lecteur que celui trop parfait du roman. Le fait que Sorel ou Scarron aient composé à la fois des anti-romans et des recueils de nouvelles n'est pas indifférent à notre propos. Le cas de Robert Challe, auteur d'une *Continuation* du *Quichotte* et d'un roman en sept histoires, *Les Illustres Françaises*, est également intéressant dans cette perspective.

Certes, à partir des années 1660, la "nouvelle historique" française renvoie à des modèles qui, tels les Mémoires historiques, n'ont pas de rapport direct avec la nouvelle espagnole. On peut pourtant penser que l'essor de la nouvelle historique a profité de l'engouement des auteurs de la première moitié du siècle pour la forme brève telle qu'elle était pratiquée par les Espagnols.[19] Aussi, un certain nombre de nouvelles françaises de la seconde moitié du siècle continuent-elles, à la suite de Sorel ou de Scarron, à investir la forme brève d'un projet que l'on peut qualifier d'anti-romanesque.[20]

---

18. Paul Scarron, *Le Roman Comique* dans *Romanciers du XVIIᵉ siècle*, Paris, Gallimard, Bibliothèque de la Pléiade, 1958, p. 645 [première édition : 1652].

19. Certaines caractéristiques de la représentation de la vie privée (la prégnance du thème du mariage par exemple) dans les nouvelles historiques françaises constitue à nos yeux une trace de l'influence de la nouvelle espagnole en France. Nous renvoyons sur ce point à notre thèse en préparation sur *La réception de la novela espagnole du Siècle d'Or en France* (1608-1715).

20. Voir par exemple Madame de Villedieu qui dans *Cléonice ou le roman galant, nouvelle*, à Paris, chez Claude Barbin, 1669, s'écarte du modèle héroïque lorsqu'elle déclare dans son épître dédicatoire que "Ce n'est ni d'Achille ni d'Enée [qu'elle a à] entretenir [la Duchesse de Nemours]". Elle dit vouloir s'éloigner "de la fable et du prodige" pour raconter "une aventure de nos derniers siècles". Cette référence à l'Histoire récente s'accompagne du refus des motifs héroïques traditionnels, les "trônes renversés" et les "Nations détruites". L'exigence de vraisemblance historique la mène plutôt vers l'analyse de ce qu'elle définit de manière un peu vague comme "des résolutions surmontées".

Nous envisagerons donc le motif de la dislocation du moi romanesque dans trois nouvelles de Cervantes, Madame de Lafayette et Robert Challe qui reprennent le topos de la jalousie. Ces exemples nous permettront de comprendre comment les contraintes formelles de la nouvelle modifient la représentation de la folie romanesque dans le sens de l'intériorisation.

III. NOUVELLE ET FOLIE ROMANESQUE :
UN PROCESSUS D'INTÉRIORISATION

Dans la nouvelle tragique traditionnelle,[21] la jalousie du mari ou de l'amant trompé est toujours provoquée par un fait incontestable : soit la trahison est surprise par le mari caché, soit elle lui est rapportée par un témoin. Cette jalousie repose donc sur des motifs irréfutables. Aussi, les extrémités sanglantes auxquelles les personnages masculins se portent pour venger leur honneur sont-elles sinon justifiées du moins compréhensibles.

Les nouvelles de Cervantes, Madame de Lafayette et Robert Challe reprennent le thème de la jalousie mais leur spécificité par rapport au modèle traditionnel consiste dans la suppression des motivations claires et irréfutables.

Dans le *Curieux Impertinent* de Cervantes, Anselme, mari de Camille, demande à son ami Lothaire de séduire sa jeune épouse pour s'assurer de la vertu de celle-ci. Lothaire finit par accepter non sans avoir essayé de raisonner son ami. Mais au cours de la mise à l'épreuve Lothaire finit par devenir l'amant de Camille. Or, lorsqu'il découvre cette trahison, Anselme, loin de vouloir se venger, avoue avoir été lui-même l'artisan de son propre malheur.

Chez Madame de Lafayette, Alphonse, le héros de l'*Histoire d'Alphonse et Bélasire*, devient jaloux du passé de la belle Bélasire qu'il doit épouser. Or la jeune femme, qui n'avait jamais rien aimé avant de connaître Alphonse, est présentée comme étant parfaitement vertueuse.

21. Voir par exemple Boccace, *Le Decameron*, nouvelle IV-9, Paris, Bordas, 1988 [première édition : 1353], Matteo Bandello, *Nouvelles*, I-44, dans *Conteurs Italiens de la Renaissance*, Paris Gallimard, Bibliothèque de la Pléiade, 1933 [première édition : 1554] ; François de Rosset, *Histoires mémorables et tragiques de ce temps*, histoires IV-XI-XXI, Paris, Le livre de poche, 1994 [première édition : 1619].

Enfin, L'*Histoire de Des Frans et de Silvie* de Robert Challe reprend le topos de "l'adultère innocent"[22] puisque Dupuis nous apprend au cours de la septième histoire que la jeune Silvie, surprise par son mari entre les bras de son amant, a été ensorcelée par ce dernier. Le caractère irréfutable du témoignage de Des Frans est ainsi mis en cause.

Ces trois personnages masculins éprouvent donc des sentiments que l'on ne peut pas complètement identifier à la jalousie motivée des nouvelles italiennes. Privée d'une motivation absolument claire, cette jalousie apparaît dans nos trois textes comme un étrange sentiment que le personnage ne réussit pas à comprendre lui-même. Les termes les plus fréquemment utilisés pour décrire cet état d'âme renvoient, on l'aura deviné, au paradigme de la folie.

Lorsqu'il demande à son ami Lothaire de séduire Camille, son épouse, Anselme ne parvient pas à définir ce désir dont il perçoit toutefois le caractère extraordinaire :

"[...] depuis peu de temps en çà, je suis fatigué d'un désir étrange et si extravagant que je m'étonne moi-même, et m'accuse, et me blâme à part moi, et que je voudrais le taire et le celer à mes propres pensées."[23]

Lothaire répond à son ami par des paroles pleines de sagesse et de bon sens. Mais Anselme qui reconnaît le bien fondé du refus de Lothaire, persiste dans sa requête qu'il compare à une sorte de maladie incurable :

"J'avoue franchement que si je ne me range à ton opinion et me laisse emporter à la mienne, je fuis le bien pour courir le mal. Mais imagine-toi que j'ai une maladie pareille à celle de certaines femmes auxquelles il prend faintaisie de manger du charbon, du plâtre, de la terre et bien souvent des choses pires, dégoûtantes à regarder et encore plus à manger. Aussi faut-il user de quelque artifice pour m'en guérir [...]."

Dans la nouvelle de Madame de Lafayette, Bélasire considère la jalousie d'Alphonse pour le comte de Lare mort quelques années auparavant comme un "[...] caprice de l'esprit [...]"[24] qui a rendu Alphonse complètement fou :

"Si vous n'aviez pas perdu la raison, me dit Bélasire, vous verriez bien que, puisque je ne vous ai pas persuadé, je ne vous

---

22. Voir Frédéric Deloffre, "L'adultère innocente : thème philosophique, romanesque et dramatique", *Cahiers de littérature du XVIIe siècle. Hommage à René Fromilhague* n° 6, 1984, pp. 139-148.

23. Cervantes, *Don Quichotte*, p. 316.

24. Madame de Lafayette, *Zaïde*, p. 117.

persuaderai pas, mais si je pouvais ajouter quelque chose à ce
que j'ai déjà dit, ce serait qu'une marque infaillible que je n'ai
pas eu d'inclination pour le comte de Lare, est de vous en assurer comme je fais. "[25]

La folie d'Alphonse est vécue, à l'instar de celle d'Anselme,
comme une expérience douloureuse contre laquelle le personnage est incapable de lutter :

"Je voyais bien que j'avais tort [dit Alphonse] mais il ne
dépendait pas de moi d'être raisonnable. "[26]

Dans l'*Histoire de Des Frans et de Silvie*, la notion de folie
peut s'appliquer, comme dans les nouvelles tragiques traditionnelles, à la cruauté exercée par Des Frans sur sa jeune épouse
qu'il croit coupable d'adultère : il l'enferme dans une sorte de
cachot, l'habille en paysanne, lui fait couper les cheveux et lui
apporte du pain et de l'eau tous les trois jours.

Des Frans éprouve pourtant, bien avant l'épisode de l'adultère de Silvie, un accès de folie "intériorisée" qui ne se
concrétise par aucune action cruelle. Cette crise éclate au
moment où Des Frans croit Silvie coupable de l'avoir trompé
au sujet de sa naissance pour pouvoir l'épouser :

"Je n'étais plus à moi. J'étais déchiré par mille pensées qui
se formaient l'une après l'autre dans mon esprit et qui se
déchiraient mutuellement ; ou plutôt j'étais dans un état
d'insensibilité, qui tout vivant que j'étais, ne me laissait pas
plus de connaissance qu'à un homme mort. "[27]

L'agitation de l'esprit finit d'ailleurs par gagner le corps :

"La fièvre me prit et je restai malade du corps et de l'esprit. Je
ne croyais pas que la nature résisterait. [...] Jamais situation
d'âme ne fut si cruelle. Les combats que mes passions opposées
se livraient l'une à l'autre me dégoûtaient de tout. "[28]

Le paradigme de la maladie morale est à nouveau présent dans
ce texte.

Mais existe-t-il une lien possible entre la folie quichottesque
et l'inquiétude d'esprit qui étreint nos trois héros de nouvelle ?

Notons tout d'abord que les héros de nos nouvelles souffrent,
comme don Quichotte, d'une maladie d'interprétation.

25. *Ibid.*, p.118.
26. *Ibid.*, p.119.
27. Challe, *Les Illustres Françaises*, p. 335.
28. *Ibid.*, p. 336-337.

A l'origine de cette maladie, centrée sur la problématique amoureuse, on trouve la question suivante : la femme aimée est-elle véritablement fidèle et vertueuse ?

Contrairement à don Quichotte qui croit fermement à son identité illusoire, les héros de ces trois nouvelles n'existent que dans le doute. Ils sont à proprement parler obsédés par un doute qu'ils ne parviennent pas à s'expliquer. Or ce soupçon se trouve confusément lié au sentiment de l'effondrement de l'unité du moi romanesque. La simple idée que la femme aimée ne soit pas aussi inflexible que les héroïnes romanesques se trouve en effet projetée dans la conscience du héros sous la forme d'un doute impossible à dissiper.

Dans nos trois nouvelles la folie n'est donc plus, comme dans le *Quichotte*, extériorisée dans l'action puisque le genre bref, fondé sur une action unique, ne permet pas le déploiement de l'aventure. Aussi l'espace de l'aventure se trouve-t-il en quelque sorte relayé dans par la représentation, en profondeur, d'une faille intérieure.[29]

Histoire du Curieux impertinent

Curiosité impertinente, extravagance, folie... Les raisons de l'irrésistible désir de mettre la vertu de sa femme à l'épreuve demeurent opaques aux yeux d'Anselme lui-même.

Il est toutefois licite, nous semble-t-il de décrypter cette extravagance à la lumière du roman dans lequel la nouvelle est insérée. Car si Anselme ne connaît pas la force qui le pousse à agir, il est en revanche extrêmement précis sur l'objet de sa demande. Anselme, qui sait que Camille est vertueuse, voudrait la mettre à l'épreuve de la tentation pour se prouver non pas l'existence de cette vertu mais son caractère inébranlable. Anselme éprouve en effet le

"[...] désir de savoir si Camille, [sa] femme, est aussi bonne et aussi accomplie qu'il l'a cru jusqu'à cette heure. [...] Car c'est mon opinion [dit-il] qu'une femme n'est bonne qu'autant qu'elle est ou n'est pas sollicitée, et que celle-là seule est forte qui ne

---

29. Certes, l'exploration de cette intériorité est favorisée dans les textes de Madame de Lafayette et de Challe par l'usage de la première personne : Alphonse raconte ses malheurs à Consalve pour lui montrer qu'on n'est jamais si malheureux que lorsqu'on est soi-même responsable de son infortune. Dans le texte challien c'est le héros qui raconte à l'assemblée des devisants l'histoire de son aventure avec Silvie. Mais dans le texte cervantin, c'est un récit omniscient qui introduit le lecteur dans la conscience malheureuse du héros.

peut être émue par les promesses, les cadeaux, les larmes et les continuelles importunités des amoureux empressés. [...] je veux que Camille, ma femme, passe par toutes ces difficultés, et s'épure au creuset et au feu des recherches et des poursuites de quelque personne digne d'aspirer à son cœur. "[30]

On sait à quel point la mise à l'épreuve est un motif typique des romans romanesques. Ainsi, tout se passe comme si, pour satisfaire entièrement son mari, Camille devait être aussi ferme et inaccessible qu'une héroïne de roman. Le bonheur ultime, selon Anselme, consisterait à faire coïncider le réel avec l'idéal.

Or, Anselme n'est jamais entièrement persuadé de cette coïncidence. D'où le caractère obsessionnel de son désir qui ne peut se satisfaire des premières preuves de la vertu de Camille : Anselme s'absente de son logis pour laisser à Lothaire la liberté de séduire sa femme. Au moment où Lothaire finit enfin par la solliciter, Camille envoie une lettre à son mari où elle lui déclare que son honneur est en danger. Or Anselme lui ordonne de demeurer avec Lothaire :

"Anselme reçut cette lettre et connut par elle que Lothaire avait donné commencement à l'entreprise et que Camille lui devait avoir répondu suivant son désir ; et, réjoui de ces nouvelles autant qu'il était possible, il fit savoir de bouche à Camille qu'elle ne quittât point le logis en façon du monde, et qu'il serait bientôt de retour. "[31]

Ce tête-à-tête de Camille et Lothaire, prolongé par les soins d'Anselme, finit par tourner au détriment du mari qui se trouve trahi sans le savoir. A partir de ce moment en effet Lothaire et Camille s'évertuent à cacher leur amour adultère. C'est donc au moment où Anselme se persuade à tort, de la vertu de Camille, que le dénouement se précipite. Le récit ne laisse pour ainsi dire pas de place à la tranquillité d'esprit du personnage.

Habité comme il l'est par son obsession, Anselme ne conçoit pas que la relation qui s'établit entre Lothaire et Camille puisse échapper à son contrôle. La folie d'Anselme, comme celle du Quichotte, empêche le héros de voir la réalité autrement qu'à travers le prisme de son désir. Anselme ne se rend pas à l'évidence que la mise à l'épreuve romanesque de Camille s'est dégradée en une vulgaire intrigue d'adultère.

Cette dégradation de l'action ne transforme pourtant pas Anselme en un mari trompé de nouvelle tragique. Lorsqu'il

---

30. Cervantes, *Don Quichotte*, pp. 316-317.
31. *Ibid.*, p. 332.

apprend à la fin du récit, l'adultère de sa femme, Anselme n'est pas pris par le désir de venger son honneur. Il rédige une lettre avant de mourir où il se déclare seul coupable de ce qui vient d'arriver :

"Un sot et impertinent désir m'a ôté la vie : si d'aventure Camille entend la nouvelle de ma mort, qu'elle sache que je lui pardonne, pour ce qu'elle n'était pas obligée à faire des miracles, et je n'avais point de sujet de vouloir qu'elle en fît." [32]

Désormais lucide, le personnage apparaît comme un homme seul, abandonné de tous les siens et surtout, comme le dit explicitement le texte, abandonné du Ciel :

"Peu à peu sa raison lui revenait. Il se contemplait en un instant seul et abandonné de sa femme, de son ami, de ses serviteurs, et, à son avis, du Ciel même qui le couvrait." [33]

La folie de ce personnage cervantin repose donc sur l'intériorisation de l'aliénation quichottesque, aliénation qui est vécue sur le mode, non pas de l'aventure, mais d'une perception opaque de soi et d'autrui. Cette aliénation qui se résout à la fin dans une image de déréliction s'oppose clairement à l'unité du moi héroïque qui tire sa force de l'assistance divine.

Histoire d'Alphonse et de Bélasire

Dans la nouvelle de Madame de Lafayette le sentiment éprouvé par Alphonse est explicitement désigné comme étant une sorte particulière de jalousie :

"Je la priai de me redire encore tout ce qui s'était passé entre eux ; elle le fit, et, quoiqu'elle ne me dît rien qui me pût déplaire, je fus touché d'une espèce de jalousie." [34]

Cette jalousie apparaît comme une maladie herméneutique parfaitement irrationnelle : non seulement Bélasire est connue pour avoir toujours été insensible à l'amour mais les soupçons du personnage se portent sur un homme mort :

"Considérez, [lui dit Bélasire] je vous en conjure, sur quoi vous me tourmentez et sur quoi vous vous tourmentez vous-même, sur un homme mort, que vous ne sauriez croire que j'aie aimé puisque je ne l'ai pas épousé, car, si je l'avais aimé, mes parents voulaient notre mariage, et rien ne s'y opposait. Il est

---

32. *Ibid.*, p. 358.
33. Cervantes, *Don Quichotte*, p. 356.
34. Madame de Lafayette, *Zaïde*, p. 115.

vrai, Madame, je suis jaloux d'un mort et c'est ce qui me déses-
père. " 35

Alphonse soupçonne Bélasire d'avoir été touchée par le comte
de Lare qui pourtant était mort de désespoir devant l'insensibilité de la jeune femme.

Aussi, la jalousie d'Alphonse commence-t-elle paradoxalement au moment où Bélasire consent à l'aimer. C'est lorsqu'il la
voit abandonner pour la première fois son inflexibilité légen-
daire qu'Alphonse se met à douter de la résistance passée de
Bélasire.

"Non, disais-je, Bélasire, vous m'avez trompé, vous n'étiez
point telle que je vous ai crue ; c'était comme une personne qui
n'avait jamais rien aimé que je vous ai adorée, c'était le fondement de ma passion, je ne le trouve plus, il est juste que je
reprenne tout l'amour que j'ai eu pour vous. " 36

L'inflexibilité romanesque n'admet en effet aucune espèce
d'entorse. 37 L'étrange jalousie du personnage trouverait donc
une explication dans le fait qu'Alphonse, parce qu'il a réussi à
rendre Bélasire sensible, ne parvient plus à croire dans la vertu
toute romanesque de celle-ci.

Pour apaiser ses soupçons, le personnage demande en outre à
Bélasire de lui faire par écrit le récit de sa vie passée :

"Elle me promit d'écrire tout ce qu'elle avait fait pour le
comte de Lare, et, quoique ce fussent des choses qu'elle m'avait
déjà dites mille fois, j'eus du plaisir de m'imaginer que je les
verrais écrites de sa main. Le jour suivant elle m'envoya une
narration fort exacte de ce que le comte de Lare avait fait pour
lui plaire, et de tout ce qu'elle avait fait pour le guérir de sa passion, avec toutes les raisons qui pouvaient me persuader que ce
qu'elle me disait était véritable. Cette narration était faite d'une
manière qui devait me guérir de tous mes caprices mais elle fit
un effet contraire. " 38

En effet, Alphonse ne peut supporter que Bélasire se rappelle
certains détails de ses amours avec le comte de Lare. Il trouve
qu'elle ne s'attarde pas assez sur d'autres événements et la soup-

35. *Ibid.*, p. 117.
36. *Ibid.*, p. 116.
37. Le modèle romanesque utilisé par Madame de Lafayette dans la composition de *Zaïde* est celui du roman héroïque à sujet mauresque. Or, les héroïnes
de ces romans, Zaïde tout comme Mandane ou Clélie, se caractérisent au premier chef par une résistance parfaite aux assauts de la Fortune.
38. Madame de Lafayette, *Zaïde*, p. 119.

çonne de lui cacher des choses. La folie de la jalousie prend ainsi, dans cette nouvelle de Madame de Lafayette, la forme d'un soupçon à l'égard du roman dont Bélasire aurait dû être l'héroïne.

Histoire de Des Frans et de Silvie

Enfin, l'histoire challienne de Des Frans et de Silvie reprend nous semble-t-il une problématique comparable à celle de Cervantes et de Madame de Lafayette.

Tout d'abord, le récit de Des Frans emprunte bon nombre d'ingrédients au genre de la nouvelle tragique : Des Frans surprend en effet sa femme dans les bras d'un amant ; puis, mû par une jalousie furieuse, il exerce sur elle une vengeance cruelle. Certains éléments viennent toutefois infléchir le modèle narratif de la jalousie motivée.

D'une part le lecteur apprend, grâce au témoignage de Dupuis dans la septième histoire, que Silvie est innocente puisque Gallouin l'a ensorcelée pour la faire céder à ses instances.

Mais surtout, l'épisode de l'adultère est précédé et "préparé" par une autre aventure sur laquelle Des Frans s'attarde longuement : celle de la révélation des origines de Silvie. Au moment où les protagonistes projettent de se marier en secret, Des Frans reçoit une lettre anonyme qui lui révèle les origines douteuses de la jeune fille et la tromperie qu'elle a décidé de mettre en œuvre pour se faire passer pour noble. Silvie réussit pourtant à se justifier en révélant à Des Frans le mystère de sa naissance. Mais y parvient-elle réellement ?

Il reste, dans les explications de Silvie, un point sur lequel la jeune fille est obligée de s'avouer coupable : Silvie a bel et bien demandé à un certain Rouvière, personnage corrompu, de se faire passer pour son père. Or, cette faute, dont Silvie cherche à atténuer la gravité, brise en quelque sorte l'image romanesque [39] que Des Frans se faisait jusqu'alors de sa maîtresse. Elle annonce par ailleurs la faute d'adultère qui confirmera Des Frans dans ses soupçons sur la vertu de Silvie.

A la suite de cet épisode Des Frans tombe dans une maladie du corps et de l'âme, anticipation de la folie dans laquelle il sombre après l'adultère, qui ne provient pas seulement du dépit

---

39. Silvie est présentée par Des Frans au début de la nouvelle comme une "[...] fille hors du commun" (p. 308). C'est "[...] la plus belle et la plus spirituelle personne qu'on puisse voir" (p. 310).

face à la trahison. Cette maladie est plutôt provoquée par le constat que Des Frans ne peut s'empêcher d'aimer une femme dont le statut d'héroïne romanesque est menacé. Dès cette première aventure, Des Frans ne parvient plus en effet à réconcilier les deux images romanesques de Silvie : d'un côté la fourbe, la *pícara* qui, aidée d'une vieille maquerelle, organise un "mariage trompeur"[40] et de l'autre l'héroïne romanesque dont la vertu apparaît liée à la noblesse de naissance dans une unité (et une "reconnaissance") toute romanesque.

Le discours de Des Frans revient ainsi sans cesse sur le motif de la confiance en la justification de Silvie. Or, sur ce point, le narrateur n'est absolument pas clair.

Des Frans doute de la véracité de Silvie au moment même où celle-ci lui raconte son histoire :

"J'eus de la joie de lui entendre citer un témoin [Monsieur de Villeblain] qui était très proche parent de ma mère, parfaitement honnête homme, et tout à fait incapable de prêter la main à une imposture ; ainsi, j'espérais que j'en découvrirais la vérité ou le mensonge."[41]

Il prétend, peu de temps après son mariage avec elle ne plus conserver de soupçon[42] mais il se contredit un peu plus loin, lorsqu'il évoque son besoin de faire corroborer l'histoire de Silvie par un autre personnage, le commandeur de Villeblain :

"Il y avait environ six semaines que j'étais marié et de retour, que Monsieur le commandeur de Villeblain qui était, comme je vous ai dit, très proche parent de ma mère, vint la voir et dîner au logis. Je lui fis toutes les civilités dont j'étais capable et résolus de voir, en présence de ma mère, si ce que Silvie m'avait dit était vrai, en devant être informé puisqu'elle l'avait cité comme son meilleur témoin."[43]

Quelques pages plus loin, Des Frans, voulant faire croire à Villeblain qu'il ne l'a fait parler de Silvie que pour convaincre sa mère, affirme ceci :

"Avant que de l'épouser je me suis expliqué avec elle de tous ces avis. Je suis fort aise de l'avoir crue. Sitôt que j'ai eu l'honneur de vous voir, j'ai tourné la conversation de tant de côtés

40. Ce thème avait été exploité par Cervantes dans sa nouvelle intitulée *Le mariage trompeur* (*Nouvelles Exemplaires*) de même que par Scarron dans sa nouvelle intitulée *Le châtiment de l'avarice* (*Nouvelles tragi-comiques*).
41. Robert Challe, *Les Illustres Françaises*, p. 339.
42. *Ibid.*, p. 359.
43. *Ibid.*, p. 386-387.

que je l'ai fait tomber sur Silvie : non pas pour savoir si elle ne
m'avait point imposé, je n'ai jamais douté de la vérité de ses
paroles, mais afin que vous pussiez vous-même en instruire ma
mère avec d'autant plus de cordialité que vous ne vous attendiez
assurément pas à découvrir ce secret. " [44]

La confiance que Des Frans affiche devant Villeblain
s'oppose pourtant à ce que le narrateur prétend avoir ressenti au
moment de son mariage. Des Frans insiste en effet sur le fait
d'avoir éprouvé des sentiments contradictoires :

"Je le répète encore : il faut qu'il y ait du destin dans les
mariages. J'eus cent fois envie, malgré l'amour que j'avais, de
n'en point venir au sacrement ; quoique je l'aimasse jusques à la
fureur. Je me sentais en moi-même des répugnances terribles : je
n'en fis pourtant rien paraître, au contraire, sitôt que nous eûmes
pris la résolution que je viens de vous dire, j'en pressai la
conclusion de tout mon possible. " [45]

Les doutes de Des Frans sur l'innocence de Silvie apparaissent
comme un élément central, constamment ressassé par le texte.
La jeune fille semble pleinement justifiée mais sa "fourbe" ne
lui est pardonnée ni par Villeblain [46] ni par la mère de Des Frans [47]
ni par Des Frans lui-même.

Aussi, l'épisode de la révélation des origines de Silvie peut-il
être interprété comme une anticipation de l'adultère final qui
revêt les mêmes caractéristiques : Des Frans en est témoin et
pourtant Silvie est innocente puisque l'unité vertueuse de
l'héroïne est rétable *in extremis* par Dupuis. Où se trouve donc
la vérité ?

Certes, au moment de l'adultère, la folie de Des Frans est
extériorisée dans la cruauté de sa vengeance envers Silvie. Mais
il est peut-être permis d'interpréter la première crise de folie de
Des Frans et son incapacité à tenir un discours univoque sur sa
vie comme une maladie de la croyance et comme l'impossibilité
de se concevoir soi-même et autrui autrement qu'en termes de
duplicité.

L'aliénation quichottesque trouve un écho certain dans les
trois nouvelles analysées ci-dessus : la forme brève et l'unité

44. *Ibid.*, p. 393.
45. *Ibid.*, p. 377. Notons que le destin est une donnée essentielle dans la naissance de l'amour romanesque.
46. Challe, *Les Illustres Françaises*, p. 395.
47. *Ibid.*, p. 401-402.

d'action de la nouvelle, opposées à la prolifération de l'aventure romanesque font toutefois apparaître une conception intériorisée et psychologisée du doute cervantin sur le romanesque. Cette folie intérieure repose sur la conscience confuse qu'il est désormais impossible de croire en l'unité idéale et romanesque de la femme aimée. Il s'agit peut-être là d'une modalité spécifique de la crise de l'héroïsme, qui traverse, sous bien d'autres formes, tout le XVIIe siècle.

Guiomar HAUTCŒUR
Université de Paris III

LES MISES EN SCÈNE DE LA FOLIE
DANS *LE DIABLE BOITEUX* DE LE SAGE (1707)

Jean-Jacques Tatin-Gourier

Le dispositif narratif du *Diable boiteux* qui permet l'effraction de l'espace privé et une exhibition sans précédent de l'intime a déjà été précisément décrit : le regard impitoyable d'un diable paradoxalement métamorphosé en éducateur et en thérapeute fait du lecteur complice un témoin privilégié et omnipotent des comportements secrets des humains. Mais l'espace privé et l'intimité ne constituent pas les seules cibles de cette curiosité : il s'agit aussi, et constamment, de folie ou plus exactement de folies. Une étude lexicale précise permettrait de mieux apprécier cette omniprésence de la folie. La présentation du premier personnage désigné par le diable à Don Cléofas est révélatrice : " Admirez ce vieux fou. [...]"[1] "Fou", "folle", "folie", "enragé", "furieux", "fureur", "fureur de langue", "fureur luxurieuse", "transport de fureur", "furieusement agité", "insensé", extravagant", "aveuglement"... Encore ne s'agit-il là que d'un rapide relevé et qui ne couvre que les huit premiers chapitres. Avant même que ne résonnent les "cris" des "fous enfermés" à la fin du chapitre VIII (le chapitre IX est intitulé "Des fous enfermés") et que ne soit annoncée (titre du chapitre X) la série des "cerveaux malades" qui "mériteraient d'être enfermés" et "dont la matière est inépuisable".

Il importe de comprendre la cohérence d'ensemble de ces références à la folie qui saturent le texte. Certes Asmodée distingue des formes de folie, souligne des lignes de partage, établit un faisceau de corrélations (avec la nature et la mort notamment). Mais ce qui importe n'est pas tant la typologie des formes de folie que la dynamique de leurs manifestations qui ponctuent le paradoxal assagissement de Don Cléofas tardivement éduqué par le diable : les spectacles multiples et gradués

---

1 Le Sage, *Le Diable boîteux*, in *Romanciers du XVIIIᵉ siècle*, Bibliothèque de la Pléiade, t. I, 1987, p. 282 et suiv. (édition de référence).

de la folie des hommes sont le meilleur garant de la normalisation des dangereux désordres de l'écolier libertin.

Les deux états de Don Cléofas — état initial et état final — marquent les limites de cette dynamique. Dans la séquence initiale, l'écolier est tout à la fois auteur et victime du scandale nocturne :

"[...] enfin il était près de minuit, lorsque Don Cléofas Leandro Perez Zambullo, écolier d'Alcala, sortit brusquement par une lucarne d'une maison où le fils indiscret de la déesse de Cythère l'avait fait entrer. Il tâchait de conserver sa vie et son honneur, en s'efforçant d'échapper à trois ou quatre spadassins qui le suivaient de près pour le tuer, ou pour lui faire épouser par force une dame avec laquelle ils venaient de le surprendre." (p. 273)

L'état final est celui, on le sait, de l'écolier marié, "bien payé de quelques heures de liberté qu'il avait procurées au Diable boiteux." (p. 494) Le récit implique ainsi une dynamique de mise en ordre dont le diable est paradoxalement l'agent essentiel. Paradoxalement : Asmodée s'est en effet présenté comme "démon de la luxure", introduisant "dans le monde le luxe, la débauche, les jeux de hasard et la chimie". (p. 275) Mais il est vrai qu'Asmodée est aussi un démon dépassé par sa propre œuvre : n'est-ce pas un chimiste qui le poursuit de sa folle et implacable vengeance ? Il s'agit de plus d'un démon que la reconnaissance pour Don Cléofas son libérateur a transformé en désignateur et analyste de folies multiples et graduées. Asmodée est bien métamorphosé et réduit à la désignation et au commentaire de folies qu'il n'inspire plus qu'exceptionnellement et seulement à titre de châtiments réparateurs : il en est ainsi des spadassins qui courtisent la maîtresse de Don Cléofas et à qui il inspire "une fureur luxurieuse" qui va s'avérer déterminante dans le châtiment mérité de la traîtresse. (p. 329)

La gradation des spectacles de folie offerts à Don Cléofas et par là même au lecteur est clairement marquée. Ce sont tout d'abord, dans un premier temps, "les folles occupations" des hommes. Défilent l'avare, la coquette, les galants, les maris trompés et les hypocrites, les amoureux, les prisonniers — comprenant assassins, sorcières, détenus de la Sainte Inquisition, voleurs mais aussi innocents faussement accusés —, les usuriers, les blasphémateurs, les gueux et les libertins. Dans cette galerie qui se déploie dans les huit premiers chapitres, les prisonniers bénéficent d'un chapitre entier qui précède immédiatement le surgissement des "fous enfermés". Et c'est précisément dans ce chapitre IX consacré aux "fous enfermés" que le diable apparaît le plus nettement comme instance désignatrice d'une folie tout à la fois multiforme et singulière, en même temps qu'il se fait l'analyste des causalités de la folie :

"[...] le Diable lui dit : Vous en voyez de toutes les facons. En voilà de l'un et de l'autre sexe. En voilà de tristes et de gais, de jeunes et de vieux. Il faut à présent que je vous dise pourquoi la tête leur a tourné. Allons de loge en loge, et commençons par les hommes." (p. 357)

Parmi ces fous enfermés, il est avant tout des victimes et il n'est en aucun cas de criminels. Il est tout d'abord ceux que le malheur ou l'injustice ont rendus fous : le pupille injustement emprisonné par son tuteur et qui "a véritablement perdu l'esprit, de rage d'être enfermé" (p. 358), le vieux secrétaire au "timbre fêlé" auquel "son maître n'a laissé que ce qu'il faut pour passer le reste de ses jours dans la misère et parmi les fous" (p. 364), l'homme ruiné par le parasitisme des "beaux esprits" et "fou de regret" de ne pouvoir continuer. Si diverse soit-elle, la folie des fous enfermés à la particularité d'être éminemment expressive : le "fou bien gai" qui saute "comme un cabri" (p. 362), le joueur de guitare qui "semble vouloir manger les barreaux de fer" (p. 363), le licencié oublié dans les promotions et qui "se croit archevêque de Tolède" (p. 358) Ultérieurement Asmodée définira précisément la folie par son expressivité et soulignera que c'est ce trait qui confère à la folie un caractère illicite :

"[*Les deux pucelles de cinquante ans*] espèrent qu'après [*la*] mort [*de leur père*] elles trouveront de jolis hommes qui les épouseront par inclination.

– Pourquoi non ? dit l'écolier. Il y a des hommes d'un goût si bizarre !

– J'en demeure d'accord, répondit Asmodée. Elles peuvent trouver des épouseurs ; mais elles ne doivent pas s'en flatter. C'est en cela que consiste leur folie." (p. 375-376)

La folie des fous enfermés a par ailleurs la particularité de susciter la pitié : elle est directement issue d'une passion absurde et dérisoire qui n'a en fait de sens que pour le fou qui en est victime. C'est notamment le cas du novelliste castillan excessivement patriote et devenu fou à la suite d'une défaite de l'armée espagnole, du maître d'école qui recherche désespérément un temps verbal grec qui n'existe pas. Le diable souligne le caractère pitoyable de l'illusoire bonheur de certains "fous enfermés" :

"[…] je regarde sa folie comme un beau songe qui ne finira qu'avec sa vie." (p. 358) affirme-t-il du licencié qui se croit archevêque de Tolède.

Mais le diable affirme aussi que la folie ne peut en aucun cas être circonscrite à l'espace de l'enfermement :

"Mais, poursuivit le Diable, après vous avoir montré les fous qui sont enfermés, il faut que je vous en fasse voir qui mériteraient de l'être. […] Regardons du côté de la ville, et à mesure que je découvrirai des sujets dignes d'être mis au nombre de ceux qui sont ici, je vous en dirai le caractère. J'en vois déjà un que je ne veux pas laisser échapper." (p. 375)

La vitesse du récit alors s'intensifie et suggère l'omniprésence de la folie dans le monde : "De quelque côté que je tourne la vue, continua l'esprit, je ne découvre que des cerveaux malades." (p. 381)

Les derniers chapitres du roman — et en particulier le chapitre XVII "Où l'on trouvera plusieurs originaux qui ne sont pas sans copies" — visent le même objectif de démonstration de l'universalité et de l'omniprésence de la folie. Une folie qui, parfois même, n'a nul besoin de l'enfermement parce qu'elle tend elle-même à se circonscrire :

"Telle est la vie que mènent ces dames et ces cavaliers : ils s'assemblent régulièrement tous les soirs, et se quittent au lever de l'aurore, pour aller dormir jusqu'à ce que les ténèbres reviennent chasser le jour. Ils ont renoncé à la vue du soleil et des beautés de la nature. Ne dirait-on pas, à les voir ainsi environnés de flambeaux, que ce sont des morts qui attendent qu'on leur rende les derniers devoirs ? — Il n'est pas besoin d'enfermer ces fous-là, dit Don Cléofas, ils le sont déjà." (p. 379)

Le rapprochement de la folie et de la mort est en fait récurrent dans l'ensemble de l'œuvre : l'évocation de la mort, qui s'amplifie au fil du récit, accompagne et transcende le tableau des folies du monde. Le chapitre VIII ("Des prisonniers") propose une première assimilation — indirecte, il est vrai — de la folie et de la mort : "[…] ces cachots vous paraissent autant de tombeaux." (p.330) Au chapitre X ("De l'incendie, et de ce que fit Asmodée en cette occasion par amitié pour Don Cléofas"), l'évocation du fléau lie étroitement les références à la folie et à la mort. Ce lien apparaît encore plus nettement dans le chapitre XII ("Des tombeaux, des ombres et de la mort") où Asmodée se propose de "dévoiler" ce que recèlent les tombeaux. Il apparaît alors que pour la plupart des défunts, la mort a conclu une vie de passions dont les ornements des tombeaux conservent même parfois la mémoire :

"Voulez-vous que j'ouvre le sépulcre qui est dessous pour vous montrer ce qui reste d'une fille bourgeoise qui mourut à la fleur de son âge, et dont la beauté charmait tous les yeux ? Ce n'est plus que de la poussière. C'était de son vivant une personne si aimable, que son père avait de continuelles alarmes que quelque amant ne la lui enlevât. Ce qui aurait bien pu arriver, si elle eut vécu plus longtemps. Trois cavaliers qui l'idolâtraient furent inconsolables de sa perte et se donnèrent la mort pour signaler leur désespoir. Leur tragique histoire est gravée en lettres d'or sur cette table de marbre, avec trois petites figures qui représentent ces trois galants désespérés. Ils sont prêts à se défaire eux-mêmes. L'un avale un verre de poison, l'autre se perce de son épée, et le troisième se passe au col une ficelle pour se pendre." (p. 391)

Les ombres elles-mêmes, que le diable rend visibles a Don Cléofas, manifestent encore, sur le mode burlesque il est vrai, des passions et se détournent toutes, jalouses, de l'ombre d'un vieux notaire qui a eu la vanité de se faire ensevelir dans un cercueil de plomb. Il faut de plus prendre en compte l'allégorie de la mort qui au terme du chapitre XII (p. 277) fait manifestement écho au manteau d'Asmodée emblématique des folies que ce dernier inspire. Dans l'un et l'autre cas il s'agit de "figures peintes" :

— pour le manteau emblématique des folies que le diable inspire : "Il y avait dessus une infinité de figures peintes à l'encre de la Chine [...] [les figures] du manteau étaient autant de vives images de tout ce qui se fait dans le monde par la suggestion d'Asmodée." (p. 277)

— pour l'allégorie de la mort : "Sur une de ses ailes sont peints la guerre, la peste, la famine, le naufrage, l'incendie, avec les autres accidents funestes qui lui fournissent à chaque instant une nouvelle proie." (p. 394)

Mais c'est sans doute l'ample récit enchâssé de "la force de l'amitié" (du chapitre XIII au chapitre XVI) qui souligne le plus nettement l'indissociabilité de la folie et de la mort. Ce récit, précédé du spectacle de Théodora veuve et folle de douleur, s'ouvre sur les "furieux" affrontements des deux rivaux (la récurrence des termes "furieux" et "fureur" mérite d'être remarquée) et se clôt sur la mention des extravagances suicidaires d'un homme qu'égare la perte de son ami, par ailleurs son rival et son agresseur :

"Alors Don Juan, possédé de son désespoir, porte la main sur sa plaie ; il arrache l'appareil, il veut la rendre incurable ; mais Francisque et le renégat se jettent sur lui, et s'opposent à sa rage. Théodora est effrayée de ce transport : elle se joint au renégat et au Navarrais pour détourner Don Juan de son dessein. Elle lui parle d'un air si touchant, qu'il rentre en lui-même. Il souffre que l'on rebande sa plaie, et enfin l'intérêt de l'amant calme peu à peu la fureur de l'ami. Mais s'il reprit sa raison, il ne s'en servit que pour prévenir les effets insensés de sa douleur, et non pour en affaiblir le sentiment. " (p. 449)

Dans ce récit enchâssé, folie et mort se conjuguent ainsi constamment jusqu'a ce que la mort triomphe et emporte tous les protagonistes.

Mais il est pour la folie d'autres corrélations que celle de la mort. Asmodée reconnait très tôt qu'il n'est pas l'unique maître de la genèse des folies humaines : la " nature " intervient elle aussi pour une large part.

"[…] il suffisait que la nature s'en mêlât. Elle n'est pas moins dangereuse que moi. Toute la différence qu'il y a entre nous, c'est qu'elle corrompt peu à peu les cœurs au lieu que je les séduis brusquement. " (p. 291)

C'est dans le chapitre XVI " des songes " que le diable établit le plus nettement la corrélation, quotidienne et universelle à la fois, de la folie et de la nature :

"La nature, pendant le sommeil, secoue le joug de la raison et de la vertu. " (p. 453)

Mais intervient aussi le fortune qui déchaîne les passions : l'amour de l'or, la jalousie, l'envie :

"Hé, mais ! répondit Asmodée, tous les gueux que la fortune enrichit brusquement deviennent avares ou prodigues. C'est la règle. " (p. 469)

Dans une telle configuration, le topos de la folie issue de la lecture — et bien sûr d'abord de la lecture du roman — n'a logiquement guère de place. L'homme conduit par ses lectures aux horizons de la folie n'entre pas dans la problématique du *Diable boiteux*. C'est à peine si le diable mentionne une lecture des *Métamorphoses* d'Ovide, source d'un songe érotique et " extravagant " :

"[…] cette lecture est cause qu'elle fait en cet instant un songe ou il y a bien de l'extravagance. Elle rêve que Jupiter est devenu amoureux d'elle, et qu'il se met a son service sous la forme d'un grand page des mieux bâtis. " (p. 457)

Si Dona Emerenciana, devenue folle, s'identifie aux héroïnes de roman (chapitre IX), ce n'est nullement à cause de ses lectures : c'est d'abord à cause de la tyrannie d'un père cruel,et ses lectures romanesques ne font que donner forme à sa folie. La folie serait plutôt le propre de certains écrivains et relèverait tout à la fois de leur faiblesse et de leur vanité : faiblesse du poète pauvre qui consacre toute son énergie à une dédicace, fragilité de l'écrivain repentant qui fait figurer sur son tombeau l'autodafé de ses livres ; vanité de l'auteur plagiaire, fol orgueil du poète tragique (chapitre XIV "Du démêlé d'un poète tragique avec un poète comique").

Etrange diable, a-t-on dit, que le diable boiteux de Lesage, conduit à reconnaître les limites de son emprise sur les hommes et à fuir finalement devant le redoutable astrologue-chimiste qu'Asmodée nomme à plusieurs reprises "l'Enchanteur". L'homme de savoir poursuit le démon de la luxure jusqu'au bout de sa silencieuse, implacable et toute puissante vengeance. Lire dans cet affrontement le triomphe de la rationalité et du savoir constituerait de toute évidence un faux sens : ce serait d'abord oublier la dimension ludique du texte et, plus encore, ce serait aussi oublier que le chimiste lui-même appartient au monde de la passion et de la folie. La soif de vengeance qui l'anime — tout comme elle anime Don Cléofas au début du roman — participe de passions toutes humaines et n'est pas sans rapport avec l'univers de la folie. Il ne faut pas oublier qu'Asmodée s'est initialement défini comme introducteur de la chimie dans le monde. Confronté à l'homme de sciences, le diable se trouve en quelque sorte dépassé par sa propre créature.

Au-delà de ces ambiguités et de ces complexités, il convient de retenir la construction rigoureuse du texte, la dialectique de la folie et de la mort qu'il met en jeu, loin de tout pathos, sans compromettre un seul instant une tonalité ludique et un rythme résolument allègre.

Jean-Jacques TATIN-GOURIER
Université de Tours

FOLIE NARRATIVE ET RAISON ROMANESQUE
DANS *LA VOITURE EMBOURBÉE* DE MARIVAUX

Françoise Rubellin

En janvier 1714, Marivaux, qui ne s'appelle encore que Pierre Carlet, fait paraître chez Prault, sous l'anonymat, un court roman intitulé *La Voiture embourbée*, dont le titre deviendra lors d'une nouvelle édition, et dans les catalogues, *La Voiture embourbée ou le singe de Dom Guichot, histoire romanesque et comique*[1]. En effet *Don Quichotte* était à la mode ; cette même année, Dancourt écrit dans la préface de *Sancho Pança gouverneur* : "Le roman de Don Quixotte est entre les mains de tout le monde. Il est traduit en toutes sortes de langues, et il n'y a guère de sujets plus connus que celui de cette comédie".

Si *La Voiture embourbée* s'inscrit dans la filiation quichottesque, c'est que Marivaux se propose d'y dénoncer le mauvais usage de la lecture : des voyageurs, bloqués dans une auberge de campagne en attendant la réparation de leur carrosse, entreprennent pour passer la nuit d'inventer un roman, qu'ils continueront chacun à tour de rôle. Les deux personnages principaux de ce "Roman impromptu", Amandor et Félicie, nourris de romans, vont chercher dans la vie quotidienne la réalisation des fictions romanesques.

On examinera d'abord comment s'opère la dénonciation de ce comportement, aussi bien au cœur du "Roman impromptu" que dans l'histoire cadre. Mais cette folie romanesque ne concerne pas

---

1. Un catalogue publié par Prault et Huet à la fin du cinquième tome des *Effets surprenants de la sympathie*, en 1714, signale parmi les nouveautés "*La Voiture embourbée ou le Singe de Dom Guixotte. Histoire comique.* Nouvelle édition augmentée d'un Conte extraordinaire" ; un autre catalogue, publié en 1716 à la fin de l'*Homère travesti*, porte : "Le Singe de Dom Guichot, ou les Aventures réjouissantes arrivées à l'occasion d'une voiture embourbée, avec le Roman impromptu, et l'Histoire extraordinaire d'un Magicien". Sur ces ajouts prétendus, voir F. Rubellin, « Remarques sur les éditions de deux romans de jeunesse de Marivaux : *Les Aventures de *** ou Les Effets surprenants de la sympathie* et *La Voiture embourbée*", Studi francesi, anno XXXIII, fasc. 1, gennaio-aprile 1989, p. 57-59.

que la lecture : la construction du "Roman impromptu" par les
voyageurs, dans son débridement, peut paraître elle-même comme
une sorte de folie : les genres les plus divers s'y succèdent sans
transition, seuls les personnages servent de fil directeur, et chaque
narrateur conduit l'histoire vers des situations extrêmes. Faut-il
chercher une raison à cette folie intertextuelle ? On devra enfin se
demander quelle instance contrôle la situation : le narrateur principal représente-t-il une sorte de garde-fou ? En quoi engage-t-il sa
responsabilité dans les actes d'énonciation qu'il répercute au
second degré en les écrivant pour son ami ?

Comme il l'avait déjà entrepris dans *Pharsamon*, précisément
sous-titré *ou les Nouvelles Folies romanesques*, Marivaux
tourne en ridicule les effets d'une certaine forme de lecture.
Amandor, le héros du "Roman impromptu", se voit d'emblée
caractérisé par une manie : "Il y avait plus de dix ans, aussi bien
que cette veuve, qu'il passait son temps à chercher des romans
et à les lire" (p. 339). "Cette veuve", l'héroïne dont Amandor
se dit épris, souffre de la même obsession, évoquée lors de la
rencontre au bois : "Cette dame semblait chercher les sentiers
les plus sombres et les plus épais, pour lire un livre qu'elle tenait
à la main, et dont la lecture semblait l'affecter de beaucoup de
plaisir" (p. 336). Ce livre est naturellement un roman, ce qui
permet à Félicie d'engager une conversation sur la manière dont
les amants se comportaient autrefois, et de déplorer les mœurs
actuelles.

La folie de ces deux personnages consiste à ne percevoir la
réalité qu'à travers le filtre idéalisant de la lecture, et à modeler
perpétuellement leurs actions et leurs sentiments sur des héros
livresques. Pour Félicie, "Son cœur depuis longtemps se nour-
rissait de sentiments puisés dans le roman" (p. 338) ; chez
Amandor se trouve souligné "le plaisir qu'il sentait d'aimer une
personne dont les manières avaient tant de rapport à celles des
héroïnes de ses romans" (p. 339). Un glissement s'opère ainsi
de la passion de la lecture à la folie de l'imitation, qui se manifeste jusque dans une déclaration d'amour : Félicie "n'attendait
plus que cette repartie, pour avoir le plaisir de comparer le goût
de cet aveu à celui des romans qu'elle avait lus" (p. 339).

Pour mettre en évidence la déraison de ces personnages, Marivaux va les doter de deux reflets burlesques, leurs suivants Pierrot et Perrette. Pierrot, qu'Amandor se choisit comme écuyer
pour mieux s'identifier aux valeureux chevaliers, possède aussi
ce trait de caractère : "ce jeune homme était âgé de vingt-deux

ans ; il avait assisté à toutes les lectures des romans d'Amandor, et son cerveau disposé à recevoir le poison contagieux de ces lectures, était monté à un degré de folie suffisant pour le rendre digne du choix qu'on va faire de lui" (p. 340). Le terme "folie", aussitôt répété ("cette folie à la vérité n'était pas aussi raffinée que celle d'Amandor") ne laisse aucun doute sur le propos de la démonstration, mais la métaphore de "poison contagieux" est plus ambiguë : vise-t-elle certains romans, ou plutôt la folie qui consiste à vouloir vivre comme dans les livres, ou encore une vision générale du monde, passéiste ? La métaphore a du moins pour effet de présenter ce fragment de "Roman impromptu" comme antidote, dans un genre satirique qui s'avère tout aussi contagieux, et qui pourrait être une autre cible...

Pierrot a pour fonction d'aider son maître à parfaire l'imitation, comme lorsqu'il justifie devant Amandor l'utilité des chevaux qu'il lui présente : "je les ai amenés ici afin que vous rêviez comme il faut qu'un homme comme vous rêve dans une forêt" (p. 343). D'ailleurs l'écuyer prétend porter, pour modèle, "le livre" sur lui (p. 341), expression qui ferait oublier que le livre en question, *Artamène ou le Grand Cyrus*, parut en dix volumes représentant plus de cinq mille pages. Cependant, comme Sancho Pança, il sert aussi à rappeler combien son maître se coupe de la réalité matérielle dans sa folie livresque. Tel est l'effet des nombreux proverbes : "où il y a des juments, il y a des poulains ; où il y a des mères, il y a des enfants [...] il fait beau voir un cordonnier sans cuir, un chevalier sans sa jument ou son cheval ; [...] une charrette ne va pas sans roue ; quand on fait un ragoût, il faut y mettre de tout" (p. 343-344). Ainsi Marivaux peut-il opposer radicalement à la folie des livres, nourrie d'imagination romanesque, la sagesse populaire, appuyée sur l'expérience de la vie, sagesse collective et en principe atemporelle ; il le fait à l'aide de deux formes d'automatisme culturel, le proverbe étant aussi figé que le *topos*, l'un sur le plan de la langue et l'autre sur le plan thématique.

Pierrot-Timane possède un double féminin en Perrette, rebaptisée Dina. Suivante de Félicie, elle est également une grande lectrice ("à qui le commerce actuel qu'elle avait avec sa maîtresse, et la lecture fréquente des romans avaient inspiré des impressions à peu près du genre de celles de Timane, mais un peu plus adoucies", p. 345) ; elle vient renforcer la dénonciation du comportement des maîtres, en les imitant de manière burlesque : "mais Timane, écoute donc, ne va pas faire le sot, et t'en aller sans m'avertir, car je t'aime dans le fond, et tout ce que nous faisons là, tu sais bien que ce n'est que pour la frime : Je te hais à présent, et lorsque tu viendras me dire adieu, tu verras comme je pâmerai d'amour" (p. 348)[2]; "la frime" doit s'entendre comme l'imitation, mais une imitation à visée valorisante ; or c'est en s'en moquant que Perrette se revalorise elle-même, prouvant qu'elle n'est pas atteinte par la même folie que les autres. Fait remarquable, Marivaux insiste déjà sur le rapport entre le récit-cadre et le roman inséré, en choisissant une jeune fille, au sein des personnages du "Roman impromptu", comme garant de la raison et de la lucidité, de même qu'il choisira une fille de quinze ans parmi les personnages du cadre pour remplir la même fonction.

Quels sont les romans qui suscitent une telle folie romanesque ? Trois sont fréquemment mentionnés, la *Cléopâtre* de La Calprenède, *Artamène ou le grand Cyrus* et *Clélie, histoire romaine* de Mlle de Scudéry ; tous trois appartiennent au genre héroïco-galant[3]. Certains personnages de ces romans sont introduits dans le "Roman impromptu" par le biais de comparaisons faites par le narrateur : "Félicie pouvait marcher de pair avec l'illustre Cléopâtre [...]. Césarion ressuscité n'eût pas mieux déclaré son feu" (p. 339) ; ou encore : "Perrette, cette confidente digne de remplacer celle de Clélie même (s'il eût été possible)[4]" (p. 345) ; ces allusions peuvent également être placées dans la bouche des personnages : Pierrot, qui demande lui-même à se faire appeler Timane (p. 342), du nom de l'écuyer de Mandane dans *Artamène ou le grand Cyrus*, est celui qui fait le plus de rapprochements : "Vous pleurez comme Artame, il me semble le voir ; je lisais tantôt le livre qui parle de lui" (p. 340) ou encore : "elle ressemble à Cléopâtre comme deux gouttes d'eau" (p. 341) ; "Ariobarsane, Coriolan et tant d'autres avaient peut-être aussi bien que vous des poulains à leurs trousses" (p. 343).

---

2. Dans *Pharsamon*, Cliton s'étant vu reprocher par son maître de ne pas avoir des manières assez romanesques, l'avertit : "Faites tranquillement toutes vos simagrées : je vais me mettre à l'écart sur cette chaise, et je vous regarderai pour apprendre" (Marivaux, *Œuvres de jeunesse*, éd. F. Deloffre avec le concours de Cl. Rigault, Paris, Gallimard, Bibliothèque de la Pléiade, 1972, p. 458. C'est à cette édition (abrégée en O. J. dans les notes) que renvoient les numéros de pages de *La Voiture embourbée* donnés dans le texte).

3. La dame évoque également le *Roland furieux* de l'Arioste lorsqu'elle mentionne Bradamante (p. 356).

4. On remarquera l'ironie de la parenthèse du narrateur.

Or les personnages du "Roman impromptu" ne sont pas les seuls à se passionner pour ces romans. Concourant à l'effet de mise en abyme, la dame d'un certain âge est désignée, à l'intérieur du cadre, comme grande lectrice. Le narrateur, après avoir remarqué "la dame parla en héroïne de roman" (p. 318), développe son portrait :

"Il me parut que la dame était de ces femmes qui, naturellement tendres jusqu'à l'excès, je dis de cette belle tendresse le partage des héros et des héroïnes, avait aidé sa disposition naturelle de la lecture des romans les plus touchants ; toutes ses expressions sentaient l'aventure, elle y mêlait par-ci par-là des exclamations, soutenues de regards élevés ; joignez à cela toute l'attitude d'une amante de haut goût, et digne pour le moins de tous les travaux de *Coriolan* ; sa bouche, ses yeux, son geste de tête, et enfin la moindre de ses actions était une image vivante de la figure qu'Amour prenait autrefois dans ces fameuses aventurières." (p. 319)

Rien d'étonnant donc à ce que cette dame, qui tente jusque dans son port de tête d'imiter les héroïnes romanesques, imagine dans le "Roman impromptu" une Félicie qui se met à vivre comme dans les romans. On remarque même que le narrateur souligne l'emploi qu'elle fait d'"exclamations", et que cette habitude verbale se retrouvera dans sa part de roman : "Oh ! mon Dieu ! " (p. 352), "quelle horreur, grands dieux ! " (p. 356), "Ô ciel ! quel nouveau spectacle" (p. 356). Elle dote Félicie du même tic : "Ô ciel ! s'écrie-t-elle cent fois" (p. 352), "Ah ! ciel ! » (p. 352). On pourrait penser que la folie de cette dame consiste à n'être pas capable de distance critique à l'égard des romans ; or, par le biais de quelques digressions, elle tient un discours argumenté de défense des grands romans, et prétend réfuter le discrédit dans lequel elle s'aperçoit que la contribution du narrateur les a jetés. "Quelle horreur, grands dieux ! et peut-on dire que l'impression des romans est folie, puisqu'elle rend une femme capable de soutenir avec courage une aventure dont le simple récit doit vous épouvanter ? " (p. 356)

Comme l'a remarqué N. Bonhôte, "le courage de l'héroïne qu'elle veut justifier ne paraît fou et par conséquent blâmable que parce qu'il n'est plus d'usage. Les romans sont l'expression d'une époque révolue, où les hommes ressemblaient aux héros et pouvaient donc se reconnaître en eux. La foi dans le romanesque, c'est la foi dans les vertus aristocratiques "[5]. C'est aussi

5. Nicolas Bonhôte, *Marivaux ou les machines de l'opéra*, Lausanne, L'Age d'homme, 1974, p. 42.

la femme qu'elle défend, et, à l'inverse des personnages du "Roman impromptu", il semble qu'elle parvienne à trouver un dérivatif à la folie imitative en créant elle-même de la fiction.

Ainsi, en donnant successivement la parole à un narrateur ironique puis à une narratrice qui prend la défense du grand romanesque, Marivaux montre qu'il a choisi un mode polyphonique, qui permet de multiplier les points de vue sur le roman. Mais de ce fait, le "Roman impromptu", et plus largement *La Voiture embourbée*, ne risquent-ils pas d'apparaître comme une production hétérogène, sans unité, une fantaisie qui multiplie à loisir les genres et les directions ? Folie narrative en ce sens, le roman ne souligne-t-il pas sa propre singularité, dès la préface : "le mélange bizarre de tous ces différents goûts lui donne totalement un air extraordinaire" (p. 313)[6] ?

La première phrase du roman : "Enfin, mon cher, je vous tiens parole", semble inscrire aussitôt la fiction dans le genre épistolaire. La multiplicité des pronoms de la deuxième personne crée l'illusion d'un destinataire, procédé qui permet à Marivaux plusieurs commentaires sur le déroulement du récit. On trouve en effet des annonces : "Je vous ferai bientôt le portrait de tous nos voyageurs" (p. 318), "Je ne vous ferai point un détail exact de notre conversation" (p. 318) ; des omissions : "J'oublie de vous dire que les œufs frits avec de la ciboule arrivèrent" (p. 323) ; voire des justifications d'omission : "il est inutile de vous en faire le portrait" (p. 319) ; des excuses : "pardon, mon cher, si j'interromps ma narration par une parenthèse" (p. 321).

Or ce pronom personnel *vous*, marque du destinataire, disparaît peu à peu du texte au fur et à mesure que se met en place le dispositif de fonctionnement du "Roman impromptu". La lettre dévie insensiblement vers le récit de voyage, genre illustré avec le plus grand succès au siècle précédent par Chapelle et Bachaumont, avec leur *Voyage en Provence et en Languedoc*. Dès le deuxième paragraphe de *La Voiture embourbée*, les précisions se multiplient. Au verbe principal "je partis" succède un complément d'origine, "de Paris", une proposition temporelle intercalée : "il y a quinze jours", une subordonnée de but : "pour me rendre à Nemours", à laquelle se rattache une relative à valeur

---

6. Le graveur de l'édition hollandaise de 1715 a su parfaitement illustrer ce "mélange bizarre". Voir les reproductions dans F. Rubellin, "A propos des gravures de *La Voiture embourbée* de Marivaux", *Langue, Littérature du XVIIe et XVIIIe siècle. Mélanges offerts à F. Deloffre*, Paris, SEDES, 1990, p. 367-379.

explicative : "où j'avais affaire"; une autre indication de date suit immédiatement : "comme je faisais ce petit voyage deux jours après la fin du Carnaval". Les réactions de certains critiques illustrent à quel point Marivaux a su donner l'impression d'un banal récit de voyage : pour W. Boctor, le roman nous renseigne sur les moyens de transport et les conditions de circulation au début du XVIIIe siècle[7]; G. Bonaccorso y voit, pour sa part, le récit d'une aventure survenue à l'auteur en personne[8]. Le brusque changement de ton, cependant, qui affecte le récit du narrateur après l'évocation de l'accident survenu au carrosse introduit un regard ironique et devrait freiner toute lecture "réaliste"[9] : "Quelle chute, grands dieux ! de la conversation la plus aimable à cette triste extrémité ! Amour, Amour, voilà ton portrait, tu nous séduis par de doux commencements, mais toujours d'affreuses catastrophes sont le nœud des appâts flatteurs dont tu nous as trompés" (p. 321). C. Gallouët-Schutter observe à juste titre que "en ironisant sur son récit, le narrateur introduit un doute sur la véracité des événements décrits ; mais plus important, il souligne que la multiplicité de détails et la simplicité du ton ne sont que les conventions d'un genre auxquelles tout narrateur n'est pas forcé d'obéir"[10]. La réflexion du narrateur illustre également sa capacité mimétique, revendiquée précédemment : "comme j'avais pénétré son caractère, vous pouvez vous imaginer que je m'y conformai, et que je lui répondis d'un langage assortissant au sien" (p. 321). On pourrait même penser que le narrateur se livre ici à un pastiche des exclamations romanesques de la dame.

7. W. Boctor, *Le Réalisme dans les romans de Marivaux*, thèse de doctorat, Université de la Sorbonne, 1952, p. 29 et s.
8. G. Bonaccorso : "è inneggabile ch'egli narra di un fatto realmente accaduto ; lo confermano i numerosi e precisi elementi realistici che l'opera racchiude" (*Gli anni difficili di Marivaux*, Messina, Peloritana editrice, 1964, p. 75). Le critique, cherchant confirmation dans la vie de Marivaux, a découvert que la date indiquée, "deux jours après la fin du Carnaval", donc un jeudi, correspondait aux départs du carrosse pour Fontainebleau et Nemours depuis 1711 (p. 124-125).
9. Pour M. Nojgaard, le cadre représente "le premier roman réaliste qu'écrivit Marivaux. [...] C'est uniquement pour ses vingt premières pages que *La Voiture embourbée* mérite de retenir notre attention" ("Le problème du réalisme dans les romans de Marivaux. Réflexions sur l'introduction de *La Voiture embourbée*"), Revue romane, I, fasc. 1, 2, Copenhague, 1966.
10. C. Gallouët-Schutter, *De la tradition au romanesque vrai : le parcours évolutif de Marivaux dans ses premiers romans*, Thèse, State University of New Jersey, 1982, p. 366.

Dans ce récit-cadre qui n'est donc déjà plus une lettre ni un récit de voyage, le narrateur vient greffer des détails issus du genre burlesque, tel que l'ont illustré les romans comiques de Sorel ou Scarron :

"Après ces mots, la bonne femme, assistée de huit ou dix enfants et de la vachère, nous conduisit dans une chambre à deux lits, tapissée d'images roussies, meublée de bancs et d'escabeaux ; on y voyait une grande cheminée décarrelée ; on se hâta de nous faire du feu, qui s'alluma au vent des enfants, de la mère et de la vachère, qui tous, les genoux à terre, tâchaient, à force de s'enfler les joues, de suppléer au défaut des soufflets. A vous dire le vrai, mon cher, ils allumèrent le feu, et le vent fut si prodigué, que toute la compagnie en eut une part, dont nous nous serions fort bien passés." (p. 322)

Le souci du pittoresque, du détail vrai (les images roussies, la cheminée décarrelée), est dépassé par l'intention de faire rire, quitte à utiliser les ressorts les plus bas du comique burlesque : Marivaux attire l'attention sur le sens scatologique à donner au vent prodigué par le derrière en interpellant le destinataire ("à vous dire le vrai, mon cher")[11]. Même exagération burlesque lorsque la dame, rebuté par le tartre des gobelets, boit dans le chapeau du narrateur.

L'ironie mine aussi des scènes qui pourraient plus facilement passer pour réalistes : relatant l'expédition du financier et du bel esprit chez le curé, le narrateur, qui n'était pas du nombre, raconte la toilette de la servante :

"à droit [sic] elle avait un escabeau qui lui servait de table, où elle mettait son lard et son pain quand elle avait mordu une bouchée de l'un et de l'autre ; à gauche était un banc d'environ trois pieds, chargé de l'attirail de son humble toilette : attirail composé de deux gros peignes dont l'antiquité et les cheveux avaient entièrement changé la couleur jaune en noir.

Ce fut là l'état où la surprirent nos députés. Elle mangeait successivement, et se peignait pour se coiffer de nuit." (p. 325-326)

F. Deloffre observe que cette scène constitue « une sorte de réplique burlesque de la scène de Silvie surprise dans le même

---

11. Dans *L'Homère travesti ou l'Iliade en vers burlesques*, lorsque le fleuve Xante dit : "D'aujourd'hui je n'ai point coulé, / Je suis, révérence parlé, / Aussi captif à ma manière / Qu'un vent retenu par derrière" (l. X, v. 251-254), c'est encore, comme "à vous dire le vrai", l'expression "révérence parlé" qui attire l'attention sur le sens scatologique. Il ne peut pas s'agir, dans *La Voiture embourbée*, de "mauvaise haleine" (C. Gallouët-Schutter, *op. cit.*, p. 367).

état par Des Frans dans *Les Illustres Françaises* de R. Challe "[12] ; cependant comme les deux romans sont exactement contemporains, et qu'on ne saurait supposer une référence implicite, on peut sans hésiter dire que Marivaux vise un *topos* romanesque, celui de la belle héroïne surprise à sa toilette : C. Gallouët-Schutter rappelle pertinemment que Marivaux l'a utilisé un an auparavant, sans intention parodique, en évoquant Ostiane au bain dans *Les Effets surprenants de la sympathie*[13].

La tonalité burlesque est d'ailleurs renforcée par de nombreux détails qui sont eux aussi des lieux communs, mais cette fois-ci du genre comique : la femme célibataire se faisant bonne du curé à cinquante ans "pour trouver dans la règle de sa maison un port assuré contre les tentations du mariage" (p. 325), le curé vidant des bouteilles, l'odeur du fromage, le chahut de nuit, les esprits redoutés par Blaise, l'évocation d'une visite grivoise de Mathurin à Nanon ("vous n'avez qu'à y revenir comme à ce matin nous conter des contes d'amour", p. 328), la suggestion d'amours illicites du curé ("un neveu du pasteur, car ils ont tous neveu ou nièce", p. 330).

Le glissement du récit de voyage vers le roman comique est précisément rendu sensible par une combinaison de traits comiques et d'allusions métatextuelles lors de l'introduction de ce nouveau personnage, le neveu du curé : il "leur accourcit le chemin par mille chansons burlesques" (p. 332), porte une perruque de côté et "fit tomber toutes les chaises ou escabeaux qui se trouvèrent à son chemin" (*ibid.*) en voulant complimenter les dames."

Ainsi on ne saurait opposer un roman réaliste et un roman romanesque pour trouver le principe organisateur de *La Voiture embourbée :* le mélange bizarre de tous ces différents goûts est donc déjà à l'œuvre dans le cadre, défiant toute bipartition rationnelle.

Au sein du "Roman impromptu" se retrouvent amplifiés ces glissements de genres. Le récit du narrateur est une parodie des romans héroïco-galants ; c'est lui qui mentionne le plus, directement ou indirectement, les œuvres de La Calprenède et de Scudéry. L'idée d'imiter le comportement de leurs héros, idée que le narrateur donne à Amandor et à Félicie, inscrit donc en arrière-plan aussi bien ces romans que le *Don Quichotte* de Cervantes.

---

12. *O. J.*, p. 1153-1154.
13. C. Gallouët-Schutter, *op. cit.*, p. 368 et 395.

Le narrateur imagine qu'Amandor ose déclarer sa flamme à Félicie, et se voit condamné à l'exil ; il se choisit un confident, lequel lui apporte une jument, accompagnée de son poulain, et un petit cheval étique. Dans la garenne, il surprend Félicie endormie, avec sa confidente. Il porte la main à son corset, déclenchant son courroux, puis lui tend son épée pour qu'elle le tue ; survient Timane qui se sent obligé d'imiter son maître ; il tâte le corset de Dina ; celle-ci aussitôt "lui donna un coup de poing dans l'estomac, qui fit reculer l'audacieux de quatre pas" (p. 351).

Cette partie du récit affiche clairement la parodie par l'outrance des situations, par les remarques ironiques du narrateur ("Je ne vous dirai pas au juste si ce sommeil fut naturel ; peut-être que les yeux d'une héroïne d'amour sont stylés à concourir à tout ce qui peut composer un goût complet de noble tendresse", p. 346), et par la mise en évidence des *topoi* : "il manquait à la régularité de sa flamme un confident, dans le sein duquel il puisse répandre les larmes que ses yeux verseront" (p. 340) ; "je brûle d'avoir le plaisir de pouvoir pleurer aussi bien que vous" (p. 341) ; « attachez donc bien proprement la bride de votre cheval à l'arbre auprès duquel vous reposez, afin que vous gémissiez dans les formes" (p. 343) ; "pourquoi les écuyers n'ont-ils pas laissé le secret d'apprendre aux chevaux tout le manège nécessaire à l'amour ?" (p. 344).

En contrepoint à l'héroïsme proclamé, le style de Pierrot-Timane ou de Perrette-Dina rappelle aussi le genre burlesque, qu'il s'agisse de comparaisons rabaissantes "vous avez été reçu comme un mâtin dans un jeu de quilles" (p. 341) ou d'expressions imagées familières "vous n'avez plus qu'à graisser vos bottes »[14] (*ibid.*) ; "j'en ai trop dit mais on ne peut pas ôter de cela comme d'un morceau de gâteau" (p. 351).

Le mélange de tons de cette première partie du "Roman impromptu" est souligné au moment du changement de narrateur, lorsque vient le tour de la dame : "il faut que vous optiez, ou du comique, ou du grand, car franchement, je n'ai point assez de capacité pour soutenir la critique que vous venez de faire des amours apparemment romanesques ; cette critique est mêlée successivement de sérieux et de burlesque, n'espérez point les deux avec moi" (p. 352). Le "Roman impromptu" adopte alors un

---

14. "Graisser ses bottes" : se préparer à un long voyage, et même à la mort (*Dictionnaire des Proverbes français*, Paris, Savoye, 1749).

nouveau genre, annoncé par le portrait de la dame, dite romanesque, et par la requête du bel esprit : "allons, madame, du beau,
du merveilleux, et surtout de ces situations tragiques, étonnantes
et tendres" (p. 352). De fait, la dame poursuit la narration en
mêlant à l'ancien idéal de chevalerie l'esprit des contes orientaux.
Marivaux prend alors pour cible un autre genre, celui des *Mille et
une Nuits*, que la traduction d'Antoine Galland, publiée à partir de
1704, venait de mettre à la mode. Félicie se déguise en homme,
prend le nom d'Ariobarsane ; sa suivante l'imite. Parties pour
l'aventure, elles parviennent à l'entrée d'une caverne mystérieuse
d'où se font entendre des cris affreux ; Ariobarsane y pénètre
sabre à la main, y découvre des femmes enchaînées gisant au
milieu de cadavres. L'une d'elle, interrogée sur son sort, raconte
l'"histoire du magicien". Depuis deux cents ans, le magicien
Créor vit dans cette caverne. Quand il était jeune, sa fiancée de
quinze ans, Bastille, avait été enlevée par le Sophi de Perse, qui
n'avait laissé à Créor en compensation qu'une somme d'argent.
Or Créor avait ensuite sauvé la vie d'un vieil homme endormi
qu'une jeune femme s'apprêtait à tuer. Pour le remercier, ce
vieillard lui avait révélé son secret : magicien possédant le don
d'éternelle jeunesse, il tuait les jeunes gens pour entrer ensuite
dans leur corps : mais un jour par semaine il redevenait vulnérable. Plein de reconnaissance pour Créor, il lui avait promis de
l'aider à reprendre Bastille, et à cette fin, de lui enseigner la
magie.

S'arrête alors la contribution de la dame, contribution dont le
comique est totalement absent. La part suivante est celle du bel
esprit, qui va joindre la cruauté au merveilleux. Meurtre du
magicien, déplacement dans les airs, pétrification à l'aide d'une
baguette magique des convives assistant au banquet donné par le
sophi, nouveau transport aérien, nouvelle caverne, dans laquelle
se tient justement la prisonnière censée faire ce récit rétrospectif
à Ariobarsane. Le bel esprit ne se prive pas de détails sadiques
avant la lettre : Créor pend le sophi sans lui enlever la vie, jette
un charme à Bastille, qui lui accorde ses faveurs et qui vient
ensuite torturer le sophi "plus furieuse qu'une Bacchante, elle se
faisait élever jusqu'au plancher où il était suspendu, et lui per-
çant le corps de mille coups d'un poignard qu'elle tenait en
main, elle joignait à ces coups affreux, mais qui ne finissaient
point sa vie, elle joignait, dis-je, tout ce que le mépris, la rage et
la cruauté peuvent fournir d'expressions les plus accablantes,
pendant que le malheureux prince, pour l'attendrir, lui disait tout

ce que la douleur et une tendresse au désespoir peuvent exprimer de plus touchant" (p. 374). Nouveau supplice, Bastille est à son tour pendue sans mourir à côté du sophi ; quant aux femmes prisonnières, elles servent à assouvir les désirs de Créor, qui les enferme ensuite "dans un cabinet dont l'infection les empoisonne". L'horreur continue avec l'évocation de trois autres pièces : celle des enfants de neuf à dix ans enlevés par Créor, qu'il tue ensuite pour prendre leur corps en leur soufflant un poison dans la bouche ; celle des ennemis enchaînés condamnés à se mordre sans repos ; enfin la pièce au sol pavé de carreaux toujours ardents, où les captifs "courent [...] comme des frénétiques, la plante de leurs pieds est brûlée" (p. 376). Sous la responsabilité du bel esprit, le "Roman impromptu" devient une délirante machine à fabriquer du cruel. Mais au moment où Marivaux laisse attendre un combat sanglant entre Ariobarsane et Créor, la parole est donnée à la jeune fille qui transforme radicalement l'orientation de l'histoire : prétextant que les folles aventures des cavernes n'étaient qu'un songe, elle fait se réveiller Ariobarsane et tire l'histoire vers le genre comique : la rencontre de paysans au clair de lune qui conduisent les deux femmes dans leur village permet la démystification des comportements héroïques : le courage surnaturel disparaît ("le croirait-on, à la honte de la valeur romanesque, la peur se saisit du cœur du grand Ariobarsane", p. 381), le travestissement est perçu comme déguisement ("où diantre allez-vous fagotés comme vous voilà", p. 382), les comparaisons sont dégradantes ("on eût dit, à voir la figure de nos deux aventuriers, que c'étaient des voleurs qu'on menait au cachot", p. 382), le langage noble présenté comme artificiel par la confrontation avec l'idiome des paysans ("parguienne je sommes douze contre deux", p. 381). Ainsi la jeune fille, en retournant aux préoccupations terre à terre des personnages, à l'image de Pierrot qui enferme ses vaches et de Perrette qui fait cuire ses choux, et en évoquant deux scènes de ménage centrées sur le cocuage, achève de faire évanouir la dimension héroïque du "Roman impromptu".

Les contributions très courtes du financier et du neveu du curé vont se borner à clore l'histoire du roman impromptu : le financier ressuscite l'espace de quelques phrases le genre héroïque en faisant se précipiter un chevalier au secours de la paysanne battue par son mari "secourons les infortunés, et méritons à force de vertu que le ciel termine l'horreur de ma situation !" (p. 385-386) ; mais l'effet romanesque des propos du chevalier, qui se révèle évidemment être Amandor, se trouve aussitôt ruiné par la remarque de Timane qui devine en l'infortunée "une dame à dindons", et par la description d'Ariobarsane vidant une écuelle de vin et tenant un morceau de fromage à la main. Le neveu du curé termine alors l'histoire en moins d'une page en imaginant une réconciliation générale avec mariage assortie d'une beuverie dont les participants n'ont plus rien des héros d'un autre siècle imaginés au début par le narrateur : Amandor et Ariobarsane, sous l'effet du vin "ne savent plus ce qu'ils disent", et les paysans "se saoulent entièrement, tombent de leurs escabeaux et ronflent dans les cendres" (p. 388). Ainsi s'achève le "Roman impromptu", et quelques lignes plus tard, *La Voiture embourbée*.

Des femmes aventurières aux dindons de Perrette en passant par les pieds brûlés et les sommeils sur le gazon, le récit paraît abandonné au hasard de l'imagination des devisants. Pourtant c'est au narrateur qu'il revient d'ouvrir et de clore *La Voiture embourbée* ; c'est également lui qui, lecteur de grands romans, a l'idée d'inventer le « Roman impromptu", qu'il fait débuter par le bannissement d'Amandor par Félicie. Est-il préservé de cette folie narrative ? Dans quelle mesure le narrateur peut-il apparaître comme une figure de l'auteur ?

Le narrateur fait preuve d'un souci de clarté et d'explication : "pour donner à ceux qui liront ceci raison des goûts différents dont cette histoire sera écrite" (p. 317). "Donner *raison* des goûts différents", c'est déjà vouloir présenter comme rationnel ce qui pourrait ne pas l'être. Affirmer "dont cette histoire sera écrite" plutôt que « dont ce roman impromptu a été fait ", c'est privilégier la création plutôt que la retransmission, et valoriser l'unité du roman. De plus, passer de "mon cher" à "ceux qui liront ceci", c'est élargir d'emblée le champ des destinataires, et contredire intentionnellement la forme de lettre privée affichée à la première phrase[15]. On ne saurait négliger l'importance de la préface[16], qui

15. Dans *Le Bilboquet*, écrit vraisemblablement à la même époque, Marivaux procède au même élargissement dès le premier paragraphe : le récit s'ouvre comme une lettre "je vous envoie, mon cher ami, ce que m'a fait produire [...]", mais d'autres destinataires interviennent aussitôt : "je soulageai par la petite histoire que vous allez voir, et que j'adresse à la postérité, toute la douleur qu'il me donnait" (*O. J.*, p. 687).

16. Voir V. Costa, "La préface de *La Voiture embourbée*", *Recherches et Travaux* n° 44, Hommage à Michel Gilot, 1993, p. 53-66 et C. Cusset, "l'adresse au lecteur dans les préfaces de Marivaux", dans *Marivaux et Les Lumières. L'éthique d'un romancier*, éd. G. Goubier, Publications de l'Université de Provence, 1996, p. 129-136.

par son existence même, subvertit la fiction épistolaire, et désigne ce qui suit comme "un livre imprimé" et "ce roman". Ainsi, le narrateur se fait auteur-*auctor*, garant de la folie narrative collective : en transformant une fiction orale en un récit écrit, il lui donne ses lettres de noblesse ; en en faisant le sujet d'une lettre et par delà, d'un roman, il lui attribue un public. C'est encore le narrateur qui referme rapidement et précisément toutes les portes qui avaient été ouvertes : en indiquant "Le campagnard achevait son dénouement grotesque", il souligne l'achèvement du "Roman impromptu" ; avec "on vint nous dire que notre carrosse était prêt ; nous prîmes congé du neveu, de notre hôtesse et de ses enfants, et nous montâmes en carrosse ; j'arrivai à Nemours, je quittai mes voyageurs" il met fin au récit de voyage ; enfin, avec "je fis résolution de vous faire le récit de nos plaisirs ; vous me le fites promettre, ma parole est acquittée, serviteur", il clôt la forme épistolaire affichée au commencement du roman.

Il légitime l'invention du "Roman impromptu" par le plaisir :

"Je proposai à la compagnie, pour nous *divertir*, d'inventer un roman que chacun de nous continuerait à son tour ; [...] comme il ne s'agit ici que de nous *réjouir*, rendons l'histoire *divertissante* [...] j'imagine un sujet qui pourra fournir des traits *plaisants*." (p. 323-324)

Ce narrateur permet à Marivaux de relier étroitement plaisirs de la création romanesque et plaisirs de la vie. Les conditions de création de la fiction mettent en évidence cette idée : le récit-cadre débute deux jours après la fin du Carnaval, où le narrateur avoue avoir fait la fête ; mais en mentionnant le Carnaval, il annonce déjà implicitement les renversements de valeurs (de l'héroïque au comique, du prosaïque à l'héroï-comique) qui affecteront le "Roman impromptu". Ce carnaval a d'ailleurs provoqué "la fatigue des veilles et des plaisirs", et l'invention du "Roman impromptu" se passera de nuit, jusqu'à quatre heures du matin ; en évoquant cette fatigue récente, le narrateur dit se frotter les yeux dans le carrosse, mais puisqu'il ne dormira pas dans la suite, on peut y voir le signe que le roman sera à mi-chemin entre le monde du rêve et celui de la réalité. Un autre détail du récit-cadre mérite l'attention : le narrateur prend du tabac pour se réveiller ; or ce tabac devient un argument de communication avec la dame qui en demande, puis le cavalier, puis les autres, puis le cocher, puis le postillon : de fait il est déjà emblématique de la folie narrative qui s'étendra à tous les voyageurs.

De même, si le récit-cadre évoque trois repas (lors d'une étape, puis le soir dans l'auberge misérable, puis lors du retour de chez le curé), c'est aussi pour relier les plaisirs de la nourriture, ceux de la civilité et ceux de la création[17].

Le narrateur est aussi celui qui sait utiliser le langage pour séduire : il se fait caméléon : "comme j'avais pénétré son caractère, vous pouvez vous imaginer que je m'y conformai, et que je lui répondis d'un langage assortissant au sien" (p. 321), mais aussi girouette : "pour moi je brochai sur le tout, et sans contredire personne je parus favoriser les sentiments de chacun en particulier". L'ensemble même de *La Voiture embourbée*, et l'inscription de l'ami destinataire au cœur du texte, prendrait ainsi son sens, selon C. Gallouët-Schutter : "Le récit, par ces rappels constants d'une amitié, devient le prétexte d'un contact qui reproduit, en quelque sorte, cette amitié [...] ; aussi longtemps que le narrateur fait acte de narration, il communie avec son ami"[18].

Cependant, un autre personnage assure la raison dans cette folie, la jeune fille de quinze ans. Tandis que le narrateur émet des jugements souvent sans appel sur les autres voyageurs ("la dame parla en héroïne de roman", "le bel esprit pointilla", "le vieillard radota"), la jeune fille est épargnée. Le narrateur vante ses "saillies vives et naïves", et lui attribue le portrait des passions "le plus juste et le plus naturel". Pourtant sa contribution au "Roman impromptu" dévie, comme on l'a vu, vers le genre du roman comique, et ne saurait illustrer la qualité de sincérité louée par le narrateur ; comme elle le reconnaît elle-même, "je n'ai dit que des folies mais je ne suis point sérieuse" (p. 385). C'est donc bien plutôt dans les marges, c'est à dire au moment où à deux reprises on lui propose de commencer sa part de roman, qu'il faut chercher ce qui provoque l'admiration du narrateur, et qui en fait un personnage de choix.

Remarquons d'abord une coïncidence frappante. A deux reprises Marivaux place les mêmes formules dans la bouche et du narrateur, et de la jeune fille : "mais je m'aperçois, dis-je à la compagnie, qu'il y a bien assez longtemps que je parle" (p. 352) ; "je m'aperçois qu'il y a assez longtemps que je parle" (p. 385). Pour assurer le relais de parole, le narrateur emploie

---

17. R. Howells a très bien analysé combien le rituel autour de l'alimentation est riche de sens. Voir "Marivaux and the fête. From consuming to narrating", *French Studies*, 39,1985, p. 153-165.

18. C. Gallouët-Schutter, *op. cit.*, p. 384.

l'expression "à vous le dé, mademoiselle" (p. 370), et la jeune fille également : "à vous le dé maintenant monsieur le financier" (p. 385). Peut-il être fortuit que cette expression qui, mieux qu'une autre, met en évidence le côté *aléatoire* (à proprement parler) et ludique du "Roman impromptu" (rappelant *La Maison des Jeux* de Sorel) soit placée dans la bouche des deux personnages qui maîtrisent le mieux leur récit ?

Elle a comme autre point commun de provoquer le rire : tandis que le bel esprit soulignait en commentant le récit du narrateur : "monsieur nous a fait rire" (p. 352), la jeune fille obtient le même effet : "Quand la jeune demoiselle eut prononcé ces mots, nous nous mîmes tous à rire, et nous convînmes que ce trait-là [...] valait tout ce qu'on aurait pu dire de meilleur" (p. 379).

Ce qui provoque le rire, c'est précisément une réflexion riche de sens :

"Je ne suis pas magicienne, mais je ne laisse pas que d'avoir des secrets, principalement pour finir un récit qui m'embarrasse [...] un mot seul va faire tous ces miracles, et voilà comment. Créor allait donc en venir aux mains avec le magicien, quand Ariobarsane s'éveilla, et vit disparaître tous ces fantômes de magie, d'esclaves, de tourments que lui avait peints son imagination [...]" (p. 379)

C'est bien l'affirmation de la magie du romancier et des pouvoirs de sa parole qu'on peut lire derrière ces déclarations de la jeune fille. Elle utilise avec esprit la métaphore du voyage pour évoquer le récit : "avant que je commence, que quelqu'un fasse le reste du *chemin* pour arriver à la fin de l'histoire" (p. 371), ce qui la conduit à cette admirable remarque : "car j'avoue que je suis embourbée": la jeune fille, en tant que personnage, ne peut évidemment pas connaître le titre du roman de Marivaux. Utiliser le verbe "embourber" est déjà un signe de son esprit d'à propos, par rapport à l'incident qui a occasionné leur séjour dans cette auberge ; mais le verbe est aussi une astuce de Marivaux pour distinguer la jeune fille des autres personnages, en provoquant, par le brutal changement de niveau (la référence au titre), une réflexion sur le sens du roman. On peut analyser de la même manière le fragment de roman qu'invente la jeune fille, quand elle imagine qu'Ariobarsane et Merlin rencontrent des paysans : "nous allions où il vous plaira, répondit encore le timide chevalier [...]. Pargué si vous voulez nous suivre, je vous mènerons dans notre village, il y a le curé qui est un bon vivant, et qui a plus de bouteilles de vin que de livres ; venez, vous nous raconterez en chemin faisant vos drôles d'aventures" (p. 382). Elle manifeste son esprit en insérant dans la fiction des circonstances proches de celles qu'elle vit dans le récit-cadre : nuit, village, curé, vin, récit de drôles d'aventures... Mais par ce personnage Marivaux provoque également une réflexion du lecteur sur l'ensemble du roman, et se joue à en formuler une possible infinie reconduction...

Ainsi, *La Voiture embourbée* dissimule sous l'apparence de récits spontanés la réalité d'un livre charpenté, à une époque où le genre même du roman se trouve fortement mis en question. S. P. Jones a constaté que sur 260 œuvres de fiction parues entre 1700 et 1715, aucune ne s'appelle roman[19]. On compte 69 *histoires*, une quarantaine de *nouvelles*, qu'elles soient historiques ou galantes, une trentaine d'*aventures*, une vingtaine de *mémoires*, le reste constituant des *voyages, relations, lettres, entretiens, anecdotes, annales, vérités*. En choisissant pour titre *La Voiture embourbée*, Marivaux pouvait donner l'illusion d'inscrire sa fiction dans la catégorie voyage, relation ou lettre. Mais la clé de lecture réside dans l'affirmation de la préface : "je vais donc me masquer" (p. 314) , et dans le mot d'esprit de la jeune fille "je suis embourbée". Loin des récits de nouvelles illustrés par Bocacce, Chaucer, Marguerite de Navarre, Marivaux imagine un rapport tout à fait singulier entre le récit-cadre et l'histoire insérée. Il place au cœur de son roman un débat sur le roman, permettant de confronter différentes positions sur le vrai, le vraisemblable, le naturel ; préférant un régime ludique à un régime polémique, il choisit pour cibles les principales modes narratives. Il légitime le roman en montrant que s'il met à jour les imaginations les plus noires – comme celle du bel esprit – il n'est cependant aucunement dangereux. La relation sociale qui s'instaure parmi les voyageurs grâce à leur entreprise de création n'est qu'un miroir de celle que Marivaux souhaite entretenir avec son lecteur, et qu'il formulera encore dans *Pharsamon* : "Suivez-moi, mon cher lecteur, à vous dire le vrai, je ne sais pas bien où je vais ; mais c'est le plaisir du voyage"[20].

Françoise RUBELLIN
Université de Nantes

---

19. S. P. Jones, *A list of French prose fiction from 1700 to 1715 with a brief introduction*, New York, The Wilson Company, 1939.
20. *O. J.*, p. 457.

LE TESTAMENT DE DON QUICHOTTE

Jean-Paul Sermain

"Y el diablo, que no duerme, como es amigo de sembrar y derramar rencillas y discordia por doquiera, levantando caramillos en el viento y grandes chimeras de no nada", *Don Quijote*, II, 25, 217[1]: "et le diable, qui ne dort pas, comme il aime à semer et à répandre querelles et discorde partout où il passe, soulevant des racontars dans le vent et de grandes chimères de néant."

Ce fragment appartient à un épisode du roman qui s'enracinerait dans le folklore : don Quichotte rencontre des paysans en armes et apprend qu'ils vont combattre les habitants d'un village voisin pour défendre leur honneur. A la suite de la disparition d'un âne, deux des offensés ont en effet eu l'occasion de montrer leurs talents à en imiter les braiments, et ils ont ainsi valu à l'ensemble du village d'être moqué pour cette compétence grotesque. La querelle naît de "rien", de ce que le vent soulève comme une poussière, et elle suscite des passions de type politique en laissant les habitants s'identifier à une image vaine (qui fonctionne comme la figure rhétorique : elle n'a qu'un lien fortuit et partiel à l'identité véritable des villageois et à ce qui vaudrait la peine d'être défendu au péril de sa vie). Guerre pichrocoline certes, mais qui menace d'être sanglante, qui repose sur une "chimère", sur la tendance à accorder à des simulacres une pleine valeur de représentation (ce qui vaut aux victimes d'être désignées comme "rebuznadores" – ceux qui braient – ne saurait les définir). Cette folie est présentée sous un jour comique, comme celle de don Quichotte. Elle implique une collectivité entière, qui, dans son unanimisme, est incapable d'en mesurer le caractère insensé : le politique est un espace privilégié de la folie.[2]

---

1. Références : Miguel de Cervantes, *El Ingenioso Hidalgo Don Quijote de la Mancha*, éd. John Jay Allen, Madrid, Cátedra, 1990, 2 tomes.

2. Ce que Saint Réal théorise et exemplifie dans son petit traité - Saint- Réal : *De l'usage de l'histoire*. Edition R. Démoris et Ch. Meurillon, GERL 17/18, 1980.

Introduction

La folie peut être prise directement comme matière de l'œuvre littéraire, et susciter une réflexion sur sa nature ou ses frontières ; il semble que cela soit assez rarement le cas au XVIIIᵉ siècle. La folie peut aussi être utilisée comme un matériau, pour son pouvoir de médiation ou de révélation de réalités et de significations spécifiques : en elle, par elle, se dirait ce qui échappe à la raison ou à la conscience. Tel est son usage dominant, encore aujourd'hui. Le sens qu'elle ménage est de nos jours essentiellement d'ordre anthropologique, qu'il concerne l'ordre des cultures, celui de la psyché ou celui de la création artistique. Le XVIIIᵉ siècle hérite d'une tradition ancienne, qui inscrit la folie dans une hiérarchie métaphysique et la charge, à la manière d'une figure hiéroglyphique, de rappeler les fondements de l'être et de la morale. Il fait en même temps avec *Don Quichotte* (ou plutôt il tire de ce roman) une expérience différente, qu'on pourrait identifier à une crise du fonctionnement ancien en attendant que s'ouvre la période moderne (qui cherche à faire partager ce que vit le fou, nous y arriverons *in fine*). Cet effacement des repères et du sens de la folie s'appuie sur une partie du message de Cervantes. Mais il est aussi lié à la position où se trouve le lecteur-écrivain du XVIIIᵉ siècle et à la configuration épistémologique où il est pris : c'est dans la reprise de *Don Quichotte*, dans sa réappropriation à distance, que se constituent une nouvelle approche de la folie et une nouvelle compréhension de l'œuvre qui peut en traiter.

Le phénomène que je voudrais examiner est le suivant : en laissant lire la folie de son héros comme pur non-sens (il faut entendre l'expression à la lettre : une absence radicale de sens), Cervantes transforme en défi l'œuvre qui expose ce non-sens et en fait sa matière. C'est à la mise en place de ce paradoxe et à ces effets que je vais me consacrer en suivant un ordre à peu près chronologique, qui isole certaines étapes, établit leurs corrélations, mais sans prétendre établir une chaîne historique ou causale : fragments d'une problématique commune.

La provocation de la folie (autour de 1680)

A la fin des années 1670, les jansénistes s'intéressent à *Don Quichotte*, cherchent à en tirer parti, et demandent à Filleau de

Saint Martin[3] d'en faire une traduction nouvelle, qui supplante les traductions initiales d'Oudin et de Rosset, qui datent du début du XVIIe siècle, et elle est assez conforme à la perspective et à la langue classique pour dominer ensuite tout le XVIIIe siècle (la traduction suivante, celle de Florian paraît en 1799, et elle est fort abrégée) : elle est constamment rééditée (Neumann compte jusqu'au XIXe siècle 70 éditions), et sert même de support à une traduction allemande. L'une des particularités de cette traduction est d'avoir modifié et quasi supprimé le dernier chapitre qui rapporte le testament et la mort du héros : il y renie entièrement ses aventures passées, retrouve son identité première (que le narrateur, au chapitre premier, avait affirmé ignorer) d'"Alonso Quijano el bueno", et demande pardon à ses proches. L'importance de ce chapitre se mesure à l'attaque que Cervantes fait, dans son propre livre, du roman picaresque qui a la forme de mémoires : celui-ci manque le moment décisif de la mort qui seul permet de donner une juste perspective à la vie, et en l'occurrence sauve le héros[4]. Ce passage essentiel aurait pu soutenir l'interprétation que les Lumières donnent du roman et de leur propre rôle historique, puisque le héros y oppose à l'ignorance d'autrefois les lumières nouvelles[5]. Par le terme de "desengaño" Cervantes rattache clairement son roman à l'esthétique et à la *Weltanschauung* de l'âge baroque : ce que le héros a vécu est une illusion et il retrouve son identité obscurcie un moment par la folie. Conformément à la leçon ultérieure de la pièce de Calderon, *La Vie est un songe* (Cervantes thématise

3. Sur cette intervention janséniste et sur le rôle de Filleau, voir M. Bardon, *"Don Quichotte" en France au XVIIe et au XVIIIe siècles*, Paris, 1931, M. H. Neumann, *Cervantes und Frankreich (1590-1902), Revue hispanique*, t. 78, 173, 1930, p. 1-309, et la préface de J. Cormier et M. Weil à leur édition de Challe, *Continuation de l'histoire de l'admirable don Quichotte*, Genève, Droz, 1994. La traduction de Filleau paraît en 1677, sa suite en 1695, celle de Challe en 1713.

4. Cervantes montre son héros, Ginès, qui voulait nourrir son autobiographie de ses brigandages, commencer une vie très différente (de devin-montreur de marionnettes). Les romanciers situent presque toujours l'activité d'écriture de leurs héros mémorialistes dans un espace et un temps indifférencié. Le fait que leur vie actuelle se réduit à cet acte d'écriture ne peut passer pour une anticipation de leur mort que par une illusion d'optique.

5. "Yo tengo juicio ya, libre y claro, sin las sombras caliginosas de la ignorancia, que sobre él me pusieron mi amarga y continua leyenda de los detestables libros de las caballerías", II, 74, 573. "Mon jugement est maintenant libre et clair, loin des ombres brumeuses de l'ignorance, dont m'enveloppa la lecture continuelle et insipide des affreux livres de chevalerie".

dans le roman cette métaphore), le désenchantement du héros serait interprétable symboliquement, son illusion aidant à percevoir le caractère illusoire du monde où la conscience de l'homme s'engloutit, oublieuse de sa vérité métaphysique. Cette signification n'est pas étrangère à l'entreprise de Filleau de Saint Martin, le traducteur continuateur, ou de Dubos, dans ses *Réflexions critiques sur la poésie et sur la peinture* de 1719, mais elle n'y est plus énonçable directement, et elle intervient à la fois comme une motivation profonde et une réminiscence : nous y reviendrons en conclusion.

Le testament de don Quichotte sur son lit de mort confirme l'interprétation que le lecteur est invité à faire d'emblée de sa folie. Alors que durant l'essentiel du roman l'expérience du héros, ses représentations, ses conceptions, son action, ses sentiments, ne coïncident pas avec ce que le lecteur en sait et en conclut (telle serait la distance en même temps de la folie et du comique), les deux points de vue convergent vers la fin. Le romancier fait souscrire son personnage à la vision étrangère que le roman donne de lui. Le bilan de don Quichotte est purement négatif : il ne retient rien de son passé, sinon de savoir qu'il s'est trompé, qu'il a vécu un moment d'*ombres*, d'*ignorance*, de *brumes*, et que son identité est retrouvée sans rien retenir de ce qu'il a vécu. Il n'y a donc ni vérité intérieure de la folie, ni révélation morale ou spirituelle. Les objets poursuivis par don Quichotte pendant ses aventures, ses pensées et ses actions, prennent un caractère d'illusion : il ne s'est rien passé, ou plutôt, ce qui s'est passé n'est rien. Cette néantisation a une valeur tragique : c'est dans la recherche d'un plus haut sens que don Quichotte fait l'expérience radicale du non-sens. L'attitude finale du héros peut s'expliquer par le dilemme où il est placé : en éliminant son passé, en traitant son aventure comme pure illusion, il renonce à tout ce qu'il a été, à ce qu'il a voulu et entrepris, mais il atténue aussi la souffrance de la disparition en ôtant rétrospectivement toute valeur, toute épaisseur à ce qui a été perdu : il n'a rien à regretter, sinon d'avoir vécu. Ce "néant" qu'il rejette loin de lui, il déclare en même temps qu'il en a été le support ou l'incarnation : s'il ne souffre pas, c'est à condition de mourir. Dans l'apaisement de son héros, Cervantes tire paradoxalement les conséquences extrêmes de la folie.

En deçà de sa motivation psychologique ou de sa justification théologique (qui n'est pas ensuite rejetée mais transformée), cette conclusion testamentaire du roman porte à une tension maximale les questions qu'il a soulevées, et ce sont elles qui retiennent le XVIIIe siècle et nourrissent son rapport à *Don Quichotte*. J'en distinguerai trois.

— la question de l'objet. Don Quichotte suggère l'éventualité d'un investissement passionnel sur des objets purement imaginaires, les ennemis du héros n'existent pas, pas plus que Dulcinée, la dame de ses pensées, pas plus qu'il n'existe d'autorité pour reconnaître ses actions. Non seulement don Quichotte ne tient aucun compte de la réalité du monde qui l'entoure (il ne se demande pas s'il fait vraiment le bien, si l'on souhaite son secours, si on cherche à l'attaquer ou à le violer : il le croit), mais il finit par reconnaître que la réalité même ne lui importe pas (en I, 25) : il sait que Dulcinée est un *être de raison*, inventé, il sait qu'il fait le fou (il n'est pas fou d'amour, puisqu'il n'y a aucune femme en face de lui ; tandis que le chevalier aux miroirs se plaint des "dédains" qu'il essuie, don Quichotte, dans une expression à double entente, peut déclarer : "jamais ma dame n'a eu pour moi de dédain,"[6] puisqu'il n'y a jamais eu entre eux le moindre contact). Cette passion que le sujet nourrit de lui seul prend sa dimension anobjectale[7] par opposition aux autres personnages qui sont sur la route et affrontent la résistance du réel à leur désirs et à leurs projets : ils aiment, convoitent une femme, servent le roi, se tournent vers Dieu, font de la poésie, écrivent des livres, se tuent, s'enrichissent, etc.[8]

6. II, 12, 113, "Nunca fui desdeñado de mi señora".

7. En parlant de "passion sans objet" dans la présentation de ce travail lors du colloque, j'étais resté dans le système de pensée du roman, mais le terme d'"objet" recouvre des réalités diverses, puisqu'il peut désigner un "objet d'amour", mais ausi Dieu, un travail, une œuvre. Je voulais par là désigner une relation transitive à une réalité extérieure. Don Quichotte instaure une relation paradoxale puisqu'il veut s'affranchir au maximum de cette réalité extérieure et en même temps, il prétend la soumettre à sa vision. La résistance du réel l'empêche de sombrer complètement dans la folie, alors que les simulacres complaisants qui lui sont offerts dans la deuxième partie du roman pourraient lui être fatals, s'il n'avait à ce moment-là retrouvé une partie de son bon sens. Le sens analytique donné à la "relation à l'objet" est plus restreint, et n'est pas moins difficile à saisir quand l'investissement passionné s'éloigne de l'espace sexuel. Don Quichotte s'imagine une vie sexuelle (il se croit la cible de désirs féminins effrénés), mais se protège de toute confrontation avec la réalité.

8. A l'intérieur même de son projet aberrant, don Quichotte rencontre progressivement la réalité, puisqu'il se met au service de Marcela, de dona Rodriguez, de Basile, et il s'engage dans une vraie relation d'objet avec Sancho, qu'il apprend à connaître, à aimer.

— la question de l'œuvre d'art. A travers l'aventure de don Quichotte, Cervantes met en question le rôle traditionnel imparti à l'œuvre d'art. Celui-ci est explicitement invoqué par don Quichotte pour justifier son comportement (au cœur de la Serra Morena, où il reconnaît aussi l'inexistence de Dulcinée) : son usage des romans pour en tirer un modèle du chevalier d'autant plus nécessaire qu'il n'y en a plus autour de lui, est conforme à celui que l'artiste fait des chefs-d'œuvres dont il s'inspire, à celui des moralistes qui y découvrent des modèles de vertu, à celui qui cherche à atteindre la perfection des héros ou des saints que lui offre la légende. Le modèle définit l'idéal et donne envie de l'atteindre : il a une fonction normative, pratique et pédagogique. Le modèle a une valeur de médiation qui est claire dans le cas de l'action, plus obscure dans le cas de l'art : si on imite Virgile ou Raphaël, qu'espère-t-on atteindre ? En mettant une telle défense du système de l'imitation dans la bouche de don Quichotte, Cervantes le compromet : la folie du héros repose sur une identification aberrante. Les romans de chevalerie deviennent le comble du non-sens dans la mesure où don Quichotte les fait fonctionner conformément aux principes de l'imitation.[9] Ce qui suscite la fascination chez le lecteur des romans de chevalerie, l'invention de ce qui ne peut exister et qui s'affranchit des déterminations du réel, est ce qui rend absurde toute identification. Ce disfonctionnement de la médiation artistique est lié à la question de l'objet : la passion que suscite la représentation contribue à évacuer la réalité de l'objet, à ne pas envisager un destinataire, ou un ennemi effectifs, à ne pas se poser la question du bien ou du mal de ses actions. Elle surinvestit le modèle comme signe (comme symbolisant : aussi la folie de don Quichotte tient du fétichisme), s'attache à sa manifestation littéraire : il séduit pour ce qu'il est.

— la question du sujet politique. Ce que don Quichotte renie, ce n'est pas seulement ce qu'il a pensé et lu, mais ce qu'il a fait. Quel que soit le statut de ses objets d'investissement passionnel, il cherche à les saisir, c'est ce qui donne à voir sa folie et la rend risible : il combat, il courtise, il argumente, il voyage, il détruit. Cette action se veut publique : elle intervient dans l'espace ouvert de l'Espagne et cherche à en corriger les imperfections. Au début de la deuxième partie, don Quichotte voit même expli-

9. Marivaux reprend ce schéma satirique dans son *Télémaque travesti* : les héros deviennent fous à prendre au sérieux l'impératif pédagogique (les règles de lecture) des *Aventures de Télémaque*.

citement dans les chevaliers errants un remède aux maux spécifiques de la nation. L'inscription dans le champ du politique de
la folie du héros se laisse mieux comprendre par référence aux
autres aspects du pouvoir évoqués dans le roman. Le duc et la
duchesse ont pour toute occupation de monter des canulars, et à
la fin du roman, le narrateur critique cette obsession qui les
condamne au même vide que le héros. Parallèlement don Fer-
nand, autre duc, cherche uniquement à satisfaire ses désirs
amoureux et se sert de sa position pour échapper aux conséquences de sa brutalité : il ressemble au héros violeur de *La
Force du sang*, une des *Nouvelles exemplaires*. Inversement,
ceux qui sont engagés dans une action véritable (le jeune soldat,
le Morisque Ricote par exemple, le captif d'Alger[10]) se heurtent
à un pouvoir lointain, économique et militaire, qui les utilise
sans les reconnaître, s'il ne les broie pas. En particulier la persécution religieuse justifiée au nom de l'Etat et de sa raison est
montrée, sur le plan vécu, comme parfaitement cruelle et
injuste. La raison d'Etat écarte le sujet comme acteur politique
(déclin de l'aristocratie féodale), et le fait souffrir comme sujet
vivant, sujet de chair. Cervantes suggère de façon non théorique, contrairement à d'autres points, la proximité entre l'irrationalité du projet politique de don Quichotte qui porte sur un
objet imaginaire, et le danger d'une rationalité qui semble ignorer son objet concret, les hommes. Ce que les utopies de l'âge
classique ou les romans de Courtils de Sandras vont développer : le processus de la rationalité comporte des moments ou
des aspects (l'origine, l'objet, la motivation) qui lui échappent
complètement ou le contredisent.

La guérison de don Quichotte, qui coïncide assez mystérieuse-
ment avec sa mort (ne peut-il survivre au *desengaño*?), revient à
reconnaître sur ces trois plans, du projet passionnel, de la révérence à l'art, et de l'action politique, une absence totale de sens.
Si ce quelque chose qu'a été sa vie et son projet, se révèle
"rien", "grandes chimères de néant", comment ce rien a-t-il pu
néanmoins exister, et capter aussi bien l'être du héros ? Et surtout, comment le lecteur qui savait tout cela depuis le début, a-t-
il poursuivi le roman, et que peut-il en faire quand l'auteur, par
le repentir et la mort de son héros, lui en dit l'inanité profonde :
à quoi bon tout ce non-sens ? Cette conclusion a quelque chose
de provocateur pour le lecteur : n'a-t-il pas lui aussi perdu son

---

10. Autant qu'on le sache, l'auteur lui-même a fait une expérience similaire.

temps avec des "chimères de néant"? [11]). Cette provocation est en quelque sorte renforcée par la position du lecteur français à la fin du XVIIe quand il s'intéresse à *Don Quichotte* : toute référence à *Don Quichotte* (dans un essai, une critique, une allusion, une *suite*, une *transposition*) suppose que le lecteur a déjà lu le livre et en a retenu la leçon (sur les romans et un type d'identification), qu'il a souscrit à l'idée que le destin du héros est insensé et que son roman, dès le départ, ne montre que du néant. Si le lecteur a bien compris *Don Quichotte*, toute réécriture tient du scandale : elle fait du romancier le double du héros sur son lit de mort, et place le lecteur face au non-sens. La situation du roman français en 1677 vient encore renforcer ce sentiment d'absurdité. En effet, le grand roman baroque qui avait pu passer pour un continuateur des *Amadis* et un succédané des romans de chevalerie[12] a sombré sous les coups de boutoir du classicisme louis-quatorzien : ce que raconte *Don Quichotte* est alors bien terminé. Pourquoi y revenir, sinon pour l'expérience du non-sens qu'il produit ?

Dans les illustrations de *Don Quichotte* dues à Coypel (tirées de certains cartons de tapisserie aujourd'hui conservés à Compiègne), l'éditeur a mis en frontispice un équivalent imagé de ce testament : il installe au principe du roman le moment de la guérison et, évoquant les aventures passées les plus fameuses, il en annonce l'inanité (elles n'apprennent rien au héros). Par là, l'éditeur place en tête du livre un rappel de la connaissance qu'en a le lecteur, et fait de son édition comme de sa lecture un paradoxe. L'escamotage de la scène finale de *Don Quichotte* dans la traduction de Filleau de Saint Martin est encore plus complet quand est ajoutée une "suite" au roman (que les éditions du XVIIIe siècle ne distinguent pas en tant que telle), puis une autre (qui est vraisemblablement due à Challe[13]) : le retour au village n'est que le prélude à une quatrième sortie qui vient redoubler les précédentes. La suite tient lieu, littéralement, de cette dernière scène. En elle se répète ce que le roman savait, ce

---

11. Dans le corps du récit, le chanoine du duc lui reproche de se consacrer à un livre qui raconte la vie d'un imbécile : c'était la première partie du *Don Quichotte* (II, 31). A rapprocher de l'appel à la censure contre le théâtre du chanoine de Tolède et de l'autodafé de la bibliothèque de don Quichotte : miroirs tendus aux censeurs.

12. C'est ainsi que les présente Marivaux dans *Pharsamon*.

13. Challe fait finalement mourir son héros, mais le prive d'un bilan testamentaire.

que le lecteur sait, le récit d'un non-sens reconnu : la dernière scène détermine la valeur de cette suite, mais elle doit aussi disparaître pour rendre possible son existence. Elle est impliquée en tant que la suite est une entreprise vaine, mais elle est aussi effacée du regard. Elle définit la position où se place le romancier qui reprend *Don Quichotte*, et elle fonctionne comme un point aveugle : c'est là d'où il voit, et c'est cet espace qu'il ne voit pas. Avec cette scène, le paradoxe de la reprise de *Don Quichotte* deviendrait insoutenable : y serait dit qu'elle n'a pas de raison d'être. Son escamotage est ce qui permet de rejouer le paradoxe (par traduction, suite ou transposition), de trouver un mode pour le dire. Ce qui lie le XVIIIe siècle à *Don Quichotte* est l'exploitation de ce paradoxe.

Romans de l'absurde (autour de 1700)

Entre 1690 et 1720, l'attention critique à l'égard du roman de Cervantes est vive et son appréhension plus fine et souvent audacieuse. Pour les romanciers, *Don Quichotte* occupe alors une place centrale : ils s'intéressent aux trois questions ouvertes sur la passion imaginaire, sur la médiation romanesque, sur l'acteur politique et la raison d'état. Sur ces trois points Cervantes établit, au moment de la mort de son héros, un constat de non-sens, et les romanciers de 1700 qui reprennent ce constat sont confrontés au problème de l'œuvre qui peut prendre en charge ce néant. Je relèverai trois types d'expériences, qui reprennent la question du non-sens de l'aventure de don Quichotte (à certains égards de leur propre contenu), tout en donnant au non-sens de leur œuvre (de roman) des modalités fort différentes dans lesquelles on peut découvrir le vrai propos de l'entreprise.

— les transpositions comiques, à cause de Lesage, de Challe, de Marivaux (avec Subligny, Bordelon, Mailly, plus tard Cazotte), sont les plus visibles et les plus faciles à décrire. Elles reprennent le "sujet" de *Don Quichotte*, adoptent sa perspective critique, réflexive, mais elles renoncent à lui donner une cible intéressante (elles admettent implicitement l'inanité de leur critique) et surtout se privent des pleins pouvoirs du roman dont Cervantes avait fait l'éblouissante démonstration : leur invention est minimale et leur pastiche joue sur la reconnaissance en filigrane du texte dont ils offrent une variation. L'œuvre affiche un propos satirique qu'elle ne réalise pas, faute de moyens propres ou d'une cible solide : elle ne fait pas ce qu'elle dit. Ce type de roman touche au plus près la folie du non-sens telle qu'elle éclate à la mort du héros, elle y est impliquée directement, dans son inutilité, son inconsistance, et dans le mystère de ce qui est en jeu effectivement en elle : qu'est-ce qui se produit dans cette folie de l'insensé, à quoi le lecteur est-il confronté ? Marivaux, en particulier, reprend les trois questions ouvertes dans le testament de don Quichotte : celui de l'objet passionnel (surtout dans *Pharsamon*), celui de l'inanité de la médiation artistique (dans les *Effets surprenants de la sympathie*, et il conclut à l'impossibilité pragmatique du tragique), celui du sujet politique face à la raison d'Etat (dans le *Télémaque travesti*).

— les transpositions sérieuses sont moins connues, et les exemples plus rares sont intéressants surtout en ce qu'ils prolongent et explicitent ce qui est impliqué dans la traduction de Filleau et dans sa manipulation de la dernière scène (comme dans les Suites). En 1699, Villiers imagine avec les *Mémoires de la vie du comte D*** avant sa retraite*, un don Quichotte qui aurait eu assez de force pour écrire sur son lit de mort ses mémoires, et remplace le roman de Cervantes par ce qu'aurait dit son principal personnage une fois reconnu le néant de son aventure : il insiste sur l'inconsistance de ses choix amoureux ou de ses projets d'action publique (à la manière de Courtils), il en fait une analyse qui annonce R. Girard, et il dénonce la médiation littéraire. En même temps le romancier garde les procédés du roman mémoires et n'incite nullement son lecteur à prendre une mesure critique de son fonctionnement romanesque : il veut faire croire au malheur de son héros. Ce texte est donc une aberration logique : il met en scène une dénonciation radicale du roman, et fait comme si elle ne l'atteignait pas lui par on ne sait quel miracle. Ou bien on en conclut que son roman n'a aucune valeur et doit être jeté, ou, si l'on se laisse prendre à l'histoire, que ce qu'il raconte est parfaitement oiseux et faux.

— Se situent dans ce paysage des œuvres, des antiromans, qui ne se réfèrent pas à *Don Quichotte*, mais qui procèdent de sa dénonciation des romans, y souscrivent, adoptent le point de vue du héros mourant, et partagent les motivations de Filleau de saint Martin. Leur plus illustre et plus remarquable représentant est le livre de Fénelon, *Les Aventures de Télémaque*: elles font partie de ces livres qui mettent en garde contre la fiction, contre les objets imaginaires de la passion (ou tenus pour tels), et qui assez logiquement renoncent à être des romans, à faire appel aux procédés romanesques. Ils prétendent pourtant que leur leçon sera suivie, mais ils refusent d'envisager comment. Se met en place une aberration logique analogue aux deux autres : solliciter une identification du lecteur à un modèle affiché tout en dénonçant ce type de lecture et en s'interdisant les moyens de susciter cette identification.

Ces trois types de texte naissent d'un même contexte et relèvent d'une même situation. Ils se placent en regard de *Don Quichotte* et de sa fin qui rend leur existence absurde. Absurdité qu'on pourrait dire dissimulée dans la prétention à reprendre son message, sa dénonciation de l'illusion romanesque, de la pathologie de l'imaginaire, etc. Mais absurdité qui réside dans cette reprise même : dans les trois cas, le message — qui vise le rôle médiateur de l'œuvre d'art, le vide de la passion, les égarements de la passion politique[14] —, en tant qu'il est reprise d'un message antérieur qui proclame son absence de sens, condamne l'œuvre à la vanité, la rend impossible ou du moins impensable : rien dans ce qu'elle dit ne permet de comprendre ce qu'elle fait. Dans les trois cas, le roman ne peut se saisir comme médiation positive, dans les trois cas, est dit pourquoi il n'a pas de raison d'exister. En reprenant *Don Quichotte*, ces œuvres s'affichent comme dépourvues de sens (avec parfois le déguisement d'un sens trop plein) : en cela, elles créent un paradoxe qui leur confère un pouvoir inquiétant et, par ce qu'il touche et atteint, souterrainement subversif.

Fidèles indirectement à l'un des aspects du roman de Cervantes (ce qui se joue dans le testament), ces entreprises anticipent sur la réflexion théorique de Dubos en ce qu'elles inscrivent au centre de l'œuvre un vide, vide des contenus et vide de l'effet attendu sur le lecteur. Dubos va expliquer que l'œuvre d'art fait sur le spectateur-lecteur un effet de vide, et que l'écrivain doit donner consistance à ce vide. Comme la dernière scène de *Don Quichotte* incite le lecteur romancier à projeter le sentiment du néant (de l'objet de la passion comme de l'œuvre) sur l'œuvre (passée ou à venir), Dubos va inscrire ce phénomène au cœur de l'œuvre d'art et lui donner un caractère général : ce qui valait pour *Don Quichotte* (que *Don Quichotte* déclarait signifier) devient pour lui le modèle de la création et de l'expérience artistique : elle est nulle (n'oublions pas que Marivaux écrit toutes

14. Fort différents chez nos trois auteurs principaux, et qui mériteraient une mise en parallèle.

ses œuvres de jeunesse en regard de *Don Quichotte* et des idées de l'abbé Dubos[15])

Le non-sens de l'œuvre d'art (autour de 1720)

Dans ses *Réflexions critiques sur la poésie et sur la peinture* de 1719, l'abbé Dubos considère l'œuvre d'art à partir de sa fin (c'est la position de ceux qui reprennent le livre de Cervantes), dans le sens où il envisage sa finalité et où il considère l'effet qu'elle produit en dernier lieu sur le lecteur-spectateur, ce qu'il en ressort, si j'ose dire. Ecartant la morale et l'esthétique, il lui donne une fonction anthropologique : elle aide à échapper à l'ennui et contribue à la paix sociale. Ce qu'il y a pour nous de plus remarquable est que la description de cet effet de l'œuvre d'art sur le lecteur-spectateur coïncide exactement avec l'analyse de la folie de don Quichotte que le roman de Cervantes présente en dernier lieu : le lecteur-spectateur éprouve une passion tournée vers un objet qui n'a aucune existence, sinon imaginaire, qui ne l'implique dans rien de réel (l'analogie ne vaut pas tant pour le roman de Cervantes que pour ce qu'en fait voir le testament de don Quichotte : ce que donne littéralement à voir le frontispice de Coypel). L'œuvre d'art est pour Dubos un non-sens, puisque ce qu'elle dit, ce dont elle parle, n'a aucune importance, et n'a même aucune consistance spécifique. Ce qui rend l'œuvre d'art idiote, c'est qu'elle est censée offrir un simulacre d'objet qui suscite une passion exactement semblable à celle que susciterait un objet véritable : le spectateur-lecteur (tout lecteur est implicitement spectateur : là réside l'illusion de l'"objet"), ne peut donc rien tirer du spectacle (puisqu'il est si proche de l'objet véritable), d'autant que toutes les émotions ainsi produites s'équivalent (qu'elles soient comiques ou tragiques) et s'annulent dans le sentiment d'une essentielle vanité : trop semblables aux passions réelles, ainsi évitées, elles ne diffèrent pas de ce que produirait le jeu ou un spectacle de gladiateurs.

Don Quichotte a pour matière narrative et idéologique ce que l'abbé Dubos décrit du fonctionnement et de l'effet de l'œuvre d'art : il présente un héros dont le destin se vide de sens parce

15. Même si les *Réflexions critiques sur la poésie et sur la peinture* sont parues en 1719, quand Marivaux a achevé ce premier cycle de son œuvre. Le rapprochement le plus saisissant concerne *Les Effets surprenants de la sympathie* qui paraissent en 1713-14. Voir David Marshall, *The Surprising Effects of the Sympathie, Marivaux, Diderot, Rousseau and Mary Shelley*, Chicago/London, 1988.

que sa passion se porte sur un objet imaginaire, passe par des identifications insoutenables dans la réalité, et débouche finalement sur le non-sens. La théorie "critique" de Dubos se trouvait ainsi par avance rabattue à l'intérieur même du livre de Cervantes, surtout dans sa lecture des années 1680 tout comme dans les diverses transpositions directes et indirectes des années 1700, pouvait être vue comme son principe constitutif. Par un mouvement vertigineux, cette lecture rétrospective devient à son tour un modèle qui s'impose aux artistes, dans le sens non d'une imitation mais d'une réactivation de son paradoxe : ils doivent répondre au défi de la nullité de leur création, et ils le font en partant de cette nullité, en inscrivant dans leur texte ou leur tableau le vide auquel la consommation du spectateur-lecteur les réduit. Sans doute retrouvent-ils ainsi la démarche même de Cervantes pour qui le discours sur les chimères n'en est pas une (d'autant que le point de vue du héros n'est pas celui du roman, et qu'il est lui-même intégré à un ensemble vaste). Pour résumer, on pourrait dire que les écrivains et les artistes des années 1720-50 (l'âge d'or du rococo qui concerne les arts plastiques) évitent de présenter des objets d'identification au spectateur, ou les ironisent et en signalent la fausseté. Cela apparaît en peinture avec Watteau ou Chardin, qui inscrivent sur la toile la trace d'un objet perdu, ou d'une passion, et dont l'obscurité invite le spectateur à les rétablir dans une démarche herméneutique (ce qui explique l'analogie avec l'esthétique baroque). Les romanciers soit écartent la passion de leurs héros (ainsi Marivaux), soit la rendent suspecte (Prévost), soit font interférer le libertinage pour ôter aussi bien au personnage qu'à son objet leur consistance (puisque le libertin ressemble à ce qu'on sait de don Quichotte : il procède par imitation d'un modèle vide).

Au rabattement du savoir de Don Quichotte dans la matière de l'œuvre, tel qu'il s'affiche dans le testament, correspond, ce qui est plus inquiétant, un égal rabattement de ce savoir sur la figure du romancier ou de l'artiste : les actes de pensées, les passions ou les affects qu'il produit, sont censés lui être totalement étrangers, ou relever d'une imagination frivole. Le phénomène est mis en scène dans des simulacres autobiographiques (comme dans *L'Indigent philosophe* de Marivaux ou les *Entretiens sur "Le Fils naturel"* de Diderot) qui font un écran total au sujet écrivant (réel) en en affichant un fictif (qui lui ressemble un peu) : c'est dans l'image d'un lien revendiqué entre l'auteur, sa pensée ou sa passion, qu'est révélée la coupure énigmatique de l'écrivain et de son texte.[16]

Contresens politique (autour de 1740)

Filleul de saint Martin, les romanciers des années 1700, l'abbé Dubos, puis les artistes de sa génération, ne répètent pas le message de *Don Quichotte* : en le prenant pour matière ou pour principe, en exhibant l'absence de sens, ils inventent des nouvelles formes d'expression qui engagent le lecteur sur une voie qui lui est nouvelle : c'est à chaque fois la folie du roman de Cervantes qui est réactivée. Dans les années 1740, avec *Joseph Andrews*, Fielding se réfère à *Don Quichotte* pour refonder le roman comique. Mais ce n'est pas là sa contribution la plus originale. Ce qui est apparemment le plus surprenant dans la liaison qu'il établit avec le roman de Cervantes, est que ses héros ne sont plus animés par une passion imaginaire, guidés par des identifications vaines, et ne sont plus condamnés au vide. La nouveauté radicale de Fielding est que la folie du héros peut prendre une valeur inverse, positive, parce qu'elle a été traduite en termes purement politiques[17] : le héros passe pour extravagant parce qu'il ne souscrit pas aux règles et aux pratiques de la société, et cette marginalité assumée sert de révélateur au caractère injuste, à certains égards insensé, de l'ordre social. Par un étrange renversement, le héros quichottesque peut susciter une nouvelle identification,[18] et celle-ci sert de support à un message moral et politique qui permet de conjurer l'aporie esthétique de l'abbé Dubos : la passion politique du héros peut avoir le même objet que celle du lecteur. Fielding renoue ainsi le fil qui lie Don

16. Voir la thèse de R. Démoris, *Le Roman à la première personne du classicisme aux Lumières*, A. Colin, Paris, 1975 , son introduction aux *Mémoires de Casanova*, Garnier Flammarion, 1977 et sa contribution au colloque. Son article, "L'écrivain et son double : savoir et fiction dans le texte classique (XVIIe et XVIIIe siècles)", *Les Sujets de l'écriture*, PUL, Lille, 1981, p. 65-84, nourrit également le développement qui suit sur *La Nouvelle Héloïse*.

17. Dans sa pièce, *Don Quixote in England* de 1733, Fielding introduit le vrai don Quichotte, lui conserve sa folie, et l'inscrit dans le contexte précisément politique des élections anglaises, privées de sens par la corruption.

18. Dans une toute autre perspective, Johnson, à la même époque, suppose que le lecteur s'identifie à don Quichotte, et il considère celui-ci tel qu'il apparaît sur son lit de mort, revenu de ses illusions. Dans le n° 2 de *Rambler* (1750) cité par E. B. Knowles, dans "Cervantès and English Literature" in *Cervantes across the Centuries*, éd. A. Flores, M. J. Bernadete, New-York, 1964, p. 290.

Quichotte à l'*Eloge de la folie* d'Erasme.[19] Il introduit en même temps des modifications décisives : ce qui faisait la folie du héros quichottesque est absorbé par son identité politique ; sont ainsi offerts au sujet moderne, comme alternative passionnelle, des objets d'identification idéologique. On mesure vite l'effet inquiétant de ce renversement : le choix politique est marqué du sceau de la folie ; ce qui revient en même temps à laisser le sujet ne pas voir la folie de son choix, et bien plus, à la revendiquer comme une preuve de son excellence.

L'implication du romancier (autour de 1760)

La génération des Encyclopédistes est marquée par les apories de l'abbé Dubos et adopte l'orientation qui se fait jour en Angleterre à partir de 1740 : elle tente de soutenir le fondement passionnel de l'œuvre d'art par des investissements idéologiques et voit dans le politique une passion qui échappe aux contradictions de la consommation esthétique. Il appartient à Rousseau, avec *Julie ou La Nouvelle Héloïse*, de rassembler tout ce qui a été mis en jeu depuis un siècle dans la lecture de *Don Quichotte,* et, dans cette synthèse, de faire subir une étape décisive à l'inscription de la folie. C'est dans deux textes extérieurs à son roman, l'un antérieur, l'autre postérieur, que Rousseau explicite ses liens avec *Don Quichotte*. Dans la *Lettre à d'Alembert*, parue en 1758, et composée au moment où il travaille à *Julie*, Rousseau reprend la question ouverte par Dubos et déplace ses conséquences sur le plan politique, comme s'il pouvait penser théoriquement ce qui s'était engagé depuis les années 1740 dans la réécriture anglaise de Don Quichotte : si l'œuvre d'art doit produire une vaine dépense d'affects et a pour effet de donner bonne conscience aux nantis, autant suivre les conseils de Platon à l'égard des poètes. Rousseau partage l'analyse de Dubos et en tire une conclusion exactement inverse : là où Dubos célèbre le conservatisme social, Rousseau dénonce le piège de l'identification imaginaire de ses lecteurs à la passion des personnages, et sa conscience critique ménage une issue de secours : celle du politique. Ultérieurement, dans les *Confessions*, au moment d'évoquer la composition de son roman, Rousseau introduit explicitement la figure de don Quichotte, et reprend la question

19. On ne peut établir si Cervantes, comme l'a cru d'abord A. Castro (*El pensamiento de Cervantes*, Barcelona/Madrid, Noguer, 1972), a bien pratiqué l'œuvre d'Erasme. Est-ce d'ailleurs important ?

du lecteur en amont, chez l'écrivain : il avoue avoir cherché à
créer des "êtres selon son cœur", avoir voulu compenser la nullité de son existence par des satisfactions imaginaires (et la place
que Rousseau donne à la sexualité amène à lire dans un sens
physiologique cette analyse). Cet aveu renforce le message de la
Lettre à d'Alembert, et inscrit au principe de l'œuvre la
conscience de sa gratuité, de sa stérilité (faisant même planer sur
le plaisir esthétique le soupçon de folie : celle-là même de don
Quichotte). Dans *La Nouvelle Héloïse* Rousseau met en scène la
perversion autoérotique[20] de l'identification imaginaire dans la
nuit où Saint Preux est dans le cabinet de Julie et attend de la
rejoindre ; en imaginant Julie, Saint Preux devient un amant
imaginaire (ce qui menace son intégrité). Dans la deuxième Préface dialoguée du roman, Rousseau fait deux références à *Don
Quichotte* qui correspondent à peu près aux deux problématiques du rapport à la passion et de ses implications politiques. Il
reconnaît d'abord que ses personnages, par leur idéalisme
exalté, peuvent passer pour des héros de romans ridicules,
comme *L'Astrée*, Lord Edouard étant lui assimilable à don Quichotte. Rousseau envisage aussi un retournement politique de
Don Quichotte : ce sont les romans qui présentent un univers
parisien frelaté qui risquent de créer chez les lecteurs éloignés
de cette sphère brillante et corrompue un sentiment d'insatisfac-
tion — celui que connaîtra plus tard Emma —, capable de les
rendre fous. Les deux parties de *La Nouvelle Héloïse* se laissent
lire, dans cette perspective, comme des réponses à ces deux dangers. Dans la première, la passion qui unit les héros ne se résout
pas en pure dépense d'affects pour le lecteur dans la mesure où
elle est appelée à jouer un rôle de médiation sur un modèle platonicien : la passion y ménage l'accès à une réalité métaphysique (c'est ce qu'avait tenté Fénelon dans *les Aventures de
Télémaque*, tout en écartant la passion : il pensait utiliser Eros
en lui coupant les ailes). Conjointement, Rousseau suspend cette
entreprise, et introduit un personnage, Wolmar, qui tente de
réduire la passion à une illusion imaginaire, tente de la faire
tomber comme un fruit qu'il aurait desséché. Mais Wolmar
opère aussi le même détournement que les Anglais : il va faire
procéder de la passion platonicienne une passion politique. Il

20. Le discours de Rousseau sur la masturbation peut être lu comme une
allégorie de la lecture des théories de Dubos : du moins est-il déterminé à un
niveau non individuel ou psychologique.

dirige ses protégés, les passionnés au passé, Julie et Saint Preux, sur un terrain idéologique : chacun est pris dans un grand élan réformateur, économique, social, moral, qui aurait pour principe ce qui caractérise Wolmar : une sorte de passion de la raison, qui se fonde sur un discours de type politique, et vise à construire un modèle abstraitement déduit. L'idée d'"être de raison" qui servait à décrire la folie de don Quichotte (son objet serait purement imaginaire) prend un sens plein, et devient le moteur même d'un projet politique. Wolmar ressemble au don Quichotte nouveau tel que les Anglais l'ont transformé, parce que son activité est une réponse à la critique de l'Etat monarchique et de la société parisienne : elle contredit le désordre dominant et anticipe un ordre à venir. Mais ce n'est pas seulement l'articulation de ces deux moments, l'un subsumant la passion par le platonisme, et l'autre la déviant vers l'idéologique, qui est problématique, c'est chacun qui subit un échec et est à l'intérieur même du roman décrit comme une fiction : en cela infecté à son insu par le quichottisme traditionnellement négatif, tel que Rousseau l'envisage dans les *Confessions*. La passion ne débouche sur rien de solide, sur aucune transcendance, sinon sur le vide de l'ennui, ou sur un projet social qui est un leurre. A l'intérieur d'une société injuste, Wolmar peut tout au plus créer un simulacre d'égalité et de communauté. L'oppression, la manipulation, l'exploitation sont les instruments de son rêve. L'aveu des *Confessions* sur la composition de *La Nouvelle Héloïse* possède donc un autre sens, plus fort et plus inquiétant. En cherchant à éviter le piège du quichottisme, Rousseau l'a vécu sur un plan plus profond, puisqu'il lit l'échec de ce qu'il a tenté dans son roman comme un effet de son propre quichottisme : dans la tentative d'y échapper, de trouver un plus haut sens, comme le chevalier à la Triste Figure, il est puni, face au vide. Cet aveu met aussi en place, comme l'a montré R. Démoris, une autre manière de lire le roman et d'y découvrir l'empreinte de la folie : non plus celle imaginée des héros, ou celle impliquée des lecteurs, mais celle même vécue par le romancier.

Lui-même proche de la mort,[21] Cervantes dressait à son lecteur un étrange défi, et c'est lui qu'a retenu l'âge classique : éliminer la folie du héros comme pur non-sens imposait une perspective

---

21 Rédigeant sur son lit de mort la dédicace de son ultime roman, *Les Travaux de Persille et Sigismonde*, Cervantes parle de son appétit de vivre, toujours vorace.

de lecture qui rendait l'œuvre problématique. C'est ce problème qui vient donner sa tension aux principales entreprises romanesques des années 1700 : les emprunts à *Don Quichotte* ou les reprises de son message antiromanesque intensifient le paradoxe pragmatique produit par la mort du héros, et, si elles évacuent comme presque toutes les transpositions du roman, ce qui donne à la folie de don Quichotte sa violence, c'est ce qu'elles sont elles-mêmes qui touchent dangereusement à la folie : en affichant leur non-sens, et en se construisant à partir du vide. Par là, elles anticipent sur l'œuvre de l'abbé Dubos, et révèlent ce qui en lui se conforme à l'image mortuaire de don Quichotte (mais j'ai cru voir au centre de son œuvre le rapport à la mort : c'est elle que l'œuvre d'art rend supportable en la déréalisant par l'imaginaire[22]) : l'œuvre d'art existe en produisant son auto-effacement, en programmant son annulation (tels étaient les romans des années 1700 : ils disent pourquoi ils ne devraient pas exister). Sans doute est-on aujourd'hui trop invité à voir rétrospectivement dans le politique le jeu de l'illusion, pour ne pas surestimer ce qui serait la figure primitive de ce phénomène : la suspension de la menace de non-sens par une assomption idéologique de la folie. Il reste encore à voir quelles sont pour le roman les conséquences d'une transformation de don Quichotte en révolutionnaire. Seule la génération romantique réintroduira chez lui la passion, et chez son auteur. Rousseau tire lui sur tous les plans les conséquences du non-sens du roman : sur le plan de l'écrivain (absurde et motivé par son extravagance même), sur celui du lecteur (pour qui la passion pourrait trouver un accomplissement platonicien), sur celui de l'œuvre (basculant dans la fable idéologique). Ce qui rend *La Nouvelle Héloïse* passionnante, ce n'est pas seulement d'avoir lié ces différentes figures du quichottisme, mais de les présenter d'un point de vue critique : la folie du romancier, l'idéalité de la passion, la solution politique constituent tout au plus des horizons, où reste visible la figure originelle et troublante de don Quichotte. Peut-être la provocation de Cervantes, à travers le repentir de son héros et l'affirmation d'un non-sens global, aura-t-elle été de porter à son comble le paradoxe de la fiction, mais il faudrait comprendre pourquoi de la fin du classicisme aux fureurs révolutionnaires, le XVIIIᵉ siècle aura rejoué ce paradoxe, aura trouvé dans sa réactivation multiple et inventive, son centre et son message.

---

22 "Ut pictura poesis : l'intermédiaire rhétorique chez l'abbé Dubos ", dans le numéro 0 de *Prospect*, Paris III, 1988.

Contre l'affirmation du non-sens, Cervantes laissait le choix au lecteur entre deux solutions : soit il la rapportait à l'interprétation pieuse du *desengaño*, et en faisait le véhicule d'une certitude métaphysique, soit il lui opposait l'invention exceptionnelle d'un roman nouveau et d'un univers autrement riche et complexe. Ce qui s'affiche dans l'attachement à *Don Quichotte* (d'autant plus fort qu'il est ensuite transposé théoriquement par Dubos sur le plan esthétique, et à partir des années 1740 sur le plan politique), c'est en effet l'absurdité d'une reprise qui s'appuie sur un message final de non-sens : à quoi bon ces avertissements contre la fiction ? à quoi bon cette fiction ? Cette inscription du non-sens au centre de l'œuvre romanesque (et plus largement de l'œuvre d'art) obligeait l'écrivain à opérer de façon détournée, à inventer un roman qui se développe en dépit, ou plus exactement à partir, d'une conscience de son impossibilité ou de son vide : se construisant sur un discours de négation[23]. Etait ainsi obscurément rejointe la leçon explicite du testament de *Don Quichotte* : assurer sur un mode oblique[24] l'expression d'un *desengaño* qui renvoie à un ordre métaphysique sans aucune assurance de sa réalité, et donner au roman une dimension tragique qui ne peut être représentée, ni même dite parce que les termes jusqu'alors reçus pour le faire ont perdu leur pertinence, et parce que sa configuration moderne ne pouvait guère être saisie, liant le registre de la subjectivité individuelle, celui de l'œuvre d'art et celui du projet politique.[25]

Jean-Paul Sermain
Universität des Saarlandes

23. Cette idée est exposée dans un article à paraître de la *Revue des Sciences Humaines*, 1998, "Figures du sens".

24. Processus d'effacement de la perspective métaphysique qui ne se maintient plus qu'à l'état de traces : R. Démoris a montré ce phénomène à propos de la "nature morte" *(Chardin. la chair et l'objet*, Adam Biro, 1991 (190 p.). Je l'ai entrevu chez Prévost (*Dictionnaire des auteurs*, art. "Prévost", Paris, Laffont, coll. Bouquins).

25. Je remercie tous ceux qui, par leurs questions, m'ont aidé à revoir mon propos. Pour cette rédaction, la collaboration scrupuleuse d'Eric Négrel m'a été, comme toujours, précieuse.

PSYCHOPATHOLOGIES :

L'EXPÉRIENCE DES LIMITES

DU BOUDOIR AUX PETITES MAISONS : LA COURTISANE HYSTÉRIQUE

Mathilde Cortey

> "Pour le philosophe, les femmes représentent le triomphe de la matière sur l'esprit, de même que les hommes représentent le triomphe de l'esprit sur la matière."
>
> Oscar Wilde, *Aphorisme*

Le personnage de la courtisane hystérique permet la mise en place d'utopies érotiques et philosophiques, en rapport avec la folie, qui vont traverser le siècle, mais qui portent en elles la menace de leur renversement : celle de la folie envers de la raison, celle de la nature féminine ambivalente — angélique ou démoniaque, ou encore celle de la classification comme caricature de système.

A partir, principalement de deux romans d'auteurs féminins — Mademoiselle de la Roche Guilhem,[1] Madame Bédacier[2] — en regard avec des fictions ou des théorisations masculines, on analysera la lexicogaphie dans le but de montrer que l'expression "courtisane hystérique" est un pléonasme au dix-huitième siècle. Puis on dégagera les thématiques emblèmatiques de la folie pour définir une nosograpie spécifique à l'hystérie romanesque. Tout cela afin de mettre en évidence les indices d'une écriture nouvelle, une écriture hystérique, qui transgresse les genres (nouvelle historique, roman-mémoires, écrit pornographique, pamphlet....) et confère une unité inattendue à ce corpus *a priori* disparate.

---

1. *Histoire des Favorites, contenant ce qui s'est passé de plus remarquable sous plusieurs règnes*, Amsterdam, P. Marret, 1703.
2. *Les Belles Grecques, ou l'histoire des plus fameuses courtisanes de la Grèce, et dialogues nouveaux sur les galantes modernes*, Paris, veuve G. Saugrain et P. Prault, 1712.

Quoique la fiction précède pour l'hystérie la théorisation, nous utiliserons la démarche inverse, en prenant comme exorde la définition proposée par l'*Encyclopédie*, puisqu'elle vient avant celles de Tissot dans *L'Onanisme* (1764) et de Bienville dans *La Nymphomanie ou Traité de la fureur utérine* (1771) :

 "*Fureur* utérine : [...] Espèce de *délire* attribué par cette dénomination aux seules personnes du sexe qu'un appétit vénérien démesuré porte violemment à se satisfaire, à chercher sans pudeur les moyens de parvenir à ce but, à tenir les propos les plus obscènes, à faire les choses les plus indécentes pour exciter les hommes qui les approchent à éteindre l'ardeur dont elles sont dévorées, à ne parler, à n'être occupées que des idées relatives à cet objet, à n'agir que pour se procurer le soulagement dont le besoin les presse, jusqu'à forcer ceux qui se refusent aux désirs qu'elles témoignent ; et c'est principalement par le dernier de ses symptômes que cette sorte de *délire* peut être regardée comme une sorte de *fureur*, qui tient du caractère de la manie puisqu'elle est sans fièvre."[3]

Cette définition fonctionne en boucle : les termes "fureur" et "délire" l'encadrent en chiasme et suggèrent à la fois une pathologie : le ressassement, le recommencement cyclique ; et à la fois, une aporie de la définition, qui tourne en rond, enfermée dans ces deux notions qui recouvrent, pour le délire, l'idée de "manie", le corps ; et pour la fureur, un état paradoxal : la *furor* relevant pourtant d'une volonté consciente : le héros antique ou la bacchante s'exhortent à faire venir la *furor*, et d'une perte de contrôle de soi, d'une barbarie, d'une sauvagerie qui fait retourner le héros à l'état de nature et qui fait voler les interdits sociaux, ce qui amène l'*hybris*.

Il y a cependant une échappatoire, ou plutôt "une image dans le tapis" se cachant sous la définition de l'hystérique, qui, telle qu'elle est proposée ici, semble couvrir exactement le champ lexical de la courtisane : "appétit vénérien", "sans pudeur", "les moyens de parvenir à ce but", "les propos obscènes", "les choses les plus indécentes", "exciter les hommes", "éteindre l'ardeur", "à ne parler, à n'être occupées que des idées relatives à cet objet", "à n'agir que pour se procurer le soulagement dont le besoin les presse", le terme "besoin" ayant une acception à la fois large et restreinte, sensuelle et financière. La lexicogaphie de l'hystérie correspond donc bien à la lexicographie de la courtisane.

---

3. C'est nous qui soulignons, ici et par la suite.

Cela nous autorise donc à établir *a fortiori* une nosographie de l'hystérie, spécifique au personnage romanesque de la courtisane, qui se fonderait en premier lieu sur le caractère protéiforme de ce personnage :

"Quant aux filles de joie, elles étaient appelées, *femmes folles, folles de leurs corps*, femmes de vie dissolue, ribaudes communes, femmes débauchées, femmes qui font péché de leur corps, bordelières, femmes amoureuses, femmes mal renommées, filles déshonnnêtes, filles désordonnées en amour, filles paillardes, filles de joie, etc."[4]

La première substitution sémantique : "femme folles, folles de leur corps" contient un génitif ambigu, à valeur objective — ce qui place la courtisane du côté de la manie et non de la mélancolie — ou à valeur causale — ce qui la place du côté de la *furor* et non de l'*insania*. De toute évidence, la folie a clairement rapport avec le physiologique : le déréglement affiché par le corps, ses besoins, ses comportements, son "tempérament".

"Rien de plus funeste et de plus dangereux dans un état qu'une *licence effrénée* ; elle entraîne avec elle un *désordre universel.*"[5]

"Elle répara par la suite *les désordres de sa vie*, par un attachement inviolable à l'époux que sa beauté et son adresse lui avoit acquis."[6]

"[...] et je doute même que les exemples que je rapporte ne soient pas plus propres à dégoûter du *vice,* qu'à entraîner dans des *désordres*, dont la seule peinture doit faire horreur. C'est ce qui m'a ôté la pensée de semer autant de réflexions que je l'aurois souhaité dans le corps de l'ouvrage, tant pour ne pas interrompre la narration, que pour ne point faire parade d'une morale que la matière fera naître naturellement dans l'esprit des *lecteurs raisonnables.*"[7]

La "raison" attendue des lecteurs est, en fait, une condamnation esthétique et morale de ce vice, en tant que conduite que réprouvent la morale, la société et la religion, mais aussi en tant qu'habitude morbide qui procure du plaisir à son adepte : "vicieuse" est assurément un des qualificatifs topiques les plus

---

4. Moet Jean-Pierre, *Code de Cythère ou lit de justice d'Amour*, Erotopolis, chez le dieu Harpocrates, à l'enseigne de la nuit, l'an du monde 7746, 1746, p. 7.

5. *Op. cit*, p. 6.

6. *Les Belles Grecques*, "Rhodope et Pfammeticus" p. 60.

7. *Op. cit.*, préface.

utilisés pour décrire la courtisane[8] et pour justifier sa mise à l'écart, afin d'éviter d'être "infecté d'un nouveau poison."[9] On retrouve ici l'idée d'une contagion, mise en valeur par Michel Foucault,[10] mais surtout une assimilation à deux figures répulsives et fascinantes : la criminelle, et la sorcière, qui est frappée du maléfice de taciturnité (c'est son corps qui parle, et que fait parler le bourreau masculin, dans la douleur ou le plaisir.)[11]

On en a un exemple, avec Marie de Padille, qui, telle une nouvelle Médée empoisonne la ceinture donnée par la reine Blanche à son époux pour faire accuser cette dernière, et prendre sa place. Elle s'assure pour cela de l'aide des forces occultes, d'"artifices si malins" :

"Elle avoit pratiqué pour se faire des remparts contre ce malheur, un juif *magicien déclaré,* qui par sa *noire et abominable science* faisoit des crimes aussi horribles que son âme."[12]

L'accusation n'est pas légère : il ne s'agit plus seulement de la fureur maniaque de la courtisane — image démultipliée de l'hystérie, de l'ardeur amoureuse féminine, et de la tentation de la chair dans l'imaginaire de tout l'ancien régime. Il s'agit véritablement de pratiques démonologiques.[13]

De fait, la courtisane, sous toutes ses formes, de la plus noble, la favorite, à la plus exotique, l'odalisque, à la plus basse, l'aventurière, est donc une incarnation monstrueuse, au sens littéral, comme le résume la longue diatribe prononcée dans le "discours préliminaire" du *Code de Cythère* :

"Anaxilas connoissoit bien le sexe, et particulièrement les courtisanes. Être captif d'une femme publique, dit-il, c'est être le plus infortuné des hommes : c'est un dragon ennemi du genre humain ; une chimère, dont le sein vomit feu et flammes ; un gouffre aussi insatiable que Charibde, Scilla n'étoit pas plus cruelle ; c'est un sphinx, qui prend toutes sortes de déguisemens

---

8. Voir *Les Belles Grecques, op. cit.* : "les femmes vicieuses", p. 86, "la vicieuse Marozie", p. 207 ; *Le Code de Cythère, op. cit.* : "Oui, femmes cruelles, qui n'avez que les défauts et les vices de votre siècle" p. 4.

9. *Histoire des Favorites, op. cit.* "Marie de Padille", p. 41.

10. *Histoire de la folie à l'âge classique*, Paris, Tel, Gallimard, 1972, à propos du mythe de la nef des fous et des anciennes léproseries reconverties à la fin du moyen-âge en asile, notamment pour lutter contre le mal vénérien.

11. Voir René Démoris, *Le Silence de Manon* , Paris, PUF, 1995.

12. *Histoire des Favorites*, p. 10.

13 Voir Jacob Sprenger et Henri Institoris, *Malleus maleficarum, le Marteau des sorcières,* 1486, cité dans *L'Histoire des femmes, XVIᵉ-XVIIIᵉ siècle* sous la direction de Nathalie Zemon Davis et Arlette Farge, Paris, Plon, 1991, p. 458.

et de fourbes, une hydre dont chaque caprice satisfait en fait renaître cent autres à remplir ; une lionne dans sa fureur ; une vipère, dont le poison apporte la mort la plus prompte ; c'est l'inhumaine Celeno, cette reine des Harpies. A quoi sert-il de comparer ? C'est mettre le tableau dans l'éloignement : le seul nom de courtisane présente à l'esprit une idée mille fois plus terrible. Détaillons ce peuple odieux, et dévoilons ses horreurs.

Je vois Plangon, cette funeste chimère ; elle a ravagé de son poison et de son haleine toutes les provinces par où elle a passé : un seul chevalier, comme un autre Bellerophon, l'a domptée et privée de la vie.

Avoir commerce avec l'ambitieuse Sinope, n'est-ce pas connoître un monstre aussi redoutable, que l'Hydre de Lerne ? Grands Dieux, vous êtes justes ! Notre malheur aura peut-être des bornes : Sinope est déjà vieille, et son dernier soupir nous rendra le repos, que depuis longtems elle nous a ravi.

Nanno et Phriné, vous êtes inséparables ; vous en montrez plus de méchanceté : n'êtes-vous pas dans votre émulation jalouse, semblables à Scilla et à Charibde ? L'une a déjà déchiré et dévoré deux amans, qui ne connoissoient pas les dangers et les écueils des mers de Sicile : elle est prête à en saisir un troisième, qui aura beaucoup de peine à éviter la tristesse de son destin, malgré la bonté de son vaisseau, et la force de ses voiles. Sauve-toi malheureux, bénis le ciel, s'il ne t'en coûte que ta poupe : tu seras le premier qui aura échappé. L'autre engloutiroit une flotte entière, et toi, pilote insensé, tu prétens sauver ta frêle barque ? L'impunité ne sera pas la suite de ta témérité.

Oui, femmes cruelles, qui n'avez que les défauts et les vices de votre sexe, vous êtes vraiment le sphinx pour nous ; votre lit est le mont Cytheron, où d'un seul regard vous séduisez notre raison, vous détruisez notre fortune et vous nous anéantissez. " (p. 49-50)

Ce catalogue tératologique au lieu de dé/montrer, se contente d'une rhétorique de l'accumulation et du ressassement de figures, qui font appel à l'imaginaire du lecteur et fixent ce personnage dans une lignée. Il fait appel à la fois à la mythologie antique, à la symbolique judéo-chrétienne du dragon et de la vipère, qui sont des icônes du démon, ou même aux animaux de la Fable. Cependant, derrière toutes ces figures hystériques et menaçantes, mais domptées par un héros viril : le dragon par saint Michel, la chimère par Bellerophon, Charribde et Scilla par Ulysse, le Sphinx par Œdipe, l'hydre — et le lion de Némée —

par Hercule, les Harpies par les Argonautes et les Troyens d'Enée, on peut lire la Gorgone Méduse, implicitement présente dans l'allusion à Bellerophon dont le cheval Pégase est né du sang de cette dernière versé par Persée, et dans la formule ternaire finale : "où d'un seul regard vous séduisez notre raison, vous détruisez notre fortune et vous nous anéantissez". C'est en effet la seule figure dont la puissance ne peut réellement être anéantie, puisque Bellerophon fut désarçonné par Pégase avant d'atteindre l'Olympe, et qu'elle se trouve encore agir sur le bouclier de Zeus porté par Athéna. On voit ici la subversion cachée ou refoulée, quant au partage du pouvoir et de la puissance : les rapports d'exhibition ou de soumission, de fascination ou de domination font écho à la monstruosité redoublée de la courtisane, assemblage disparate de monstres par essence déjà disparates.

Donc la courtisane hystérique est celle qui méduse celui qui la regarde, elle ou l'image dans le miroir.[14] Son pouvoir s'affirme au-delà des crimes qu'elle peut commettre, par la seule fascination et l'emprise démoniaque qu'elle exerce à l'encontre des hommes, ce qui est un renversement sidérant. Elle disperse la puissance masculine qui serait à son tour victime de la paralysie qui est censée saisir l'hystérique, comme le montreront les analyses de Charcot au dix-neuvième siècle.

"Mais cette princesse *barbare, ambitieuse, vaine, infidèle*, et qu'on pourrait nommer un *prodige de cruauté*, après avoir encore employé deux années à persécuter ce qu'il y avait de vertueux et d'innocent dans l'empire ottoman, et poussé son crédit et sa *puissance* au-delà des exemples, que tous les siècles peuvent fournir d'une *autorité absolue* sur le cœur d'un époux, mourut comme les autres, et quitta avec sa vie criminelle cette *puissance sans bornes* qui lui avait coûté tant de crimes. Soliman la pleura, et rendit de *grands honneurs* à sa mémoire."[15]

L'inversion des statuts est évidente. L'investissement de Soliman est féminin : affectif et glorieux. Car la folie est savoir éso-

14. In *Le Silence de Manon, op. cit.*, l'épisode du prince italien : "(...) Le miroir était arme défensive dans le mythe : Manon la rend offensive, en offrant à l'Italien la vision de sa propre tête coupée par le cadre du miroir de toilette, tout en l'invitant à comparer ce visage à celui qu'elle présente de l'autre main. Ainsi le fait-elle affronter l'image médusante de sa propre castration, tout en exhibant celle d'un des Grieux incapable de se dégager de l'étreinte de sa maîtresse." p. 82.

15. *Histoire des Favorites, op. cit.*, p. 54-55 : épisode de Roxelane.

térique, *hybris*, transgression des interdits, inversion des rapports de force, miroir.[16]

Face à cela, l'enfermement, la mise à l'écart apparaît comme une conjuration possible, mais naïve, au niveau individuel, amoureux et social. La "folie", de *foleia* : la campagne, cette "petite maison" à la lisière de la cour et de la ville, où se donnent "des soupers de liberté"[17] dont l'étymologie est pourtant différente de la folie (*follis* : sac plein d'air), réunit à la fois la bacchanale sauvage au sein de la nature, la mise à l'écart, la folie libertine et l'érotisme vénal, dans une ambiguïté souvent répétée au cours du siècle.

S'agit-il de pudeur ? de secret ? de refoulement ? Y a-t-il des captifs, et qui sont-ils ? Sont-ce des îlots de liberté ou des *Stultifera navis* ? Curieusement, ces maisons-boudoirs sont souvent remplacées, dans les romans de courtisanes, par des châteaux, notamment au début et à la fin du siècle. Ils sont les lieux du conte, mais aussi les lieux du châtiment, des sortes de "thélème sadique" d'avant l'heure, empruntant une onomastique ludique et signifante :

"Elle devint bientôt suspecte au Roy de Castille, qui croyant devoir s'en assurer, l'envoya sous une sûre garde au château de *Tordefilles*, où elle fut toujours servie en reine avec le respect dû à sa dignité ; mais où elle mourut cependant captive, laissant une mémoire assez détestable, pour être éternellement détestée."[18]

Ou encore lieux de débauche consentie ou forcée, comme le "*château Saint Ange*", mausolée d'Hadrien, sépulture, forteresse et commémoration de la fin de la peste de Rome (!), qui en est le lieu imaginaire exemplaire et ironique :

"Pendant que la superbe Marozie gouvernait le stupide Guy, le pape, l'église et Rome entière, étallant dans le château St Ange qu'elle tenait d'Adelbert, tout le luxe et toute la profusion qui pouvait satisfaire sa vanité démesurée."[19]

De même Pauliska, l'héroïne de Révéroni Saint-Cyr est conduite au château Saint Ange[20] où elle va, malgré son inno-

---

16. Cf. *Histoire de la folie à l'âge classique*, p. 36 : "Le symbole de la folie sera désormais ce miroir qui, sans rien refléter de réel, réfléchirait secrètement pour celui qui s'y contemple le rêve de sa présomption. La folie n'a pas tellement affaire à la vérité et au monde, qu'à l'homme et à la vérité de lui-même qu'il sait percevoir."

17. Voir Jean-Noël Vuarnet, *Le Joli Temps, Philosophes et artistes sous la régence et Louis XV 1715-1774*, Paris, Hatier, 1990, p. 14.

18. *Histoire des Favorites, op. cit.*, épisode de Leonor Tellez, p. 97.

19. *Op cit.*, pp. 203-204.

20. *Pauliska ou la perversité moderne*, 1798, Paris, Desjonquères, 1991.

cence être enfermée une année, et subir le jugement des "illu-minés" :

"Je ne m'arrêterai pas à décrire les antres sombres, les ponts voûtés en fer, sous lesquels des bras du Tibre comprimés s'éloi-gnent en bouillonnant ; les cavernes couvertes d'une mousse humide, chevelure hideuse de rochers éternels ; tous les gouffres par lesquels il nous fallut passer ; une secrète horreur agitait trop mes nerfs, pour que mon attention pût suffire à une descrip-tion." (p.196)

L'héroïne affronte apparemment ici le risque ultime d'être définitivement une femme perdue, une courtisane, expérience qui l'amène aux limites de la folie, et qui se traduit par une des-cription fantasmatique d'un lieu qui se révèle féminin : "bras", "caverne", "mousse", "humide", "chevelure", "gouffres" et dont les connotations sexuelles sont évidentes. Cela la renvoie à la fureur utérine : "Cette rencontre faillit me jeter pour jamais en démence." (p. 204)

Le château, cependant est réservé soit aux favorites, la caste la plus haute des courtisanes, comme lieu théâtral de leurs mani-festations hystériques, soit aux héroïnes pures, comme lieu de bascule dans la corruption, la déchéance et la folie, sadique ou masochiste. L'on s'égarerait ici, mais tout cela nous conduit aux différentes fonctions du château sadien.

La petite maison, le château sont les envers poétiques des uto-pies carcérales. *Le code de Cythère* qui propose un projet voisin des "Parthénions" que décrira Rétif de la Bretonne dans son *Pornographe* [21] en 1769, et qui, par conséquent tente de réduire ce personnage en fuite perpétuelle — au niveau de sa dénomina-tion, et au niveau de son glissement à travers les strates narra-tives du récit — en une figure captive, est cependant une mise en scène de son échec.

En effet, c'est le mode même du désir au masculin qui est nié insidieusement par des renversements, la folie supposée servant d'alibi à un tel jeu de miroir, à un monde carnavalesque :

"Etre captif d'une femme publique, dit-il, c'est être le plus infortuné des hommes. [...]

Sinope est déjà vieille, et son dernier soupir nous rendra le repos, que depuis longtems elle nous a ravi.[...] Sauve-toi mal-heureux, bénis le ciel, s'il ne t'en coûte que ta poupe : tu seras le

21. *Le Pornographe ou Idées d'un honnête homme sur un projet de règle-ment pour les prostituées propre à prévenir les malheurs qu'occasionne le publicisme des femmes,* Londres, J. Nourse, 1769.

premier qui aura échappé. L'autre engloutirait une flotte entière, et toi, pilote insensé, tu prétens sauver ta frêle barque ? L'impunité ne sera pas la suite de ta témérité. "[22]

La femme hystérique captive l'homme, et sa folie l'emprisonne dans les rets de sa voracité, mais bien fol est qui s'y fie. Le dicton populaire semble être à l'œuvre ici ; d'un château l'autre, le vrai fou n'est pas celui qu'on croit, et l'hystérie vénérienne ne serait en définitive qu'une manifestation fantasmée de la folie virile ? S'agit-il de contamination ou de renversement ? De subversion ou de soumission ? Ou s'agit-il tout simplement d'une écriture hystérique à l'œuvre, qui vise à ébranler la fiction et le lecteur, ou à conjurer la folie par un langage et une esthétique neufs, liés à la sensibilité et à la dramatisation ?

Bien sûr, l'on ne tombera pas dans le piège de vouloir distinguer écriture féminine et écriture masculine, puisque le dix-huitième siècle a multiplié les énonciations trompeuses, mais l'on veut démonter les mécanismes de l'énonciation qui instaurent un mimétisme sexuel hystérique, tout en posant la question de la narratologie. Car la simulation est au cœur de l'hystérie, et on peut la lire en abyme dans deux textes d'auteurs masculins, qui simulent un féminin, qui lui-même simule l'hystérie. Tout d'abord, dans le livre éponyme de ce colloque, en filigrane de l'évocation d'une folie romanesque d'enfance de Colin-Cliton et Pierre Bagnol de la Mery-Pharsamon[23].

"Nous lui rapportions tout ce que nous apprenions dans ces livres, et nous en étions si charmés, que mon maître s'imaginait quelquefois que j'étais une princesse, et qu'il m'aimait. Dame, après cela nous supposions, comme dans nos livres, qu'il y avait longtemps que j'étais perdu, et il faisait semblant de me trouver par hasard, comme quand on rencontre une bourse, et qu'on ne la cherche pas ; vous voilà donc ma princesse, me disait-il en se jetant à mes genoux ; et moi *je faisais le beau*, je redressai mon col, et je lui répondais d'une voix plus douce qu'une flûte ou qu'un hautbois : oui prince, me voilà ; j'ai couru les mers, on m'a enlev*ée* là, secour*ue* dans cet endroit, et enfin je vous revois. Après cela je faisais semblant de pleurer des persécutions que je disais qu'on nous faisait, et pour cet effet, j'avais un peu d'oignon dans ma main dont je me frottais les yeux. Dieu sait si

22. *Code de Cythère, op. cit.,* p. 39, 40 et 41.

23. Marivaux, *Pharsamon ou les Nouvelles folies romanesques,* 1712, publié en 1737, in *Œuvres de jeunesse,* Paris, bibliothèque de la Pléiade, Gallimard, 1972, p. 601.

les larmes venaient ! et je pleurais quelquefois plus longtemps qu'il ne fallait ; car il avait beau me dire : Madame, consolez-vous, arrêtez vos larmes : oui-da, la fontaine allait toujours son train. "

Il est possible que l'imaginaire de nos deux fous de lecture se construise sur un personnage féminin "mal-famé" [24] : l'indéfini "une princesse" devient "perdu(e)", puis "une bourse", "qu'on ne [...] cherche pas", pour finir sur une expression antiphrastique et courante dans les romans pornographiques : "ma princesse", le détour par la bourse réunissant l'aspect financier et sexuel de la transaction soi-disant amoureuse, mais attribuant curieusement à la femme une fonction masculine.

Il faut noter que ce personnage masculin qui joue un personnage féminin, le joue sur un mode absolument hystérique : le champ lexical des pleurs irrigue le texte : "pleurer", "frottais les yeux", "les larmes", "la fontaine". Là aussi, il y a un mélange de deux registres au profit du comique, puisque cette hystérie hésite entre la feinte : "je faisais semblant", "j'avais un peu d'oignon" et la perte de contrôle psychique : "et je pleurais plus longtemps qu'il ne fallait". Cela peut à la fois s'inscrire dans un rapport de transgression sexuelle ou sociale : il s'agit de refuser ce que les mœurs exigent d'elle ou ... de lui.

Transgression qui suppose d'une part un enfermement topique en quelque sorte dans un jeu, qui impose des règles, des limites et des interfaces entre la norme et la folie, et un enfermement psychologique et moral dans un discours : la folle se prenant au jeu de son propre discours insensé [25] et remettant en cause la reception attendue de son discours travesti ou non. Elle fait une scène au sens propre et figuré et elle s'efforce de mettre des mots sur le discours que tient son corps.

Ceci est à mettre en parallèle avec un texte de 1695, republié en 1723 : *La Marquise-Marquis de Banneville*. Voici la déclaration du narrateur-auteur masculin, qui parle au féminin, influencé vraisemblablement par son personnage qui n'a découvert qu'au moment de se marier, à 16 ans, qu'il n'était pas une fille et qui tombe amoureux d'un garçon qui se révèle être une fille, ainsi que par son expérience autobiographique de travesti :

"Puisque les femmes se mêlent d'écrire, et se piquent de bel esprit, je ne veux pas demeurer la dernière à signaler mon zèle

---

24. Pierre Fauchery, *La Destinée féminine dans le roman européen du XVIIIᵉ siècle*, Paris, A. Colin, 1972, p. 433.

25. Voir l'utilisation des participes passés au féminin, que nous avons soulignée.

pour mon sexe, et il ne tiendra pas à moi qu'on ne nous croit de grands personnages, malgré toutes les petites façons dont nous ne saurions nous défaire. En effet quelque guindées que nous soyons dans nos ouvrages, on y voit la femme en mille endroits, et les grands sentimens outrés, forcés, sublimes ne sauraient cacher aux yeux du lecteur attentif une certaine mollesse, un certain faible qui nous est naturel, et où nous retombons toujours. Il ne faut donc pas nous donner pour plus que nous valons. Croire qu'une jeune fille assez jolie, élevée parmi les rubans, soit capable d'écrire comme M. Pellisson, c'est un abus. Elle aura le feu de son âge, des tours nouveaux, des expressions vives, une imagination réjouissante. Elle plaira peut-être plus que M. d'A... mais pour la justesse, la solidité, le tissu, elle s'en reposera sur M. de T.... ne se piquant que de s'amuser la première en amusant ses compagnes par ses petites histoires. Voici donc mon coup d'essai, vous en jugerez, mesdemoiselles, car c'est à vous à qui je m'adresse, mais si vous avez passé vingt ans, je vous défends de me lire. Cherchez donc quelque chose de plus solide. Une fille à vingt ans doit songer à se faire bonne ménagère, et le temps du badinage est bien avancé pour elle. Au reste, n'allez pas douter de ce que je m'en vais vous dire. J'ai tout vu, tout su, tout entendu ; je suis oculaire sur ce point, et nulle circonstance ne m'est échappée. Il vous en paraîtra quelques-unes d'assez singulières ; c'est justement ce qui m'a donné envie de les mettre sur le papier. Je ne fis jamais cas de ce qui ne va que terre à terre. Les grands chemins sont faits pour les petits génies, et quiconque se donne la peine d'écrire doit choisir un sujet qui marche tout seul et qui sans affectation, sans éloquence, sans traits, attire d'abord l'attention de tout le monde. Entrons en danse. "[26]

Nous pouvons déceler ici toutes les caractéristiques de l'hystérie. D'abord, la simulation : nous sommes en effet à un double niveau de travestissement (le personnage et le narrateur) : "il ne tiendra qu'à moi qu'on nous croit de grands personnages", "la dernière", "mon sexe", "quelque guindées que nous soyons". Ce qui est une mise en abyme du personnage de la courtisane-narratrice de ses mémoires.[27] Ensuite, l'exagération des modali-

26. In *Mémoires de L'abbé de choisy habillé en femme*, Paris, Petite bibliothèque Ombres, 1995, pp. 141-142.

27. Voir *Les Mémoires* d'Hortense et de Marie Mancini (1676-78) republiés en 1706 sous le titre *Les Illustres Aventurières,* puis la série des romans-mémoires de courtisanes à la première personne débutant avec l'*Histoire de Gogo* en 1739.

tés d'expression par l'utilisation de l'hyperbole : "mon zèle", "on
y voit la femme en mille endroit, et les grands sentimens, outrés,
forcés, sublimes", "je ne fis jamais cas de ce qui ne va que terre à
terre" "les petits génies". Et enfin, les symptômes organiques :
"une certaine mollesse" "un certain faible", "J'ai tout vu, tout su,
tout entendu ; je suis oculaire sur ce point","entrons en danse" qui
semble en résonance avec l'expression : entrons en transe ; la sensibilité excessive entraînant à la fois le foisonnement et la dispersion de l'analyse.

En somme, la pathologie hystérique (hallucination, délire,
mythomanie, angoisse) est clairement illustrée par ce passage
emblématique, même s'il manque une dimension : la répétition,
le ressassement, le cycle, qui sera, elle, plus évidente dans les
compilations de nouvelles historiques ayant pour sujet des courtisanes, comme l'*Histoire des Favorites* ou *Les Belles Grecques,*
ou plus tard, dans les nouvelles de Rétif de la Bretonne. On
retrouve au niveau de leur composition une manipulation hystérique de la répétition, amplifiée dans le cas des deux premières
par des gravures mettant en scène les héroïnes successives, avec
une certaine uniformité : tout *distinguo* est apparemment nié, et
ce ressassement semble enlever tout sens, sinon au plaisir du
lecteur qui naît du recommencement, tel un désir nymphomane
de lecture.

Cependant, la composition, a bien un sens, un sens que l'on
peut caractériser comme pervers, ou symptomatique. Les scé-
narii se répètent et donnent à lire en abyme la répétition du
désir que cristallise sur son corps la courtisane. A l'intérieur
d'un même recueil, les nouvelles se placent dans un contexte de
réécriture intratextuelle : "tous les événements se trouvent dans
les histoires les plus graves"[28] et intertextuelle : "je n'apprends
rien de nouveau à tous ceux qui ont quelques connaissances de
l'antiquité."[29] De plus, d'autres versions sont proposées par
des auteurs féminins ou masculins contemporains : la similitude ou la différence des scenarii, invite à une lecture là encore
répétitive. On pourrait comparer *Les Belles Grecques* avec
l'*Histoire secrète des femmes galantes de L'Antiquité,*[30] ou

28. *Les Belles Grecques*, préface.
29. *Ibid.*
30. [Dubois François Nicolas], A Paris, chez Etienne Ganeau, rue St Jacques,
proche de la rue du Plâtre, aux armes de Dombes et à Rouen chez Jore Imprimeur de monseigneur l'Archevêque & du clergé, rue aux juifs. Avec approbation et privilège du roi, 1726, 6 vol.

encore mettre en regard tous les textes du XVIIIᵉ siècle citant
Laïs ou Aspasie.[31]

Mais la valeur d'*exemplum* est cependant clairement inférieure
au plaisir de l'écriture : "je ne puis me repentir d'avoir employé
quelque temps à la composition d'un petit ouvrage, que des personnes d'un goût exquis ont approuvé."[32] Peut-on pour autant
tenir ce plaisir pour féminin, ou propre à la courtisane ? On
remarque des indices ludiques : le goût du travail bien fait et
remis sur le métier par un auteur-Pénélope ; une galerie de portraits, un récit protéiforme comme un corps-sérail ; le rythme
très féminin du cycle. Est-ce une recherche d'usure ou renouvellement ? S'agit-il de recréer à travers la lassitude du lecteur,
l'état d'esprit de la courtisane face aux désirs démultipliés et
répétitifs de l'homme, ou face à ses propres désirs hystériques ?

Finalement, ces romans de courtisanes ne proposent-ils pas la
conjuration ultime et impossible de l'hystérie : l'enfermer dans
une écriture, soigneusement enclose par des limites formelles,
thématiques et génériques, qui permettent une analyse de la
folie, mais également une catharsis, donc, une pratique d'un
phénomène de saturation ou de dépendance et une mise à distance ou *a contrario* une contamination ?

Il s'agit d'un virage important dans la fiction occidentale —
même s'il tourne court au XIXᵉ siècle — qui inverse les processus de la fascination littéraire, et la coupe de sa signification
étymologique : "Le mot grec *phallos* se dit en latin le *fascinus*.
Les chants qui l'entourent s'appellent "fescennins". Le *fascinus*
arrête le regard au point qu'il ne peut s'en détacher. Les chants
qu'il inspire sont à l'origine de l'invention romaine du roman :
la *satura* ..."[33] En effet, dans nos fictions, c'est l'utérus qui
devient, non pas fascinant, mais médusant et démiurgique : non
seulement c'est un "bijou indiscret", mais il confisque la parole
masculine, et la renvoie à elle-même d'une manière révolutio-
naire.

Mathilde CORTEY
Université de Paris III-Sorbonne Nouvelle

---

31. Pour Laïs : Voir *Le Neveu de Rameau*(1760), *Les Amours de Laïs*
(1765) ; *Histoire de Laïs* (1747) ; *Laïs philosophe* (1761) ; pour Aspasie, *les
Deux Aspasies* 1736...

32. *Les Belles Grecques, op.cit.*, préface.

33. Pascal Quignard, *Le sexe et l'effroi*, Paris, Folio, Gallimard, 1994, p. 11.

FOLIE ET PULSION DE MORT
DANS LES ROMANS DE PRÉVOST :
LE CAS DE *CLEVELAND*
ET DES *CAMPAGNES PHILOSOPHIQUES*

Erik Leborgne

"Le héros prévostien est rarement intact de toute morbidité", a écrit Robert Mauzi dans un article fondamental sur "Les maladies de l'âme au XVIIIe siècle."[1] C'est cette morbidité qu'on se propose d'examiner dans *Cleveland* et les *Campagnes philosophiques*, moins sur le plan clinique, comme le faisait R. Mauzi, que sur le plan du fantasme, à partir d'une interrogation sur les manifestations du deuil, de la mélancolie, et de la folie.

Le goût de Prévost pour dépeindre les personnages étranges, voire les excentriques et les pervers[2] se retrouve constamment dans son œuvre, et ce dans tous les domaines (journalistique, historique, romanesque et dans les traductions). A titre d'exemple, on mentionnera simplement un des "contes singuliers" du *Pour et contre* rapportant la fâcheuse manie ("aliénation d'esprit" dit Prévost) d'un secrétaire d'ambassade, qui a l'habitude de mâcher des parchemins pendant son travail — plaisir funeste puisqu'il dévore ainsi des documents importants, et est accusé d'espionnage.[3] En tant que romancier, Prévost privilégie les héros mélancoliques[4] (l'homme de qualité, Cleveland, Patrice dans *Le Doyen de Killerine*, Mlle Fidert dans les *Campagnes philoso-*

---

1. *Revue des Sciences Humaines*, n° 97, 1960, p. 472.

2. Par exemple le cas du financier coprophage Paparel, au T. VI des *Mémoires et aventure d'un homme de qualité* (*Œuvres* de Prévost, PUG, T. I, 1977, p. 291 voir la variante, p. 468).

3. "Mémoire sur la fortune du comte de B... qui mangeait des parchemins" (1737), PUG, T. VII, p. 228-231). Anecdote racontée par Vautrin (alias Carlos Herrera) à Lucien de Rubempré dans la dernière partie d'*Illusions perdues*.

4. "La plus forte tentation du mélancolique est de s'inventer un destin. [...] Le malheur cesse d'être un état d'âme pour devenir une histoire et une histoire insolite, exceptionnelle, pleine d'étranges significations. Cela lui permet d'apparaître à la fois objectif et mythique." (R. Mauzi, *art. cité*, p. 475)

phiques, le père Célerier dans *Le Monde moral* étant les principaux représentants). Ces héros mélancoliques accomplissent tous ce qu'on appelle en termes modernes un travail de deuil, dans des circonstances parfois spectaculaires, et au prix d'obsessions morbides. Dans le cas de Cleveland et de Mlle Fidert, la mélancolie évolue dangereusement en tendances meurtrières ou suicidaires. On s'intéressera plus précisément à ces moments où la folie génère des appétits de destruction (épisodes que Prévost exploitera également dans l'*Histoire d'une Grecque moderne*) dans le but de dégager la dimension fantasmatique de ces deuils pathologiques, notamment en interrogeant la nature conflictuelle des crises de mélancolie qui frappent les personnages. Les hallucinations morbides de la demoiselle Fidert nous conduiront directement sur la voie du fantasme, tandis que le cas plus complexe du philosophe fou qu'est Cleveland nous fera examiner ce moment périlleux où la raison devient folie...

LES DÉLIRES MORBIDES DE MLLE FIDERT
DANS LES *CAMPAGNES PHILOSOPHIQUES*

La demoiselle Fidert, amante extravagante et parricide, semble bien un personnage shakespearien égaré dans un univers peu glorieux, d'où tout héroïsme et tout grand sentiment sont bannis. Les amours de Montcal restent en effet entravées par des considérations de fortune (au sens uniquement pécuniaire), et l'héroïsme guerrier n'est guère plus avantagé (durant cette campagne d'Irlande où les deux armées piétinent, la seule action d'éclat de Montcal est le massacre d'une troupe de rebelles, attaqués alors qu'ils sont sans défense, femmes et enfants compris). Les relations humaines se réduisent alors à des luttes d'intérêt, des marchés sordides dans lesquels le narrateur se révèle un véritable virtuose de l'équivoque et de la tromperie. Prévost nous montre un monde en proie à une espèce de barbarie primitive, où les appétits charnels et agressifs se donnent libre cours : un roman du pulsionnel, en quelque sorte. C'est dans ce milieu de l'infra-civilisé que Prévost situe le parricide de la belle Irlandaise :

"Elle m'apprit alors le malheur qu'elle avait eu dans un transport d'amour et de fureur, de tuer son père, après lui avoir vu tuer son amant. [...] Elle avait été surprise dans un rendez-vous nocturne ; et le galant [...] avait été massacré de sang-froid de la main même du père, qui était un vieux seigneur du parlement accoutumé aux exécutions sanglantes pendant le cours des guerres civiles. Mais lorsqu'ayant fait retirer ses domestiques, il s'était cru en droit d'insulter encore à la douleur de sa fille, elle avait été saisie d'un mouvement de fureur qui lui avait fait prendre le poignard dont il s'était servi, et de plusieurs coups redoublés, elle lui avait arraché la vie. "[5] (267-268)

Cet épisode sanglant, dont les excès renvoient à une esthétique "baroque"[6], a valeur de scène originelle dans le destin de l'Irlandaise : l'histoire de l'héroïne commence véritablement par ce récit du meurtre du père, geste traumatisant qui génère une série d'hallucinations morbides.[7] Au niveau de la fantasmatique de cette scène, je relèverai que l'amour et la mort se croisent autour de la figure paternelle. Ce père est à la fois bourreau et victime : en lui se concentre toute la nature conflictuelle du geste de Mlle Fidert. Le parricide amène une intense culpabilisation de l'héroïne dont les remords produisent une altération physique et psychique.[8] En conséquence, la thématique de la passion tragique est contaminée par l'aliénation d'un personnage qui est très tôt qualifié de "monstre."[9] L'image violente du meurtre du père revient sous forme de phobies et de terreurs nocturnes, à trois reprises dans le texte.[10] Au cours de ses hallucinations, l'héroïne commence par

5. Toute nos références renvoient à l'édition des œuvres de Prévost établie sous la direction de J. Sgard (PUG, 1977-86). Les *Campagnes philosophiques* se trouvent au tome IV, *Cleveland* au tome II.

6. En référence aux "histoires tragiques" et autres "théâtres de la cruauté" de Rosset et Camus.

7. Toutefois, la psychologie de Mlle Fidert reste décrite superficiellement, selon une interprétation physiologique traditionnelle : "Elle était absolument revenue du penchant qu'elle avait peut-être eu pour les intrigues d'amour. [...] J'avais mille raisons de croire que ses inclinaisons ne la portaient point au désordre. Ses premières erreurs avaient pris leur source dans la chaleur de l'âge et dans la faiblesse ordinaire de son sexe." (356)

8. Le narrateur insiste sur son "air de trouble et d'égarement" (270), et sur "l'horreur dont elle avait l'imagination remplie" (268).

9. Par Schomberg, en premier lieu (270). A noter que Mlle Fidert, Montcal et Ecke sont tous trois qualifiés de monstres : Montcal pour ses infidélités (340), les deux autres pour leurs actions dénaturées (270, 272 et 391). Cette composante tératologique des héros de Prévost culmine dans le *Cleveland*.

10. p. 273, 281, et une troisième fois sous forme de sommaire, lorsque les hallucinations nocturnes la reprennent à Canterstrof, terre du chevalier Ecke : "Elle les [*les domestiques*] avait réveillés plusieurs fois pendant la nuit, et les ayant appelés dans sa chambre, elle les avait conjurés les larmes aux yeux d'emporter le corps de son père, qu'elle croyait avoir vu dans un coin de l'appartement." (288)

rejouer le parricide, pour le conjurer dans un second temps : il s'agit donc d'une sorte de rituel d'exorcisme du meurtre du père.[11] La lettre de Mme de Gien fournit une version théâtralisée de ces crises de démence :

"Souvent au milieu d'un entretien où elle ne s'était attiré que de l'admiration, il lui prenait des mouvements qui faisaient douter si sa raison n'était pas troublée. Elle laissait échapper des cris. On voyait couler quelques larmes de ses yeux ; et les efforts qu'elle faisait apparemment pour les arrêter, donnaient à son visage un air si violent et si terrible que les spectateurs prenaient le parti de s'éloigner pour leur sûreté. Elle revenait néanmoins fort promptement de ces grands transports ; mais c'était pour retomber dans une mélancolie si profonde que ce changement faisait un autre sujet d'admiration. Elle gardait alors un silence dont rien n'était capable de la faire sortir. On ne tirait d'elle que peu de mots entrecoupés, qui n'avaient quelquefois aucun rapport aux questions qu'elle recevait." (273)

La suite du texte nous fait passer de la "mélancolie"[12] aux images obsédantes, soit une accentuation de l'aspect pathologique du personnage. La présence d'auditeurs transforme cette crise de folie en spectacle, tandis que leur réaction produit chez le lecteur, par le biais de l'humour, un effet de distanciation par rapport à la matière romanesque. Et progressivement, Prévost va accentuer cette distanciation à l'égard de la folie romanesque et de ses protagonistes, au moyen de procédés narratifs permettant à l'auteur de se désolidariser de ses personnages.

Lorsque Montcal cède aux avances de l'Irlandaise : il en fait sa maîtresse au nom de principes libertins (le "goût du plaisir",

11. En témoigne le second épisode d'hallucination : "Dans un délire qui dura une partie de l'après-midi [...] son imagination, toujours remplie de mille horribles objets les lui représenta avec tant de force qu'elle croyait voir à tout moments son père expirant sous ses coups, et prêt à lui arracher la vie lui-même par les plus sanglantes blessures. Elle poussait des cris aigus ; elle étendait les bras pour se défendre. Ah ! ne le voyez-vous pas un poignard à la main ? me disait-elle en me regardant d'un œil égaré. C'est le même dont je viens de le percer. Où l'a-t-il pris ? Sauvez-moi donc de sa fureur, continuait-elle, en baissant la tête comme pour éviter ses coups. Généreux Montcal ! vous me laissez périr ! [...] Quoiqu'elle se fût adressée à moi pour implorer mon secours, elle me repoussait avec horreur lorsque je m'approchais pour la soulager, et quelquefois me prenant pour son père, elle me demandait mon pardon et ma pitié." (281-282)

12. Le personnage n'est toutefois pas donné comme mélancolique par tempérament : Mlle Fidert s'accommode mal de la retraite ("ensevelie dans une solitude impénétrable", elle ne peut soutenir "une vie si mélancolique", 339).

comme il l'avoue, 314), mais aussi au nom d'un argument plus
inattendu, qui convoque la scène originelle : "Je serai aimé, dit
Montcal, car de qui attendrait-on plus de tendresse que d'une
fille qui a été capable de tuer son père pour venger son amant ?"
(300). Convenons que l'argument a de quoi surprendre : le parricide sert de caution à l'amour de la demoiselle pour le narrateur.
Curieux roman d'amour où l'humour noir de Prévost emmêle
étrangement Eros et Thanatos. Mais c'est avec le mariage de
Mlle Fidert que les outrances romanesques se manifestent le
plus nettement. En bonne logique, cette amante meurtrière est
mariée à un jaloux pathologique.[13] Il s'agit du jeune Ecke,
dépeint par le narrateur comme "un cœur lâche et corrompu"
(313), capable d'actes barbares, et plus précisément sadiques,[14]
comme le montrent les tortures qu'il inflige à sa femme pour lui
arracher l'aveu de sa liaison avec Montcal :

"Avec l'air farouche d'un bourreau qui avait sa proie livrée
entre ses mains [...]. Il n'avait parlé que de poignard et de poison, pour lui arracher des lumières qu'il ne voulait plus devoir
qu'à elle-même. La pointe du fer qu'il avait tenu plus d'une fois
suspendu sur son sein [...] avait enfin tiré de la bouche de Mlle
Fidert toute l'aventure de Croydon" (nom de la petite maison
qui abritait les amours de Montcal et de Mlle Fidert) (368-369).

On peut parler ici de parodie de la scène originelle du parricide : l'image du bourreau est transférée sur le tortionnaire de
Mlle Fidert (même le poignard n'est pas oublié), et l'épisode est
dominé par la même ambivalence des sentiments (amour-haine),
puisque ce jaloux cyclothymique passe sans transition des
menaces de mort aux transports d'amour (369, 387).[15] Il devient
clair que Prévost joue ici sur le second niveau de lecture (qui est
aussi un niveau intertextuel, comme le montre la référence à la
trente-deuxième nouvelle de l'*Heptaméron*).

On définitive, on peut se demander si les manifestations de
la folie de Mlle Fidert, par ses excès et par la répétition de

---

13. La mort de Mlle Fidert est également causée par un "mouvement de
jalousie qui devient un transport d'indignation et de fureur." (397) Ce thème du
jaloux qui tue la femme aimée au lieu du rival se retrouve avec le père Célerier
dans *Le Monde moral*.

14. En témoigne son duel avec le frère de Mlle Fidert, qu'il achève "aussitôt
par la dernière barbarie": il "se fit un plaisir cruel d'achever de plusieurs coups
le misérable Fidert, qui n'avait plus la force de lever le bras pour se défendre"
(358).

15. Il finit par enfermer sa femme avec le "cadavre défiguré" (390) de
l'intendant, qu'il a pris pour son amant.

scènes obsédantes, ne sont pas aussi à mettre au compte d'une dégradation de l'univers tragique. Dans cette perspective, on pourrait voir dans les traits "baroques" de ce roman toute une parodie de modèles tragiques anglais que Prévost connaissait bien (la tragédie de vengeance,[16] Shakespeare, Otway). Tout se passe comme si Prévost amplifiait jusqu'à l'outrance ce qui pourrait être l'argument minimal d'une tragédie de vengeance : à père bourreau, fille parricide. Toutefois, il apparaît tout aussi nettement que cette héroïne passionnée, ce personnage délirant, est la seule à se détacher d'un personnel romanesque constamment rabaissé par l'auteur — un peu comme dans *Le Doyen de Killerine*, où Patrice, le héros sombre (qui porte "un fond secret de mélancolie et d'inquiétude"[17]) ressort sur fond de grotesque. Les épisodes de folie de Mlle Fidert fournissent ainsi un parfait exemple de ce qu'on peut appeler l'Eros morbide de Prévost, dans la mesure où les hallucinations de l'Irlandaise s'inscrivent dans une problématique de la haine de l'objet d'amour, qui va jusqu'à la destruction de cet objet. A l'horizon de cette problématique se décèle justement la pulsion de mort, notion qui apparaîtra plus nettement avec l'épisode de la folie de Cleveland.

CLEVELAND, LE PHILOSOPHE FOU

Après la fuite de Fanny avec le Français Gelin, Cleveland retourne en France avec ses enfants et choisit une retraite à Saumur, où vit une importante communauté protestante. Sa tentation de suicide se situe au quatrième tome du *Cleveland*, publié en 1731, la même année que *Manon Lescaut* — le sixième tome ne paraîtra qu'en 1738, après la publication d'un faux tome V, apocryphe désavoué par Prévost. L'hypothèse de lecture que je propose est la suivante : je verrais dans ce dernier tome du *Cleveland* (dans sa version de 1731) la résurgence de tout un matériau fantasmatique (essentiellement une fantasmatique touchant les figures parentales) présenté dès le premier tome. Au sommaire de ce tome IV figurent le délire morbide à tendance suicidaire, l'infanticide, l'inceste, le meurtre (Gelin, ce double maudit du héros, se déguise pour tuer Cleveland), tout cela sous forme de tentatives avortées, certes, mais largement exposées dans le texte. Je voudrais donc dégager la

---

16. *The Spanish Tragedy* de Kyd (1586), *The Duchess of Amalfi* de Webster, *The Revenger's Tragedy* de Tourneur (1607), autant de pièces qui apparaissent après la traduction des tragédies de Sénèque au XVIe siècle.

17. *Œuvres* de Prévost, PUG, T. III, 1980, p. 19.

cohérence de ce matériau fantasmatique, à partir d'une interprétation du deuil pathologique du philosophe mélancolique.

Précisons que le terme de "mélancolie" tel que l'emploie Prévost ne peut être pris dans une acception strictement freudienne : les discours que tient le personnage sur son état ne correspondent que partiellement aux critères cliniques dégagés par Freud dans son article "deuil et mélancolie". "La mélancolie, écrit Freud, se caractérise du point de vue psychique par une dépression profondément douloureuse, une suspension de l'intérêt pour le monde extérieur, la perte de la capacité d'aimer, l'inhibition de toute activité et la diminution du sentiment d'estime de soi qui se manifeste en des auto-reproches et va jusqu'à l'attente délirante du châtiment." [18] Ce qu'on retiendra de cet article fondateur, ce sont les hypothèses de Freud sur la pathologie du mélancolique, notamment le rôle qu'il accorde à la régression de la libido à des stades archaïques, élément qui permettra d'interpréter l'évolution de la mélancolie du héros.

Pour Prévost, la mélancolie fait partie des "maladies de l'âme", au même titre que "la douleur et toutes les autres passions violentes", selon le narrateur (281). La mélancolie [19] de Cleveland est décrite assez précisément :

"Loin de trouver dans la solitude de mon jardin le soulagement que j'y cherchais, ma douleur s'accrut tellement par mes tristes réflexions que je tombai en peu de jours dans la plus dangereuse et la plus terrible de toutes les maladies. Je ne puis la faire mieux connaître qu'en la nommant *une horreur invincible pour la vie*. C'est une espèce de délire frénétique, qui est plus commun parmi les Anglais que parmi les autres peuples de l'Europe. Mais quoique cette raison le fasse regarder comme une maladie propre à notre nation, il n'est pas moins surprenant que j'en aie ressenti des atteintes si pressantes, moi qui avais passé plusieurs années dans des climats éloignés, et qui me trouvais d'ailleurs en France, où l'air est si pur que nos Anglais le vont prendre contre cette noire disposition de l'âme. J'aurais peine à expliquer par quels

---

18. "Deuil et mélancolie" (1915), trad. in *Métapsychologie*, Gallimard, 1968, Folio Essais, p.146-147.

19. Nommée comme telle après la tentation du suicide et de l'infanticide : "Soit que la noire mélancolie dont j'avais été possédé commençât d'elle-même à se dissiper, soit que la tendresse paternelle eût causé une forte révolution dans mes humeurs, je m'aperçus que s'il me restait quelque envie de mourir, elle n'était plus si impérieuse et si difficile à modérer." (292) Au livre huitième (tome VI), le héros replonge "dans la plus sombre et la plus mortelle mélancolie" (370).

degrés je parvins au dernier excès de la folie et de l'aveuglement : mais ce qui paraîtra incroyable à mes lecteurs, je regardai pendant quelque jours mes transports furieux comme l'effet de la plus haute sagesse, et je ne crois pas que j'aie fait dans toute ma vie de raisonnement plus méthodiques que ceux qui me conduisirent jusqu'au bord du plus affreux précipice." (288-289)

Cette "noire disposition de l'âme", expliquée plus loin par la théorie humorale en vigueur à l'époque[20], reste tributaire de toute une tradition scientifique, d'un discours médical dominant qui se concentre au milieu du siècle sur l'étiologie (étude des causes) et sur les moyens de guérison (le "sucre de Saturne", composé nitreux, est employé comme calmant). Ainsi la rubrique médicale de l'article "Mélancolie" de *L'Encyclopédie* indique le caractère obsessionnel de cette maladie ("délire particulier roulant sur un ou deux objets déterminément, sans fièvre ni fureur", à la différence de la manie et de la phrénésie), et en précise le caractère sexuel (selon la théorie des vapeurs, les femmes deviennent hystériques et les hommes mélancoliques à cause d'un "appétit vénérien non satisfait"[21]). En somme, le Jésuite qui guérit Cleveland de sa mélancolie en lui présentant une charmante demoiselle est un bon médecin — il ne faut pas négliger le désir sexuel de Cleveland, nettement formulé dans la tentation incestueuse. Toutefois, Prévost va plus loin en parlant de "délire frénétique", et en glosant la mélancolie par la formule "horreur invincible pour la vie". Voilà qui nous amène sur une voie théorisée plus tardivement dans le siècle. Dans l'article cité en introduction, R. Mauzi mentionne le traité du médecin Andry intitulé *Recherches sur la mélancolie* (1784), dans lequel sont distinguées les trois phases du comportement mélancolique :

1. Le soupçon, l'irritabilité, l'attachement à quelques thèmes favoris.

20. C'est ainsi que sont également interprétées les "vapeurs mélancoliques" de Fanny : "les vapeurs du poison qui me dévorait, ne se dissipant par aucune voie, s'élevèrent au cerveau, et s'épaissirent jusqu'au point d'arrêter souvent le cours de mes esprits. C'est ainsi que les médecins ont expliqué en France les évanouissements auxquels je devins sujette." (398)

21. "MELANCHOLIE (médecine) : délire particulier, roulant sur un ou deux objets déterminément, sans fièvre ni fureur, en quoi elle diffère de la manie et de la phrénésie. Ce délire est joint le plus souvent à une tristesse insurmontable, à une humeur sombre, à la misanthropie, à un penchant décidé pour la solitude. [...] Les causes de la mélancolie sont à peu près les mêmes que celles de la manie : les chagrins, les peines d'esprit, les passions, et surtout l'amour et l'appétit vénérien non satisfait sont le plus souvent suivis de délires mélancoliques." (*Encyclopédie*)

2. La tristesse profonde, le désespoir, les idées fixes : obsessions absurdes ou obscènes.

3. L'aliénation, stade ultime : perte de la raison, actes d'autopunition et tentations de suicide.[22]

Prévost anticipe donc, en tant que romancier, de plusieurs décennies sur cette description clinique, lorsqu'il intègre le délire mélancolique de son personnage dans une progression dramatique qui conduit à la folie meurtrière et au suicide.[23]

D'où vient cette "horreur invincible pour la vie" que Prévost souligne par l'italique dans les propos de son personnage ? Le "délire frénétique" provoqué par la mélancolie naît tout d'abord de multiples pensées morbides, exprimées sous forme de vœux de mort : "Après tant de pertes et de malheurs essuyés, dans quel endroit du monde me convenait-il de chercher un asile ? Si je ne suivais que le mouvement aveugle d'une douleur incessament présente, je n'avais plus d'autre asile à désirer que le tombeau", déclare-t-il en arrivant à Nantes.[24] (278) Ces déclarations rappellent celles de l'homme de qualité après la perte de Sélima, mais elles sont surtout comparables aux vœux de mort que prononce Elisabeth Cleveland, la mère du héros au moment où elle se réfugie dans la caverne de Rumey hole : "Hélas ! quand me l'ouvrira-t-elle [la terre] pour me recevoir dans mon dernier asile ? [...] Elle nous a ouvert son sein ; que ne le fermait-elle au même moment pour nous servir de tombeau !"[25] (33) Du reste, la figure de cette mère philosophe est rappelée dès le début du sixième livre, sous la forme d'une discrète identification de Cleveland à sa mère (à propos de l'éducation de ses enfants : "J'aurais souhaité de faire pour eux [mes enfants] ce que ma mère avait fait pour moi.", 277), puis sous la forme de références directes au système philosophique de la mère du narrateur.

22. Art. cité, *RSH*, n° 97, 1960, p. 470.

23. Minutieusement et méthodiquement préparés par le héros qui prend soin de cacher son épée et s'efforce de paraître calme. Le secret de sa tentation du suicide n'est révélée qu'à Clarendon dans la suite du roman : "c'est un de mes plus intimes secrets que je révèle ici au public", précise le narrateur. (293)

24. Après la mort de Bridge : "Je sentis plus d'une fois cette espèce de frémissement que je m'imagine que l'âme doit éprouver lorsqu'elle est prête à se séparer du corps" (274). De même, quand Cleveland enterre Bridge à Nantes : "Hélas ! que je lui portai d'envie, en lui voyant prendre possession de la paix éternelle dans l'asile du tombeau." (276)

25. Son fils Cleveland la console ainsi : "Notre imagination n'aura rien de tumultueux à nous représenter. Nous n'aurons point à craindre les mouvements involontaires qu'excite la présence des objets, puisque nous n'apercevrons rien dans nos épaisses ténèbres." (33)

Ces pensées morbides ne sont pas les seules consolations que s'accorde le personnage. Il y adjoint un fantasme sado-masochiste d'enfermement de Fanny, l'épouse parjure, qui évoque le châtiment que des Frans impose à son infidèle dans les *Illustres Françaises* :

"La seule résolution que j'eusse pu prendre par rapport à elle [Fanny], si j'eusse connu le lieu de sa demeure, eût peut-être été de la faire arrêter sans lui laisser savoir que ce fût par mes ordres, et de la faire renfermer dans quelque lieu de sûreté où sa clôture m'aurait répondu pour toute sa vie de la sagesse de sa conduite. Ce n'était point un désir de vengeance qui m'inspirait cette pensée : Qu'elle vive, disais-je malgré l'amer sentiment de ma tendresse et de ma foi méprisées ; qu'elle soit même aussi heureuse que sa lâcheté la rend indigne de l'être ; que tout le bonheur qu'elle m'a ravi se joigne au sien pour lui en composer un plus parfait ; ou si la justice du ciel demande qu'elle soit punie, que ce ne soit du moins que par son repentir et par ses remords ! Mais je dois trop à la mémoire du vicomte d'Axminster pour souffrir que sa fille la déshonore s'il dépend de moi de l'empêcher. Je me saisirai de sa personne, et je la renfermerai dans un lieu sûr, mais commode, où je lui procurerai encore tous les agréments qui seront en mon pouvoir. Elle est douce, ajoutais-je : la mort de Gelin lui fera sans doute ouvrir les yeux sur son crime ; elle ne souffrira point impatiemment la retraite. Elle y vivra peut-être contente, et je serai le seul misérable." (279)

Ce fantasme, emblématique de l'agressivité qui innerve ce sixième livre du *Cleveland,*[26] nous situe au cœur du deuil pathologique mené par le héros : non seulement l'objet d'amour n'est pas abandonné (ce qui serait le processus du travail de deuil normal), mais il est réinvesti de désirs sadiques qui révèlent toute la dimension régressive de la "mélancolie" de Cleveland.[27]

26. L'agressivité de Cleveland peut se lire plus loin à travers son ironie injurieuse pour Fanny : "Elle destine le reste de sa vie, sans doute, à pleurer son amant !", dit-il avec amertume devant Henriette d'Angleterre. (303)

27. Le fantasme sadique décrit par le narrateur semble coïncider avec la description qu'en fera Freud : "Si l'amour pour l'objet, qui ne peut pas être abandonné tandis que l'objet lui-même est abandonné, s'est réfugié dans l'identification narcissique, la haine entre en action sur cet objet substitutif en l'injuriant, en le rabaissant, en le faisant souffrir et en prenant à cette satisfaction une satisfaction sadique. La torture que s'inflige le mélancolique et qui, indubitablement, lui procure de la jouissance, représente, tout comme le phénomène correspondant dans la névrose obsessionnelle, la satisfaction de tendances sadiques et haineuses qui, visant un objet, ont subi de cette façon un retournement sur la personne propre." (art. cité, p. 159-160)

De ce comportement régressif, la quête philosophique menée
par le narrateur offre un second exemple. En effet, quel est le
but des spéculations de Cleveland, qu'est-ce qui le pousse à se
"renfermer du matin au soir dans [s]on cabinet" (279) ? Il souhaite tout bonnement refaire l'exposé du système maternel,
retrouver "les premières leçons de [s]on enfance" (286), persuadé que cette quête du passé lui apportera réconfort et
certitude,[28] et revivre, par la pensée, les plaisirs archaïques associés aux leçons philosophiques de la mère : "cher exercice, qui
avait fait toute la douceur des premières années de ma vie, et
dont je me flattais de retirer les *mêmes* fruits" (279, je souligne).
Retrouver, en définitive, l'objet perdu dispensateur de plaisir,
par des voies régressives, principalement narcissiques. Et
d'ailleurs, un des objectifs avoués du "roman de l'âme"[29]
qu'expose Cleveland[30] est la recherche de gratifications narcissiques, la philosophie étant destinée à flatter l'amour-propre du
personnage.[31]

Pourquoi ce travail de deuil conduit-il à l'échec ? Prévost nous en
donne au moins trois raisons. Premièrement, Cleveland doit reconnaître que sa philosophie est impropre à dissiper ses souffrances
morales,[32] et il en donne la cause : "le trouble insurmontable de
[s]on imagination", supérieure aux facultés de sa raison, rend ses
méditations "sèches et stériles."[33] (280) On assiste alors à un retour

28. "L'impuissance de mes lectures et de mes réflexions me fit penser à la
fin qu'il fallait nécessairement qu'il y eût quelque erreur dans le fond de ma
philosophie", constate le narrateur. (280)

29. En référence au mot de Pascal sur Descartes : "Feu M. Pascal appelait la
philosophie cartésienne le roman de la nature, semblable à peu près à l'histoire
de Don Quichotte." (Rapporté par Menjot) (Lafuma 1008)

30. Et qui coïncide en fait avec une quête de l'origine. D'où vient l'âme ? de
qui a-t-elle l'existence ? "Qui l'aidera à connaître l'auteur et la source de sa
vie ?" (282)

31. Le sage selon Cleveland "tire un avantage considérable de la vue même
des faiblesses et des folles agitations des hommes" (285). Ce que montre Prévost, au moment de la folie suicidaire, c'est une exacerbation de cette position
narcissique vers un délire paranoïaque : Dieu l'a "excepté du nombre de ceux
qu'il condamne à vivre longtemps" (290).

32. " Je me demandai alors s'il était vraisemblable que la philosophie pût
couper cette source de mes maux ?" (286)

33. " [*Je ne pus*] ôter au spectacle de mes infortunes, qui m'était sans cesse
présent, cette force dominante avec laquelle il agissait sur moi, qui ne se bor-
nant point à me pénétrer du plus vif sentiment de douleur, me forçait quelquefois à pousser des cris involontaires, dont je ne m'apercevais que par
l'étonnement de ceux qui demeuraient avec moi et qui paraissaient effrayés de
les entendre." (286)

en force des pensées morbides[34], obsessions qui rappellent une fois
de plus les sombres pensées de la mère philosophe ("Le souvenir
du passé se renouvelle à chaque instant dans ma mémoire [...].
Ainsi *je souhaite la mort avec raison* : non que je haïsse la vie, qui
est un présent du ciel, mais parce que j'appréhende que tant de douleurs qui vont y être attachées ne me la rendent insupportable",
concluait Elisabeth Cleveland, 34, je souligne).

En second lieu, le personnage se rend compte que la quête philosophique entreprise n'est pas un bon investissement libidinal.
En d'autres termes, le système philosophique hérité de la mère est
un mauvais objet, voué à la destruction par le héros[35]. Cette
découverte plonge le narrateur dans un total désarroi : "N'ayant
rien à substituer au fantôme que j'avais détruit, je demeurai en
quelque sorte plus désarmé et moins défendu." (288) — et comme
Don Quichotte, Cleveland envisage de brûler les ouvrages de
Sénèque et de Platon, ces "vains fantômes" (288), qui forment
cependant la culture de la mère philosophe. On peut se demander
dans quelle mesure ce vœu de destruction des ouvrages philosophiques — et donc du petit traité composé par Elisabeth Cleveland
à partir de "tous les philosophes anciens et modernes" (19) — n'est
pas un moyen de traduire la haine de la mère.

Enfin — et c'est peut-être ce qui est le plus inquiétant dans ce
roman — la propension de Cleveland à tout réinterpréter en
termes philosophiques l'amène à tenir des raisonnements
absurdes, invalides, mais révélateur de l'arrière-plan fantasmatique qui sous-tend cette quête philosophique. Les ratiocinations
de Cleveland génèrent un totalitarisme pervers de la pensée. "Il
n'y a ni sagesse, ni folie qui puisse endurcir contre les sentiments de la nature", déclare Cleveland (292), opposant ainsi aux
sentiments naturels deux manifestation de la raison (sagesse,
folie) dont il fait un usage perverti.[36] C'est à partir de cette dis-

34. "Mon unique occupation, pendant sept ou huit jours, fut de me promener
seul dans un assez grand jardin qui appartenait à ma maison, et de m'y ensave-
lir dans un abîme de méditation sombres et funestes." (288)
35. "Voilà donc à quoi se réduit cette vertu tant vantée de la philosophie, et ce
souverain empire qu'elle s'attribue sur les passions ! Impuissant fantôme, que j'ai
révéré trop longtemps, et dans lequel j'avais placé follement toute ma confiance !
Non, non, ajoutai-je, je ne serai plus le jouet d'une fausse et inutile sagesse." (288)
36. Jean-Jacques dira plus tard que la folie n'est pas naturelle, mais qu'elle est
le produit d'une aliénation sociale, dans *Rousseau juge de J.-J.*: "La voix de la
conscience ne peut pas plus être étouffée dans le coeur humain que celle de la raison dans l'entendement, et l'insensibilité morale est tout aussi peu naturelle que la
folie." (Troisième dialogue, Gallimard, bibliothèque de la Pléiade, p. 972)

tinction nature-raison que le philosophe anglais tente d'expliquer son délire meurtrier :

"Mais si l'ancien principe de la philosophie de ma mère, que tous les mouvements de la nature sont droits et appartiennent à l'ordre ; si ce principe , dis-je, cher et sacré à ma mémoire, qui m'avait servi de règle de conduite, était aussi juste qu'il me l'avait toujours paru, quelle opinion devais-je avoir de mes derniers raisonnements lorsqu'ils se trouvaient directement opposés aux plus nécessaires et aux plus vifs de tous les mouvements de la nature. Il n'y avait point de milieu entre ces deux alternatives : il fallait reconnaître nécessairement, ou que ma raison m'avait trompé en me faisant prendre un parti qui blessait la nature ; ou que les inspirations de la nature étaient injustes et contraire à l'ordre, si elles l'étaient à la raison qui est elle-même l'exemplaire et la règle de l'ordre." (292)

Ce raisonnement est non seulement complexe, il est retors, et surtout il manque de rigueur car il repose sur une aporie logique. Cleveland part du présupposé enseigné par sa mère : "tous les mouvements de la nature sont droits", pour conclure sur un second présupposé : la raison est la règle de l'ordre. Le dilemme naît de la superposition de ces deux présupposés : il faut choisir de disqualifier soit la nature, soit la raison. Or, si on suit la logique du discours que tient le narrateur, il n'y a pas d'erreur dans la nature, donc tout raisonnement qui contredit les sentiments naturels est faux. En conséquence, il ne devrait même pas y avoir d'alternative : c'est la raison qui se trompe, et non la nature.[37] Seulement, si cette hypothèse que les inspirations de la nature sont injustes est conservée, c'est pour faire apparaître l'hypothèse d'une nature mauvaise,[38] et cela remet radicalement en cause le principe initial de la mère philosophe, selon lequel "tous les mouvement de la nature sont droits et appartiennent à l'ordre". Ne peut-on rapporter cette idée de nature mauvaise au

---

37. Les déclarations de Cleveland le disent clairement : "Le désordre de mes humeurs avait déjà corrompu ma raison" (289).

38. Ce dilemme raison / nature est ainsi commenté par R. Démoris : "Il y a un divorce impossible entre raison et nature ; ou bien il faut admettre qu'infanticide et suicide sont conformes à la nature : (citation de la p. 292). [...] L'hypothèse d'une nature mauvaise se trouve donc ici nettement formulée. [...] Que l'on prenne l'une ou l'autre branche de l'alternative, c'est l'impuissance : qu'elle se trompe ou soit un vain modèle, la raison est d'une égale inutilité. La tentative de suicide révèle son vrai visage [...] qui est celui de la mort : c'est à sa propre inconséquence que l'homme doit de vivre." (*Le roman à la première personne*, Paris, Colin, 1975, p. 437)

domaine du fantasme, et presque au domaine du refoulé dans la narration ? L'incarnation de la nature mauvaise serait alors à rechercher du côté de la mère dénaturée, d'une mère mauvaise constituant une perversion originelle de l'ordre naturel. C'est dans cette perspective qu'on peut relire le fantasme sadique d'enfermement de Fanny, traité par Cleveland de "mère dénaturée" (291). Ce genre de rêverie n'a rien de gratuit sous la plume d'un personnage qui a passé presque toute son enfance *enfermé* avec sa mère dans une caverne. A travers Fanny, n'est-ce pas la propre mère du narrateur qui est objet de haine : mère mauvaise en ce qu'elle a imposé précocement un usage toxique du savoir philosophique. Il se trouve que l'enseignement de cette mère philosophe devient ici porteur de mort. Tout se passe comme si le dualisme pulsionnel (Eros / Thanatos) apparaissait sous la forme du dilemme raison / nature : la nature étant assimilée au principe de vie, la raison y apparaissant comme principe de mort ("Les lumières de la raison ne nous portent-elles pas à désirer la mort ?" déclare Cleveland, 289), faisant en cela écho aux paroles de sa mère.

Résumons ce parcours rapide de la folie de Cleveland. Après la perte de l'objet d'amour, la recherche de plaisirs archaïques (satisfactions narcissiques, rêveries sado-masochistes) aboutit à la destruction de l'objet d'amour. Le deuil pathologique du personnage peut alors renvoyer au désir inconscient de punir la mauvaise mère. La fiction de Prévost illustre ainsi, à travers cette fantasmatique familiale, les conditions présupposées par la mélancolie, selon Freud : perte de l'objet, ambivalence et régression de la libido dans le moi. La mélancolie (au sens freudien) transforme le deuil normal en deuil pathologique, selon le processus suivant :

"L'investissement d'amour que le mélancolique avait fait sur son objet a eu un double destin : pour une part il a régressé sur l'identification [narcissique], pour une autre part il a été reporté [...], au stade de sadisme. [...] Seul le sadisme vient résoudre l'énigme de la tendance au suicide qui rend la mélancolie si dangereuse." [39]

Ce sont précisément les fantasmes sadiques, qui entretiennent, comme on l'a vu, la mélancolie de Cleveland, et qui sous-tendent cette problématique de la destruction de l'objet interne — renvoyant, en dernier lieu, à la destruction du "mauvais objet investi" (M. Klein).

39. Art. cité, p. 160.

La conclusion de ce parcours des textes de Prévost peut tenir en une question : peut-on parler à-propos de ces deux cas de folie de "culture de la pulsion de mort », pour reprendre une expression de Freud ?[40] La notion de pulsion de mort, dégagée tardivement par Freud (*Au-delà du principe de plaisir*, 1920) est problématique. On pourra se référer à J. Laplanche, qui a proposé dans *Vie et mort en psychanalyse* une genèse cohérente de cette notion à travers les écrits de Freud, et a resitué la pulsion de mort dans le système pulsionnel freudien.[41]

Sans entrer dans le débat théorique sur la notion même, je retiendrai de ce concept deux éléments qui me semblent recouper certains aspects dominants de la fantasmatique prévostienne :

1. L'idée de *destruction de l'objet par déliaison*, c'est-à-dire lorsque le sujet se désinvestit de l'objet. Cette destruction de l'objet "interne" est un travail de Sisyphe pour le mélancolique, car "le deuil mélancolique [...] ne conserve l'objet que pour pouvoir continuer à le détruire."[42] (A. Green) C'est dans ce sens qu'on peut dire que le sujet mélancolique "cultive" la pulsion de mort.

2. L'idée d'*abolition des tensions*, ce que Freud a appelé le "principe de Nirvana."[43] L'état mélancolique de Cleveland au livre huitième (T.VI) semble bien correspondre à l'anéantissement du sujet :

"C'était une langueur qui tenait de l'insensibilité plutôt que du désespoir, mais dont l'effet était mille fois plus terrible que tout ce que j'avais jamais ressenti de plus funeste, puisqu'il semblait tendre à l'obscurcissement de toutes mes facultés natu-

---

40. "Suivant notre conception du sadisme, nous dirions que la composante destructrice s'est retranchée dans le sur-moi et s'est tournée contre le moi. Ce qui maintenant règne dans le sur-moi, c'est, pour ainsi dire, *une pure culture de la pulsion de mort*, et en fait il réussit assez souvent à mener le moi à la mort, si ce dernier ne se défend pas à temps contre son tyran en vivant dans la manie." (*Le moi et le ça*, 1923, in *Essais de psychanalyse*, Payot, 1981, p. 268, je souligne)

41. *La pulsion de mort*, recueil collectif, PUF, 1986, p. 17.

42. *Ibid.*, p. 96.

43. "Nous avons reconnu dans la tendance à la réduction, à la constance, à la suppression de la tension d'excitation interne, la tendance dominante de la vie psychique et peut-être de la vie nerveuse en général (principe de Nirvana, selon une expression de Barbara Low) comme l'exprime le principe de plaisir ; nous trouvons là l'un de nos plus puissants motifs de croire en l'existence de pulsions de mort." (*Au-delà du principe de plaisir* (1920), in *Essais de psychanalyse*, trad. A. Bourguignon et alii, Paris, Payot, 1981, p. 104)

relles, et me conduire par degrés à l'anéantissement. [...] Il n'y avait point d'instant où je ne me crusse prêt à tomber dans un vide immense, qui me causait, comme j'ai dit, la même horreur que l'approche du néant. " (367)

Or, à l'origine de cet état de déliaison Prévost a situé la tentation de l'autodestruction par le suicide. Je verrais donc, dans la folie du philosophe mélancolique, les deux données contradictoires qui sont au cœur du " principe de Nirvana "[44] :

- d'un côté la destruction du moi, la tentation du suicide correspondant au moment où le moi est "écrasé par l'objet", comme le dit Freud.

- de l'autre la recherche de l'ataraxie (l'ataraxie du stoïcien étant un des buts de la philosophie selon Cleveland)[45] comme image d'une mort métaphorique souvent mimée par les héros prévostiens.

Erik LEBORGNE
Université de Paris III

---

44. " Le paradoxe du terme Principe de Nirvana tient sans doute au fait qu'il puisse désigner ces deux aspects difficilement réductibles à l'unité : la rage frénétique, schizo-paranoïde, de la pulsion de mort s'attaquant au moi, et l'abolition imaginaire du désir dans l'ataraxie, véritable mimésis de la mort, mais conforme au principe de constance. " (J. Laplanche, *Op. cit.*, p. 25)

45. " C'est dans cet heureux état que le philosophe doit être également insensible, et aux maux qui ne peuvent le lui faire perdre, et aux biens qui peuvent lui venir d'une autre cause. " (285-286), "Malgré la dépendance humiliante de l'âme au corps", l'âme "connaît trop bien les lois invariables de l'ordre primitif et éternel. L'ordre de la nature n'en est qu'une exception [...] Elle verra tout retourner et rentrer paisiblement dans l'ordre général. Elle se sent donc faite pour un autre état [...] Elle méprise le plaisir, compte pour rien la douleur, elle voit sans s'émouvoir l'agitation de tout ce qui l'environne : elle verrait de même le renversement de la nature et l'entière destruction de l'univers. " (286)

FOLIE ET INFANTICIDE DANS LE ROMAN SENSIBLE : PRÉVOST, BACULARD, FAUQUE

Yann Salaün

> Pourquoi, Dieu, cette haine sans borne contre un fils né de toi ?
> Pourquoi l'avoir jeté dans cet océan de malheurs ?
>
> Euripide, *Héraclès furieux*

INTRODUCTION

L'œuvre romanesque de l'abbé Prévost a exercé au cours du dix-huitième siècle une influence souterraine, mais déterminante, sur toute la création littéraire. Cette influence tient surtout au *Philosophe anglais*, publié entre 1732 et 1739, dont le retentissement a été considérable, et a contribué de manière décisive au renouvellement de la forme romanesque en France, puis en Europe, avant l'apparition des romans de Richardson et de Rousseau, eux-mêmes largement tributaires de l'œuvre maîtresse de Prévost. Les différents épisodes du *Cleveland* ont été systématiquement plagiés, imités ou parodiés, et certains critiques ont dressé une liste des différents "thèmes empruntés à Prévost par le roman" au dix-huitième siècle,[1] en particulier Servais Etienne,[2] et plus récemment Laurent Versini et Jean Sgard.[3]

---

1. On peut citer certains de ces thèmes : l'enfance cloîtrée, la pédagogie souterraine, la malignité du destin, la prédestination au malheur, l'errance à travers le monde, l'impuissance de la philosophie contre les passions, l'inceste involontaire, la législation chez les sauvages, la volupté de la douleur, la retraite, le goût pour le macabre, etc.

2. Servais Etienne, *Le Genre romanesque en France depuis l'apparition de la* Nouvelle Héloïse *jusqu'aux approches de la Révolution*, Paris, Armand Colin, 1922.

3. Laurent Versini, "Quelques thèmes empruntés à Prévost par le roman français au XVIIIᵉ siècle", in *L'Abbé Prévost*, Actes du colloque d'Aix-en-

La folie est un des thèmes que Prévost a contribué à introduire, ou plutôt réintroduire, dans le domaine romanesque. Au centre du *Philosophe anglais*[4] se trouve une scène essentielle, celle de la crise de folie de Cleveland, à Saumur, qui le conduit à la résolution de se donner la mort, et de massacrer au préalable ses deux enfants. Cette scène, particulièrement sombre, se teinte d'une inquiétante ironie. En effet, c'est à la suite d'une longue réflexion philosophique, destinée à remettre de l'ordre dans son esprit ébranlé par une invraisemblable succession de malheurs, que Cleveland finit par se démontrer la nécessité du suicide et de l'infanticide, et qu'il s'apprête à mettre ses principes en application, à coups d'épée.

La folie de Cleveland est d'une part une folie tragique, en ce qu'elle s'inspire très nettement de modèles hérités du théâtre antique. Le geste du héros devenu fou, et massacrant ses propres enfants est un acte fondamental de la tragédie classique, et au-delà même, de la mythologie et de l'histoire symbolique de l'humanité. Elle est d'autre part une folie philosophique en ce qu'elle montre, apparemment du moins, l'échec de la raison humaine, lorsqu'elle prétend se rendre maîtresse du destin. Prévost, comme il le fait souvent, réemploie un thème littéraire classique en le remettant au goût du jour.

Cette scène violente et expressive a inspiré de nombreux romans au cours du siècle, mais nous nous limiterons à deux exemples, qui ont ceci de caractéristique, que la folie tragique mène, comme dans le *Cleveland*, non seulement au suicide, ce qui en est un effet assez commun, mais aussi à l'infanticide. Ce cas de figure se retrouve d'abord chez un des épigones avoués de Prévost, François de Baculard d'Arnaud, dans son premier roman : *Les Epoux malheureux ou Histoire de M. et Mme de La Bédoyère*,[5] publié en 1745, et inspiré d'une affaire judiciaire réelle. On y voit un gentilhomme réduit à la misère par un père impitoyable, après avoir épousé secrètement une comédienne,

Provence (20 et 21 décembre 1963), Publication des Annales de la faculté de lettres, Aix-en-Provence, Ophrys, 1965, p. 233-245.
Jean Sgard, *Prévost romancier*, Paris, Corti, 1968, ch. XXI : "La succession".
4. Antoine-François Prévost d'Exiles, *Œuvres*, Tome II : *Le Philosophe anglais ou Histoire de Monsieur Cleveland, fils naturel de Cromwell, écrite par lui-même et traduite par l'auteur des Mémoires d'un homme de qualité*, Philip Stewart éd., Grenoble, Presses Universitaires de Grenoble, 1977. Le passage qui nous intéresse se situe au début du livre sixième, p. 290-292.
5. François-Thomas-Marie de Baculard d'Arnaud, *Les Epoux malheureux ou Histoire de M. et Mme de La Bédoyère, écrite par un ami*, Avignon, 1746.

qui, plutôt que d'accepter le déshonneur, est pris de fureur et envisage de tuer son épouse et l'enfant dont elle est grosse, avant de mourir lui-même. On retrouve ensuite cette folie infanticide dans un roman sensible et oriental, *Abbassaï*[6] de Mademoiselle Fauque de La Cépède, de 1753 : la jeune Abbassaï, persécutée par l'amour incestueux et tyrannique de son frère, le Calife Haroun al-Rachid, pense massacrer son fils, avant de se frapper elle-même, afin qu'ils échappent ensemble au destin cruel qui les poursuit.

Les trois romans établissent un lien entre la défaite de la raison et l'infanticide, et en des termes similaires. Or, ce lien ne laisse pas d'être obscur. Dans la mesure où Prévost est à l'origine de la promotion de l'infanticide dans le roman, on peut s'appuyer sur ses imitateurs, qui se livrent à une relecture de l'épisode de la folie de Cleveland, et étudier les points de convergence de ces trois scènes pour en appréhender la signification.

I. LE DESTIN TRAGIQUE

L'infanticide s'explique d'abord par un simple phénomène d'imitation d'un modèle littéraire : le personnage de roman sensible, présenté comme un héros tragique, est conduit, par un effet d'entraînement, à jouer son rôle jusqu'au dénouement. Avec cette différence fondamentale que, dans le roman sensible, par nature rétrospectif et introspectif, le destin tragique n'est plus donné, mais construit par la narration, et que son authenticité devient douteuse. D'autant plus douteuse d'ailleurs que dans les trois romans, l'infanticide n'est qu'un projet du personnage, qui y renonce finalement avec horreur.

Chez le héros de la tragédie antique, l'infanticide est un acte rituel, qui respecte certaines règles cérémonielles, en particulier un certain état d'extase mystique du sacrificateur, qu'on désigne par le terme de "furie". L'élévation à cet état de fureur ne peut être atteinte que grâce à l'intervention d'une puissance extérieure, qui, par une succession de malheurs, finit par mettre la raison du héros hors de ses gonds. Héraclès, par exemple, est poursuivi par Héra et abandonné de Zeus, le dieu des dieux, qui se trouve être son père. Dans la tragédie d'Euripide, Héra, après

---

6. Marianne-Agnès Fauque de La Cépède, *Abbassaï, histoire orientale*, Paris, Beauche fils, 1753.

avoir imposé à Héraclès ses pénibles travaux, lui envoie comme
dernier châtiment Lyssa, la Fureur, qui lui fait perdre la tête et
lui fait tuer sa femme et ses enfants, quand il pense tuer le tyran
Eurysthée. Juste après que le sacrifice a été accompli, le Cory-
phée se lamente : "Pourquoi, Dieu, cette haine sans borne contre
un fils né de toi ? Pourquoi l'avoir jeté dans cet océan de malheurs ?"[7] La folie, et l'infanticide qui la suit, sont présentés
comme l'effet de la puissance néfaste d'un dieu rempli de haine
à l'égard de son fils.

On serait tenté de mettre en relation cet "océan de malheurs"
dans lequel est plongé Héraclès avec la formule par laquelle
Cleveland ouvre le récit de ses mésaventures : "J'entre dans la
mer immense de mes infortunes..."[8] De fait, Cleveland se présente comme un héros tragique bien avant de penser à commettre le sacrifice propitiatoire de ses enfants.

Dans les premiers chapitres du roman, il ne cesse de se
plaindre de sa "mauvaise étoile", comme le fait traditionnellement un héros de roman, mais en supposant, derrière cette mauvaise étoile, une sombre haine à son égard d'un dieu malin et
cruel. Les expressions "courroux du ciel", "haine du ciel" et
"puissance maligne"[9] reviennent plusieurs fois sous sa plume,
et il ne s'adresse à Dieu que pour le supplier de suspendre ses
terribles arrêts :

"Avec quelque rigueur que le ciel parût s'obstiner à ma perte,
j'y levai les yeux pour intéresser sa bonté et pour attester sa justice. [...] Ô Dieu ! m'écriai-je mille fois, est-ce le désespoir qui
vous honore ? Si c'est par bonté que vous formez vos ouvrages,
comment prenez-vous plaisir à les détruire ? Que voulez-vous
que je devienne ? [...] Qu'ai-je donc gagné à vous invoquer, si
vous n'écoutez jamais mes prières ? Ô Dieu ! écoutez-moi, et
prenez pitié de vos malheureuses créatures."[10]

On trouve la même plainte tragique chez les héros de Baculard
et de Mademoiselle Fauque, dont le discours est manifestement
inspiré de celui de Cleveland. La Bédoyère, quoiqu'avec un peu
plus de retenue que son prédécesseur, s'en prend à la rigueur de la

---

7. Euripide, *Œuvres complètes*, trad. Marie Delcourt-Curvers, Bibliothèque
de la Pléiade, Paris, Gallimard, 1962, p. 517.
8. *Le Philosophe anglais*, p. 85. La Bédoyère emploie exactement la même
expression : "Je vais rentrer dans une nouvelle mer d'infortunes..." (*Les Epoux
malheureux*, première partie, p. 56).
9. *Le Philosophe anglais*, p. 146, p. 221, p. 240, p. 471, p. 477, p. 608.
10. *Id.*, p. 223.

destinée : "Hélas ! devais-je ignorer qu'il est des hommes qui sont des espèces de victimes du sort, et sur lesquels il épuise des traits ? Je suis du nombre de ces malheureux qui semblent être prédestinés à souffrir, et à être traînés de disgrâces en disgrâces. Je ne murmure point contre le Ciel ; mais m'interdirait-on la douceur de me plaindre ?"[11] La Bédoyère, à la manière de *Cleveland*[12,] tire une certaine satisfaction de son rôle de héros tragique, victime des traits du destin.

On ne trouve pas d'exclamations semblables dans *Abbassaï*, sans doute parce qu'il s'agit d'un roman à la troisième personne, qui se prête moins à ce genre d'effusion. En revanche, la structure d'ensemble du roman montre clairement que l'héroïne est la victime d'un destin rigoureux et ourdi par des mains invisibles pour la conduire à sa perte. Les malheurs s'accumulent sur sa tête avec une rigueur implacable, depuis le moment où elle fut conçue dans la "tour d'Hakem" des amours criminelles de Seif et de Zulima, et jusqu'au moment où, au pied de cette même tour, elle pense massacrer son fils. Elle constate alors que son destin a suivi la circularité de la vengeance divine :

"Où suis-je, dit Abbassaï, en revenant à elle, suis-je encore dans la Tour d'Hakem ? [...] C'est donc ici mon tombeau reprit-elle, la main d'un Dieu vengeur m'y conduit : ce Dieu terrible poursuit sur les enfants le crime de leurs pères. J'ai reçu dans ce lieu un être criminel, j'y dois terminer un destin malheureux."[13]

Le projet d'infanticide s'inscrit dans tous les cas dans un destin tragique, qui implique l'intervention néfaste d'une puissance transcendante, dont l'action paraît parfaitement gratuite et injuste. Ni Cleveland, ni La Bédoyère, ni Abbassaï ne se présentent comme coupables de quelque crime que ce soit. Ce sont des âmes sensibles, élevées dans l'amour de la vertu, qui se glorifient même de respecter les principes de la morale naturelle dans un monde corrompu. La puissance divine qui les accable ne peut donc pas être considérée comme providentielle, et l'on assiste au retour à une conception primitive, ou antique, du destin qui, comme le dit Abbassaï, en s'inspirant de la Bible,[14] semble s'ingénier à "poursuivre sur les enfants les crimes de leurs pères".

---

11. *Les Epoux malheureux*, seconde partie, p. 138.

12. Cleveland évoque "la douceur de gémir" et de nourrir une "chère et délicieuse tristesse" (*Le Philosophe anglais*, p. 17).

13. *Abbassaï*, troisième partie, p. 152.

14. "Car je suis le Seigneur votre Dieu, le Dieu fort et jaloux, qui venge l'iniquité des pères sur les enfants jusqu'à la troisième et quatrième génération..." (*Exode*, XX, 5, trad. Lemaître de Sacy).

Mais ce retour du tragique est, pour une large part, artificiel : on ne peut plus penser au dix-huitième siècle que les dieux interviennent effectivement pour semer le trouble dans l'esprit du héros, et la malédiction divine est avant tout un trait de rhétorique. Le tragique ne peut plus être compris que comme un discours littéraire, utilisé par le héros pour décrire une situation psychologique qui lui échappe, pour rendre compte d'un univers devenu absurde et inintelligible, et pour conférer une certaine dignité à un comportement misérable. La folie du héros est aussi la conséquence de cette adhésion à un discours et un statut tragiques, ce qui pourrait permettre, à la rigueur, d'expliquer l'infanticide comme une détermination pathologique à se conformer à un modèle littéraire. Cleveland s'identifierait donc à un héros furieux, comme Don Quichotte s'identifiait à un chevalier errant. L'infanticide peut apparaître, dans cette perspective, comme une fanfaronnade : le héros tend à rester fidèle au statut tragique qu'il s'est fixé, et veut croire, ou laisser penser, qu'il serait aller jusqu'au bout, par un massacre sanglant. Jusqu'au moment où la réalité vient contredire son discours héroïque. L'épée lui tombe des mains, et l'infanticide reste à l'état de projet.

Cette intention parodique n'est certainement pas absente du roman de Prévost, elle a sans doute même influencé ses successeurs, mais elle ne suffit pas à rendre compte du recours au discours tragique. Ne serait-ce que parce que la fureur du héros répond, même de manière inappropriée, à une question théologique tout à fait sérieuse, et qui dépasse largement son état d'aliénation : celle de l'existence du mal et du malheur dans un monde créé par un Dieu de bonté, et, incidemment, celle du châtiment imposé aux enfants innocents pour les péchés de leurs parents. Le retour du tragique dans un contexte chrétien n'est pas innocent ; il revient à supposer que la divinité peut avoir des intentions malignes, et ce qui allait de soi lorsqu'il ne s'agissait que de Zeus devient absolument sacrilège lorsqu'il s'agit du Dieu d'Abraham. La folie tragique fait entrevoir une possible absurdité de l'univers. En outre, le recours au tragique dans le roman laisse supposer des motivations obscures du héros, qui ne paraissent pas compatibles avec les lumières de la raison. Le héros ne peut plus être perçu objectivement comme la victime de la vengeance d'une divinité malveillante. Il faut donc bien que ses intentions, même rhétoriques, répondent à des tendances réelles de son âme.

II. LA FOLIE RAISONNANTE

Dans cette perspective, on peut avancer une seconde explication à l'étrange comportement du héros furieux, d'un point de vue philosophique, cette fois. En effet, l'infanticide permet de remettre en cause non seulement l'ordre du monde, mais celui de la raison qui est censée le percevoir. Dans la tragédie, le héros était porté à des actes de fureur, précisément parce que sa raison était occultée par le destin. Le roman sensible est beaucoup plus ambigu, et laisse entendre que la raison n'est pas étrangère à la frénésie du héros infanticide. La folie de Cleveland et de ses émules ressemble à s'y méprendre à la sagesse la plus rigoureuse et la plus clairvoyante ; elle est l'aboutissement d'une errance de la raison, qui s'égare, mais sans que ses facultés paraissent affectées.

Cet égarement de la raison est perçu par Cleveland, qui ne parvient pas en rendre compte, et donne alternativement au mouvement qui s'est emparé de lui le nom de "sagesse" et le nom de "folie" [15]. L'impuissance de la raison devant ses propres excès est d'autant plus flagrante qu'elle est l'aboutissement d'un effort volontaire du héros pour ressaisir les fils de son propre destin. Ayant constaté en effet l'échec de sa philosophie, le Philosophe anglais décide d'entreprendre une vaste réflexion métaphysique selon les principes de la méthode cartésienne, avec ce postulat que "la sagesse divine n'a pu permettre que les hommes fussent exposés à des maux sans remède," [16] et donc que l'être humain peut trouver dans ses propres lumières les ressources nécessaires à son bonheur.

Ce présupposé est clairement contredit par les sombres conclusions auxquelles il aboutit, mais sans cependant que sa raison ait fait preuve de défaillance : "Ces réflexions, venant à se joindre avec le noir poison qui circulait dans mes veines et qui infectait mon âme, me conduisirent peu à peu à une des plus affreuses pensées qui soient jamais tombées dans l'esprit humain ; et, ce qui paraîtra sans doute incroyable, c'est qu'avançant toujours de raisonnement en raisonnement, je ne tirai point de conclusions qui me parussent tenir manifestement aux principes les plus justes et les mieux établis." [17]

15. *Le Philosophe anglais*, p. 292.
16. *Id.*, p. 280.
17. *Id.*, p. 291.

La folie de Cleveland est donc une folie raisonnante : elle " se fait de la plus subtile sagesse. "[18] Doit-on penser pour autant que l'abbé Prévost dénonce, de manière absolue, la capacité de la raison humaine à atteindre le bonheur, ce qui ferait de lui un représentant du mouvement antiphilosophique, ou un sectateur de Port-Royal ? On peut aussi bien considérer qu'il tente de cerner les écueils auxquels risque de se heurter la raison imbue d'elle-même. D'ailleurs Cleveland précise lui-même que ses réflexions sont jointes avec "le noir poison qui circulait dans [ses] veines ", et ce poison, c'est un sentiment de désespoir devant le désordre du monde, incompatible avec ses aspirations morales. C'est dire simplement que la raison ne peut faire abstraction de son substrat sensitif, et que son cheminement est secrètement gauchi par les passions qui agitent l'âme du philosophe, dont la prétention dissimule les défaillances. Autrement dit, les conclusions auxquelles aboutit Cleveland sont justes, mais compte tenu de la conception tragique qu'il a du monde et de sa propre destinée.

La réflexion de Cleveland ne le conduit, en dernière instance, qu'à intégrer cette "haine du ciel" dont il se croit la victime. Puisque Dieu le poursuit de son courroux, et l'a précipité dans un monde d'injustice et de chaos, il ne lui reste plus, en somme, qu'à se rendre à la volonté divine, en se donnant la mort : "J'ai résolu de mourir [...] pour finir une vie qui est trop malheureuse pour être supportée avec patience. Je suis convaincu non seulement que le ciel approuve ma résolution, mais que c'est lui-même qui me l'inspire. "[19]

Cleveland se livre donc à une intériorisation et à une rationalisation de son destin tragique, qu'il ne se contente plus de subir, mais auquel il parvient à participer activement. En cela, son entreprise de réappropriation par la raison philosophique est une réussite. Sa folie est effectivement raisonnée, si elle n'est pas raisonnable.

De la même manière, ce sont les lumières de la raison qui lui permettent de comprendre que ses enfants sont destinés au même destin malheureux que le sien, et que le seul bonheur qu'ils peuvent attendre en ce monde est la mort la plus prompte : "Ils ne sont pas nés pour être plus heureux que moi. Leur destinée est trop claire. N'eussent-ils à craindre que la contagion de

---

18. Montaigne, *Essais*, II, 12 : "De quoi se fait la plus subtile folie, que de la plus subtile sagesse ? "
19. *Le Philosophe anglais*, p. 291.

mes infortunes, ils doivent s'attendre à une vie triste et misérable. Quel meilleur office puis-je donc leur rendre que de leur
fermer l'entrée d'une carrière de douleurs en terminant leurs
jours par une prompte mort ? " [20]

Ce paradoxe philosophique est d'une vérité indiscutable, dans
la mesure où l'on admet que le destin s'acharne sur les enfants
comme il le fait sur leur père. Pour éviter que ses fils soient à
leur tour précipités dans un monde chaotique dominé par une
puissance maligne et retorse, le héros philosophe doit à tout prix
les sauver en les soustrayant au monde. Il agit au nom de préceptes qu'il s'est constitués lui-même par raisonnement, même
s'ils s'appuient sur des postulats, comme celui de l'hérédité du
malheur, qui sont liés à sa situation affective : à son incapacité à
percevoir le monde autrement qu'en relation à sa propre destinée, et à voir ses enfants autrement que comme l'émanation de
son être. La raison de Cleveland est rigoureuse, mais elle élabore ses préceptes dans une dangereuse autarcie, sous le coup
d'une conception paranoïaque et narcissique d'un monde où
règne le chaos et la tyrannie.

C'est au nom de principes similaires qu'agissent les héros de
Baculard d'Arnaud et de Mademoiselle Fauque. Il est vrai que
les deux auteurs ont évité de faire précéder la résolution du suicide et de l'infanticide d'un long discours métaphysique : ils se
sont contentés de reprendre les conclusions du personnage de
Prévost, en considérant sans doute que le raisonnement qui le
sous-tendait était déjà acquis. L'accent est mis néanmoins sur la
rationalité du héros, qui en proie à l'extase[21] de la furie, reste
obsédé par ses pensées. C'est le cas en particulier de La
Bédoyère, dont la folie est pourtant beaucoup moins sobre que
celle de Cleveland. Baculard a une tendance assez systématique
à accentuer les scènes prévostiennes dans le sens de l'horreur et
du pathétique, et à en faire de véritables représentations tragiques. La Bédoyère est donc atteint de tous les signes cliniques
de la fureur, mais sans qu'on puisse dire que sa raison succombe :

" Je me promenais à grands pas, mes yeux étaient égarés, j'étais
pâle, tremblant d'effroi, je m'approchais de ma femme, je m'en
éloignais ; je m'arrêtais, je levais les mains au ciel, tantôt mes
stupides regards se tournaient vers la terre, je ne me connaissais

---

20. *Ibid.*
21. Ce mot est employé par La Bédoyère, qui désigne sa furie comme une
"extase de désespoir". (*Les Epoux malheureux*, troisième partie, p. 42)

plus, mon âme était accablée de la force de mes pensées, toutes les horreurs du désespoir, de la rage, de la mort m'entouraient, allaient se précipiter au fond de mon cœur et le remplir. "[22]

On retrouve dans La Bédoyère, de manière un peu plus exubérante, cette curieuse hésitation entre la folie et la sagesse : le héros parvient, dans le même temps, à ne "se plus connaître", ce qui est caractéristique de la folie, et à "être accablé de la force de [ses] pensées", ce qui suggère que ses raisons lui en imposent par leur vérité, à ce point qu'il ne peut éviter de les écouter. Les pensées ont ainsi remplacé les Furies de l'antiquité, et elles exigent que le sang soit répandu.

Quant à la nature de ses pensées, elles sont sensiblement les mêmes chez La Bédoyère que chez Cleveland, mais elles sont réduites à l'horrible paradoxe qui semble avoir rempli d'aise la sensibilité sombre de Baculard. La Bédoyère explique ainsi sa résolution à Agathe, sa malheureuse épouse : "Une vie si odieuse, si remplie de traverses ne m'a-t-elle pas appris à mourir ? nous sommes les maîtres de notre sort, tu mourras digne du rang que doit occuper la vertu. Ne souffrons pas que cet enfant malheureux voie le jour. Qu'il périsse, qu'il cesse d'être avec vous, avant que de sentir tous les maux attachés à l'existence ; c'est être plus que son père que de lui donner la mort... "[23]

Même volonté de se rendre maître de son destin, même impuissance devant les "traverses" de l'existence, et même conclusion : mieux vaut se retirer du monde, plutôt que d'en subir les irrégularités. L'infanticide paraît d'autant plus efficace chez Baculard qu'il se fait avant la naissance, ce qui permet d'envisager le meurtre de la mère en même temps que celui des enfants, comme un geste d'amour rigoureux, que La Bédoyère explique longuement à son épouse.[24] Baculard cependant semble écarter toute implication théologique, et évite d'évoquer la "haine du ciel" pour justifier la folie de son héros. Mais la référence à la divinité n'est pas absente de son discours, au moins de manière incidente. L'expression qu'il emploie est extrêmement ambiguë : "c'est être plus que son père que de lui donner la mort," dit-il, ce qui signifie, clairement, que le père dépasse ses prérogatives en tuant ses enfants, et qu'il accomplit la fonction réservée à la divinité. Tout se passe comme si le héros intériori-

22. *Les Epoux malheureux*, troisième partie, p. 37.
23. *Ibid.*, p. 36.
24. Il ne réussit pourtant pas à le convaincre, preuve que la puissance de ses pensées n'en impose qu'à lui-même.

sait la volonté divine et s'en faisait l'intermédiaire : La Bédoyère constate que l'enfant qu'il pourrait faire naître a été condamné au malheur, et il préfère devancer lui-même la sentence. L'infanticide reste donc lié à une intention malveillante, qui préside aux mouvements des rouages du destin, et que le héros parvient, par un effort de sa raison sur elle-même, à intégrer et à anticiper. Avec cette conséquence que l'infanticide peut passer pour un geste d'amour, par lequel le père inclut son enfant dans son propre suicide, ultime ressource de son amour-propre.

Plus on avance dans le siècle, plus l'accent est mis sur la délectation morbide du meurtre par amour, tandis que les considérations philosophiques liées à l'infanticide sont effacées. Déjà, chez Baculard d'Arnaud, certaines formules paraissent dépasser les "justes bornes"[25] que s'imposait Prévost. Celle-ci, par exemple : "notre enfant m'est assez cher pour que son père lui daigne servir de bourreau."[26] Chez Mademoiselle Fauque, les "justes bornes" sont laissées loin en arrière, et l'on voit s'accentuer l'horrible contradiction du crime et de l'amour : "Oui, j'enfoncerais dans cet instant même un fer cruel dans le sein de mon fils et l'en retirant tout sanglant, j'en percerais le mien. La pitié excite la fureur et rend quelquefois la cruauté nécessaire."[27]

Le raisonnement de Cleveland tourne à la frénésie[28] et se trouve donc réduit à une formule lapidaire, qui en reprend cependant les trois termes principaux : le sentiment de la pitié, source de la morale, conduit à l'extase irréfrénée de la furie, et établit la nécessité de l'infanticide, au regard de la raison.

Cette implacable logique ne peut souffrir de contestation, et les principes établis à la hâte par Abbassaï ne sont pas plus remis en cause que ceux de La Bédoyère et de Cleveland. Si dans les trois cas l'infanticide est évité, c'est par un mouvement d'attendrissement qui échappe au domaine de la raison, et qui

---

25. Dans *Le Pour et Contre*, au nombre CLXXV (Vol. 12, p. 306-312), Prévost fait la critique d'un roman de genre sombre, manifestement inspiré de sa manière, les *Mémoires de Milord* *** de Pierre-Antoine de La Place : il lui reproche de ne pas "savoir s'arrêter aux justes bornes" dans la peinture des sentiments, et cite une scène de déploration tragique, qui tourne au désespoir furieux et se complaît dans l'expression des paradoxes de la sensibilité.

26. *Les Epoux malheureux*, troisième partie, p. 39.

27. *Abbassaï*, troisième partie, p. 142-143.

28. "C'est du Prévost, mais qui tourne à la frénésie" : tel est le jugement que porte Servais Etienne sur le roman de Mademoiselle Fauque (*Le Genre romanesque en France...*, p. 69).

appartient à celui de la "nature". La cruauté reste nécessaire, au nom même de la pitié, mais elle échoue devant ce lien supposé "naturel" qui lie les parents aux enfants. Une sorte d'unanimité se dégage à ce propos chez nos trois auteurs, comme s'il fallait conjurer l'évocation d'un acte monstrueux par une barrière naturelle, aussi fragile paraisse-t-elle. Abbassaï se laisse fléchir par les larmes de son fils, et le narrateur commente : "Ces mouvements que la raison ne saurait encore conduire nous sont donnés par la nature, pour la conservation de notre être ; ils attendrissent les plus insensibles, quel doit être leur effet sur le cœur d'une mère ?"[29]

Cet échec de l'infanticide, qui met en opposition la raison et la nature, est visiblement inspiré du roman de Prévost, où le héros voit ses résolutions faiblir dans les mêmes circonstances, alors qu'il contemple ses enfants pleurant à ses pieds : "Je ne résistai point à ce spectacle. J'avoue qu'il m'émut jusqu'au fond du cœur. Il n'y a ni sagesse, ni folie qui puisse endurcir contre les sentiments de la nature."[30]

Quant à La Bédoyère, il ne peut voir son enfant pleurer, et pour cause, puisqu'il n'est pas encore né, mais il compense cette absence par une abondance de larmes qu'il verse lui-même, après avoir lâché son épée.[31]

III - LA RÉPÉTITION FAMILIALE

La manière dont l'infanticide est conjuré dans ces trois romans, après que la nécessité en a été si bien établie, est assez troublante, et laisse penser que l'éventualité de crimes familiaux exige des remèdes impératifs, et qui dépassent la simple discussion rationnelle. Nous n'avons pour l'instant considéré que les arguments par lesquels le héros tentait de rendre compte de son enthousiasme subit pour un acte monstrueux, en manifeste contradiction avec la sensibilité et la sagesse qu'il affiche. Le tour de force de Cleveland et de ses successeurs est de faire passer précisément cet acte comme la conséquence immédiate de leur sagesse et de leur sensibilité. Mais on doit encore considérer

29. *Abbassaï*, troisième partie, p. 144.
30. *Le Philosophe anglais*, p. 292.
31. "Mon épée s'échappe de mes mains, deux ruisseaux de larmes coulent de mes yeux, Agathe rouvre les siens, et me voit étendu à ses côtés, et presque expirant, elle me baigne de pleurs." (*Les Epoux malheureux*, troisième partie, p. 39-40)

les conditions objectives dans lesquelles le projet d'infanticide a pu être conçu, afin d'intégrer le discours du personnage dans l'ensemble de la structure romanesque.

En fait, l'infanticide s'insère plus généralement dans le cadre de relations familiales empreintes d'une violence inouïe, dont le héros est victime autant que coupable. Jacques Rustin remarquait, dans *Le Vice à la mode*, "l'étonnante brutalité dont font preuve", dans les romans, "les parents à l'égard de leurs enfants". Il citait en exemple en particulier les romans de Prévost, et les *Epoux malheureux*.[32] On ne peut comprendre la folie infanticide du héros romanesque qu'en considérant qu'il est victime lui-même de la cruauté d'un père "barbare et dénaturé."[33] C'est le cas tout au moins pour Cleveland et La Bédoyère, et celui d'Abbassaï, quoiqu'un peu plus complexe, s'inscrit dans un écheveau familial similaire.

1. Cleveland est-il un Cromwell sentimental ?

Le premier infanticide évoqué dans *Cleveland* est celui dont pourrait être victime le héros lui-même, dans les premières pages du roman. Cleveland est le fils de Cromwell, le tyran régicide, qui fonde son pouvoir sur une apparence de vertu, derrière laquelle il dissimule la débauche la plus ignoble, et les crimes les plus noirs. La jeunesse du héros est marquée par les persécutions dont il est victime, avec son demi-frère Bridge, de la part d'un père impitoyable qui tente de se débarrasser, par la force, de ses enfants naturels.[34] Le tyran Cromwell apparaît comme un personnage symbolique, proche de la figure mythique de Cronos, une sorte de père universel qui poursuit ses enfants de sa haine, et les oblige à prendre la fuite. Cleveland échappe certes à la dévoration, mais c'est pour se retrouver englouti dans une caverne, dans laquelle il se réfugie avec sa mère, afin de se protéger de la fureur paternelle.

Il est difficile de ne pas établir un lien entre cette volonté de Cromwell de se "défaire" de ses deux fils, et la tentative simi-

---

32. Jacques Rustin, *Le Vice à la mode. Etude sur le roman français du dix-huitième siècle de* Manon Lescaut *à l'apparition de* La Nouvelle Héloïse *(1731-1761)*, Paris, Ophrys, 1979, p. 65.

33. Pour reprendre l'expression mise au goût du jour par le Chevalier Des Grieux.

34. "Après avoir versé le sang de son roi, pour satisfaire son ambition, il pouvait bien répandre celui de son fils pour assurer l'opinion de sa continence et de la sainteté de ses mœurs." (*Le Philosophe anglais*, p. 32)

laire d'une des deux victimes potentielles, Cleveland, sur ses deux propres fils. L'infanticide est, si l'on peut dire, héréditaire. Ou plutôt l'attitude criminelle du fils est la conséquence de l'attitude criminelle du père. Certes, ce lien de causalité n'est pas apparent : dans la longue argumentation qui mène Cleveland au dessein de se défaire de lui-même et de ses enfants, il n'est pas question explicitement de la haine paternelle. Mais toutes les raisons qu'avance le héros sont déterminées par une série de représentations traumatiques qui ont été conçues sous l'influence de la malveillance reconnue de son père, et qui sont à l'origine même de la mise en forme tragique du récit.

Le narrateur Cleveland interprète l'histoire de sa vie selon l'idée obsessionnelle de cette "haine du ciel" qui l'a plongé dans cette "mer d'infortunes" où il manque de peu de se noyer. Il se perçoit lui-même comme étranger à la société des hommes , et ce depuis le moment où sa mère lui expliqua les noirs desseins de son père :

"Elle me fit apercevoir dans la proposition de mon père tout ce qu'elle y avait découvert elle-même, c'est à dire son indifférence pour nous et le dessein qu'il avait de se défaire d'elle et de moi. Ma simplicité et mon défaut d'expérience ne m'avaient pas permis de pénétrer si loin. Partons pour Amérique, ajoutai-je ; si c'est un lieu désert et inhabité, nous y vivrons loin des hommes. Je les abhorre s'ils sont tous semblables à celui qui vient de me reconnaître pour son fils. Ma mère s'efforçait toujours de modérer ces mouvements. Je me les reprochais quelquefois à moi-même comme un excès du moins qui semblait blesser la nature ; mais je n'en étais pas le maître, et la suite des événements ne fit que les augmenter."[35]

Ce traumatisme originel conduit Cleveland à se représenter comme victime d'une malédiction diffuse, et comme une sorte d'exception monstrueuse parmi les hommes. La cruauté du père semble provoquer en lui une haine en retour, mais qui le conduit objectivement à l'obéissance la plus absolue. Son père veut se défaire de lui ; il obtempère, tout d'abord en acceptant de se réfugier en Amérique, et ensuite, alors que les menaces d'infanticide se sont faites plus précises sur la personne de son demi-frère Bridge, et avant qu'on lui ait laissé le temps de prendre la mer, en se réfugiant dans une grotte, que sa mère compare explicitement à un "tombeau."[36] Cleveland est donc un enfant mons-

35. *Le Philosophe anglais*, p. 24.
36. *Id.*, p. 35.

trueux, renié par son père, qui ne lui a pas accordé le droit à
l'existence.

Cette malédiction le poursuit jusqu'au moment où il se résout
à éliminer toute la descendance illégitime de Cromwell, secon-
dant pour ainsi dire le désir de son père, pourtant mort depuis
longtemps. Il s'interroge ainsi sur ses enfants : "Que devien-
dront-ils ? [...] Ô Dieu ! pourquoi permettiez-vous que je les
misse au monde ? Un homme aussi infortuné que moi n'est-il
pas une espèce de monstre dans la société des autres hommes ?
Comment votre sagesse et votre bonté peuvent-elles souffrir que
la race s'en perpétue ?"[37]

De fait, la sagesse et la bonté de Dieu paraissent aussi illusoires que celles de Cromwell. Et Cleveland, qui se sent exclu
de la société humaine, est persuadé que "c'est le ciel lui-même
qui inspire sa résolution". Son destin tragique, en dernière analyse, n'est que la conséquence d'une malédiction paternelle, qui
finit par acquérir une dimension mythique, voire métaphysique.
Le héros ne devient fou que parce qu'il est victime de la persécution d'un père contre qui il ne peut se retourner, retenu qu'il
est, malgré tout, par les "sentiments de la nature". La tentation
du parricide existe sans doute chez Cleveland, comme elle existait chez Héraclès, qui, dans la tragédie d'Euripide, manquait de
peu de tuer son père Amphitryon, avant de retourner sa fureur
contre ses enfants. Le projet d'infanticide de Cleveland tient à
un retournement similaire, qui le porte à se venger sur ses fils de
la tyrannie paternelle. D'où une scène étrange, dans laquelle
Cleveland semble rejouer la scène originelle, celle où il a fui son
père, avec son demi-frère, pour se soustraire à sa haine, en exigeant de ses deux fils une soumission absolue :

"Me voyant à la main mon épée nue [...], ils sortirent tout
effrayés du cabinet. Irrité de les voir fuir, je les rappelai d'un ton
menaçant ; et ces timides et innocentes victimes, qui étaient
accoutumées à respecter mes moindres ordres, ne balancèrent
point à retourner sur leurs pas. Ils vinrent en pleurant jusqu'au
cabinet ; et s'arrêtant seulement à la porte, ils se mirent à genoux
tous deux comme pour me demander la vie, qu'ils voyaient trop
clairement que j'avais dessein de leur ôter."[38]

Devant ce spectacle, Cleveland consent enfin à suivre les
"sentiments de la nature", et renonce à l'infanticide. Mais il
joue avec une certaine délectation le rôle du tyran, qui, une épée

37. *Id.*, p. 291.
38. *Id.*, p. 291-292.

à la main, exerce le droit de vie ou de mort sur ses propres enfants, et leur ordonne de revenir sur leurs pas. Le "poison noir" qui "circule dans [s]es veines" agit sans doute tout autrement qu'il ne le perçoit lui-même, non pas seulement en détournant sa raison de la droite voie, pour lui faire battre la campagne, mais en l'incitant à suivre les tendances secrètes de son âme, déterminées à l'origine par la violence d'un père dénaturé.

2. La Bédoyère est-il plus que le père de son enfant ?

La Bédoyère, suivant manifestement le modèle de Cleveland, est la victime éplorée de l'acharnement d'un père tyrannique. Il ne s'agit pas d'un personnage de la stature de Cromwell, — le roman de Baculard est plus un drame domestique qu'un roman héroïque —, mais simplement d'un être borné, insensible et imbu des préjugés du monde. Le père de La Bédoyère s'oppose impitoyablement à son mariage avec une comédienne, et entreprend de le faire casser, ce qui revient, précise le héros, "à vouloir [sa] mort."[39] Ce qui n'est encore qu'une figure de style approche ensuite de la réalité, puisque ce père, qui semble avoir un pouvoir absolu sur les décisions de Justice, casse effectivement le mariage, puis obtient contre son fils des lettres de cachet, avant de le déshériter et de lui retirer sa charge. Le héros est alors réduit, comme le fut Cleveland, à la fuite, et constate qu'il est exclu du monde :

"Allons, Agathe ; fuyons ces hommes indignes même de ma haine ; allons dans un nouveau monde ; allons trouver l'humanité chez ces Sauvages, qui à peine ont la figure d'hommes : mais tous ces monstres se ressemblent, ils sont tous dénaturés. N'est-il point quelque île déserte, quelque rocher escarpé, quelque antre affreux, où nous puissions nous cacher à cet Univers, où nous puissions nous aimer en liberté ?"[40]

La haine du père devient une malédiction fort semblable à celle qu'on trouvait dans *Cleveland*. Mais, alors que ce traumatisme provoquait chez le Philosophe anglais une sorte de confusion ontologique et métaphysique, il ne s'agit plus chez l'Epoux malheureux que d'un refus obstiné et mesquin d'accepter une déchéance sociale. Le désespoir de La Bédoyère tient à ce qu'il est réduit à travailler, s'il ne veut pas que sa famille meure de

---

39. *Les Epoux malheureux*, seconde partie, p. 133.
40. *Id.*, seconde partie, p. 150.

faim. Or le travail est pour lui un déshonneur auquel il préfère sans hésiter un suicide dans lequel il envelopperait sa femme et son enfant.[41] En fait, le discours tragique qu'il adopte n'est qu'une tentative désespérée de pallier sa misère réelle par le recours à un discours littéraire, manifestement inadapté à la situation, qui lui permet de retrouver, ne serait-ce que de manière illusoire, un statut héroïque et aristocratique. Le héros se décrit comme un héros, et tente de dissimuler sa faiblesse par une théâtralisation abusive : La Bédoyère envisage un suicide collectif pour voiler sa lâcheté et sa vanité. Il préfère jouer le héros de tragédie : cela lui évite de passer pour un personnage de comédie — l'aristocrate orgueilleux réduit à mourir de faim (comme l'*hidalgo* de *Lazarillo de Tormès*)[42]. Il n'en reste pas moins que La Bédoyère a effectivement été exclu de la société des hommes par l'influence de son père : il s'agit pour lui de se soustraire au courroux paternel, et à l'ordre social injuste qu'il représente. Comme Cleveland réfugié dans sa caverne et sa philosophie, La Bédoyère se retire du monde, et adopte une attitude hautaine, mais essentiellement passive. Il en vient à intérioriser la violence que lui a fait subir son père, en se retirant définitivement du monde, et en pensant tuer son enfant, qui lui paraît illégitime, en ce qu'il naîtra en dehors de l'assentiment paternel. Cet enfant qui ne devrait pas naître, La Bédoyère entreprend de le sacrifier, en s'écriant : "c'est être plus que son père que de lui donner la mort" ; être plus que son père, ne serait-ce pas être son grand-père ?

Sur un registre mineur, Baculard d'Arnaud confirme que l'infanticide est un moyen pour le héros de se soustraire à l'influence maligne du père. Ce qui constitue, dans une certaine mesure une protestation contre un ordre social fondé sur la

41. L'exigence du suicide est mise par La Bédoyère en parallèle avec la réalité misérable de la faim, qu'il semble avoir bien du mal à regarder en face : "Nous voici arrivés au comble de la disgrâce, nous sommes sans parents, sans amis, méconnus de toute la terre, la proie du malheur, prêts, le dirai-je, ô ciel ! aurais-je pu croire que nous aurions été réduits à ces affreuses extrémités ! prêts à expirer de misère, de faim, oui de faim ; as-tu bien les yeux attachés sur cette image ? en sens-tu bien toutes les horreurs ? tu sais qu'il ne nous reste plus d'espérance ; quelles est donc la dernière ressource des malheureux ? la mort ; délivrons à la fois de la vie trois infortunés." (*Les Epoux malheureux*, troisième partie, p. 38-39)

42. Cleveland lui-même ne menaçait-il pas de passer pour un cocu imaginaire, et l'origine de son désespoir ne tient-elle pas à de misérables querelles domestiques ?

tyrannie paternelle, dans lequel toute révolte est anéantie, et ne peut se traduire que par une complaisance morbide pour la fureur et la mélancolie.

3. Abassaï expie-t-elle le péché originel de sa mère ?

Le projet d'infanticide d'Abbassaï s'inscrit dans une histoire familiale beaucoup plus complexe, mais au sommet de laquelle on trouve aussi la toute-puissante volonté paternelle, dont la transgression entraîne une suite de passions violentes et criminelles. Abbassaï, comme Cleveland, a été élevée dans une grotte, parce qu'elle est, comme lui, un enfant qui n'aurait pas dû voir le jour, un enfant conçu sans l'assentiment paternel. Elle est la fille naturelle de Zulima, qui est aussi la mère du Calife Haroun, et sa naissance est liée à un parricide. Tout commence lorsque Zulima, errant dans les jardins de son père Mansor, franchit les limites de l'enceinte qu'il lui a imposée, et s'approche d'un arbre isolé[43]:

"J'étais un jour ensevelie dans une rêverie profonde, je ne m'apercevais pas que j'allais sortir des limites que Mansor m'avait prescrit [sic]; je fus saisie d'effroi en pensant à la désobéissance où ma distraction m'allait entraîner ; j'allais retourner sur mes pas quand j'aperçus au pied d'un arbre un jeune homme endormi, sa beauté qui était éblouissante m'arrêta et pénétra mon âme... "[44]

Ce franchissement symbolique est l'origine de la culpabilité de Zulima envers son père, qu'elle considère comme une sorte de "prédestination."[45] Peu après, en effet, son père décide de la marier au Calife, et elle obtempère mais sans se départir de l'amour qu'elle a conçu pour le jeune homme du pied de l'arbre, le Prince Seif. Douze ans plus tard elle se rend à la tour du magicien Hakem, pour obtenir qu'il la prive du sentiment qu'elle éprouve pour Seif. Hélas, c'est un piège : elle se retrouve dans les bras de Seif, et emportée par "la jouissance de [ses] sens " ne peut empêcher qu'il "achève[e] son attentat et son crime."[46] Mais leurs transports sont interrompus par un cri : elle croit

---

43. Cet arbre symbolique est visiblement inspiré de l'arbre du bien et du mal de la *Genèse* ; et Abbassaï y trouve d'ailleurs un serpent, qu'elle croit "mortel".
44. *Abbassaï*, première partie, p. 73-74.
45. *Id.*, p. 84.
46. *Id.*, p. 108.

"reconnaître dans ce cri fatal la voix de [son] père" [47]. On apprend par la suite que c'est bien son père qui l'a surprise, et qu'il est mort de douleur sur le chemin qui le ramenait à Bagdad. Abbassaï est donc née de cet adultère parricide, sous de fort mauvais augures. Il semble que contrevenir à la morale du père revienne à le tuer, et que ce meurtre soit l'origine d'une prédestination au malheur, ou de cette "puissance maligne" dont parlait Cleveland.

D'ailleurs ce parricide est à l'origine d'autres crimes familiaux, et tout particulièrement de l'amour incestueux de Haroun pour Abbassaï, qu'il ne sait pas sa sœur. Zulima s'oppose rigoureusement à cet amour criminel, et finit par apprendre à Abbassaï l'histoire de ses origines. Abbassaï s'accuse alors à son tour de parricide : "Amour propre fatal, orgueil insensé, crainte servile, vous me faites donner la mort à ma mère, mais je la suivrai, je punirai ce cœur qui commence à connaître le sentiment par la désobéissance, dont le premier crime est un parricide." [48]

Ce parricide reste théorique, mais il permet de rendre visible la fatalité qui poursuit Abbassaï, et qui entache sa vie d'une culpabilité issue de la transgression de la volonté paternelle. Cela n'empêche pas Abbassaï de réitérer le crime de sa mère sous une forme nouvelle. En effet, le Calife Haroun ne peut renoncer à son amour incestueux pour Abbassaï : cette obstination réduit Zulima au désespoir, et la conduit véritablement au tombeau. Haroun décide alors de vaincre sa passion, et de marier Abbassaï à son vizir Giafar à la condition expresse qu'ils s'abstiendront de tout commerce charnel et que Giafar aimera Abbassaï "en frère." [49] Il est assez évident que le Calife Haroun, usant de son pouvoir royal, prend alors la position d'un père envers deux enfants, pour lesquels il a fixé les limites du bien et du mal. Cet interdit, imposé par Haroun ne résiste pas à la sensualité d'Abbassaï, et le crime finit par être consommé. Le destin d'Abbassaï reproduit ainsi celui de sa mère Zulima : elle transgresse la loi édictée par son frère Haroun, comme Zulima avait transgressé la loi édictée par son père Mansor. De ce second crime naît un fils, qu'Abbassaï fait élever à La Mecque. Un concours de circonstances, dont le détail importe peu, lui fait retrouver quelques années plus tard ce fils au pied de la tour d'Hakem, et lui fait concevoir le projet d'infanticide dont il a déjà été question.

47. *Id.*, p. 109.
48. *Id.*, p. 58.
49. *Id.*, seconde partie, p. 41.

Mademoiselle Fauque n'a pas hésité à charger considérablement le canevas familial assez simple sur lequel Prévost et Baculard fondaient la résolution de l'infanticide. Mais, son héroïne est aussi la victime de la haine paternelle, en ce que sa naissance n'a pas reçu l'assentiment de Mansor, et que sa mère a tenté de l'éliminer en l'enfermant dans une grotte dès son plus jeune âge. Elle a donc "reçu un être criminel", selon l'expression qu'elle emploie elle-même, et est poursuivie par les foudres d'un "Dieu vengeur", qui l'amène à enfreindre la loi tyrannique imposée par son frère Haroun. Elle devient ainsi criminelle pour avoir suivi la "sensibilité de son cœur" qui l'unissait à son époux Giafar. La naissance de son fils n'est donc pas plus autorisée que ne le fut la sienne, et l'infanticide est la conséquence immédiate de l'"excès de fureur"[50] qui s'empare du Calife lorsqu'il apprend l'existence de ce fils "naturel". Abbassaï, en résolvant de tuer son enfant, ne fait donc que se soumettre, enfin, à la volonté paternelle.

CONCLUSION

La fureur infanticide, chez Prévost, chez Baculard et chez Mademoiselle Fauque, est une révolte contre le Père, considéré comme le responsable du Chaos. Mais c'est une révolte impuissante et passive, qui se résigne à soustraire à la puissance maligne du Père des enfants dont il n'avait pas autorisé l'existence. Le cas d'Abbassaï est le plus flagrant, puisque, la seule issue qu'elle trouve à son désespoir furieux est de tuer son fils, avant qu'Haroun, représentant du pouvoir paternel, ne commette lui-même ce meurtre. Et c'est ce que pensent faire, de manière un peu moins ostensible, Cleveland et La Bédoyère, qui veulent soustraire leur progéniture à un monde irrémédiablement soumis à l'ordre paternel, c'est-à-dire au désordre. Le héros se trouve ainsi réduit à une résistance dérisoire contre la morale du Père : "en voilà un que Tu n'auras pas", semble-t-il dire en s'apprêtant à tuer son enfant avant qu'il ne devienne la victime de la cruelle vengeance que le Ciel lui réserve. C'est bien peu de choses, mais c'est la seule solution qui lui reste, une fois que sa raison s'est égarée sous les coups redoublés du destin.

Le roman sensible renoue donc, sous l'influence de Prévost, avec certaines structures anthropologiques de l'imaginaire pré-

50. *Id.*, troisième partie, p. 129.

sentes dans la mythologie, dans la tragédie ou dans les contes. On ne peut pas dire que la figure du père vengeur, ou du dieu vengeur, exigeant le meurtre des enfants du héros soit une nouveauté du roman du dix-huitième siècle, loin s'en faut. Prévost et ses successeurs ont fait seulement de cette histoire mythique une expérience intime, dans le cadre de romans dont le maître mot est la sensibilité. La fureur tragique du héros, inspirée par la divinité n'est plus seulement un objet de terreur et de pitié, elle devient aussi un objet d'analyse. Elle s'inscrit dans le cadre d'une expérience personnelle, se fonde sur des sentiments, des passions et des pensées : elle est progressive, et non plus irruptive. Cette inclusion de la fureur tragique dans un cadre romanesque en modifie radicalement la signification. La folie n'est plus immanente, elle est liée à la situation objective du personnage, et peut, dans une certaine mesure, être expliquée : par la référence artificielle à un modèle culturel, qui conduit une surinterprétation de la réalité sans doute proche de la paranoïa ; par l'influence secrète de passions qui déterminent le cheminement de la raison à son insu, que ce soit le désespoir, l'orgueil ou la cruauté ; par un atavisme familial qui force, comme malgré lui, le fils à se soumettre à la volonté du père, et à reproduire les actes dont il a été la victime. Il n'est pas douteux que Prévost ait laissé le champ libre à ces différentes interprétations, et que ses successeurs se soient appliqués à intégrer la folie dans une structure romanesque similaire. Mais toutes ses explications, suggérées et jamais imposées, étaient-elles recevables et même pensables au milieu du dix-huitième siècle ?

La folie tragique, telle qu'elle est exploitée par Prévost et ses épigones, est précisément un moyen de cerner ce que la raison philosophique refuse de prendre en compte, ce qui dans le monde, dans la société, et enfin dans l'esprit humain échappe à la lumière naturelle. Le monde n'est pas ordonné par la Providence, ni par quelque principe d'ordre que ce soit, mais mu par des puissances obscures, qui concourent à la perpétuation du mal. La société n'est pas organisée par un pouvoir souverain et bienfaisant, ni par quelque principe de générosité qui assurerait la concorde entre les individus, mais par la cruauté et l'injustice qui émanent du pouvoir paternel ou monarchique. L'esprit n'est pas libre et indépendant, il n'est pas formé de manière à pouvoir assurer une recherche éclairée du bonheur individuel, mais il est soumis à l'emprise de passions sombres et inhumaines qui l'aveuglent, et, le cas échéant, concourent à son anéantissement.

Le recours au tragique ouvre une brèche dans l'optimisme rationnel du dix-huitième siècle.

Le roman est ainsi amené à mettre en scène ce qui, certes, résiste à l'examen critique de la raison, mais rend compte néanmoins, et de manière presque intuitive, de certaines caractéristiques occultes de l'âme humaine. La compulsion de répétition que l'on retrouve dans les histoires familiales des trois héros des romans de l'abbé Prévost, Baculard d'Arnaud et Mademoiselle Fauque, en constitue un exemple manifeste. Le fait que le héros se trouve conduit, par une tendance obscure mais impérative, à l'acte qu'il se trouve précisément avoir en horreur, paraît difficilement représentable au Siècle des Lumières, si ce n'est grâce au recours à un modèle littéraire obsolète. Mais précisément, l'infanticide est l'acte par lequel le discours tragique n'apparaît plus seulement comme une simple forfanterie de héros de roman, mais comme l'expression d'un complexe psychologique profond. Le héros sensible, au-delà de l'aspect rhétorique de son discours, vit effectivement dans la crainte d'une malédiction divine, dont l'origine peut être nommée, et qui le porte effectivement à vouloir tuer ses enfants. Le recours conventionnel au discours tragique en vient ainsi à retrouver un caractère de vérité assez inquiétant : le roman suggère qu'il ne doit plus être pris seulement comme un artifice littéraire, mais aussi comme l'expression adéquate de certaines tendances de l'âme humaine, qu'il reste à reconnaître. A ce jeu, le roman risque de se charger d'une certaine étrangeté et de passer lui-même pour déraisonnable.

Yann SALAÜN
Université de Paris III — Sorbonne Nouvelle

DE LA NORMALITÉ À LA TRANSGRESSION : DANS *L'HISTOIRE DE MADAME LA COMTESSE DE MONTGLAS* DE CARNÉ (1755)

Michèle Bokobza-Kahan

L'objectif principal du roman de Carné est énoncé dans le sous-titre de son œuvre : *Histoire de Madame la Comtesse de Montglas ou Consolation pour les Religieuses qui le sont malgré elles.*[1] L'héroïne-narratrice, la comtesse de Montglas, raconte à une jeune religieuse récalcitrante à la retraite monacale, les malheurs de sa vie conjugale jalonnée de catastrophes entraînant la mort de personnes aimées. Son but est de persuader la jeune Sophie, contrainte de prononcer ses vœux, que "l'état d'une religieuse sans vocation est bien moins douloureux que celui d'une femme, malheureuse avec son mari" (I, 8). L'institution du mariage est dénoncée violemment quand l'accent est posé sur la condition féminine, tributaire du pouvoir légal que l'homme a sur la femme qui doit se plier aux exigences du père, puis subir les caprices de l'époux.

Il ne sera question ici ni des aventures désastreuses de la comtesse de Montglas, ni des divers moyens de présenter les méfaits du mariage. Je concentrerai mon étude sur l'épisode principal du récit de la vie du chevalier de Sombreval, futur époux de la comtesse de Montglas qui croit son premier mari mort. Le récit, enchâssé dans celui de l'histoire de la comtesse de Montglas, relate deux mariages malheureux : celui de la sœur de Sombreval qui ne survivra pas à la tyrannie d'un époux mal choisi et celui de la marquise de Saint Val, personnage dont le parcours m'intéresse tout particulièrement.

Ce parcours est délimité par deux portraits diamétralement opposés de la marquise. Aussi, suivre ce trajet qui, partant de la

---

1. Carné, *Histoire de madame la Comtesse de Montglas, ou Consolation pour les Religieuses qui le sont malgré elles*, Amsterdam et Paris, Hochereau, (1ᵉ éd. 1755, 2 vol. in-12), 1756, 2 part. en 1 vol. in-12°.

vertu et de la sagesse débouche sur la folie et le meurtre, invite à une série d'interrogations sur le rôle que remplissent certains mouvements psychiques inconscients du personnage qui s'inscrivent en creux du texte. Comment serait-il possible, sinon, de penser le rapport entre le portrait initial de l'héroïne que voici :

"C'était une femme de vingt-huit ans, qui avait toute la fraîcheur qui distingue des charmes naissants ; un air de sagesse et de retenue répandu sur son visage et dans son maintien, donnait d'autant plus d'envie de s'en faire aimer qu'il annonçait plus de difficultés à y réussir. Son esprit égalait les charmes de sa personne." (II, 49)

et le tableau qui, une centaine de pages plus loin, annonce sa mort ?

"Madame de Saint Val couchée sur un sopha, les yeux égarés et tous les traits de son visage dans une altération qui marquait le désordre de son âme. Un tremblement subit s'empara de tous ses membres dès qu'elle m'aperçut ; ses lèvres remuaient comme si elle avait proféré des paroles ; il n'en pouvait cependant sortir aucune ; son état m'eût fait pitié si le mépris et l'indignation eussent laissé la place dans mon âme à quelqu'autre sentiment." (II, 152)

Si l'on se contente de suivre la linéarité des événements narrés, on aboutit à la conclusion appauvrissante que la jalousie et l'amour déçu ont rendu folle une femme, l'ont poussée à entamer une relation incestueuse avec son frère, à tuer sa fille, puis son mari, pour enfin se suicider. S'agit-il simplement d'un roman noir mêlant amour et libertinage pour mieux divertir le lecteur ? Je pense que les enjeux de cette œuvre sont beaucoup plus significatifs qu'il ne le paraît de prime abord. L'auteur tente de répondre à l'interrogation qu'implique le titre de ma communication : dans quelle mesure peut-on clairement distinguer le normal et le transgressif et quels sont les mécanismes qui déclenchent la folie ?

Carné propose, à travers le personnage de la marquise de Saint Val et l'itinéraire de sa folie, une vision de la complexité de l'appareil psychique humain. Le repérage dans le texte de certains mouvements intérieurs de l'héroïne permet de comprendre ses réactions meurtrières et pathologiques suscitées par la perte de l'objet aimé. Perte prévisible, puisque l'autre est un libertin et que la liaison qu'il propose est une liaison libertine ; perte qui a pourtant un effet dévastateur sur l'identité de la femme qui par un mouvement d'identification à l'objet perdu tombe dans le

libertinage scandaleux de l'inceste afin de pouvoir, en se libé-
rant de toute barrière morale, plonger dans la transgression la
plus totale. Une telle lecture conduira à considérer le libertinage
comme un carrefour où désirs et tensions de deux êtres se rencontrent dans un rapport toujours conflictuel conduisant à des
cas-limites de destruction.

Le mariage malheureux de la marquise de Saint-Val avec un
libertin ne la pousse pas à la mort comme dans le cas de la sœur
de Sombreval, ni au désespoir léthargique de la comtesse de
Montglas. Elle opte pour l'attitude fière de la femme vertueuse
qui accepte son sort avec dignité, et elle présente aux yeux de
tous l'image idéale d'une femme incomparablement supérieure,
comme la décrit le chevalier de Sombreval :

"Tant de charmes, de vertus et d'esprit avaient appartenu
jusque là sans partage à un mari peu digne d'un pareil bonheur.
[...] Une inconstance effrénée qui ne peut avoir pour principe
que le libertinage, le portait sans cesse vers différents objets
aussi inférieurs à la Marquise, qu'il était lui-même peu digne
d'elle. Cette femme charmante toujours supérieure à elle-même
et aux événements, n'avait jamais laissé apercevoir le moindre
mécontentement de la conduite de son mari, ni l'ombre du
mépris qu'elle ne pouvait manquer d'avoir pour lui. Cette sage
retenue en avait tellement imposé à tous ceux qui eussent mis
leur bonheur à la venger, que personne n'avait osé même la
plaindre sur les dérèglements d'un mari dont elle paraissait
contente, et qu'elle s'efforçait de faire valoir et respecter dans
toutes les occasions." (II, 49)

Femme vertueuse, certes, mais surtout femme forte, qui
contrôle et maîtrise la situation à la perfection, cachant ses
peines derrière un masque inaltérable et allant jusqu'à défendre
et protéger son mari ingrat. Son choix correspond à un mouvement de retraite et de refuge à l'intérieur de soi, qui lui permet
d'offrir aux autres une surface parfaitement lisse et étanche.
C'est sa réponse à un mal-être et à une souffrance, comme elle
l'explique à Sombreval : "L'attachement à son devoir, quand on
a un mari qu'on ne peut ni aimer ni estimer, n'est donc que de la
vertu ; et quelque ridicule que vous trouviez à être vertueuse, je
vous dirai que je n'ai jamais cessé de l'être." (II, 71) La vertu
affichée étaie l'idéalisation du Moi qui affirme s'affranchir de
toutes les vicissitudes du monde extérieur : "je n'adopte point
les idées du public, ni celles que vous me paraissez avoir prises
d'après lui. Je respecte mes devoirs, et par là je mérite de l'être,"

(II, 64) dit la marquise en pensant surtout au libertinage qui règne au sein de la société dans laquelle elle vit :

"La Cour de Turin était alors une des plus brillantes de l'Europe ; la paix donnait tout le loisir d'imaginer de nouveaux plaisirs, et de s'y livrer, les femmes étaient belles ; elles cherchaient à plaire, et les jeunes Guerriers n'ayant à combattre que leurs rigueurs, mettaient tout en usage pour les vaincre." (II, 47)

Sombreval, comme tout libertin qui se respecte, envisage une aventure glorifiante pour sa renommée et décide de porter son dévolu sur la Marquise de Saint-Val :

"... je formai, sur la possession de son cœur, des projets d'autant plus flatteurs, que j'étais le premier qui eût osé y aspirer, et que j'allais être le plus heureux des hommes si je pouvais y parvenir." (II, 50)

Les premières avances de Sombreval sont rejetées avec dédain par la marquise. Les réflexions du jeune homme sur l'échec de sa première tentative reflètent l'égoïsme du libertin :

"Je tins d'abord avec moi-même un petit conseil, où, après m'être sagement dit que les femmes ne doivent surtout leur fierté qu'à la timidité respectueuse d'un amant qui devient alors un objet risible pour le public et pour les femmes mêmes, je conclus qu'il fallait surtout éviter d'être dupe et de jouer un rôle humiliant, qui à mon entrée dans le monde eût pû influer sur le reste de ma vie galante et me faire trouver des difficultés aux conquêtes les plus aisées pour un homme à la mode et qui débute bien." (II, 66)

Les spéculations psychologiques de Sombreval illustrent le peu de considération du libertin vis-à-vis de l'objet de ses désirs. Ses actes sont principalement motivés par des besoins de représentation pour le "monde". Afin d'être perçu favorablement par autrui, il lui importe autant d'assurer son pouvoir sur l'objet désiré que d'empêcher cet objet d'en exercer un sur lui. L'expression du besoin de domination narcissique est claire : le libertin, dans la relation qu'il tente d'instaurer avec la marquise, comme avec toute autre femme, vise à alimenter et à consolider sa propre image afin de fortifier son amour-propre sans réelle inquiétude pour les besoins de l'autre. La marquise, observatrice perspicace, refuse d'être la dupe de Sombreval :

"... m'avez-vous cru femme à me laisser séduire par des tons, des tournures, des mots convaincants à la vérité pour des femmes perdues qui n'attendent pour se rendre qu'une demande, mais au fond, mots vides de sens, consacrés à la fatuité, inventés par elle." (II, 68)

Au refus des règles du jeu libertin, s'enchaîne une proposition de liaison d'un autre type :

" Si on avait su m'attaquer, j'aimerais peut-être déjà : mais on n'a voulu que me vaincre, et il fallait chercher à me plaire [...] je ne renonce donc point à la douceur d'aimer ; mais je veux y être comme *forcée* par des agréments solides : je veux que l'estime me fasse faire les premiers pas vers l'amour : je ne veux *céder* qu'au mérite, enfin trouver dans mon *vainqueur* de quoi me justifier à mes propres yeux. " (II, 72) *(je souligne)*

S'il est naturel qu'une femme vertueuse puisse céder à l'amour mais jamais au libertinage, retenons que dans le cas présent la différence entre le libertinage de Sombreval et l'amour de Saint-Val concerne plus la forme que le fond. La marquise impose un mode de conduite différent qui " convient " mieux au signifiant " amour " et surtout, elle prend les rênes de la liaison afin de mener le jeu à sa convenance :

" Je n'ai jamais aimé, mais aussi je n'ai jamais fait de résolution contraire, mon cœur est encore libre, et je ne sais pour qui il est réservé. Si je dois le perdre, j'aimerais mieux que ce fût par vous que par tout autre. Voilà des dispositions favorables : mais ne vous flattez point, ce n'est pas encore de l'amour. Faites vos efforts pour m'en inspirer, et je vous promets que je ne combattrai point contre vous. " (II, 76)

Le libertin accepte les règles de conduite que lui propose la marquise sans pour autant changer de sentiments. Aussi, cette intrigue, dira-t-il pour la résumer, " n'eut rien de remarquable ". Pour Sombreval, la superficialité des sentiments libertins et l'illusion d'amour qu'ils créent, s'évanouissent face à la force de l'amour véritable qu'il éprouve quand il rencontre la jeune Julie, fille de madame de Saint Val : " Le bonheur que je désirais auprès d'elle [la marquise], ne devait me conduire qu'à l'inconstance, suite nécessaire d'une illusion qui se dissipe. " (II, 94) C'est ce qui explique la légèreté et la facilité avec lesquels Sombreval se dégage de ses engagements envers la mère au profit de la fille.

A la différence du libertin toujours en représentation, la marquise accorde une importance majeure à l'image qu'elle se donne d'elle-même, ce qui explique le besoin d'être aimée afin de " se justifier à ses propres yeux ". De plus, à travers ses paroles, se dégage une volonté de vérité et d'authenticité, éléments opposés à ceux du factice et de l'ornemental pour lesquels elle marque une aversion. Plus d'une fois, elle accuse le chevalier de jouer la comédie à l'instar de tous les jeunes fats de la cour : "finissons une comédie dans laquelle je n'accepte point le rôle que vous me proposez ; " (II, 68) "j'allais me précipiter à ses genoux ; fi donc, me dit la marquise qui s'en aperçut, encore des situations de théâtre. " (II, 76) Cette préférence pour le naturel et le vrai, éléments liés à l'amour sincère, trouve son pendant au cours d'une promenade dans les jardins de la Duchesse de Cheymar, une amie de la marquise. Une discussion animée sur la beauté des jardins français a lieu entre la marquise et un ambassadeur anglais en la présence silencieuse de Sombreval. Principale locutrice, la marquise critique la richesse outrancière des jardins français surpeuplés de statues et d'ornements qui cachent la beauté naturelle de l'espace vert. Dans le domaine des sentiments comme dans celui de l'esthétique, la femme défend les mêmes valeurs qu'elle prétend incarner également par sa conduite.

Deux points restrictifs sont à relever à ce sujet : en premier lieu, cette valorisation du moi qui s'élabore à travers la défense des principes de sincérité et de vérité correspond certes à la conduite vertueuse qu'elle affiche, mais il ne faut pas oublier que cette même conduite, loin de correspondre à la vraie nature de sa vie, est un masque qu'elle a choisi de porter. En second lieu, retenons dans les deux dialogues, celui avec l'ambassadeur comme celui avec le chevalier, la fréquence du verbe "vouloir" à la première personne du singulier, la prédominance du "je", l'utilisation de l'indicatif du présent et l'emploi d'impératifs qui reflètent le caractère autoritaire et dominateur de madame de Saint Val ainsi que son esprit organisateur qui régit les choses et les hommes. Sa tendance excessive pour l'ordre est remarquée par le chevalier : "j'ai admiré lui dis-je, Madame, l'ordre que vous avez mis parmi toutes les Divinités à qui vous avez assigné des places. " (II, 60) L'ordre correspond à la maîtrise, au contrôle de soi et au refoulement de ses émotions ainsi qu'à l'autorité. Du chevalier, elle exige impérativement l'amour : "[Votre] caractère, dit-elle, s'accorde mieux avec celui de la tendresse ; vous n'en inspirerez qu'autant que vous paraîtrez la connaître, et en sentir toute la délicatesse. " (II, 75) Ces traits, finalement, relèvent plus de la volonté de préserver l'indépendance du Moi que d'un réel souci de défendre l'idée de l'authenticité face au factice.

Il semble donc que l'auteur construit un personnage dont les qualités mêmes supposent des éléments propices à l'éclatement pathologique qui survient à la fin. A la suite de son abandon par le chevalier au profit d'une rivale haïe (sa propre fille Julie), la marquise voit surgir en elle une folie monstrueuse, fissure profonde d'un moi aux prises avec une tentative extrême d'idéalisation. Cette folie est liée à un rejet humiliant et au fait que le chevalier s'affranchit de la tutelle de la marquise (il y parvient d'autant plus facilement qu'il n'était resté qu'un libertin vis-à-vis d'elle). Le déséquilibre et la folie destructive découlent en premier lieu de l'investissement excessif des forces psychiques capables de protéger la femme des méfaits du mariage. N'avait-elle pas demandé à Sombreval d'être "un amant aussi parfait que [s]on mari est vicieux"? (II, 77)

La réaction à la perte de l'objet aimé est d'autant plus violente que l'abandon advient au moment où la marquise comptait "s'abandonner" enfin au désir de l'homme :

"Vous étiez enfin parvenu à vous faire aimer, et vous avez dû sentir, Monsieur, que ce voyage à la campagne n'avait été ajusté par moi que pour couronner des soins qui m'avaient vaincue." (II, 98)

C'est donc dans un état d'extrême fragilité que la marquise subit la déception. A cela, s'ajoute inévitablement l'imprévisibilité de l'événement et l'état d'impréparation dans lequel la marquise se trouve.

"... barbare, comment payâtes-vous ce sacrifice de moi-même ? Par le mépris le plus outrageant, et dont je me sentis d'autant plus humiliée qu'il ne prenait pas sa source dans le temps qui engendre presque toujours l'inconstance, et lui sert d'excuse." (II, 153)

Ces deux facteurs de fragilité et d'impréparation permettent d'évaluer le degré de douleur intense de la marquise face à la trahison de Sombreval : "le Moi fait l'expérience de la rage narcissique" pour utiliser les termes du psychiatre Kohut.[2] Désormais, la force de la réaction à la perte de l'objet est compréhensible et le processus d'anéantissement et d'autodestruction devient plausible. L'affirmation de l'indépendance de Sombreval, qui s'opère au détriment du contrat souscrit entre lui et la marquise, met la puissance narcissique de cette dernière en échec. La blessure infligée fait d'autant plus mal que sa rivale est sa propre fille qui incarne la jeunesse et la beauté. Cette fille, illustration vivante de son mariage malheureux, est détestée

---

2. Cité par André Green dans *Narcissisme de vie, narcissisme de mort*, Paris, éditions de Minuit, 1983, p. 153.

depuis sa naissance comme le confirment divers témoignages, parmi lesquels celui de Julie elle-même :

"Je n'ai pour ainsi dire, ouvert les yeux que pour apercevoir l'aversion que ma mère a pour moi ; la soumission, le respect, les démonstrations même de ma tendresse n'ont jamais pu la toucher, et sans les bontés de mon père je serais la plus malheureuse créature qu'il y eût au monde. " (II, 104)

Extérieurement, la marquise contient sa douleur malgré quelques signes qui la trahissent — regards chargés de reproche, humeur triste ; à l'intérieur, l'orage gronde. Rétrospectivement, nous savons qu'au moment où elle propose son amitié à Sombreval et exprime le bonheur d'être restée vertueuse, la vengeance est mise en route. Quand elle dit à Sombreval : "Je suis trop heureuse que le hasard vous ait fait voir ma fille, vous l'aimez, et je lui ai l'obligation de m'avoir épargné des remords dont je serais peut-être déjà tourmentée," (II, 98) il suffit d'inverser le sens des mots afin d'obtenir la vérité. Ce mécanisme de négation révèle la division du sujet et la tentative ultime de préserver l'image de la vertu et de refouler celle de la déchéance.

L'inceste advient parce qu'il est nécessaire au déclenchement du processus de destruction, pour des raisons pratiques certes :

"La cause de vos froideurs me fut bientôt connue ; ma fille, l'objet de votre amour, me devint odieuse en devenant ma rivale ; plus je la trouvai belle, moins j'espérai de vous ramener, et plus ma fureur s'accrut. Mon frère qui s'en aperçut entra adroitement dans mes peines, il les entretint en les flattant, et m'offrit de me venger. Il y avait longtemps qu'il brûlait pour moi d'une flamme coupable que j'avais détestée jusqu'alors ; il me pressa de la satisfaire, et mit ses services à ce prix. " (II, 153) mais aussi pour des motifs plus complexes. L'abandon de Sombreval engendre une dépréciation de la marquise à l'égard de son propre moi. Le choix de l'objet qui s'est produit sur une base narcissique transforme la perte de l'objet en une perte du moi : "je devins un objet d'horreur pour moi-même" dira la marquise au seuil de sa mort. Nous pouvons voir dans le texte de Carné une mise en acte de ce que Freud développe plus tard sur le plan théorique. Dans *Deuil et mélancolie*, il écrit : "le conflit entre le moi et la personne aimée [se transforme] en une scission entre la critique du moi et le moi modifié par identification. "[3] Reportant sur son moi les reproches qu'elle adresse à

3. Freud, "Deuil et mélancolie" in *Métapsychologie*, (1915), Gallimard, 1968 pour la présente traduction, p. 156.

Sombreval, elle tombe, par un mouvement de renversement, dans le libertinage le plus monstrueux qui relève à la fois d'une identification avec l'objet et d'une diminution extrême de son sentiment d'estime de soi.

Dans l'aveu final qui précède son suicide, la marquise confond le chevalier et le frère, les qualifiant d'épithètes similaires : "Barbare", "infâme", "monstre", et les accusant tous deux des crimes commis. Souhaitant la mort de l'homme qu'elle aime et qu'elle hait, la marquise s'exclame : "Que ne puis-je te voir la suivre au tombeau, et m'y précipiter avec vous deux.". Il est donc très symbolique qu'agonisante, madame de Saint Val tombe sur les corps ensanglantés de la fille et du frère :

"Vois percer ce cœur que tu as déjà si cruellement déchiré par tes dédains. En même temps elle tire un poignard de dessous sa robe, s'en donne deux coups dans le sein et tombe sur les corps de sa fille et de son frère." (II, 157)

A travers la liaison sexuelle avec le frère, à travers son assassinat, c'est toujours l'amant perdu que la marquise tente de retrouver. Significative aussi est la transformation de sa propre vengeance :

"... mais ne me crois pas encore vengée, poursuivit-elle, en me regardant avec fureur, monstre qui as causé tous mes crimes, toi que je déteste d'autant plus que je ne saurais te mépriser." (II, 156)

en celle de Sombreval :

"... mais tu ne devais pas être à demi vengé, il te faut encore une victime : viens, jouis du plaisir de la voir tomber. Vois percer ce cœur que tu as déjà si cruellement déchiré par tes dédains." (II, 157)

L'inceste représente le premier acte d'avilissement : elle cède aux avances infâmes de son frère et entame une relation scandaleuse, autrement souillante qu'une simple liaison libertine, qui symbolise la chute et la dégradation et le ravalement de son être. L'acte d'autodestruction lui permet de se libérer de tous les interdits sociaux et d'effectuer sa vengeance monstrueuse, ses paroles expriment cette idée clairement :

"La vengeance étouffant en moi tout autre sentiment, je devins un objet d'horreur pour moi-même en le rendant heureux. Une fois souillée de ce crime détestable, il ne nous coûta plus de les commettre tous." (II,153)

La liaison libertine incestueuse permet l'explosion de la folie, elle-même engendrant les meurtres qui se succèdent jusqu'à l'anéantissement de son moi et au suicide en présence de Sombreval. Celui-ci sera le témoin du combat ultime et impitoyable entre le moi moral et le moi déchu de la marquise. L'assassinat du frère représente " un retour vers la vertu ", dit la marquise. "C'est à elle que j'ai immolé un frère incestueux, et un parricide ; l'auteur de ma honte et de tous mes méfaits ne devait expirer que de ma main". Cette série de "flagellations" dont l'unique but est de meurtrir le chevalier n'aboutissent qu'à l'anéantissement de Saint Val qui ne peut faire mal au chevalier que par le biais de Julie, la "victime de l'amour et de la haine" :

"... viens, barbare, viens, ingrat, jouir du cruel spectacle de ma rivale défigurée par la mort ; viens contempler ces traits qui m'ont enlevé ton cœur, tandis que je n'ai jamais pu te chasser du mien." (II, 155).

Le libertinage joue un rôle essentiel dans le processus d'éclatement et de transgression de tous les interdits. A la source, il y a le libertinage du mari qui la pousse vers un refuge narcissique dans lequel la femme développe un Moi idéal. Femme du monde, elle ne peut éviter la rencontre avec le libertinage léger des fats de la cour dont Sombreval est le représentant. Même si la marquise a su discerner chez le jeune homme des qualités propres à le distinguer des autres petits-maîtres, les sentiments amoureux de Sombreval ne lui seront pas dédiés. Elle sera la victime d'un libertinage qu'elle a accepté parce qu'elle pensait pouvoir l'assujettir à soi. La perte fatale de l'objet l'entraîne vers son frère dans un mouvement d'identification et d'autodestruction. Le libertinage extrême rejoint la déchéance la plus totale et la levée de tous les interdits. A l'opposé, la vertu n'est pas invincible et risque de figer l'individu dans un rôle inapte à s'adapter aux fluctuations inévitables de la vie.

L'auteur pose un regard pessimiste sur la condition de la femme qui, entre le mariage malheureux et le libertinage insatisfaisant, est destinée à une vie douloureuse. L'éventualité d'une alliance heureuse existe certes, mais elle est présentée comme une situation utopique dans le texte. D'autres romans tissent des rapports de cause et d'effet entre la liaison libertine et l'état marital, rapports soit conflictuels, soit complémentaires, qui risquent de mener à la folie.[4] L'analyse de ce texte, étayée de

4. Guillot de la Chassagne, *Mémoires du comte de Baneston,* (1755) ; Cointreau, *L'Amant salamandre ou les Aventures de l'infortunée Julie,* (1756) ; Le Blanc de Guillet, *Mémoires du comte de Guine,* (1761) ; Dorat, *Les Sacrifices de l'amour,* (1771).

concepts métapsychologiques modernes, clairement suggérés, consciemment ou non, par un auteur du milieu du XVIIIe siècle, montre l'intérêt déjà vivant dans la littérature libertine pour les méandres psychiques de l'âme humaine et ses liens avec la sexualité. Intérêt que l'on retrouve aussi dans des écrits médicaux de la même période comme ceux de Boissier de Sauvages qui, dans certains passages de sa *Nosologie*, ébauche déjà une théorie du refoulement :

"Il y a beaucoup de passions auxquelles bien des gens ont honte de se livrer [...] parce qu'il est honteux de les satisfaire. Cependant, quoiqu'on réprime ces mouvements intérieurs et qu'on les cache avec soin, on est infiniment plus tourmenté que si on s'y livrait."[5]

Le médecin perçoit l'importance du narcissisme quand il définit l'hystérie (pathologie dont la marquise n'est pas exempte) comme une maladie de l'âme caractérisée par "un amour excessif de soi-même et de la vie et des plaisirs."[6]

Michèle BOKOBZA-KAHAN
Université de Tel-Aviv

---

5. Boissier de Sauvages, François, *Nosologie méthodique*, (1e éd. 1763), Lyon, 1772, t. 3, p. 531

6. *Ibid.*, t. 4, p. 134, cité par P. Hoffmann dans *La Femme dans la pensée des Lumières*, Genève, Slaktine, p. 187.

RACONTER LA FOLIE :
LES RECUEILS
DE *FOLIES SENTIMENTALES* (1786)

Carole Dornier

> "Dear sensibility! source inexhausted
> of all that's precious in our joys, or
> costly in our sorrows!"
> Sterne, *A Sentimental Journey
> through France and Italy*

En 1786, le libraire parisien Royez faisait paraître deux recueils de récits brefs, les *Folies sentimentales ou l'Egarement de l'esprit par le cœur* et les *Nouvelles Folies sentimentales ou folies par amour*. L'année suivante, dans le volume d'avril de la *Bibliothèque Universelle des Romans*, un rédacteur présentait un récit emprunté au premier de ces recueils, *La Folle par Amour ou Lucile et Lindamore*. Il expliquait le succès de l'entreprise de Royez ("il n'est personne qui ne connaisse [ces pièces]") par un effet de mode, provoqué par la pièce de Marsollier de Vivetières, *Nina ou la folle par amour*, comédie lyrique représentée pour la première fois le 15 mai 1786. En réalité, avant *Nina*, la *BUR* avait contribué à répandre ce goût en publiant trois récits développant le même thème : la *Folle du château de Riant* (mai 1783), le *Braconnier du bois Belle-fée* (1783) et la *Folle respectable*[1] (octobre 1785). La comédie de Marsollier ne fit que transformer en phénomène de mode parisien ce qui est d'abord un thème romanesque issu du roman anglais.

Le succès de ce thème, amplifié en 1786 par l'actualité théâtrale, témoigne des transformations du goût du public de romans. L'entreprise éditoriale de Royez s'adresse au même lectorat que celui de la *BUR*. En effet, à côté des résumés d'œuvres,

---

1. Voir Angus Martin, *La Bibliothèque Universelle des Romans*, Oxford, The Voltaire Foundation, 1985.

la série proposait la reproduction *in extenso* de ces histoires courtes appelées *contes*, *anecdotes* ou *traits*, genre adapté aux lecteurs de périodiques. Ces productions, destinées à un public très large et pas toujours très éduqué, sont le reflet parfois tardif des mutations de l'esthétique romanesque. Dans les choix thématiques, comme dans les procédés narratifs employés, cette *infra-littérature* mérite d'autant plus l'attention que ce qui était écart et innovation dans les œuvres de premier plan s'y transforme en conventions qui manifestent les nouvelles attentes du lecteur de romans. Les rédacteurs créent et exploitent ces évolutions de goût, mais parfois reviennent aussi à des modèles narratifs plus anciens. Les deux recueils de Royez regroupent assez artificiellement, à des fins commerciales, des récits originaux et complets, des extraits de romans, des traductions. Ils constituaient les tomes IV et V d'une série qui aurait dû comporter 24 volumes organisés sous douze rubriques.[2] Le seul point commun de ces deux volumes est de représenter la folie provoquée par un choc affectif, le titre assurant le lien, malgré l'hétérogénéité de l'ensemble.

Parce que ces productions sont le plus souvent médiocres, leur étude permet de percevoir la pénétration auprès des auteurs, des éditeurs opérant les sélections, et de leur public, de nouvelles normes dans les thèmes et les formes narratives. Des procédés conventionnels issus du roman baroque coexistent avec une esthétique plus novatrice. Les attentes du public sont suggérées par la référence à des modèles imités pour leur succès. Ainsi l'auteur d'une des pièces des *Nouvelles Folies sentimentales*, la *Folle en pélerinage*, se met sous le patronage de la *Folle du Château de Riant* qu'il appelle "douce vierge et mère modeste de toutes les folles qui ont fait briller de larmes, au théâtre et dans les lectures solitaires, tous les beaux yeux dans Paris" (p. 90). Un certain Raimond de Narbonne Pelets, auteur de la *Folle de Beaune*, avoue s'inspirer du récit du marquis Pierre-Marie de Grave, qui avait fait paraître dans le premier recueil la *Folle de Saint-Joseph* (*NFS*, p. 39)[3] et en suggère ainsi le succès.

---

2. Cette série était intitulée *Bibliothèque choisie de contes, de facéties et de bons mots* (Paris, Royez, 1786).

3. Abréviations utilisées : *FS* : *Les Folies sentimentales*, Paris, Royez, 1786 ; *NFS* : *Les Nouvelles Folies sentimentales*, Paris, Royez, 1786 ; *BUR* : Bibliothèque Universelle des Romans.

ÉROS BAROQUE ET " GOÛT ANGLAIS "

L'influence du "goût anglais" est affirmée dès l'avertissement en tête du premier recueil, rédigé par l'auteur du premier
récit, identifié comme Michel Cubières de Palmezeaux, poète,
disciple de Dorat et collaborateur de la *BUR*. Celui-ci y compare
Nina et le *Roi Lear*, représenté à Paris en 1783 dans la traduction de Ducis et il constate que la folie, non seulement
peut "amuser au théâtre", mais aussi "intéresser". La formule
suggère que la folie était jusqu'alors considérée comme thème
comique pour le public français. Les remarques du chevalier de
Cubières soulignent comment la perception de la folie comme
prolongement de la sensibilité modifiait la classification esthétique du thème : "L'amour étant une espèce de délire, quand ce
délire est poussé à l'excès, on le prend pour une suite de l'amour
même, on le prend pour un amour prolongé, et voilà pourquoi
Nina fait verser tant de larmes [...]. La folie et la raison se touchent
presque dans la tête humaine : elles ne sont séparées que par une
membrane délicate que le moindre effort peut déchirer : il en est de
même du plaisant et du pathétique, du sublime et du ridicule, de la
douleur et de la joie. "(p. 1-2)

La vision de la folie dans la représentation théâtrale et romanesque rejoignait la question de la hiérarchie des styles. Sur ce
point, "goût anglais" et "goût français" s'étaient distingués nettement depuis l'époque classique. La folie du Roi Lear, évoquée par
Cubières, celle d'Ophélie, étaient représentées dans la tragédie éli-
sabéthaine où se côtoient bouffonneries, propos salaces, sublime et
pathétique. En 1660, Corneille condamne, en jugeant sa première
comédie, *Mélite*, la représentation de la fureur amoureuse. La folie
sera représentée dans la tragédie racinienne, mais la "fureur"
d'Oreste, châtiment des Dieux, rentre dans la catégorie du sublime
et, suscitant effroi et pitié, reste étroitement encadrée et cautionnée
par les modèles de la tragédie grecque. Auparavant, cependant,
avant les contraintes de bienséance imposées par les doctes, la
tragi-comédie, après la pastorale, avait largement exploité le thème
des "grands égarements" de la folie érotique et intégré des
influences espagnoles (Cervantes), anglaises (le théâtre élisabé-
thain) et italiennes (la commedia dell'arte).[4] Dans ces pièces, la

4. Voir Jean Rousset, *La littérature de l'âge baroque en France, Circé et le
paon*, Paris, José Corti, 1953, p. 55-57 et la thèse non publiée de Marianne Alainmat Miniconi, *La Folie, thème dramatique dans le théâtre et le tragi-comique au
XVII ͤ siècle : l'ambiguïté*, Thèse de 3ème cycle, Aix-Marseille, 1986.

folie est un masque ou jeu, quand elle n'est pas feinte. Elle est variation sur le thème baroque de l'illusion, du paraître et du songe et la folie d'amour manifeste la puissance leurrante du sentiment. Elle peut aussi être un terme signifiant, à la manière érasmienne, l'universelle déraison, qui, lorsqu'elle est perçue, est source de gaieté.

Le premier des récits du recueil des *Folies sentimentales*, introduit par son auteur dans l'avertissement cité plus haut, est une adaptation romanesque de l'une de ces tragi-comédies. *La Folle par Amour ou Lucile et Lindamore* reprend en effet en partie l'intrigue d'une pièce de Beys, l'*Ospital des Fous*[5] (1636).

Lucile et Lindamore, amoureux, se heurtent au père tyrannique de la jeune fille qui s'oppose à leur mariage. Lindamore menace de se tuer si Lucile ne l'épouse pas en secret. Les deux gens gens prennent la fuite, Lucile travestie en homme. Ils sont attaqués et enlevés par des brigands, dont le chef, Stoutbagard, s'enflamme pour Lucile. Elle contrefait la folle pour échapper aux désirs violents du brigand, qui, effrayé, se débarrasse d'elle en la confiant, travestie en homme, aux supérieurs des "Petites Maisons", hospice renfermant les insensés. Lindamore, visitant l'hospice sur le conseil d'un ami qui espère ainsi le tirer de sa mélancolie, reconnaît Lucile et demande à un célèbre médecin anglais de l'examiner pour certifier sa santé mentale. Mais celui-ci confirme la folie dont l'histoire des amants lui paraît la preuve : Lucile a foulé aux pieds les devoirs sacrés envers sa famille, donc elle est folle. Lindamore contrefait alors le dément et rejoint sa bien-aimée à l'asile. Les amants se retrouvent tous les jours et, après d'autres péripéties, finiront par sortir de l'asile et se marier. Le récit se termine par une leçon de morale à l'usage des filles qui songent à se faire enlever.

Cette histoire qui exploite bien tardivement les conventions du théâtre et du roman baroques, tranche par son "archaïsme" avec les autres pièces des deux recueils. C'est la plus longue de ces récits, la plus riche en péripéties, la seule qui représente, non une folie réelle, mais une folie feinte ; celle aussi qui développe la morale la plus traditionnelle dans les commentaires du narrateur.

Dans sa présentation, Cubières de Palmezeaux tente de justifier la façon un peu artificielle dont son histoire illustre le thème de la folie sentimentale : "La folie [...] m'a paru un si puissant ressort pour exciter l'un ou l'autre de ces sentiments [*la douleur et la joie*], que j'ai cru qu'on ne pouvait impunément la suppo-

5. A Lyon, chez Claude de la Rivière, rue Mercière, à la Science.

ser, qu'une feinte de raison produirait les mêmes effets qu'une démence réelle. J'ai cru cela et j'ai fait une *Folle par amour"* (*FS*, p. 2-3). En réalité, malgré son titre, l'*Histoire de Lucie et Lindamore* tranche avec la relative cohérence des deux recueils. Entre l'éros baroque et la folie sentimentale inspirée de certaines scènes des romans anglais, les différences sont essentielles et touchent représentation de la folie, procédés narratifs, et relations d'un auteur à son lecteur.

Si le personnage d'Ophélie peut être considéré comme une "folle d'amour" et une source d'inspiration anglaise pour le thème romanesque, c'est une Ophélie transformée et devenue la Clémentine de Richardson et la Maria des deux romans de Sterne, *Tristram Shandy* et le *Voyage sentimental*.[6] La mélancolie de Clémentine dans l'*Histoire de Sir Charles Grandison*, roman de Richardson adapté par Prévost dans les *Nouvelles lettres anglaises*[7], avait déjà inspiré la *Nouvelle Clémentine* de Léonard (1774) et celle de Baculard d'Arnaud dans les *Délassements de l'homme sensible* (1786). Les *Nouvelles Folies sentimentales* mentionnent le récit de Baculard et le *Voyage sentimental* de Sterne dans une "Observation sur *Nina*" qui précède l'histoire intitulée la *Folle de Paris*. (*NFS*, p. 61)

Trois des récits composant les deux recueils sont traduits de l'anglais : *La Démence d'Ellinor, Bedlam*, l'*Histoire de Juliette*. Ce dernier (*NFS*) est une adaptation du fameux épisode du *Voyage sentimental*. *Bedlam, anecdote anglaise*, (*FS*) est tirée de l'*Homme sensible*, un roman anglais d'Henry MacKenzie.[8]

Plus shakespearienne est la *Démence d'Ellinor*, extrait d'un roman de Sophia Lee, *The Recess*,[9] figurant dans le premier

6. Laurence Sterne, *Voyage sentimental par M. Stern*, sous le nom d'Yorick, traduit de l'anglais par M. Frénais, Amsterdam, Marc-Michel Rey, Paris, Gauguery, 1769.

7. *Nouvelles Lettres Angloises ou Histoire du Chevalier Grandisson*, traduction de Prévost, Amsterdam, 1755-1756, 4 vol. Les deux derniers volumes ne parurent en réalité qu'en 1758. Une autre traduction française par le révérend Gaspard-Joël Monod paraît en Allemagne : *Histoire de Sir Charles Grandison*, Göttingen, Leipsic et Leyde, 1755-1756, 7 vol.

8. Deux traductions françaises de l'ouvrage sont parues la même année : *L'Homme sensible*, traduit de l'anglais par Ange-François Fariau de Saint-Ange, Amsterdam et Paris, Pissot, 1775 et *L'Homme et la femme sensibles*, traduit de l'anglais par Jean-François Peyron, Londres et Paris, Le Jay, 1775.

9. Sophia Lee, *The Recess or a Tale of other times*, 1783-1785 et pour la première version française : *Le Souterrain ou Matilde*, traduit de l'anglais sur la deuxième édition par Pierre-Bernard Lamare, Paris, Théophile Barrois le jeune, 1786, 3 tomes.

recueil (*FS*). Dans le passage sélectionné par l'éditeur, Ellinor, fille de Marie, reine d'Ecosse, a perdu son amant Essex, favori de la reine Elisabeth. Elle apparaît à cette dernière, telle une vision surnaturelle, et lui reproche, dans son délire, la mort d'Essex, qu'elle s'imagine apercevoir. Son discours incohérent et effrayant fait tomber la reine dans un évanouissement profond tandis qu'on parvient à éloigner Ellinor. Folie, apparition surnaturelle qui suscite le remords, dialogue avec un spectre, allusions à des morts suspectes ordonnées par un puissant, autant d'éléments qui relèvent d'un "goût anglais" que Prévost (dont le *Cleveland* a inspiré miss Lee), avait contribué à introduire en France.[10]

C'est pourtant le modèle de la Maria de Sterne qui domine les recueils. L'histoire de la rencontre, sur une route de France, entre celui qui raconte et une jeune fille au comportement énigmatique, dont le doux et pitoyable égarement arrache des larmes à son sensible interlocuteur, se retrouve dans la *Folle pythagoricienne*, la *Folle de Beaune*, la *Folle en pélerinage* (*NFS*). La *Folle de Saint Joseph* et la *Folle du Pont-Neuf* qui figurent dans les deux recueils avaient placé dans un cadre parisien la même situation. L'éditeur suggère qu'il s'agit de la même anecdote traitée par "deux mains habiles" (*NFS*, p.173). La reprise du même schème narratif et l'annonce du procédé dans deux textes liminaires soulignent la réussite du modèle auprès des lecteurs.

FOLIE, PÉRIPÉTIE ET COMPOSITION NARRATIVE

Si l'on rétablit, dans une chronologie linéaire, la suite d'actions commune à ces récits, on peut aboutir à la formulation suivante : Une jeune fille (un jeune homme dans le *Fou d'amour*) aime ; l'objet de son amour lui est enlevé (mort véritable ou supposée, abandon) ; le choc affectif qui en résulte provoque la folie. Le personnage devient le plus souvent errant, cherchant dans les visages ou objets qui l'entourent la présence de l'être aimé. La folle rencontre par hasard un personnage sensible qui écoute le délire de l'héroïne et l'interroge pour connaître son histoire qui révèle la cause de la folie. Il raconte alors l'histoire au lecteur. Ce schéma connaît des variantes : un tiers raconte au narrateur l'histoire de la folle rencontrée. C'est

---

10. Sur cette influence, voir Maurice Levy, *Le Roman "gothique" anglais, 1764-1784*, Toulouse, Association des publications de la faculté des Lettres et Sciences humaines de Toulouse, 1968, p. 182-191.

le cas dans *Bedlam, anecdote anglaise*[11] *(FS)*. *Le Fou par amour* *(FS*, p. 199-224), *La Folle de Paris (NFS*, p. 58-85) et *Aimée du Maisse (NFS*, p. 198-220) présentent une structure très conventionnelle : un narrateur extérieur à l'histoire raconte, dans un ordre chronologique, les événements qui ont provoqué la folie. Dans la *Folle de Beaune*, le narrateur parvient à interpréter le délire de la folle et relie ce qu'il comprend à l'histoire de l'un de ses camarades de régiment, Blansort. Le récit se poursuit alors par l'histoire du point de vue de Blansort et l'ensemble forme un diptyque narratif, le second volet complétant le premier et juxtaposant la gravité de la conséquence (la folie) avec la légèreté de la cause.

Les deux "folles par amour" parues antérieurement dans la *BUR* se déroulaient selon une chronologie linéaire et la fin du récit rejoignait le présent de la narration pour déplorer la persistance de la folie. Dans ces deux récits, comme dans *Le Fou par amour (FS*, p. 199-224), *La Folle de Paris (NFS*, p. 58-85) et *Aimée du Maisse (NFS*, p. 198-220), la folie est entièrement expliquée par le narrateur qui prend en charge le récit des événements qui ont provoqué la démence. La *Folle pithagoricienne (NFS*, p. 17-28) et *La Folle de Beaune (NFS*, p. 37-58) présentent un cas intermédiaire : les narrateurs écoutant le délire de l'héroïne devinent en partie l'événement qui explique la démence mais, dans le premier cas, la folle, malgré le "désordre de son esprit", raconte l'accident de chasse qui lui a ravi son amant, tandis que dans le second, c'est le narrateur qui complète l'interprétation par le récit qu'il fait au lecteur. Les extraits de romans présentent une composition qui ne relève pas du choix de l'auteur, mais du découpage de l'éditeur qui a sélectionné en fonction du rapport avec le thème et des limites de séquence. Cependant le découpage fait apparaître une scène dont la com-

---

11. Voici l'analyse de l'extrait, intitulé *Bedlam* : Le narrateur visite l'asile londonien de Bedlam où l'on expose les fous à la curiosité du public. Une jeune folle à l'air noble attire son attention. Le conducteur (sic) de l'insensée raconte son histoire. Fille d'une grande maison, elle est aimée d'un jeune homme d'une condition inférieure et s'éprend à son tour de lui. Son père refuse leur union. Le jeune homme s'embarque pour les îles afin de faire fortune et d'obtenir ensuite la main de sa bien-aimée. Arrivé à destination il contracte une fièvre et en meurt. La jeune fille apprend la nouvelle de sa mort alors que son père veut la contraindre à épouser un riche avare. Elle en devient folle. Après le récit du conducteur, la jeune fille remarque, au milieu des curieux, l'intérêt du narrateur pour elle et ses larmes. Dans un discours entrecoupé, elle se plaint de ne pouvoir pleurer, car son cerveau brûle. Le narrateur lui rappelle son amant. Elle lui fait sentir les palpitations de son cœur. Il s'éloigne, fondant en larmes.

position rappelle celle des récits autonomes, comme dans le cas de *Bedlam*. La folie se présente comme l'événement malheureux autour duquel se construit la brève intrigue selon un rapport logique cause / conséquence. Dès lors l'auteur peut choisir le début *in medias res* : c'est la rencontre avec la folle, dont le délire ou un récit enchâssé des aventures constituent des analepses permettant de retrouver la succession des événements ; ou bien il opte pour l'ordre chronologique : le bonheur initial est brisé par un événement tragique qui provoque la folie. L'ordre chronologique d'une part, la prédominance du récit d'autre part, font alors de la folie un accident de la vie dont la fonction narrative est semblable à la mort d'un personnage, puisqu'elle constitue un dénouement. Ces récits assez traditionnels traitent la folie comme une ultime péripétie. De même que, dans les histoires riches en rebondissements, un personnage peut être laissé pour mort et resurgir au milieu de l'intrigue, de même, grâce à un stratagème astucieux, le fou peut recouvrer la raison et la guérison constitue ainsi un *happy ending*. Dans le *Fou par amour*, un jeune homme, à qui l'on a fait croire que sa fiancée était morte, tombe en démence et ne peut revenir de la certitude de sa perte. Grâce à une romance autrefois chantée par les deux amants, une scène enfouie revient à la mémoire du jeune homme. Le souvenir involontaire se superpose alors à la perception de la voix de la fiancée présente. Un vocabulaire physiologique tente de rendre vraisemblable l'événement : "Chaque vers de la romance semblait remettre une fibre du cerveau malade en la place qu'elle occupait avant le dérangement" (*NFS*, p. 223). Dans la *Folle de Beaune*, la présence du jeune homme qui l'a délaissée, rend à la jeune bourguignonne sa raison perdue (*NFS*, p. 54). Cette heureuse péripétie sera cependant suivie de la mort de la jeune fille. Au *happy ending* se substitue une fin moralisante : responsable de cette mort, le jeune homme qu'elle aimait se fait ermite et raconte aux jeunes officiers qui passent son histoire "et les conjure de profiter de son exemple" (*ibid.*, p. 58). La *Folle de Paris*, dont l'amant a été laissé pour mort à la suite d'un duel, s'est fabriqué, dans son délire, une poupée, simulacre de l'être cher. Celui-ci, qui n'était que blessé, revient, quand il est rétabli, prendre la place de la poupée. L'héroïne superposant les deux images, retrouve la raison.

Lorsque le récit se termine par la folie, la référence à la conduite répétitive de la folle suggère le caractère incurable de la démence et signale ainsi la clôture de l'histoire : la *Folle pithagoricienne*, qui croit en la métempsycose, poursuit toujours le gibier qui renferme peut-être l'âme de son amant défunt. La *Folle en pélerinage* qui voyage seule pour "promener ses douleurs dans le monde" reprendra son errance à la fin du récit, malgré le désir de ses hôtes de la fixer. L'*Anecdote flamande*, le récit le plus bref des deux recueils, réduit à l'extrême le segment narratif pour aboutir à une composition autour de la relation cause / conséquence qui correspond à l'opposition ponctuel (passé simple) /itératif (imparfait)[12] : la répétition est le signe de la folie qui fait basculer le récit proprement dit dans la description. Ce sont ses manifestations qui retiennent l'attention du lecteur par leur caractère singulier. L'anecdote est paradoxale et exemplaire : la douleur extrême se mue en comportement dérisoire et même comique et ce contraste renvoie à la question esthétique soulevée dans l'avertissement en début de recueil : "Ce qui vous a fait rire aurait pu vous faire pleurer ; et ce qui vous a fait pleurer aurait pu vous faire rire" (*FS*, p. 2). La folie prend les formes exarcerbées du sentiment qui a été atteint par la mort de celui qui en était l'objet. Dans cette mesure, cette anecdote de l'amour maternel apparaît comme une variation sur le thème du deuil impossible qui traverse la plupart de ces récits. La folie constitue un événement de clôture narrative, car elle n'est racontable qu'une fois. Son caractère itératif ne peut qu'arrêter le récit qui se nourrit de l'inouï. Dans cette mesure, elle paraît définitive comme la mort et occupe une fonction narrative similaire.

DÉLIRE RAPPORTÉ ET TEMPS RACONTÉ

La composition suivant une chronologie linéaire déploie une explication de la folie qui ne laisse rien à deviner au lecteur. Il

12. Je reproduis *in extenso* cette très brève histoire : "À La Haye, une sage-femme, nommée *Gritiémour*, était atteinte d'un genre de folie [...] étrange, mais causé par l'amour maternel, dans une circonstance bien déplorable. Son malheureux fils, lors d'une rébellion qui éclata il y a quelques années à La Haye, fut arrêté les armes à la main : on le condamna à être pendu et son corps fut exposé aux fourches patibulaires. Dès le moment même, cette infortunée mère perdit la tête. Elle allait tous les jours dans ce lieu d'horreur porter à dîner à son fils ; et après lui avoir fait un sermon sur la bonne conduite et sur la sagesse, elle l'exhortait à manger et finissait par lui jeter les mets à la figure en lui disant : *Tiens, méchant enfant, puisque tu es de mauvaise humeur contre ta mère, tu mangeras quand tu voudras.* Puis elle revenait tranquillement chez elle, en priant le ciel, et y demeurait enfermée jusqu'au lendemain à la même heure" (*F.S.*, p. 232).

n'en va pas de même pour les récits qui ont opté pour la complexité narrative et un rapport au lecteur qui fait songer à celui que Sterne souhaitait instaurer : "Se permettre de tout penser serait manquer de savoir-vivre : la meilleure preuve de respect qu'on puisse donner à l'intelligence du lecteur, c'est de lui laisser quelque chose à imaginer". *La Folle de Saint-Joseph* est la version la plus élaborée de la matrice narrative dégagée plus haut.[13]

Contrairement aux récits d'inspiration baroque qui accumulent les péripéties comme *Lucile et Lindamore,* (FS) La *Folle de Saint-Joseph* est marquée par le ralentissement du rythme de la narration, qui devient alors très proche de l'expérience du lecteur. Temps du raconter et temps raconté[14] se superposent presque. Le récit commence par les circonstances de la rencontre nocturne du narrateur avec la "folle" et laisse place au dialogue restitué en discours direct. La place faite à ce procédé revient à mesurer la correspondance entre le temps qu'aura duré cette conversation et le temps conventionnel de lecture. L'impression de proximité avec le temps et l'expérience du lecteur est renforcée par la clôture du récit qui fait se rejoindre temps raconté et temps de la narration. Après avoir quitté la folle, le narrateur, vivement ému, ne peut trouver le sommeil : "En attendant le jour, j'écrivis ce qui m'était arrivé" (p. 337).

Les paroles délirantes de la folle donnent matière à l'interprétation du lecteur qui peut y retrouver allusion à des événements constituant l'ossature incomplète d'un récit enchâssé. Le narrateur n'a pas choisi la formule du tiroir narratif, mais un procédé qui exige la participation et la sagacité d'un lecteur très compétent. Les repères temporels contenus dans le discours délirant permettent d'apercevoir une chronologie, présentée comme brisée. "Autrefois c'était moi, aujourd'hui c'est elle" : l'énoncé mis en rapport avec un *lui* obsédant et la phrase précédente : "il n'entend que celle qui est là-haut", laisse deviner une relation amoureuse et l'abandon consécutif à une infidélité. La suite confirme l'hypothèse : la "méchante qui est là-haut" est la responsable du malheur, allusion à la rivale victorieuse. La réfé-

13. Voir l'introduction d'Angus Martin à ce récit, réédité dans son *Anthologie du conte en France 1750/1799,* Paris, UGE, 1981, 10/18, p. 331-332. Les références à la *Folle de Saint-Joseph* renvoient à cette édition.
14. Sur cette comparaison introduite par Günther Müller, voir Paul Ricœur, *Temps et récit*, tome 2, Paris, Seuil, 1984, coll. Points, p. 143-151.

rence à la folie passée ("Il y a quelque temps...j'étais folle")
égare un moment le lecteur et exerce son discernement. Le
"retour à la raison" dont parle la jeune fille est en fait plongée
dans une plus grande folie, dont les manifestations sont progressivement suggérées. Le portrait de la rivale donne lieu à une tentative d'identification. "Déjà je commence à lui ressembler un
peu, et bientôt avec du travail, je lui ressemblerai tout à
fait."(336-337) La parole délirante prend presque entièrement
en charge la mise en intrigue, l'attribution à un personnage
donné d'une série d'événements dont il est agent et patient et
dont la synthèse fait sens. Les éléments de récit proprement dits
sont peu nombreux. La compression qu'ils opèrent permet de
revenir des paroles prononcées par la folle au narrateur interpré-
tant et d'interrompre ainsi le délire allusif qui pourrait apparaître
comme procédé artificiel de prise en charge du récit. Ces interruptions sont produites par du discours narrativisé qui indique la
confusion : "Elle continuait de me parler ; mais ses idées se
confondaient et je n'y distinguais plus que le désordre de sa tête
et les peines de son cœur." (335) Et plus loin, après un passage
assez long en discours direct, une interruption similaire intervient : "En achevant ces mots, elle se mit à rire, puis elle me
parla de promenades, de calèches, de chevaux, et je vis encore
une fois toutes ses idées se confondre."(336) La compression
narrative porte donc sur les parties incompréhensibles du délire.
Le discours fou reproduit *in extenso* relève donc d'une technique
narrative jouant sur le décryptage et conciliant dans une subtile
tension les impératifs du récit et l'impression d'incohérence. *La
Folle du Pont-Neuf* reprend les mêmes procédés : rencontre nocturne, à Paris, d'une femme mélancolique qui interpelle le narrateur et dont les propos délirants permettent de deviner l'histoire.
Cependant le procédé narratif du délire interprété est rendu plus
voyant par la référence à l'effort herméneutique du narrateur :
"Je me disais, oui, voilà le fil... je tiens le fil... je voulus le
renouer ;...elle ne m'entendait plus. Il était déjà brisé." (*FS*,
p. 228)
     Le caractère suggestif des deux récits est accentué par leur ter-
minaison non conclusive. Dans les deux cas, la folle disparaît du
champ de vision du narrateur, emportant une partie de son mystère, et le laisse à sa perplexité :
     "Bientôt elle s'arrêta près d'une petite porte ; elle l'ouvrit et la
referma sur elle. Alors je rentrai chez moi, l'esprit et le cœur
également agités." (337)

"Je voulus la suivre, elle étendit le bras, et je sentis apparemment dans ce geste, qu'elle faisait peut-être au hasard, l'autorité du malheur, car je m'arrêtai et restai appuyé sur la marche du quai, la suivant des yeux et du cœur jusqu'à ce qu'elle eût disparu." (*FS*, p.231)

L'histoire intitulée *Bedlam* se termine de façon identique sur la perplexité et l'émotion du narrateur : "Je demeurai interdit. J'étais pénétré d'étonnement et de pitié. [...] Je m'en allai, fondant en larmes." (*FS*, p.195)

La folie n'est pas une ultime péripétie, mais l'inconclusion déclare "l'irrésolution du problème posé." [15]

Alors que dans d'autres récits évoqués précédemment, la folie, comme événement définitif, semblait clore le récit comme la mort d'un personnage, ici la disparition et l'évanescence associées à l'idée induite par la composition narrative d'une communication possible avec la folle, placent la folie du côté d'un mystère à résoudre. Le narrateur est non seulement ému mais troublé parce que cette folie présente une part de raison et qu'elle est une face extrême de la sensibilité et de la souffrance morale. Cette folie ne peut pas constituer un événement faisant clôture. Comme la Maria de Sterne, les folles parisiennes peuvent à nouveau être rencontrées et provoquer l'émotion du narrateur.

LA FOLLE ET L'HOMME SENSIBLE

La folle est aussi le miroir tendu à l'homme sensible. Le narrateur de la *Folle de Saint-Joseph* conclut son récit en soulignant les effets que produit sur lui cette rencontre : "Cette infortunée m'était toujours présente. Je me retraçais la cause de son malheur ; et quelques regrets... quelques souvenirs... se mêlaient à mes larmes... J'étais trop vivement ému pour espérer le sommeil, et en attendant le jour, j'écrivis ce qui m'était arrivé." (338) Ces dernières remarques invitent le lecteur à une relecture du récit qui expliciterait la cause de la folie. Les regrets, les souvenirs suggèrent allusivement une identification du narrateur avec le jeune homme infidèle dont la folle est la "malheureuse victime." (335) La morale, ici à peine esquissée, qui invite à mesurer les conséquences de ses actes sur l'affectivité d'autrui, est appuyée de manière beaucoup plus conventionnelle dans la *Folle de Beaune*. Blansort, jeune homme un peu fat avait failli

---

15. Paul Ricœur, *op.cit.*, tome 2, p. 45.

tomber amoureux d'une jeune fille de Bourgogne mais il s'était retiré prudemment pour "n'être pas contraint à lui céder la victoire." (*NFS*, p. 46) La jeune fille, ayant succombé à cet amour et sûre de n'être pas aimée, lutte contre son sentiment et ce "dernier effort lui avait coûté la raison." (*ibid.*, p. 47) La mort de l'héroïne, installant Blansort dans une culpabilité définitive, joue un rôle paradoxal de justice immanente. L'inconséquent séducteur se punit lui-même en se condamnant à raconter toujours son histoire : la fin édifiante précise sans subtilité le rôle dévolu au récit. Dans la *Folle de Saint-Joseph*, le caractère moral du récit repose sur un mouvement d'identification et de réflexivité bien ambigu. Ces récits soulignant apparemment l'inconséquence des amants par la représentation d'une folie qui en est la conséquence tragique, donnent aussi à voir, de façon équivoque, l'immense pouvoir du séducteur. Le personnage de la folle semble satisfaire une captativité implicite. En outre l'insensée appartient aux figures de la femme victime, nécessaires au plaisir de l'homme sensible. Pierre Fauchery a souligné, à propos de Sterne et des auteurs français du "roman sensible", l'ambiguïté de la compassion masculine : "Nous avons souvent le sentiment que c'est pour ménager aux hommes ce plaisir [de pleurer] que les femmes souffrent et meurent"[16]. L'érotisme est alors étroitement lié au thème de la sensibilité à travers le motif récurrent du cœur qui bat sous la fragile poitrine de la jeune fille égarée. L'épisode du mouchoir de Marie, dans le *Voyage sentimental*, associait déjà le sein et le cœur chaud de l'héroïne souffrante. Dans *Bedlam*, la jeune fille prend la main du narrateur et la presse sur son sein : "Ecoutez ses battements ; un, deux, trois... Pauvre cœur ! Cesse de palpiter" (*FS*, p. 194). De même la *Folle de Beaune*, désignant son cœur, déclare : "Ce n'est pas à la tête que j'ai mal ; c'est ici, oh bien ici, toujours ici ;... tâtez comme il bat." (*NFS*, p. 43). Faiblesse et innocence constituent les charmes de la belle égarée dont le cœur est toujours prêt à s'arrêter.

DE L'INSENSÉE COUPABLE À LA FOLLE INNOCENTE

La folle fait partie des victimes innocentes qui suscitent l'intérêt d'un témoin compatissant. Pour mettre en valeur cette représentation de la folie, il faut revenir au cas isolé du récit

---

16. Pierre Fauchery, *La Destinée féminine dans le roman européen du dix-huitième siècle*, Paris, Armand Colin, 1972, p. 550.

conventionnel, imité des romans baroques, qui ouvre le premier recueil, l'histoire de *La Folle par amour ou Lucile et Lindamore*. Dans ce récit, la folie n'inspire pas la pitié, elle n'a rien de pathétique. Elle se confond avec la déraison d'un comportement qui enfreint les lois sociales. Comme le lui rappelle le docteur Scadleton venu constater sa folie et écoutant ses aventures, Lucile mérite bien d'être enfermée parmi les insensés : "Vous avez brisé les liens les plus sacrés, trahi les devoirs les plus saints, et vous pourriez, et vous oseriez croire, un seul moment, que vous n'avez point perdu la raison !" (*FS*, p. 86) La folie participe d'un choix moral, d'un abandon volontaire au désir, qui mérite donc punition. L'idée que la folie participe des passions est de longue tradition : "Consentement à l'appel véhément des passions, et [...] préférence résolument accordée enfin à leur satisfaction au détriment de l'acceptation de sa propre condition." [17] Dans l'univers de ce récit baroque, il importe peu que Lucile soit enfermée aux Petites-Maisons pour une folie feinte ou réelle. Elle mérite son enfermement et, si elle est finalement libérée, après bien des péripéties, l'épilogue moralisant vient rappeler aux lecteurs ce qu'encourent les filles qui pensent à se faire enlever par leurs amants (*FS*, p. 160). La folie est le visage de la déraison humaine, de la démesure et du refus d'accepter les limites de sa condition. Selon un thème emprunté à la tragi-comédie du siècle précédent, l'histoire de Lucile et Lindamore représente l'intérieur de l'asile et donne lieu à une scène présentant un répertoire de fous amusants. Il s'agit là d'un procédé comique fournissant l'occasion de portraits ridicules et d'histoires plaisantes, utilisé par Beys qui s'est lui-même inspiré de Garzoni, l'auteur de l'*Hospital des Fols incurables* [18]. Lindamore, le héros de la Folle par amour, qui s'est fait enfermer pour retrouver sa belle, assiste alors au spectacle fourni par les aliénés. Chacun des fous — un musicien, un astrologue, un comédien, un poète, un alchimiste — y illustre une "manie" singulière. La folie se confond alors, comme chez Erasme, avec les prétentions de chaque profession. L'universelle folie est l'aveuglement des hommes, comme le souligne Lindamore :

17. Marcel Gauchet, Gladys Swain, *La Pratique de l'esprit humain, L'institution asilaire et la révolution démocratique,* Paris, Gallimard, 1980, p. 344.

18. Garzoni, *L'Hospital des Fols incurables,* (1586), *mise en notre langue par François Clarier,* Paris, chez François Juilloteau, 1620 ; sur la tragi-comédie de Beys, voir note 4 ; références d'après Marianne Alainmat Miniconi, *op.cit.*

"C'est ainsi que chaque être, travaillé de sa propre folie, n'a des yeux complaisants que pour elle, la divinise, la décore du beau nom de prudence, de vertu et de sagesse, et ne voit dans les autres que misère, petitesse et extravagance. [...] L'univers, hélas ! ne serait-il qu'un vaste hôpital de fous ?" (*FS*) Délires amusants de l'universelle déraison ou châtiment du fou qui a choisi son égarement renvoient à une vision traditionnelle de la folie, aveuglement et *hybris*, qui est thème comique et support d'une morale endoxale.

Loin de cette folie plaisante, mais condamnable, la folle d'amour et de chagrin qui attire l'homme sensible, est pitoyable et innocente. Déjà le narrateur de la *Folle respectable*, récit paru dans la *BUR* en octobre 1785 opérait une distinction intéressante entre les méfaits d'un amour concupiscent et les infortunes d'une sensibilité exacerbée : Il existe une folie morale dont le principe réside "dans le désordre de la raison". Ceux qui en sont attaqués "méritent plutôt le blâme que la pitié." (p. 151) Mais une autre folie morale est respectable, car elle provient de l'honnêteté et de la "sensibilité d'une âme peu commune"(*ibid*.). L'histoire mettait en scène une jeune fille tombée folle à la suite de la mort de celui qu'elle devait épouser :

"Quelques personnes avaient donné le barbare conseil de l'enfermer : les Magistrats, plus compatissants, ont décidé qu'on ne la priverait point de sa liberté, sa folie n'étant nullement préjudiciable à la société, mais bien digne de ce respect et de cette vénération attentive qu'on doit aux malheureux. L'amour, le vil amour, qui ne reconnaîtrait d'autre cause que le désit effréné d'une jouissance purement sensuelle, serait-il capable de causer un pareil malheur ? Sans doute, il en occasionne tous les jours, des malheurs affreux, mais ce sont les malheurs du crime ; et celui que nous venons de retracer est celui de l'humanité sensible à l'excès, d'autant plus respectable, qu'elle est plus rarement conduite par des motifs aussi honnêtes" (*BUR*, octobre 1785, second volume, p. 158-159).

Dans la plupart des récits qui composent les deux recueils, la folle n'est pas une coupable ou une pécheresse égarée mais une victime digne de compassion. La souffrance du deuil ou de l'abandon est magnifiée par son caractère excessif, inouï. Cette folie vertueuse touche plutôt la jeune fille perdant son fiancé à la veille du mariage (*La Folle de Paris*), luttant contre un amour impossible (*La Folle de Beaune*), attendant que se lèvent les obstacles à l'union désirée (*Bedlam*), ou dupe d'un faux mariage

(*Aimée de Maisse*). Cette folie est innocente car elle dit, sans doute possible, la vérité d'un sentiment, qui est si total oubli de soi qu'avec la disparition de l'être aimé il provoque l'étrangeté à soi. A l'opposé des tromperies de la séduction, la folie sentimentale provoque l'admiration pour la puissance d'un sentiment qui ne peut mentir. Dans son *Eloge de Richardson*, Diderot analysait les raisons pour lesquelles Clementine était un personnage si intéressant dans sa folie : "N'étant plus maîtresse des pensées de son esprit, ni des mouvements de son cœur, s'il se passait en elle quelque chose honteuse, elle lui échapperait. Mais elle ne dit pas un mot qui ne montre de la candeur et de l'innocence ; et *son état ne permet pas de douter de ce qu'elle dit.*"[19] La folie sentimentale renoue alors, à travers la promotion de la sensibilité, avec la grandeur de l'amour absolu et les origines du romanesque.

La sensibilité paroxystique révèle les sources inépuisables d'un arrachement à la contingence et au quotidien. Hors de l'univers du roman, la mort, l'abandon, les chagrins de la vie sont voués à l'oubli. Ces histoires de deuils impossibles, de dénis de la réalité de l'absence, semblent, pour le lecteur, neutraliser l'idée de la contingence personnelle et réenchanter le monde par une sensibilité transcendante. Après avoir quitté Marie qu'il continue à imaginer, assise sous son peuplier, Yorick invoque cette "chère sensibilité" et fait une prière au "grand SENSORIUM du monde."[20] L'homme sensible découvre dans l'espace énigmatique où semble l'attirer la folle la profondeur imaginaire d'un monde devenu autre, d'un univers que les Dieux, anciens garants de l'altérité et de l'enchantement, ont déserté.[21] Oscillant entre affirmation et effacement de soi, l'homme sensible contemplant la folie, étrangeté et absence à soi-même, y découvre peut-être, représentée de façon radicale, l'épuisante difficulté d'être soi et le remède d'un absolu qui est cette mystérieuse altérité intérieure. Yorick trouve, dans l'apitoiement sensible, une façon de conjurer cette quête incessante du sujet : "Fontaine éternelle de nos sensations ! c'est ici que je te découvre, c'est ta *Divinité* qui *s'agite en moi*. Non parce que,

19. Diderot, *Œuvres complètes*, Paris, Hermann, 1979, p. 208 (tome XIII des *OC* de Diderot). C'est moi qui souligne.

20. Sterne, *Voyage sentimental en France*, Paris, Slatkine, 1995, coll. Fleuron, p. 214.

21. Voir Marcel Gauchet, *Le Désenchantement du monde*, Paris, Gallimard, 1985, p. 298.

dans certains moments de tristesse, *mon âme se replie sur elle-même et tressaille à l'idée de la destruction*.... Vaine pompe de mots !... Mais parce que je sens des joies généreuses et de généreux soucis pour d'autres que moi. " [22]

LE PÉRITEXTE

Comme entreprise commerciale visant le plus large public possible, les deux recueils de Royez ne sont pas seulement des ensembles de textes. Ce sont aussi des objets matériels destinés à attirer différents types de lecteurs et à jouer sur des attentes très diverses. Les frontispices et ornements renvoient à des modes de lecture parfois différents de ceux induits par la plupart des récits.

Le frontispice du premier recueil illustre la première histoire, la moins représentative, celle de *Lucile et Lindamore*. Dans une chambre, meublée d'un lit à baldaquin, un personnage âgé, assis dans un fauteuil, examine à la loupe un jeune homme debout devant lui qui ouvre sa redingote. La gravure illustre le passage suivant :"Le docteur Scadleton parcourut Lucile des yeux depuis les pieds jusqu'à la tête. " (*FS*, p.83) Le frontispice exploite le contenu érotique de la scène, puisqu'il s'agit de déterminer le sexe de Lucile, déguisé en homme. Le médecin moralisant apparaît sur l'illustration en vieillard lubrique ; les formes féminines de Lucile sont esquissées sous l'habit masculin ; la présence du lit dans le champ renforce le caractère équivoque de la scène. Sur le sol on aperçoit une marotte, qui rappelle ce qui fait l'unité du recueil, mais sur un mode conventionnellement plaisant. L'érotisme particulier à la rencontre de l'homme sensible et de la folle touchante est remplacé, dans le frontispice, par une scène caractéristique de la littérature grivoise, plus conforme à des habitudes de lecture déjà installées.

Le frontispice du deuxième recueil présente une vision allégorique de la folie, à la façon érasmienne : deux Amours tenant chacun une marotte et soufflant dans des tubes pour faire des bulles de savon entourent un globe terrestre. On voit s'envoler, avec les bulles, des papillons. Cette représentation mignarde et allégorique comporte une légende : "L'Amour et la Folie ", titre suivi de deux vers qui sont les derniers d'un conte en vers figurant derrière la page de titre :

22. Sterne, *op. cit.*, p. 214-215.

Conte dont est né l'idée de cette estampe :

> "Un jour, pour varier ses tours,
> La Folie emprunta le carquois des Amours.
> L'Amour voulut essayer sa marotte :
> Il l'agite, il l'agite, il souffle ses grelots.
> Il enfle...des ballons ! On trouva ses jeux beaux ;
> Mais la Folie est toujours sotte,
> Et ses travers vont causer tous nos maux.
> Les traits qu'Amour lui prête
> Au lieu d'aller au cœur, ne vont plus qu'à la tête. "

Le frontispice et les vers qui lui servent de légende appartiennent à une poésie légère et mondaine, mêlant allégorie et mythologie, proche de la pastorale, visant la déraison éternelle des passions, dont le ballet de Duclos, les *Caractères de la Folie*, est un exemple.[23] Les attributs de la folie, marotte et grelots, tendent à créer un climat d'euphorie et promettent une lecture plaisante et des récits comiques. Une citation de Virgile ("insanire licet") placée en exergue relève de la même intention. Cette promesse de gaieté est aussi suggérée par un bandeau reproduit dans les deux recueils : au centre, une tête joviale coiffée du chapeau à grelots des bouffons et de chaque côté une marotte et des instruments de musique. Le péritexte, s'il est en concordance avec le récit baroque *Lucie et Lindamore*, annonce implicitement des scènes grivoises et plaisantes que les récits ne comportent pas, du moins sous leur forme conventionnelle. La fonction d'appel du péritexte joue sur des attentes traditionnelles qui supposent une vision codifiée et ancienne de la folie. Les discordances entre cette vision et celle de la plupart des récits présentant des scènes pathétiques s'expliquent par le souci d'attirer le plus large public possible. Elles témoignent de la coexistence, par l'intermédiaire de ces entreprises éditoriales dans le sillage de la *BUR*, de pratiques d'écriture et de lecture hétérogènes, très en retard sur l'esthétique des œuvres de premier plan, parfois aussi très novatrices, comme dans le cas de la *Folle de Saint-Joseph*.

---

23. Représenté le 20 août 1743 à l'Académie royale de musique (texte dans les *Œuvres complètes*, Paris, Janet et Cotelle, 1820-1821, tome IX, p. 427-461).

CONCLUSION

De la folie feinte de l'héroïne baroque à l'absolue sincérité de la folle par amour, l'entreprise de l'éditeur Royez rassemble des histoires qui, sous l'artificialité d'un thème commun, la folie associée à l'amour, permettent de mesurer la distance entre les modèles du siècle précédent et le roman sensible inspiré de la littérature d'outre-Manche. L'accumulation des péripéties et une conception restrictive des actions et événements constituant l'intrigue ont laissé place, selon des dosages différents, à un récit du temps étiré qui coïncide en partie avec la parole délirante. L'histoire qui, selon une chronologie linéaire, déploie l'explication de l'accident qu'est la folie, est contaminée voire remplacée par un dialogue énigmatique prenant en charge l'intrigue. La proximité de l'expérience racontée, une conception de l'action qui englobe les manifestations de la vie intérieure, une relation exigeante avec un lecteur dont la perspicacité est sollicitée, autant d'éléments qui viennent concurrencer des modèles plus anciens. Ces mutations esthétiques ne sont pas indépendantes de la place que la vie intérieure, les sentiments, l'expérience intime ont conquise dans le roman. La folie, comme manifestation extrême de l'oubli de soi dans l'amour, apparaît comme représentative d'un nouveau romanesque qui découvre dans les paroxysmes de la sensibilité un arrachement à la contingence et au quotidien routinier. La folie n'est plus amusante ; elle arrache des larmes ; elle inspire la pitié à un inconnu sensible, attiré par une folle dont la souffrance est désirable et l'égarement trop proche pour ne pas susciter identification. Si cette folie sentimentale et romanesque est bien loin des réalités de l'aliénation, si la théorie de la littérature comme reflet a fait long feu, comment cependant ne pas rapprocher ce pathétisme et cette nouvelle respectabilité de la folie, de la philantropie qui anime les discours de ceux qui, à la même période, réfléchissent sur le sort des "insensés"? En 1786 la folle respectable égarée par amour devient un thème à la mode sur la scène parisienne. L'année précédente, Jean Colombier et François Doublet avaient rédigé, à la demande du ministre de l'intérieur, Calonne, une *Instruction sur la manière de gouverner les insensés et de travailler à leur guérison*.[24] Pour ces médecins philanthropes qui ouvrent la voie à Pinel et à Esquirol,

24. *Enfermer ou guérir*, textes choisis et présentés par Claude Wacjman, Publications de l'Université de Saint-Etienne, 1991, p. 35-60.

le fou est un malade que l'on doit protéger et soigner, dont on doit assurer, avec sollicitude, le bien-être. Le roman sensible est aussi celui de l'époque de la sensibilité philanthropique, et les histoires de folles sont racontés, le plus souvent, par des narrateurs qui s'intéressent au sort des malheureuses, dans lesquelles ils retrouvent leurs semblables. Que la folie provoquée par un violent chagrin ait pu constituer un sujet d'intérêt pour un large lectorat, que les formes prises par sa représentation attestent du goût pour l'impression de proximité et d'authenticité produite par les techniques narratives empruntées au roman anglais, que ce qui fut auparavant un thème comique devienne pathétique, ne sont pas des questions indépendantes. Roman et perception de la folie évoluent sur une même toile de fond : l'importance accordée à l'expérience individuelle et intime, à la sensibilité comme manifestation de l'identité personnelle, dont l'étrangeté à soi-même constitue une limite, mais à laquelle, paradoxalement, elle appartient.

Carole DORNIER
Université de Caen

ORIENTATIONS BIBLIOGRAPHIQUES

Marcel Gauchet, Gladys Swain, *La Pratique de l'Esprit humain, L'institution asilaire et la révolution démocratique*, Paris, Gallimard, 1980.

Marcel Gauchet, *Le Désenchantement du monde, Une histoire politique de la religion*, Paris, Gallimard, 1985.

Paul Ricœur, *Temps et récit*, Paris, Seuil, 1984, Tome II, La configuration dans le récit de fiction.

Jan Watt, *The Rise of the Novel, Studies on Defoë, Richardson and Fielding*, Londres, Chatto and Windus, 1957.

DÉMENCE ET SOCIÉTÉ

LA DÉMENCE D'EDMOND : FOLIE ET COMMUNAUTÉ DANS *LE PAYSAN ET LA PAYSANNE PERVERTIS*

Pierre Hartmann

> L'ivresse, le plaisir, la douleur et la démence sont quatre états dans lesquels l'homme ne fait pas volontairement ce qu'il fait.
>
> Gaudet.

Paru en 1775, le *Paysan perverti* fut le premier vrai succès littéraire de Rétif de la Bretonne, amplifié une décennie plus tard par l'adjonction de son pendant féminin, la *Paysanne pervertie*. Le public fut saisi par l'ampleur de la fresque, la sincérité du propos et la nouveauté de ce regard porté de l'intérieur sur la conscience paysanne confrontée à la réalité urbaine. Il le fut aussi par l'exceptionnelle vigueur d'une peinture qui n'hésite pas à projeter ses héros dans les pires situations sociales et morales, sans qu'il soit possible d'y incriminer l'alibi d'une morale factice servant de paravent à un roman libertin. Ce qui contribue de la façon la plus décisive à interdire une telle lecture, c'est le long calvaire des protagonistes, qui ne trouveront d'apaisement que dans la mort, après en être passés par toutes les phases d'un égarement mental qui n'est plus décrit à la manière crébillonienne, comme une parenthèse nécessaire à leur formation mondaine, mais comme une déchéance physique et morale où vient irrémédiablement s'abîmer leur entière personnalité. Car la déchéance de ces paysans pervertis n'y sert pas seulement de prétexte à ces tableaux objectifs du vice censés corriger par le contre-exemple ; elle est encore l'occasion d'une éprouvante plongée dans le psychisme altéré de ces êtres soumis à l'épreuve du déracinement, de la perte des valeurs traditionnelles et du surgissement inopiné d'un monde indéchiffrable. La perversion à laquelle réfère le titre des deux romans doit naturellement s'entendre comme perversion des valeurs morales ; mais le mot est encore porteur de sa signification étymologique : il désigne une bifurcation imprévue de la trajectoire des protagonistes, à laquelle correspond un dérangement mental qui les conduit dans les chemins obliques de la déraison et de la folie.

Consécutive à leur fulgurante ascension sociale, la déchéance des protagonistes ne relève pas seulement de la péripétie romanesque ; elle se signale de façon plus intime par des attitudes d'ordre pathologique, que le texte rétivien enregistre sous les dénominations convenues de "démence", "rage", "folie", "furie", "fureur", "forcènerie" etc., tous termes qui qualifient des comportements extravagants en les situant dans la sphère de l'excès, de la démesure, de l'*hubris*. Il faut le souligner dès à présent, ce sont moins les déplorables événements dont ils sont victimes qui caractérisent le *pathos* spécifique des paysans pervertis, que leur très singulière façon d'assumer le malheur qui les frappe, et que peut-être ils ont inconsciemment cherché. Quelque attesté que soit par ailleurs le goût de l'auteur pour les situations extrêmes et les tableaux propres à frapper l'imagination du lecteur, c'est l'installation revendiquée des protagonistes dans l'ordre de la déraison qui fait toute l'originalité de la peinture rétivienne : "Ne compte plus sur ton malheureux frère ; sa raison l'a abandonné", dit Edmond de lui-même.[1] Ce qui lui advient, de même qu'à Ursule, n'est en fait que l'emblème de ce qu'ils pensent l'un et l'autre mériter, et dont ils provoquent l'effectuation avec l'infaillible logique du vœu inconscient. Si la catastrophe inaugurale est de l'ordre de l'événement (il s'agit de la séquestration sadique d'Ursule et de son ignominieuse prostitution), tout ce qui en découle ne peut plus s'interpréter que dans celui de l'assomption subjective de la déchéance, de la collusion avec le malheur et de la quête aliénée de l'avilissement et de l'opprobre. Ces êtres qui jouissent avec une trouble délectation du malheur qui leur advient ne font qu'avouer ce même malheur comme le châtiment nécessaire à l'assouvissement du sentiment de culpabilité qui ne cesse de les tarauder. Quant aux actes extrêmes auxquels les oblige un tel sentiment (la clochardisation intégrale pour le frère, la prostitution la plus infâme et le souhait de la contamination vénérienne pour la sœur), ils relèvent manifestement de ce que tant le langage courant que la nosographie enre-

---

1. Les éditions utilisées sont les suivantes : pour *Le Paysan perverti*, l'édition procurée dans la collection 10/18 par Daniel Baruch (2 volumes, UGE, 1978) ; pour *La Paysanne pervertie*, celle de Béatrice Didier (Garnier-Flammarion, 1972). Pour la commodité de la lecture, les citations sont immédiatement suivies, dans le corps même du texte, du numéro de la lettre d'où elles sont extraites. L'abréviation notée *PP* renvoie au *Paysan perverti*, celle notée *PPe* à la *Paysanne pervertie*. La citation placée en exergue provient de *PP* 60.

gistrent sous l'étiquette de la *démence*. Reste à découvrir l'origine et à déceler la cause dernière de ce basculement dans la démence des paysans pervertis.

On écartera d'abord, comme ne rendant nulle justice à l'œuvre, tout propos tendant à ramener ses épisodes frénétiques à l'exploitation d'un style spectaculaire visant au succès de librairie : l'outrance et l'excès sont, on le verra, organiquement liés à la vision rétivienne du monde synthétisée par cette fresque grandiose. Deux axes de lecture s'offrent alors à l'attention du lecteur, d'ailleurs aisément superposables : celui du discours religieux suggéré par le titre, autour du motif de la perversion ; celui de la visée socio-critique, impliquée dans le sous-titre qui servira de chapiteau à la tardive réunion des romans du frère et de la sœur : *les dangers de la ville.* A la croisée de ces deux voies d'approche, également légitimes, la thématique du *libertinage,* interprétable aussi bien dans la perspective religieuse, dont le discours scande implacablement la narration, que dans celle de l'analyse sociale, dont les énoncés prolifèrent tout au long du récit. D'ailleurs, la cohérence de la superposition de ces deux plans est garantie par la figure qui assume ici la fonction cardinale de l'éditeur du texte : celle de Pierre R**, frère aîné d'Edmond et d'Ursule, paysan demeuré au village et interprète autorisé du texte évangélique, dont il ne cesse à la suite de son père de projeter la grille de lecture sur les heurs et malheurs de sa famille. L'abandon du frère et de la sœur au libertinage le plus effréné peut dès lors apparaître comme la clé la plus propre à expliquer leur déchéance morale, avec leur dérangement mental : la folie guette celui qui s'est abandonné à la frénésie sexuelle, après avoir transgressé les tabous religieux et les lois sociales. Rien là qui doive surprendre : à l'origine paysanne de l'auteur correspond un discours archaïque, stigmatisant dans le langage d'une religion séculaire le vice et la débauche infestant ces nouvelles Babylones que sont les grandes métropoles urbaines livrées à de coupables "lumières". Il serait évidemment absurde de contester une lecture dont la légitimité paraît fondée sur d'innombrables séquences narratives, et dont la pointe se laisse résumer, quant au sujet qui nous occupe, à l'énoncé suivant : la démence des paysans est la conséquence fatale du libertinage effréné auquel ils se sont adonnés, en oubliant les préceptes de la religion acquis au village.

Je crois pourtant pouvoir proposer une toute autre grille de lecture, qui contourne la précédente sans l'infirmer, et dont

l'ambition dernière est de dégager un nouvel espace herméneutique pour la compréhension de la somme romanesque de Rétif
de la Bretonne. La place me manquant ici pour dégager un pareil
espace et valider ma propre interprétation, on me pardonnera
j'espère l'inélégance consistant à renvoyer à un précédent travail, dans lequel je proposais de lire le *Paysan et la paysanne*
pervertis comme une vaste *parabole de la communauté perdue,*
puisque tel était le titre de cette première étude[2]. J'y soutenais en
effet que la thématique souterraine mais cardinale du roman rétivien n'était autre que celle de "l'ébranlement des communautés
traditionnelles dans l'Ancien Régime finissant", ébranlement
qu'un auteur lui-même témoin direct et partie prenante de cette
catastrophe historique avait symbolisé par le truchement de
l'histoire calamiteuse de deux paysans montés à la ville, broyés
par son espace délétère, et servant pour finir de *totems* à un projet utopique de reconstruction d'une communauté rurale régéné-
rée. Au cours de cette étude, j'ai fait un sort rapide à ce que j'ai
appelé, en m'appuyant sur le texte même de Rétif, "le devenir
monstrueux" des protagonistes du roman. C'est l'examen d'un
tel devenir que le présent ouvrage me permet de reprendre à
nouveaux frais, sous l'étiquette de la démence et de la folie.

A l'origine de la folie des protagonistes, on ne sera pas surpris
de découvrir un épisode transgressif capital : celui de l'inceste
du frère et de la sœur, à propos duquel l'auteur déploie une stratégie narrative retorse. Dans le roman féminin, l'événement est
traité de manière démonstrativement allusive, sur le mode de la
prolepse (c'est le "projet", le "grand dessein" d'Ursule), puis de
l'analepse (c'est "le grand point" qu'il convient d'examiner
rétrospectivement "de sang-froid") ; dans le roman masculin, il
l'est par le biais d'un carton ostensiblement exhibé, la censure
exercée par l'éditeur ayant là encore pour fonction d'éveiller
l'attention artificiellement distraite du lecteur.[3] Le rapport établi
par Rétif entre la transgression incestueuse et l'enchaînement
catastrophique qui lui succède aussitôt (le rapt, la prostitution
forcée d'Ursule, la sanglante vengeance tirée par Edmond)
n'est pas d'ordre organique, mais symbolique : nul rapport de
cause à effet entre l'inceste et la cruelle mise en scène du "vin-
dicatif Italien", mais une logique souterraine de la faute et du

---

2. Pierre Hartmann : "La parabole de la communauté perdue : une lecture du
Paysan et de la *Paysanne pervertis* ". *Rétif de la Bretonne et la ville.* Presses
universitaires de Strasbourg, 1993 (pp. 61 à 96).

3. *PPe,* 118 et 120 - *PP,* 126 et 128.

châtiment qui habitera désormais la conscience aliénée des protagonistes, pour faire retour comme autant de ponctuations
symptomatiques de leur discours, voire, on le verra, de leurs
agissements. Or l'inceste est lui-même passible de la double
lecture dont je faisais état précédemment. En tant qu'activité
érotique, il est le comble du libertinage : une liberté sexuelle
effrénée devait nécessairement conduire la sœur à séduire le
frère, et le frère à ajouter la sœur à la longue liste de ses
conquêtes ; ne sont-ils pas l'un et l'autre des parangons de
grâce, de séduction et de beauté, depuis longtemps objets semi-
conscients des manœuvres translatives et crypto-homosexuelles
de leurs protecteurs tant vicieux que vertueux ? L'inceste
comme aboutissement et couronnement du libertinage, nous
sommes là dans les lieux communs du roman libertin, quand
même la simple chronologie interdirait de faire de Rétif l'émule
de Mirabeau ou du marquis de Sade, desquels il n'avait sur ce
point rien à apprendre. Mais là ne réside pas selon moi l'originalité, ni surtout la profondeur du créateur des paysans pervertis,
chez qui l'inceste est à lire selon des paramètres qui excèdent
largement un tel poncif.

De fait, le roman rétivien valide à sa façon la thèse moderne
selon laquelle la prohibition de l'inceste est au fondement de
toute société humaine. Aussi sa transgression par nos paysans
les livre-t-elle à une chute vertigineuse dans les bas-fonds de la
société, où ils ne sont pas seulement précipités par la contrainte,
mais bientôt attirés par un tropisme pervers qui donne sa colora-
tion particulière à l'espèce de démence qui alors s'empare de leur
esprit. Chez Ursule se fait jour une dialectique morbide qui
retourne l'avilissement forcé en assomption féroce de la
déchéance : "mon tempérament est devenu une fureur ; mon goût
pour la crapule une rage ; je veux m'anéantir dans
l'infamie"(*PPe*, 130). Cette revendication masochiste trouve son
pendant chez le frère qui, pour n'avoir pas été personnellement
exposé aux mêmes avanies, n'en déclame pas moins sur un mode
similaire : "maudit soit l'amour ! maudite soit l'amitié, la nature !
[...] Un sentiment profond, affreux, me fait désirer de ne voir que
des horreurs, et de ne goûter que des atrocités" (*PP,* 132). Mais
c'est l'*incipit* de son récit qui nous met ici sur la voie : "Ursule
est perdue pour nous", écrit-il à son frère. Entendons qu'au
terme d'une vision traditionnelle ("holiste") du monde social,
Edmond ne s'est jamais pensé comme un individu isolé, mais
comme partie prenante d'une famille dont l'avilissement de l'un

des membres rejaillit automatiquement sur chacun d'entre eux ;
d'où un destin similaire à celui de sa sœur, quoique malaisé-
ment passible de la logique de l'assomption subjective d'un
malheur personnel. A l'orée de la séquence catastrophique, le
terme même de "communauté" vient significativement réson-
ner à nos oreilles, par le truchement d'une "jérémiade" versi-
fiée adressée à Edmond par la belle et vertueuse Parangon :
"Hâte-toi, viens, — Perce-moi, tiens : — Je veux mourir — Et
souffrir — Pour toute la Communauté". Je sais bien que le mot
n'a pas alors le sens proprement sociologique que nous lui
conférons actuellement ; il n'empêche qu'il désigne avec bonheur ce clan des R** auquel l'obstinée Parangon finira par
s'agréger, pour être hissée *in fine* au rang de déesse tutélaire de
l'utopie communautaire d'Oudin.

On comprend alors que la démence d'Edmond vienne se cal-
quer au plus près sur celle de sa sœur tombée dans l'infamie : "il
fréquente les sociétés les plus viles, les tabagies, les tripots [...] il
aime à voir l'humanité criminelle et dégradée prendre le chemin
de l'échafaud"(*PP*, 133). Loin d'être fortuit, le fait qu'il parle
ainsi de lui à la troisième personne ne fait qu'exprimer avec un
surcroît d'acuité la spécificité de son délire : pour avoir succombé
à l'inceste, Edmond s'est retranché de la communauté familiale :
"Adieu. Je ne suis plus ton frère ; je suis un furieux". Mais pour
le paysan qui ne connaît d'autre forme du lien social que celle
médiatisée par son clan familial, la rupture avec ses membres
trouve son prolongement naturel dans l'abjection qui lui fait rejeter "toute connaissance honnête" (*PP,* 135) au profit exclusif de
l'infra-monde de la crapule. D'où le choix esthétique judicieuse-
ment opéré par Rétif, qui troue l'échange épistolaire de vastes
plages lacunaires par où se signale l'absence des paysans à leur
communauté originelle, leur folie prenant alors la forme d'une
exclusion volontaire et du refus de tout contact avec les membres
subsistant de leur famille : "Écrirai-je à mes parents, moi désho-
norée !... J'aimerai mieux mourir" consigne Ursule dans une sorte
de journal intime où se décèle le mouvement extensif qui conduit
de la coupure familiale au sentiment désastreux de la perte de
toute personnalité sociale, voire de l'humanité même : "l'univers
est devenu un désert pour l'infortunée Ursule R**... Ursule ! R**!
Une fille de mon état a-t-elle un nom de famille ! Rayée du
nombre des citoyennes, morte civilement, elle n'est plus rien ! elle
n'a plus ni nom, ni parents, ni sexe ; elle est un monstre d'une
nature au-dessous de l'humaine" (*PPe,* 130). C'est là l'une des

pages, mais ce n'est pas la seule, loin s'en faut, où se manifeste
avec la plus grande clarté la connexion construite par le récit
rétivien entre le motif spectaculaire de la démence des paysans
et le thème architectonique de la communauté perdue qui sert de
fil conducteur à cette étude. Il vaut donc la peine d'en suivre
attentivement les traces du côté d'Edmond.

La séquence la plus marquante du *Paysan perverti* est assurément celle de l'errance d'Edmond. Je ne parle pas ici de ce long
périple qui l'amène *"in extremis partibus orbis"*, jusque chez
les sauvages du Canada et les Esquimaux, encore qu'il y aurait
largement matière à gloser sur cette quête de l'humanité perdue
auprès de peuplades qui "n'ont point horreur d'un parricide",
"parce qu'ils étranglent leurs pères lorsqu'ils sont caducs."[4]
J'évoque en revanche cet itinéraire autrement significatif qui
conduit un Edmond grimé en gueux de village sur les marges de
sa communauté, aux portes du domaine familial devenu pour
"le puni de Dieu et des hommes"(c'est ainsi qu'il se qualifie
dans le roman d'Ursule, lettre 168) un sanctuaire interdit :

"j'en ai fait le tour, dans les ténèbres, et au lieu de ses habitants, je n'ai vu que les oiseaux nocturnes ; je n'ai entendu que
leurs chants funèbres ; l'horreur de leurs cris ajoutait à la sombre
horreur qui régnait dans mon âme ; et j'aimais cette horreur.
Vers le matin, la lumière, la céleste lumière m'a chassé comme
eux ; je me suis sauvé dans les bois." (*PP*, 200)

Ces bois rencontrent bien sûr un écho ancestral dans l'histoire
de notre culture : ils symbolisent l'état sauvage où se retrouve
immanquablement celui qui a renié l'humanité en transgressant
ses lois. A ce paysage de la transgression doit donc correspondre
un délabrement physique, lui-même reflet de l'aliénation mentale
du protagoniste : le fringant Edmond n'est plus maintenant que
cette "hideuse figure" manchote et énucléée, ce spectre auquel
on jette la pierre comme à un chien galeux. Mais comme support
naturel d'un esprit en proie à l'aliénation, son corps est aussi
devenu le texte lisible du symptôme, le chiffre même de la folie
ne trouvant plus à s'énoncer que dans le langage codé d'une religion de la culpabilité et du châtiment : "Regarde-moi bien ; je
suis un livre vivant où le Seigneur a écrit le destin des scélérats et
des impudiques ; regarde, et ne détourne pas la vue" (*PP*, 204). Il
faut en effet d'assez bons yeux pour ne pas manquer le

---

4. *PP*, 209 — l'inconduite de leurs enfants a évidemment mené leurs dignes
parents au tombeau.

paroxysme de cette mutilation corporelle qui advient graduelle-
ment au héros, soit sa castration, annoncée "obscurément" à
Zéphyre dans la 221ᵉ lettre du recueil ("Amour qui me tyrannise
encore, on va te fermer pour jamais la porte de ce cœur que tu
déchires"), et non moins obscurément confirmée à la même
dans la 234ᵉ ("je suis sans passions, la source de la plus extrême
de toutes est retranchée"). Opération rendue nécessaire par les
"anciens débordements" de ce "malheureux tout couvert de
rougeurs malsaines et plein d'infection" chansonné dans *La
Complainte* conclusive, la perte de la virilité répond de toute
façon à un vœu inconscient, comme déjà l'énucléation et le
démembrement. En témoigne suffisamment la rage démonstra-
tive du "monstre", comme il se qualifie lui-même dans l'apos-
tille de la même missive (*PP*, 234), où il retrouve la primitive
acception religieuse du terme, désignant un signe divin offert en
guise d'avertissement au déchiffrement des hommes.

Nous voilà donc ramenés, objectera-t-on peut-être, à la cause
manifeste de ces calamités, soit à l'effréné libertinage auquel se
sont livrés tant le frère que la sœur. Une fois encore, je ne dis-
conviens pas de la validité d'une telle lecture, que je laisse à
d'autres le soin de développer tout à loisir, me proposant quant à
moi de pister derrière le texte manifeste du délire une étiologie
latente, dont le sens insiste tout au long du roman. Est-ce hasard
si Ursule, non contente de pratiquer l'inceste comme le *summum*
du libertinage, l'interprète comme franchissement de toutes les
lois humaines, à commencer par celles de sa communauté originelle : "mon action", dit-elle, "me reporte aux premiers temps
de l'âge du monde, à ces temps heureux, où le désir n'avait
point d'entraves [...]; tout préjugé est foulé aux pieds par moi,
jeune paysanne naguère, destinée par le sort à être la victime de
tous les préjugés" (*PPe,* 120). Est-ce hasard surtout si de cette
exaltation narcissique où elle se représente en "citoyenne du
monde" (*Ibid.*), elle se voit rapidement précipitée, non seulement de son propre aveu, mais suivant la pente de son vœu le
plus intime, "au plus bas degré des créatures humaines"?
(*PPe,* 130) Qui veut s'affranchir de sa communauté originelle
pour se hausser d'un seul mouvement à l'universelle communauté des hommes, semble avertir le texte rétivien, se rend coupable d'une *hubris* qui le destitue de son humanité même.

De ce lien unissant indissolublement l'appartenance à l'humanité et l'appartenance communautaire, la démence d'Edmond
fournit une saisissante illustration. L'errance *urbi et orbi*

d'Edmond doit en effet être lue comme le symbole d'une intégration désormais impossible, tant à la communauté villageoise
originelle qu'à l'universelle communauté des hommes. Le texte
rétivien profite ici de toutes les équivoques lexicales, et joue
habilement des harmoniques du terme "homme" ou "humanité": c'est dans la lettre même où il annonce sa prochaine castration qu'Edmond déclare qu' "un coupable tel qu'[il est], ne
peut jamais avoir de place parmi les hommes," (*PP,* 221) indice
probant du fait que la dévirilisation consécutive au libertinage
n'est qu'une métaphore de la déshumanisation résultée de
l'affranchissement communautaire. Sous sa forme verbale du
moins, le terme de "retranchement" favorise de similaires passerelles sémantiques : "je suis sans passion, la source de la plus
extrême de toutes est retranchée" écrit on s'en souvient
Edmond ; mais sur sa sœur "dénaturée", le patriarche de la
communauté avait déjà prononcé la sentence fatidique : "ma
femme, votre fille est perdue [...]. Je la retranche de votre sein et
de notre famille ;" (*PPe,* 150) parole comminatoire dont il faut,
dans l'univers archaïque présenté par Rétif, saisir la portée
immédiatement performative : si l'égarement d'Ursule en est la
cause, sa folie en est pour une large part la conséquence, comme
le démontre par ailleurs le roman parallèle de la *Malédiction
paternelle,* où cette thématique vient occuper le devant de la
scène, pour affecter dans ses profondeurs l'équilibre mental d'un
protagoniste qui n'est que le clone d'Edmond.

Il n'est donc pas étonnant que ce drame de la communauté
perdue et reniée atteigne son point culminant dans l'épisode de
la folie meurtrière d'Edmond s'identifiant à "l'ange des ven-
geances, détaché du trône du Dieu terrible" (*PPe,* 158), alors
qu'il ne fait en immolant sa sœur que ratifier la malédiction
paternelle, dont je donne présentement l'énoncé intégral : "Je la
retranche de votre sein et de notre famille, afin qu'en la vouant à
la céleste vengeance qu'elle a provoquée, je garantisse des têtes
innocentes, nos bons enfants d'ici, nos petits-enfants, encore
vêtus de la robe blanche" (*PPe,* 150). Deux lettres sont consacrées à l'assassinat d'Ursule, dans lesquelles Rétif s'est manifestement exercé à l'écriture de la folie : style haché et parataxique
dans le court billet du *Paysan* signé "le monstre", conformément à la logique de la dépersonnalisation qui y domine
(*PP,* 205) ; style apocalyptique dans l' amplification de la *Paysanne,* qualifiée en note de "délire", et où la démence du criminel épouse la forme d'un accès de psychose hallucinatoire aigu,

le protagoniste s'y sentant investi d'une mission divine claironnée à son oreille par la "voix terrible", la "voix épouvantable" de l'Ange exterminateur (*PPe*, 168). Rien ne serait plus vain ni plus injuste que de se débarrasser de tels textes en les subsumant sous l'étiquette réductrice d'une rhétorique de convention. Car ils n'émanent pas seulement d'un romancier s'adonnant au style frénétique alors de mode, et utilisant avec un bonheur variable les procédés littéraires habituellement dévolus à l'écriture de la folie ; ils attestent bien plutôt l'effort d'un écrivain à la recherche de l'expression adéquate d'une intuition intensément vécue, et dont on découvre sans peine l'origine et les traces personnelles dans la tardive biographie de *Monsieur Nicolas*. En témoigne d'ailleurs la logique profonde de cette intuition, telle qu'elle ressort nettement du texte même de la malédiction cité plus haut : car il s'agit de rien de moins que du mécanisme du bouc émissaire, qui tire sa légitimité de la défense de la communauté ancestrale. Et c'est bien parce que cette communauté est assez vivante encore pour la prononcer mais trop faible déjà pour l'exécuter que la charge écrasante en revient à un individu singulier, qui ne peut plus l'assumer alors que sous les auspices de la folie.

Cette rapide traversée du massif romanesque constitué par *Le Paysan et la paysanne pervertis* devrait suffire, ce me semble, à nous mettre en garde contre toute lecture superficielle du motif de la folie chez Rétif de la Bretonne. Il y a certes dans ce roman une "folie Edmond", mais qui ne se laisse pas davantage reconduire aux schémas traditionnels de la fêlure romanesque qu'à celui du mal d'amour. Pas plus héritier de Tristan que cousin de Don Quichotte, Edmond parcourt un espace vierge que n'ont pas foulé ses *alter ego* romanesques, et où il ne va qu'à la rencontre de sa sœur, cette jeune paysanne arrachée comme lui à son clan familial et mêmement projetée dans un univers qui complote objectivement sa perte. A la différence de sa nombreuse parentèle littéraire, Edmond n'était nullement prédisposé à sombrer dans la folie : il n'est pas davantage affecté par une vésanie d'origine culturelle qu'il ne relève de la théorie des humeurs qui incline le mélancolique à la dépossession de soi. Si sa folie n'est pas native, son égarement n'est pas pour autant passager : Edmond est original encore en ceci que sa démence n'est explicable par nulle scène originelle, ni inversement par nul trauma particulier. Le traumatisme qui le mène à la folie n'est pas d'ordre affectif, personnel ou psychologique. C'est un traumatisme social et collectif, ce grand et profond ébranlement des communautés traditionnelles qui disloque les familles paysannes et les clans ruraux pour précipiter dans la grand-ville, creuset de l'individualisme moderne, des êtres coupés de leurs racines et brutalement dépossédés de leurs repères coutumiers. De ces êtres innombrables mais anonymes, Edmond et Ursule sont moins les porte-parole que l'emblème halluciné. Produite par un mouvement lui-même anonyme et séculaire, leur folie n'est passible d'aucune thérapie, sinon de celle, elle-même collective, offerte en conclusion dans la forme d'une illusoire utopie communautaire.

Il me paraît donc qu'en se distanciant ainsi des images conventionnelles de la folie qui fleurissent concurremment dans le roman sentimental du dernier tiers du dix-huitième siècle, Rétif nous en propose une représentation paroxystique dont l'apparent archaïsme dissimule une étonnante modernité. Complètement étrangère au registre culturel où s'inscrivent les lubies purement littéraires du néo-donquichottisme, mais arrachée non moins radicalement à la sphère de la passion amoureuse et plus généralement de la vie privée où se bornent la plupart des romanciers de son temps, la folie des paysans urbanisés requiert une interprétation qui ne soit plus d'ordre littéraire (parce que ne relevant plus d'une tradition romanesque constituée), ni même d'ordre psychologique (parce que ne participant plus d'un discours sur les passions), mais bien d'ordre socio-historique. Parle encore, en faveur d'une telle lecture, le fait même de la démence symétrique du frère et de la sœur, qui sans doute ressortit à la poétique littéraire du parallèle ou à l'esthétique picturale du pendant, mais qui en tout état de cause ne se laisse pas davantage interpréter dans le registre mythique de la gémellité que dans celui, tragique, de l'hérédité, de la tare familiale, ou de la fatalité générique. Rétif s'est d'ailleurs expliqué, dans *Monsieur Nicolas,* sur la technique qui lui permit de construire ses personnages en amalgamant des traits qui ne tiennent plus de la psychologie comparée ou de l'analogie des caractères, mais de la convergence sociologique des destins.[5] Au-delà des poncifs littéraires auxquels son inventeur n'a pu se soustraire davantage qu'un autre, la représentation rétivienne de la folie échappe donc pour

---

5. Cf. *Monsieur Nicolas.* Edition Pierre Testud, Gallimard, Bibliothèque de la Pléiade, 1989, tome II, p. 913 notamment ((Edmond) "est un composé de vérités, dont ma propre vie a fourni la moitié, et le reste, non moins vrai, je l'ai pris à d'autres ").

l'essentiel au motif de la "folie romanesque", s'il faut entendre par là une tradition littéraire qui ne se contente pas d'en prescrire les modes d'apparition, mais qui délimite par avance son champ étiologique en lui imposant ses propres schémas explicatifs. Sans doute, profondément englué dans ses propres mythèmes, Rétif n'a-t-il pu produire le discours conceptuel capable de rendre un compte théorique des immenses forces sociales mises pour la première fois en mouvement dans son épopée paysanne. Mais je ne sais pas de roman qui, au dix-huitième siècle, ait poussé plus loin, sur le terrain socio-historique, la fonction exploratoire de la fiction littéraire ; et nul écrivain de son temps qui ait su traduire avec autant d'acuité, à travers l'aliénation de ses personnages, quelque chose comme un devenir-fou du monde, à savoir de ce qui s'était appelé jusqu'alors la communauté des hommes.

Pierre HARTMANN
Université de Strasbourg

TABLEAUX DE LA FOLLE SAGESSE ROMANESQUE DANS *CALISTE* D'ISABELLE DE CHARRIÈRE

Monique Moser-Verrey

VERTU ET ALIÉNATION

Caliste, qu'un recueil récent classe aujourd'hui parmi les *Nouvelles françaises du XVIIIᵉ siècle*[1] dignes d'être retenues dans une anthologie, eut suffisamment de succès en 1787, au moment de sa première publication comme seconde partie des *Lettres écrites de Lausanne*[*] chez Prault à Paris, pour connaître un second tirage cette même année, indépendamment de la première partie du roman.[2] Cette nouvelle développe sur le mode tragique l'histoire d'un amour inassouvi qui conduit l'héroïne à la mort. Le désir mortellement frustré de la merveilleuse Caliste est décrit par son amant inconséquent qui s'accuse en même temps d'avoir systématiquement manqué les occasions de répondre à ce désir et de n'avoir pas trouvé en lui-même l'audace de se saisir de son amour, en dépit d'apparents obstacles. Au moment où le récit s'achève, la nouvelle de la mort de Caliste vient d'atteindre, à Lausanne, cet amant inconsolable dont on a des raisons de craindre le suicide.

1. *Nouvelles françaises du XVIIIᵉ siècle. II. De Marmontel à Potocki*, Préface et notes par Jacqueline Hellegouarc'h, Paris, Livre de poche, 1994, p. 210 ss.

* Rappelons que les *Lettres écrites de Lausanne* sont adressées à une parente de province par la mère de Cécile, et racontent le ballet des possibles maris autour de la jeune fille, parmi lesquels un jeune lord anglais, Edouard, qui voyage accompagné de son oncle William. Hésitant, Edouard quittera Lausanne sans avoir pris de décision. Au cours de ce séjour, William adresse à la mère de Cécile un récit de ses amours malheureuses avec Caliste, héroïne éponyme de la seconde partie. (note de l'éditeur)

2. Le succès de librairie se poursuit comme en témoigne la notice concernant les premières éditions de ce roman dans Isabelle de Charrière, *Œuvres complètes*, vol. VIII, Amsterdam, G.A. Van Oorschot, 1980, pp. 615-617. C. P. Courtney confirme le succès particulier des *Lettres écrites de Lausanne* avec *Caliste* en signalant les nombreuses éditions et traductions de ce roman dans *Isabelle de Charrière (Belle de Zuylen). A biography* by C. P. Courtney, Oxford, Voltaire Foundation, Taylor Institution, 1993, pp. 376-377.

Si l'on considère l'ensemble de la composition d'Isabelle de Charrière, le bilan catastrophique auquel aboutit ce compte rendu du versant mélancolique de la folie d'amour peut s'entendre comme mise en garde, car la principale épistolière des *Lettres écrites de Lausanne* s'occupe précisément de l'éducation sentimentale de sa fille Cécile qu'elle souhaite marier avantageusement pour faire son plus grand bonheur. Cette tâche n'est pas simple : faute de dot, Cécile n'est pas un parti intéressant pour les jeunes gens de sa classe sociale. La mère ne se fait point d'illusions. Si l'on épouse sa fille, "ce ne sera pas pour avoir pensé, mais pour l'avoir vue."[3] Il faut donc la faire circuler dans le monde pour qu'elle rencontre d'éventuels prétendants.

Heureusement, c'est le mouvement qui caractérise, dans ce roman, la ville de Lausanne où se situe l'action, et qui se trouve comparée à des villes réputées pour leurs stations thermales telles Plombières, Bourbonne, Spa et Barège. Aussi la mère de Cécile écrit-elle à sa parente du Languedoc : "D'après ce que j'en ai entendu dire, Lausanne ressemble assez à tous ces endroits-là. La beauté de notre pays, notre académie et M. Tissot nous amènent des étrangers de tous les pays, de tous les âges, de tous les caractères, mais non de toutes les fortunes. [...] Nous avons donc, surtout, des Seigneurs anglais, des Financières françaises, et des Princes allemands" (145). Contrairement à ce qui se passe ailleurs, ces étrangers se mêlent à la société lausannoise qui est "plus aimable" que nulle autre et se laisse gâter par leurs extravagances, selon le jugement sévère de l'épistolière. Cependant, à l'instar des mères et des jeunes filles lausannoises qui, en secret, voient peut-être un gendre ou un mari "dans chaque carrosse qui arrive," (150) l'épistolière et sa fille peuvent tout de même espérer trouver un bon parti parmi ces étrangers.

Il est exact qu'à l'époque où se situent l'histoire et l'écriture de ce roman, le médecin fort réputé que fut Simon-André Tissot attirait à Lausanne une clientèle distinguée et internationale. En tant que personnage du roman, il fréquente la même société que Cécile et sa mère et il intervient aussi en sa qualité de médecin pour garantir du suicide Sir William***. Il recommande en l'occurrence à son neveu Édouard*** de ne pas le quitter un instant. (231-232)

3. Isabelle de Charrière, *Œuvres complètes*, vol. VIII, Amsterdam, G.A. Van Oorschot, 1980, p.138. Dorénavant les références à ce volume seront données dans le corps du texte. L'orthographe des citations a été modernisée.

Sir William*** voyage, en effet, avec son jeune neveu. De passage à Lausanne, ces deux étrangers se sont liés d'amitié avec Cécile et sa mère. Tandis que le jeune Édouard semble être le premier amour de Cécile, William, son oncle et mentor, admire profondément la mère, parce qu'elle lui rappelle son inoubliable Caliste. Cette ressemblance est essentiellement morale : elle sait "aller droit aux grands intérêts, à ce qui caractérise les gens et les choses. Son âme et ses discours, son ton et sa pensée [sont] toujours d'accord." (192-193) Voilà pourquoi William n'hésite pas à adresser à la mère de Cécile l'histoire de sa vie malheureuse, qui constituera *Caliste*, et se plaît à élaborer un portrait contrasté des deux femmes.

Alors que sa destinataire lausannoise est une mère à l'esprit hardi et à l'expression vive, Caliste est une aimable fille pleine de talents dont l'esprit est plus adroit et l'expression plus douce. Dans son pays, la Suissesse est sensible à la "nature pittoresque, qui frappe les sens et parle au cœur,"[4] (194) tandis que l'Anglaise est davantage sensible aux arts pouvant tenir lieu de belle nature dans le sien. En femme de condition peu riche, la mère de Cécile possède un intérieur simple et noble et elle défend les intérêts de sa fille avec passion au point que celle-ci la qualifiera de Don Quichotte (155). Par contraste, l'intérieur de Caliste est orné "avec goût et avec économie" (il est dit qu'elle travaille "comme les fées", dessine, peint et copie "pour elle-même des tableaux des meilleurs maîtres"). Si elle est "plus caressante, plus attentive, plus insinuante" que la mère de Cécile, c'est qu'elle doit racheter un passé de comédienne. Son nom fait d'ailleurs allusion à l'héroïne d'une pièce de Nicholas Rowe intitulée *The Fair Penitent* (1703) et s'inscrit dans la lignée de la vertueuse *Clarissa* (Richardson se serait lui aussi inspiré de la "Calista" de Rowe, p. 622, note 42). D'emblée, il apparaît donc que le caractère des deux personnages féminins pourrait n'être pas sans lien avec certaines formes de folie : la première défie, en protectrice véhémente des intérêts de sa pauvre Cécile, l'injustice et les incohérences du système patriarcal, jusqu'à donner dans le quichottisme. L'autre s'abîme, par contre, dans la mélancolie, ne pouvant pas satisfaire, malgré tout l'art du monde, aux exigences iniques et aveugles du père de William.

Dans la première partie des *Lettres écrites de Lausanne,* la mère de Cécile rappelle effectivement à sa fille le Décalogue

---

4. Toutes les autres citations incluses dans ce paragraphe sont tirées de la même page.

pour lui montrer que la seule vertu véritablement difficile
qu'elle aura à se "prescrire rigoureusement, à pratiquer avec
vigilance" (160) sera de ne pas convoiter l'amant ou le mari
d'une autre femme et, par conséquent, d'éviter l'adultère : "Ce
qu'on appelle *vertu* chez les femmes sera presque la seule que
vous puissiez ne pas avoir, la seule que vous pratiquiez en tant
que vertu, et la seule dont vous puissiez dire en la pratiquant,
j'obéis aux préceptes qu'on m'a dit être les lois de Dieu, et que
j'ai reçues comme telles. " (160) Or, pour pouvoir pratiquer cette
vertu, la jeune fille doit apprendre à occulter son désir en feignant l'insensibilité. Cette comédie est censée lui valoir la réputation d'être sage et lui apporter les vœux de l'homme de son
cœur. Mais Cécile a beau suivre à la perfection les conseils de sa
mère, le jeune Lord qu'elle aime s'y trompe et ne se déclare pas.
Alors, la mère s'inquiète : "Ma fille perd sa gaieté dans la
contrainte qu'elle s'impose. Si cela durait plus longtemps, je
craindrais qu'elle ne perdît sa fraîcheur, peut-être sa santé. "
(180) L'excès de sagesse pourrait bien finir par coûter à Cécile
les déceptions mortelles auxquelles Caliste a succombé.

La réflexion critique concernant *Caliste* , en tant que nouvelle[5]
ou petit roman-confession,[6] a été fortement marquée par une
postérité hors du commun. En effet, ce chef d'œuvre a stimulé
l'invention littéraire de deux jeunes émules de Madame de Charrière, à savoir Germaine de Staël et Benjamin Constant dont les
romans *Corinne ou l'Italie* et *Adolphe*, parus peu après sa mort,
développent à leur manière plus romantique des circonstances,
des thèmes et une douleur de vivre abordés d'abord dans
Caliste. Les études comparatives ne manquent pas et les comparaisons se rattachent tout naturellement à l'approche biogra-
phique. À la fin des années soixante, Giovanni Riccioli a
finement commenté les rapports entre *Caliste* et *Corinne*.[7] Plus
récemment, C. P. Courtney présente cette nouvelle en rapport
avec *Adolphe* et ne manque pas de rendre hommage à l'ouvrage
fondateur de Philippe Godet pour mettre en garde contre une
récupération de *Caliste* par une critique féministe trop peu res-

5. Sans s'arrêter aux subtilités de la distinction des genres, Hellegouarc'h
inclut, dans son anthologie, des récits « courts » ou « narrations fictives de
moins d'une centaine de pages ». *Nouvelles françaises du XVIIIᵉ siècle. I. De
Voltaire à Voisenon, op. cit.,* p. 5.

6. Classification proposée par Sigyn Minier, *Madame de Charrière. Les premiers romans*, Paris – Genève, Champion – Slatkine, 1987, pp. 79 ss.

7. Giovanni Riccioli, « Madame de Staël e Madame de Charrière », in
Rivista di letterature moderne e comparate 20 (1967), pp. 239 ss.

pectueuse de la pensée de l'auteure.[8] Pour sa part, Raymond Trousson relaie l'idée avancée en premier par Benjamin Constant selon laquelle la qualité littéraire de l'œuvre est due au fait que l'auteure s'est particulièrement investie dans l'écriture de ce drame sentimental qui ébruite peut-être un secret de sa vie personnelle.[9] Quoi qu'il en soit, il est convenu d'accorder aux œuvres de Madame de Charrière et, en particulier, à *Caliste* un rôle charnière entre deux époques, deux régimes politiques, deux mentalités ou deux styles. Les travaux consacrés aux thèmes de la mort et de la clôture du récit sont particulièrement intéressants à cet égard.[10] Mais on a parfois autant de raisons de penser que Mme de Charrière se rattache à la tradition que d'indices montrant qu'au contraire, elle innove. En ce qui a trait à la folie romanesque, elle exploite son extériorisation quichottesque et bouffonne[11] dans la première moitié du roman, tandis que la seconde moitié, qui doit nous intéresser ici, est consacrée à la peinture d'une folie intériorisée, où l'individu préfère se détruire plutôt que de questionner l'ordre social.

L'inhibition psychique des personnages de ce roman en deux temps a été soulignée par Jean Starobinski dans un article[12] où il met en rapport ce manque évident avec l'interdit social empêchant toute femme vertueuse de vivre quelque relation sexuelle que ce soit hors mariage et tout Lord, digne de ce titre, d'épouser une comédienne. Comme le montre Starobinski, la figure du père est ici appelée à jouer son rôle classique de "sur-moi sadique" vu que l'interdit social est intériorisé par les héros et se mue en négativité psychique. Cependant "la similitude n'est pas entière entre la contrainte féminine et la faiblesse masculine" et

8. C. P. Courtney, *op. cit.*, pp. 372-373.

9. Raymond Trousson, *Isabelle de Charrière*, Paris, Hachette, 1994, p. 201.

10. Janine Rossard, « Le désir de mort dans *Caliste*», in *PMLA* 87 (1972), pp. 492-498; Paul Pelckmans, « La fausse emphase de la « mort de toi », in *Neophilologus* 72/4 (1988), pp. 499-515; Susan K. Jackson, « The Novels of Isabelle de Charrière, or, A Woman's Work Is Never Done », in *Studies in Eighteenth Century Culture* 14 (1989), pp. 299-306.

11. Vers la fin de cette première partie qui met en place tout un éventail de passions dont Cécile est le centre, un jeune Français fait irruption pour révéler sans vergogne les amours et les jalousies que ses hôtes taisent scrupuleusement. Cette extravagance est celle du fou qui dit vrai sans s'inquiéter des usages, tel que le reconnaît ce personnage qui se qualifie lui-même d'étourdi et d'espiègle (176).

12. Jean Starobinski, « Les *Lettres écrites de Lausanne* de Madame de Charrière : inhibition psychique et interdit social », in *Roman et Lumières au XVIIIe siècle*, Éditions sociales, Paris, 1970.

Starobinski de suspecter Madame de Charrière de "misandrie" parce que son histoire montre la frustration volontaire de l'héroïne comme une force extraordinaire, tandis que la répression masculine apparaît comme "une dérobade, une rétraction de l'être, une véritable automutilation [...] un déficit", voire une tendance à l'homosexualité. Et il remarque "l'étrange immobilité de ce livre, où nul ne sait accomplir des gestes décisifs."[13]

Cette façon ouvertement biaisée d'apprécier *Caliste* est sans doute légitime et Madame de Charrière y invite carrément le critique en s'affichant elle-même prévenue en faveur de son sexe par la voix de sa principale narratrice. Alors que celle-ci discute avec son cousin un projet de législation qu'elle a imaginé et que celui-ci rejette pour être "bien d'une femme", elle lui répond : "à la bonne heure, je suis femme, et j'ai une fille. J'ai un préjugé pour l'ancienne noblesse ; j'ai du faible pour mon sexe : il se peut que je ne sois que l'avocat de ma cause, au lieu d'être un juge équitable dans la cause générale de la société." (147) Il en va de même des lectures que nous sommes en mesure de faire. Au lieu de me plaindre de la "misandrie" de Madame de Charrière, je me réjouis, au contraire, de son féminisme, et ne peux pas m'empêcher de douter de la justesse de ce que Jean Starobinski appelle "l'étrange immobilité" d'une histoire dans laquelle il est, au contraire, beaucoup question de déplacements et de voyages.

Les principaux protagonistes du récit sont donc tous en train de voyager ou de planifier des voyages. Si l'on observe de plus près les raisons profondes de ces déplacements, il apparaît, à tout coup, que le voyage est censé permettre au voyageur de se remettre d'un chagrin d'amour ou de la perte d'un être cher. Comme Édouard ne semble pas aimer Cécile autant qu'elle l'aime, on comprend que sa mère souhaite quitter Lausanne et accepte volontiers l'invitation d'aller rejoindre sa cousine en Languedoc dans l'idée de "distraire" Cécile, "lui rendre le bonheur, [...] lui conserver la santé et la vie." (180) Mais le voyage peut-il venir à bout de la négativité psychique ? L'exemple de William permet d'en douter.

CALISTE OU LE MALAISE DANS LA CIVILISATION

Narrateur de l'histoire de Caliste, William se présente lui-même comme un antihéros. Mais, quoiqu'il s'accuse d'être à l'origine de la maladie et de la mort de Caliste, son incapacité à accomplir le

13. *Ibid.*, pp. 146-148.

bon geste, au bon moment, ne doit pas nécessairement être considérée comme une pathologie. Il ressasse bien sûr, dans sa confession, toutes les circonstances dans lesquelles il aurait dû agir autrement, mais c'est précisément sa retenue qui met en valeur la force d'âme de sa compagne. Relisant l'analyse de Starobinski dans une perspective féministe, Joan Hinde Stewart va jusqu'à voir dans l'intrigue de Caliste un véritable renversement des rôles attendus dans le roman sentimental de l'époque, selon lequel l'homme est nécessairement agressif, expérimenté et plein d'invention pour séduire la femme qu'il désire.[14] Mais, à vrai dire, Caliste n'est pas aussi dynamique et expérimentée que le veut Hinde Stewart, car nous savons que "par un effet de l'extrême délicatesse de son amant," (201) elle n'a jamais été sa maîtresse. Cet homme, beaucoup plus âgé qu'elle, l'a plutôt traitée "comme une divinité," (201) pendant huit ans. Caliste et William vivent donc comme frère et sœur ou comme Adam et Eve avant la chute. Cependant, ils ne sont pas au paradis, parce que leur entourage ne conçoit pas que l'amour d'une femme passe avant les principes qui lient les hommes entre eux. Dans ce sens, la mort désolante de Caliste livre bel et bien un commentaire sur le fonctionnement de la société patriarcale.[15]

Mais, que désire Caliste ? Lorsqu'elle déclare son amour à William, elle souhaite remplacer dans sa vie un frère jumeau qu'il a perdu. Elle pense qu'il est devenu à la fois robuste et tendre pour avoir grandi au côté d'un frère si proche. (194-195) En fait, elle voudrait être reconnue comme cette moitié qui manque à l'homme de son cœur. La figure de la gémellité n'est pas la seule expression du besoin qu'éprouve Caliste d'accéder à un lieu qui la mettrait sur un pied d'égalité avec l'homme de sa vie. Son passé de comédienne est une autre figure qui permet d'articuler ce besoin. "Connue et avilie je ne puis devenir ni votre égale, ni votre servante," (195) dit-elle, tout en constatant que moins elle mérite d'être respectée, plus elle a besoin de l'être. La seule ressource qui lui reste pour accéder au lieu qu'elle vise semble être une vertu irréprochable, garante de son intégrité, de sa noblesse, de sa pureté. C'est ainsi que chaque fois que son amant la serre dans ses bras, elle s'en arrache pour mériter la respectabilité dont son histoire de comédienne, de fille

---

14. Joan Hinde Stewart, "1787, Isabelle de Charrière Publishes *Caliste*. Designing Women", in *A New History of French Literature*. Ed. Denis Hollier, Cambridge, Harvard UP, 1989, p. 555.

15. *Ibid.*

vendue et de femme entretenue l'a dépourvue. Elle sera, cependant, frustrée de la récompense escomptée, soit du bonheur sexuel
doublé de l'établissement honorable qu'offre le mariage. La folle
sagesse de Caliste n'est pas autre chose que sa constante victoire
sur son propre désir, effort obstiné qui l'épuise et qui la tue.

Pour sa part, William est incapable de tenir le rôle romanesque
attendu dans ce combat. Il n'est ni un aventurier, ni un séducteur, mais il ne se considère pas anormal ou malade pour autant,
car il commence sa confession en disant tout bonnement : " Mon
histoire est romanesque, Madame, autant que triste, et vous allez
être désagréablement surprise, en voyant des circonstances à
peine vraisemblables ne produire qu'un homme ordinaire. "
(189) William est un homme ordinaire tout comme Caliste est
une femme normale. Ce qui est en cause n'est donc pas tant leur
personne qu'une civilisation qui met les individus, hommes et
femmes, fort mal à l'aise, dans le sens où Freud l'entend dans
son fameux essai *Das Unbehagen in der Kultur.*[16] (1929) Paradoxalement, c'est en se conformant absolument aux normes de
leur société que les protagonistes de ce roman se rendent malheureux.[17] Leurs idées les plus nobles et leurs sentiments les plus
délicats ne les aident pas à vivre. Ils ont beau vouloir renoncer à
leur passion, elle est plus forte qu'eux et leur permet d'entrevoir
les limites de leur raison. Appelés à former un tout insécable, à
la manière de jumeaux, ils sont guettés par la folie au moment
de la séparation, comme au moment des retrouvailles.

William voudrait bien comprendre sa léthargie, au moment du
départ de Caliste, comme " un retour du dérangement qu'avait
causé dans [son] cerveau la mort de son frère," (213) mais le
souvenir de cette journée ne peut pas s'anéantir, ni celui du cauchemar dans lequel son frère, Caliste et mille fantômes lugubres
l'assaillaient. (213) Enfin, c'est au moment où il apprend le passage de son rival qu'il perd momentanément la raison : " ma tête
s'embarrassa, je voulus m'ôter la vie, je méconnus les gens et
les objets, je me persuadai que Caliste était morte ; une forte sai-
gnée suffit à peine pour me faire revenir à moi. " (214) Alors
qu'elle a déjà épousé ce rival depuis plusieurs mois, Caliste
paie, pour sa part, la nouvelle du mariage de William d'un évanouissement qui la laisse, pendant " deux heures sans aucune

16. Sigmund Freud, *Studienausgabe Bd. IX : Fragen der Gesellschaft. Urs-
prünge der Religion*, S. Fischer Verlag, Frankfurt am Main, 1974, pp. 191-270.
17. Margriet Bruyn Lacy, " Paradox in the Life and Works of Mme de Charrière ", in *Eighteenth Century Life* 13/1 (1989), p. 7.

connaissance," (222) entraîne une fausse-couche et la met "vingt fois au bord du tombeau." (222) Pourtant, c'est surtout au moment de retrouvailles inédites que la jeune femme sent vaciller la vertu qui fonde son être : "Reprenons nos véritables liens. À qui ferons-nous du mal ? Mon mari me hait et ne veut plus vivre avec moi ; votre femme ne vous aime plus !" (224) Dans les bras de son amant, est-elle malheureuse, coupable, heureuse ? Elle repensera à cet instant de plaisir avant sa mort, craindra qu'il y ait eu là une certaine audace impie et demandera pardon à Dieu pour elle-même et pour celui à qui elle inspirait alors "le même oubli, la même folle et téméraire sécurité." (229) La folie de Caliste est ici une transgression qu'elle ne peut pas se reprocher, parce qu'elle y a trouvé son bonheur. Cet exemple accentue singulièrement la gravité du Décalogue, tel que prêché à Cécile par sa mère. N'est-ce pas pour finir une folie que d'être sage et vertueuse, si l'on veut connaître le bonheur en tant que femme ?

Freud s'excuse, en terminant son essai sur le malaise dans la civilisation, d'avoir tant insisté sur le sentiment de culpabilité, mais il ne regrette pas d'avoir sensibilisé son lecteur au fait que le sentiment de culpabilité constitue le plus grand problème de l'évolution des civilisations, car tout progrès dans ce domaine se paie d'une perte de bonheur causée par l'augmentation du sentiment de culpabilité.[18] Le raffinement éthique et artistique de l'excellente Caliste, qui incarne véritablement le rôle de "l'honnête pénitente" (Fair Penitent) qu'elle avait joué jadis à la comédie, représente, sans doute, dans ce roman, le degré le plus élevé de civilisation. Cependant, Caliste ne parvient pas à se sentir coupable d'aimer William à qui elle doit pourtant renoncer à cause des lois qui règlent le fonctionnement de la société à laquelle ils appartiennent. En cela, elle illustre parfaitement la théorie dont Freud fait une critique nuancée dans son essai. Le lien à établir entre les renoncements qu'exige la culture et l'augmentation du sentiment de culpabilité pesant sur les individus n'est pas aussi général qu'on veut le croire. À son idée, la frustration de la pulsion amoureuse ne peut pas être à elle seule la source du sentiment de culpabilité. Celui-ci provient de la répression de l'agressivité que cette frustration peut engendrer.[19] Ainsi, Caliste, qui ne se sent pas coupable d'aimer, meurt en

18. Sigmund Freud, op.cit, p. 260.
19. Ibid. p. 264.

paix, tandis que son mari et son amant voyagent pour tenter d'apaiser leurs sentiments de culpabilité.

Le malaise engendré par un état de civilisation trop avancé se retrouve partout dans ce roman qui met en jeu l'élite de la société à la veille de la Révolution. Si les messieurs voyagent, c'est, en fait, parce qu'ils ne trouvent plus leur compte à cette situation et que le mariage ne leur apporte pas ce qu'ils en attendaient. Le mari de Caliste espère qu'un voyage de quelques mois lui permettra de surmonter sa jalousie dont il craint de laisser voir à sa femme malgré lui, l'impression trop vive. (227) Quant à William, il fuit sa femme, la frivole Lady Betty, et parcourt "en quatre mois les principales villes de la Hollande, de la Flandre et du Brabant ; et en France, outre Paris, [...] la Normandie et la Bretagne." (216) Pendant tout ce temps, il ne fait que penser à Caliste qu'il finit par revoir brièvement à Londres. Comme on l'a vu, c'est la folie. De cette façon, lorsque le père d'Édouard lui demande d'emmener son fils en voyage, cette occasion de repartir est saluée comme "un secours de la providence contre [sa] faiblesse." (225) Finalement, tous les voyages sont ici des mouvements de fuite.

Le mouvement contraire, qui permettrait de rapprocher ceux qui s'aiment, s'esquisse trop tard. Dans sa dernière lettre, alors qu'elle est déjà au bord de la tombe, Caliste écrit à William que son père est allé la voir et qu'il lui a proposé de l'emmener lui-même "en Provence, à Nice, ou en Italie. Mon fils [lui a-t-il dit] est à présent en Suisse, je lui écrirai de venir au-devant de nous." (229) Hélas, Caliste n'a plus la force d'entreprendre ce voyage. Si elle meurt prématurément, c'est au fond parce que l'homme qu'elle aimait n'est pas venu au-devant d'elle, alors qu'il était encore temps. Le virage idéologique nécessaire à ce bonheur, virage qui fera progresser la civilisation en évacuant certains préjugés de classe propres à l'Ancien Régime, s'amorce trop tard dans cette histoire.

TABLEAUX DE LA FOLLE SAGESSE

"Que ne puis-je, Madame, **vous peindre** toute sa douceur, et le charme inexprimable de cette aimable fille ! Que ne puis-je **vous peindre** avec quelle tendresse, quelle délicatesse, quelle adresse elle opposa si longtemps l'amour à l'amour ; maîtrisant les sens par le cœur, mettant des plaisirs plus doux à la place des plaisirs plus vifs, me faisant oublier sa personne à force de me faire admirer ses grâces, son esprit et ses talents !" (196) L'objectif explicite de William, le narrateur autodiégétique de *Caliste*, est de "peindre" le combat entre le désir et la volonté qui finira par coûter la vie à son amante. Mais peindre avec des mots n'est pas une mince affaire, ce dont rend compte ici la prétérition. La question est bien de savoir si une narration peut présenter des tableaux.

Il apparaît que, dans ce roman, la lutte entre le désir et les convenances ne marque pas seulement les macro-structures de l'intrigue dans lesquelles s'inscrivent les voyages des personnages. Elle se donne aussi à voir dans des tableaux dont le détail précise les manèges de l'inhibition et de la vertu qui servent à déjouer la rencontre des corps et la jouissance. "L'étrange immobilité de ce livre", dénoncée par Starobinski, relève, sans doute, d'une impression cultivée par l'entremise de ces tableaux qui figent le désir et le retiennent. En fixant les symptômes des mouvements de la passion, le tableau se prête bien à l'illustration de la retenue, qu'elle provienne de l'intériorisation des interdits ou de la mélancolie causée par l'impossible deuil de la perte du frère jumeau.

Contrairement au portrait qui révèle le caractère des personnages et à la scène qui illustre leurs rapports sociaux, le tableau donne à voir les rapports affectifs. C'est une peinture des mouvements de l'âme et de la sensibilité fixée dans le temps et dans l'espace grâce à des expressions corporelles chargées de sens. Dans le cadre d'un récit, le tableau est une figure du descriptif. Selon Marmontel, qui reformule au cours des années soixante-dix la poétique des genres, "la description peut être une suite de tableaux, le tableau un tissu d'images."[20] En l'occurrence, les suites d'images du corps, constituant dans notre récit des tableaux des passions humaines, sont doublement codées. D'une part, les images du corps elles-mêmes représentent des signes corporo-visuels appartenant au langage non verbal qu'étudie entre autres la nouvelle communication.[21] D'autre part, ces mêmes images, tissées en tableaux, composent des chorégraphies également investies de significations, dans le cadre du

20. Voir "Image", (Belles-Lettres, Poésie), in *Supplément à l'Encyclopédie, ou dictionnaire raisonné des sciences, des arts et des métiers*, tome troisième, Amsterdam, M. M. Rey, 1777, p. 562 a.
21. G. Bateson *et al.*, *La Nouvelle communication*, Textes recueillis et présentés par Yves Winkin, Seuil, Paris, 1981. En ce qui concerne la terminologie, j'emprunte celle que propose Catherine Kerbrat-Orecchioni, *Les Interactions verbales*, tome I, Paris, Armand Colin, 1990.

roman. Il apparaît enfin utile de préciser ce qu'est un tableau pour les besoins de notre analyse.

Nous entendons donc par "tableau" un segment de texte narratif qui présente une accumulation de "signes corporo-visuels cinétiques lents" comme la notation de postures, de mines, de distances interpersonnelles ou de réflexes et autres mouvements involontaires du corps des personnages. De plus, la notation de ces signes doit avoir pour fonction de révéler ou d'illustrer des rapports affectifs.

L'esthétique du tableau, dont l'émergence coïncide avec un regain d'intérêt pour la vérité du sentiment, convient au propos d'Isabelle de Charrière. Elle permet au narrateur de *Caliste* d'insister sur les moments déterminants de sa relation avec l'héroïne et d'en dessiner l'évolution. Il ne peut pas être question d'analyser ici toute la série de ces tableaux révélateurs. Nous nous contenterons d'étudier le début et la fin de cette chorégraphie.

La scène se trouve à Bath où William est censé se remettre de la mort de son frère jumeau. Les signes corporo-visuels dont le texte fait état apparaissent en caractères gras et de plus, en caractères italiques, lorsqu'ils relèvent de la proxémique, soit qu'ils fixent la distance interpersonnelle et l'orientation du corps, soit qu'ils appartiennent, au contraire, à la catégorie des "signes haptiques", c'est-à-dire liés au toucher :

"J'étais une ombre errante, et **j'attirais des regards de surprise et de compassion** sur cette pauvre, inutile moitié d'existence qui me restait. Un jour *j'étais assis sur l'un des bancs* de la promenade, **tantôt ouvrant un livre** que j'avais apporté, **tantôt le reposant à côté de moi**. *Une femme,* que je me souvins d'avoir déjà vue, vint *s'asseoir à l'autre extrémité du même banc ; nous restâmes longtemps* sans rien dire, je la remarquais à peine ; *je tournai enfin les yeux de son côté*, et je répondis à quelques questions qu'elle m'adressa d'une voix douce et discrète." (191)

Le banc sur lequel s'amorce la liaison est un lieu très important comme on le voit, par la suite, lorsque convaincue que William accepte son amour, Caliste lui dit :

"Venez **avec moi**, venez **vous asseoir sur ce même banc** où je vous parlai pour la première fois. **Vingt fois déjà je m'étais** *approchée de vous* ; **mais je n'avais pas osé parler**. Ce jour-là je fus plus hardie. Béni soit ce jour ! bénie soit ma hardiesse ! béni soit le banc et l'endroit où il fut posé ! J'y planterai un rosier, du chèvre-feuille et du jasmin."

Et le narrateur d'ajouter : "En effet elle les y planta. Ils croissent, ils prospèrent, c'est tout ce qui reste d'heureux de cette liaison si douce." (196)

Pour achever le tableau de l'entrée en relation des protagonistes, le peintre-narrateur procède par touches successives. D'abord William, le premier personnage du tableau, est explicitement offert en spectacle. Il attire les regards. Puis, le lecteur aperçoit une explicitation visuelle du désir de Caliste qui, dans un premier temps, s'offre à la vue de William en se plaçant à son côté et en choisissant une distance interpersonnelle qui favorise la prise de contact visuelle et verbale.

Le fait qu'il s'agit là d'un stratagème déguisé en hasard apparaît plus tard lorsque le lecteur apprend qu'une manœuvre d'approche avait été tentée vingt fois sans succès. Pour des raisons de décence ou de timidité, la prise de parole ne pouvait avoir lieu qu'à la suite d'un contact visuel qui est enfin donné pour clore le tableau et amorcer un dialogue.

Les détails des postures et de la proxémique, qui constituent véritablement le tableau vivant rendu verbalement, sont associés par une dernière touche, servant à sacraliser le lieu de la première rencontre, aux monuments classiques voués aux amours impossibles dont seules quelques fleurs rappellent les vestiges.

Il apparaît clairement que, selon la stratégie d'écriture choisie, Isabelle de Charrière donne à voir les affects avant d'expliquer l'événement et de l'associer éventuellement aux mythes et aux œuvres d'art qui, selon la tradition classique, prêtent un sens et de la beauté à la destinée humaine.

Entre ces deux passages montrant William et Caliste à la promenade, le repérage des signes corporo-visuels cinétiques lents fait ressortir deux autres petits tableaux qui signalent l'aveu que fait Caliste de son amour et la joie qu'elle éprouve à le croire réciproque. Cependant, la polysémie d'un geste sème la confusion entre les partenaires. Voici donc la déclaration de Caliste :

"Qu'il était heureux, s'écria-t-elle, un jour que le cœur plein de mon frère j'en avais longtemps parlé ! heureuse la femme qui remplacera ce frère chéri ! et qui m'aimerait comme il m'aimait, lui dis-je. Ce n'est pas cela qu'il serait difficile de trouver, me répondit-elle en **rougissant**. Vous n'aimerez pas une femme autant que vous l'aimiez, mais si vous aviez seulement cette tendresse que vous pouvez encore avoir, si on se croyait ce que vous aimez le mieux à présent que vous n'avez plus votre frère... Je la regarde, **des larmes coulaient de ses yeux**. *Je me mets à* *ses pieds, je baise ses mains.* N'aviez-vous point vu, dit-elle, que je vous aimais ?" (195)

L'intensité de l'émotion ressentie par Caliste est signalée par la rougeur et les larmes qui sont des réflexes involontaires. William connaît, maintenant qu'il raconte son histoire, la valeur de ces signes non verbaux. Mais au moment où avait lieu l'action, il était entièrement naïf et ne voyait rien. Aussi sa posture et son geste sont-ils convenus, dans ce premier moment. Caliste devient alors très éloquente à propos de son coup de foudre et de ses scrupules, discours auquel William finit par couper court en passant à l'action :

"[J]e vous vois, vous m'aimez. Le présent est trop délicieux pour que je puisse me tourmenter de l'avenir, et en lui parlant *je la serrais dans mes bras. Elle s'en arracha.*" (195)

Le mouvement naturel de William peut aussi se lire comme un signe haptique marquant la tendresse et le désir par la mise en jeu du toucher. Avant de poursuivre dans cette voie, Caliste veut cependant que l'on réfléchisse : "[P]ensez-y, dit-elle en *me serrant la main,* encore une fois *vous pouvez partir,* votre santé est rétablie." (196)

À première vue, on pourrait penser qu'il s'agit ici d'un autre signe haptique qui marque la tendresse et le désir de façon plus discrète et moins entière. La poignée de main a, cependant, aussi un sens culturel établi qui équivaut à la signature d'une entente, d'un contrat. S'il y a méprise dans cette relation, dès le départ, elle commence là, car Caliste veut établir un contrat avec son partenaire : "Si *vous revenez* demain ce sera me dire que vous acceptez mon cœur, et vous ne pourrez plus, sans éprouver des remords, me rendre tout-à-fait malheureuse." (194)

William, pour sa part, ne laisse pas intervenir sa raison dans cette affaire : "Je ne délibérai, ni ne balançai, ni ne combattis". Il se laisse porter par ses sentiments et finit par se retrouver fort tard à la porte de Caliste sans avoir "pris le parti *d'y retourner*". L'image de sa joie le prend alors par surprise et il rend cet instant de forte émotion par un nouveau tableau dans son récit :

"Ciel ! quelle joie je vis **briller dans ses yeux** ! [...] *Elle me regardait,* et *assise vis-à-vis de moi, levant les yeux au ciel,* joignant les mains, pleurant et souriant à la fois avec une expression céleste, elle répétait, il est revenu !" (196)

La joie n'est pas partagée, mais se transforme en extase quasi mystique. Le face-à-face bien indiqué qui reprend la station assise du tableau de la première rencontre est aussitôt supplanté par des gestes d'adoration rappelant les attitudes d'une sainte en présence de son Dieu. En changeant l'orientation de son regard, la partenaire devient image et celui qui attirait sur lui des regards de compassion au moment de la première rencontre devient lui-même spectateur. On peut comprendre que, voyant l'amour absolu dont il est l'objet, William, qui n'est après tout qu'un homme ordinaire, se fige. Traitée comme une divinité par son premier amant très chaste, Caliste traite son amour de la même façon et demeurera pure dans cette relation dont les plaisirs relèveront du raffinement des manières et de l'exercice des arts dans la plus stricte observance de la vertu.

Le seul moment de folie auquel Caliste repense, avant sa mort, est celui de sa dernière rencontre avec William. Ils se retrouvent dans un parc à Londres. L'orage menace. Ils *s'assoient sur un banc*, comme au moment de leur première rencontre. Mais cette fois-ci, elle **passe ses deux bras autour de** William et enfin, ils se tiennent *"étroitement embrassés."* (224) Même si le tonnerre et la grêle séparent les amants et qu'ils ne se verront plus, il est bien évident que la chorégraphie du désir de Caliste trouve ici son aboutissement. L'image de la fusion des corps suspend enfin le règne douloureux de la vertu, de l'écart et des fuites dictés par la raison.

Monique MOSER-VERREY
Université Laval

LES FOLLES PAR AMOUR DANS LE ROMAN FRANÇAIS
À LA VEILLE DE LA RÉVOLUTION

Didier Masseau

On peut lire dans l'*Année littéraire* de 1786 : "Voilà les folies par amour bien à la mode, Monsieur. Depuis *Le roi Lear*, surtout depuis *Nina*,[1] on n'entend parler que de fous et de folles ; tout Paris en raffole lui-même. Comme si nous n'avions pas assez de fous véritables, on en imagine, on en crée de nouveaux."[2] Durant la seule année 1786 paraissent en effet plusieurs nouvelles bâties sur un canevas quasi identique : bouleversée par une peine de cœur, une jeune femme a sombré dans la plus complète démence. Des variantes apparaissent : c'est un père tyrannique qui a contraint sa fille à renoncer à l'homme qu'elle aimait pour la forcer à épouser un vieillard, ou l'amant volage qui a brusquement rompu, mais dans tous les cas un événement violent et traumatisant est à l'origine d'une souffrance telle que la victime ne peut la supporter ; et les romanciers d'évoquer tous les symptômes de la folie : cris, suffocations, désordre de l'habillement. Du *Quichotte*, en passant par les premiers romans de Marivaux, le scénario est connu, peut-être usé, et pourtant, la

---

1. Marsollier de Vivetières, *La Folle par amour*, Paris, 1786. Cette pièce en un acte fut représentée aux Comédiens italiens. Germeuil, l'élu du coeur de Nina, est tué par un rival ; le père de la jeune fille lui ordonne d'épouser le meurtrier de son bien-aimé. "Nina muette d'effroi , d'indignation ne peut résister au combat affreux qu'elle éprouve ; elle veut parler, et les expressions se refusent à sa douleur ! elle veut pleurer, et les larmes se sèchent dans ses yeux! ses traits s'altèrent, sa raison est troublée, un délire affreux s'empare de tous ses sens... on ne peut rétablir sa raison.. L'idée de Germeuil, tendre, fidèle, cette idée chère à son coeur était la seule qui ne s'était pas effacée de sa mémoire." En fait Germeuil n'était pas mort, Nina retrouvera donc un mari et l'amour d'un père. L'invraisemblance du scénario montre bien que l'intrigue importe peu. L'évocation de la folie permet d'amplifier les effets du sentimentalisme, au détriment de tout substrat intellectuel, entretenant chez le spectateur un effet de contagion, marqué par un ébranlement affectif et des sensations troubles.

2. Le directeur de *L'Année littéraire* est Stanislas Fréron qui a succédé à son père Elie Fréron en 1776.

brusque résurgence d'une thématique et d'un imaginaire, sous des formes paroxystiques dans les dernières années de l'Ancien Régime pose d'abord un problème éditorial. L'extrême brieveté du temps de publication (à peine deux ans) nous invite à envisager le phénomène sous l'angle commercial. Quant à l'analyse formelle du scénario, elle révèle, selon nous, toute une stratégie orientée vers des pratiques de lecture, vulgarisées et programmées. Reste à interpréter cet engouement pour la folie dans les années qui précèdent la Révolution, en nous situant dans une histoire des représentations de l'imaginaire féminin et de ses avatars pathologiques.

Deux recueils intitulés, le premier *Les Folies sentimentales* et le second *Les Folies sentimentales ou l'Egarement de l'esprit par le cœur*, paraissent chez l'éditeur Royez en 1786. Les deux ouvrages ont exactement le même contenu, mais l'éditeur précise que la deuxième version fait partie de la *Bibliothèque choisie de contes, de facéties et de bons mots*. On notera encore que la gravure liminaire n'est plus celle de la première édition.[3] Une nouvelle publication paraît la même annnée sous le titre des *Nouvelles Folies sentimentales* (1786). De toute évidence, le responsable du recueil vise à créer un genre, en reproduisant une forme éditoriale. La recette est simple : faire appel à des romanciers qui brodent sur un thème commun. On n'hésitera pas pour faire du volume et hâter la publication à reprendre, d'un recueil à l'autre, certaines nouvelles déjà publiées. Il s'agit en fait d'une collection vendue par souscription, selon un mode de publication qui connaît un grand succès à la veille de la Révolution.[4] On connaît l'importance des collections périodiques, comme

3. La gravure de ce qui semble constituer la première édition des *Folies Sentimentales*, Royez, 1786, évoque une chambre présentant un lit à baldaquin, ce qui pourrait indiquer un récit licencieux. Un homme assis observe à la loupe les appas d'une femme travestie en homme. La jeune femme a posé son pied sur un pouf. A terre git une marotte. Sur un autre pouf, ont été déposés un tricorne et un canne, que l'on peut légitimement interpréter comme les attributs du travesti. L'emblème de la folie figure surtout, nous semble-t-il, pour indiquer au lecteur le contenu de l'ouvrage. Les autres indices offrent des connotations licencieuses et fantaisistes, tout en rendant acceptables des effets comiques. Une seconde édition figurant, la même année, dans la *Bibliothèque choisie de contes, de facéties et de bons mots* met davantage l'accent sur un comique de fantaisie : "Parmi des personnages attablés, un poète barbu couronné par une femme joue de la lyre".

4. Sur les aspects commerciaux et les stratégies éditoriales des romanciers nous renvoyons à notre article : "L'offensive des romanciers à la veille de la Révolution", *L'Ecrivain devant la Révolution*, textes réunis par Jean Sgard, Université Stendhal de Grenoble, 1990.

l'immense *Bibliothèque Universelle des Romans, la Bibliothèque Universelle des Dames* et la *Bibliothèque de campagne*: ces recueils composites reprennent pour la plupart des ouvrages déjà parus, sous une forme vulgarisée, faisant une large part aux extraits. Ce mode éditorial infléchit en profondeur la forme des récits : loin d'être perçue comme une redondance, la répétition d'une thématique ou d'une intrigue devient au contraire le signe d'une reconnaissance et la raison d'un succès, comme dans certaines collections populaires du XXe siècle. Peu soucieux de nouveauté, le lecteur aimerait au contraire retrouver les délcieux frissons d'une première lecture. D'autres écrivains tentent d'exploiter la même veine : Madame de Staël, elle-même, encore à ses débuts, publie "La Folle de la Forêt de Sénart", dans *la Correspondance littéraire* de Meister, en juin 1786. La preuve est ici donnée que le genre s'adresse à tous les milieux et que les lecteurs cultivés, contrairement à ce qu'ils prétendent parfois ne dédaignent pas les recettes romanesque vulgarisées. Poussé par la nécessité, le misérable folliculaire qu'est Nougaret publie à son tour *La Folle de Paris*, l'année suivante, mais les modes s'épuisent vite et les folles disparaissent du marché du livre aussi rapidement qu'ells y étaient entrées.

L'autre conséquence éditoriale est le recours systématique aux formes brèves. Certaines nouvelles du recueil des *Folies sentimentales* se réduisent à 6 pages d'un ouvrage in-18 ("*Bedlam, anecdote anglaise*") et l'une d'entre elles n'occupe qu' une seule page. Des miniatures propres à la *Bibliothèque Universelle des romans*, au "pot -pourri" ou à la "bigarrure", les formes narratives de la fin du siècle se diluent dans des séquences extrêment brèves, s'adressant à des lecteurs pressés. Or "l'anecdote", tend à mettre en scène un unique incident qui aurait pu se passer dans la vie quotidienne, même si par ailleurs les péripéties renvoient parfois à l'imbroglio le plus romanesque. La publication périodique infléchit, de toute évidence, la structure de la fiction en lui conférant la marque de ce qu'on appellera, plus tard, un fait divers. La mode des folles par amour se développe ainsi à partir d'un bruit colporté devenu rumeur, appelant nécessairement d'autres incidents du même type, qui lui lui font écho et lui apportent confirmation, sans que le lecteur ne sache plus très bien quelle est la part de la fiction et de la réalité, alors que l'article de journal et l'œuvre romanesque ont recours aux mêmes modaltés énonciatives : forme épistolaire, marque insistante d'un témoignage, majoration des instances évoquant la divulgation d'un secret relevant du privé ou de l'intime. L'étude formelle révèle une mise en scène quasi identique : le récit, souvent à la première personne, est rapporté par un narrateur-témoin qui évoque sa rencontre avec la folle par amour. Dans un bref préambule, il note les circonstances, le lieu et le moment de la scène. Il s'agit souvent du Paris nocturne, théâtre privilégié des spectacles insolites. Un soupir, un cri, suivi parfois d'une interpellation arrêtent brusquement le marcheur. A Londres, un promeneur se heurte à un groupe de malades mentaux exposés à la curiosité des oisifs. (*Bedlam*, anecdote anglaise) Madame de Staël ajoute à la scène plusieurs topoï rousseauistes : rêverie, pensées sombres, épaisse forêt désignant une atmosphère et une disposition d'esprit qui confèrent au récit une tonalité en accord avec la mélancolie fin de siècle (*La Folle de la Forêt de Sénart*). Le narrateur, après quelques résistances de l'inconnue, parvient à lui arracher des confidences sur son état et cherche à la réconforter. Il arrive qu'une idylle s'esquisse entre le témoin transformé en confident, surtout quand celui-ci ressemble à l'amant disparu. Nougaret qui aime à pimenter ses romans de sensualité et d'érotisme est le seul à transformer le narrateur-témoin en séducteur. Insistons surtout sur la rigidité du scénario : un préambule généralement bref, réduit à des indications toponymiques ; la rencontre marquée par l'évocation des premiers symptômes de la folie, le dialogue qui institue les possibilités d'un échange, parfois une nouvelle description plus distanciée des manifestations démentielles, enfin une courte moralité (dans le cas des *Folies sentimentales*). On reconnaîtra aisément les procédures formelles qui légitiment le fait divers. Le témoin, omniprésent, faisant état de sa surprise et de son émoi garantit la véracité du récit et confère à l'incident le poids de l'expérience vécue. La brusquerie de la rencontre contribue, elle aussi, à authentifier la narration. L'événement est comme la marque rituelle de l'inattendu, de l'insolite, l'irruption déjà de l'inquiétante étrangeté inscrite dans la trame du quotidien. Les occurrences les plus souvent employées sont à ce propos : "J'ai vu, je l'ai rencontrée, je lui ai parlé", marques minimales et prétendûment incontetables d'un observateur qui signale sa présence, comme le ferait un reporter moderne. Elles signifient aussi que chacun, s'il veut s'en donner la peine, peut espérer de semblables rencontres. La déambulation dans la capitale, lieu par excellence de toutes les apparitions, devient ainsi, comme dans les *Nuits de Paris* de Rétif de la Bretonne, une expérience féconde pour l'observateur. L'autre procédure de légitimation fait état d'un incident communiqué au pseudo-éditeur, sous le sceau du secret, mystère alléchant que le romancier-journaliste souligne à l'envi pour authentifier l'évènement, tout en excitant la curiosité du lecteur : "Les deux folles que nous avons l'honneur de vous envoyer ne nous ont été communiquées que sous le sceau du mystère, mais en confiant ce secret à nos feuilles, nous ne croyons point l'avoir trahi" écrit Mme de Staël dans le préambule de *La Folle de la forêt de Sénart* publié dans la *Correspondance littéraire de Meister* en juin 1786.

Ce scénario, à la fois rigide, simple et récurrent en dépit des variantes, répond, selon nous, à la volonté éditoriale d'une lecture programmée et contrôlée, dans le cadre d'une tentative de vulgarisation du texte littéraire. La présence insistante du narrateur-témoin a pour finalité de projeter le lecteur dans la fiction, de mobiliser ses affects, en reproduisant dans le texte même les effets induits par une lecture inquiète et sentimentale : "En prononçant ces derniers mots, elle pleura et ses accents étaient si vrais, ses pleurs sortaient d'un abîme si profond que je pleurai aussi." [5] Les larmes du narrateur se mêlent à celles du personnage rencontré pour faire verser celles du lecteur en dotant la maladie mentale d'une fonction à la fois fascinante et attachante, parce qu'elle est le symptôme d'une souffrance extrême. Esclave d'un cérémonial paralysant, désireuse de communiquer avec son interlocuteur, mais n'y parvenant qu'à demi, la folle par amour devient l'héroïne des temps modernes qui suscite la compassion, élément privilégié d'une lecture fiévreuse. Le préambule de *La Folle de la forêt de Sénart* (Mme de Staël) est, à cet égard, tout à fait clair : après avoir comparé la mode des folles à celle de faire des synoymes, le pseudo-éditeur s'écrie : "La peinture d'un sentiment exalté jusqu'à la folie est bien plus digne d'un siècle qui semble avoir mis sa gloire à être de tous les siècles le plus sensible." [6] La déclaration établit un protocole de lecture, tout en le valorisant par un effet publicitaire. Le thème de la folle par amour comble un désir affectif, reposant sur l'attendrissement et l'affliction partagée : aboutissement ultime et extrême du romanesque sentimental qui définit l'esprit du siècle. Pour les auteurs et surtout les éditeurs programmateurs désireux d'exploiter les modes nouvelles, la folie d'amour doit être interprétée comme le parangon de la sensibilité blessée.

5. "La Folle du Pont-neuf", *Les Folies sentimentales, op. cit.*, p. 236-237.
6. Mme de Staël, "La Folle de la Forêt de Sénart", *Correspondance littéraire* (Meister), juin 1786. rééd. Slatkine, t. 14, p. 381.

Reste à expliquer, par delà les pratiques et les stratégies éditoriales, cette attirance de fait pour la folie que l'on va bientôt appeler la maladie mentale. Soulignons d'abord la prédilection des scripteurs pour la description des états extrêmes. La folle par amour attendrit l'observateur, mais aussi l'inquiète jusqu'a provoquer un sentiment de terreur. Le moment attendu, le sommet paroxystique du récit coïncide avec l'évocation minutieuse des symptômes : "les nerfs lui faisaient éprouver des tressaillements convulsifs. Deux fois je l'entendis soupirer ; sa poitrine était oppressée..."[7] Les traits brusquement bouleversés, les convulsions, les cris, les sons inarticulés deviennent des indices troublants que le spectateur épie avec une sorte d'avidité et de curiosité inquiète. Le passage du rire aux larmes évoque rituellement une conduite qui échappe aux normes et aux modes d'analyse. La brusque manifestation de violentes pulsions, le vacillement des états d'âme sont perçus comme les marques d'un désordre affectif, comme les inquiétants symptômes d'un psychisme déréglé et finalement comme l'ouverture sur l'illimité et l'absolu désordre : "j'étais préparé à ses larmes ; mais cette expression de joie dans l'excès de la douleur en devint le plus horrible signe."[8] Il faut insister sur cette représentation d'un être contradictoire, aux états continuellement changeants. Parmi les symptômes les plus souvent décrits, l'aphasie occupe une place de choix : "elle remuait les lèvres ; une puissance surnaturelle semblait lier sa langue ; elle faisait des efforts inutiles et tous ses traits peignaient l'impatience et la douleur."[9] La folle par amour semble habitée par un second être qui l'empêche de communiquer avec autrui, lui dérobe sa personnalité, et surtout fait entrave à ses désirs. L'être envoûté se fait horreur à lui-même parce qu'il ne se reconnaît plus. L'extrême culpabilité mène parfois à des conduites fétichistes ou déviantes : la folle par amour se grimera, dissimulera sous un voile son visage honni ou entretiendra le rêve insensé d'acquérir celui de sa rivale. Insistons surtout sur les manifestations d'un être contradictoire, qui a perdu toute mesure puisqu'il est affecté de symptômes continuellements changeants. C'est donc bien la perte prétendue des repères habituels et des critères traditionnellement retenus pour caractériser la femme qui inquiète et fascine en même temps l'observateur. Ainsi ce portrait de Clélie, l'héroïne de *La Folle de Paris*: "Elle était d'une taille presque

7. La Folle de Saint-Joseph, *Les Folies sentimentales, op. cit.*, p. 182.

8. Mme de Staël, *La Folle de la forêt de Sénart, op. cit.*, p. 384.

9. *Ibidem*, p. 383.

gigantesque ; je n'ai jamais vu d'aussi grande femme : cependant, comme elle était très bien faite, l'œil la considérait avec plaisir, et trouvait dans son extérieur quelque chose de fin et de délicat." A un physique hors norme, correspond un fond de sentiments et d'attitudes en société qui défient l'analyse : "elle était tout à la fois sévère, galante, réservée, peu circonspecte, enjouée et sérieuse."[10]

Cette représentation paroxystique de la folie d'amour doit être bien sûr reliée à l'intérêt que suscite, durant la deuxième moitié du siècle, les déréglements de l'imagination féminine. La lecture des romans, entre autres, n'est pas étrangère aux affres de la maladie[11]. Reprenant, sous une forme simplifiée, l'idée qui triomphe dans les traités philosophiques et médicaux depuis Malebranche, Nougaret rappelle dans la préface de *La Fole de Paris* (1787) : "On verra.. que l'amour a de tout temps troublé la raison, et surtout celle des femmes dont la sensibilité est beaucoup plus exquise que celle de l'homme le plus porté à la tendresse. Mais une autre cause encore contribue à la folie de la jeune personne dont je publie aujoud'hui l'histoire : une lecture trop continuelle des mauvais romans et des livres qui traitent de la Magie, des Démons, des Esprits, etc. etc."[12] Rappelons d'abord que Malebranche faisait varier le pouvoir et les mécanismes de l'imagination en fonction de l'âge et du sexe de l'individu : les fibres sont molles, fluides et délicates durant l'enfance ; avec l'âge, elles deviennent dures, sèches et fortes pour acquérir durant la vieillesse une inflexibilité préjudiciable aux esprits animaux. La nature féminine offre à son tour des traits particuliers : ici la délicatesse des fibres confère à l'imagniation une malléabilité qui la prédispose aux commotions et aux troubles profonds. Il suffit qu'un spectacle violent vienne heurter la sensiblité féminine pour que des séquelles irréparables affectent le fragile équilibre humoral et physiologique. Le discours médical de la fin du siècle recense à l'envi des cas pittoresques de femmes traumatisées par

10. Nougaret, *La Folle de Paris ou les extravagances de l'amour et de la crédulité*, Paris, 1787, p. 10.

11. On se reportera, à ce propos, à : *L'Epreuve du lecteur, Livres et lectures dans le roman d'ancien régime*, Actes du VIIIe colloque de la Société d'Analyse de la topique romanesque, ed. Peeters, Louvain-Paris,1995. Voir aussi D. Masseau, *Le roman à la veille de la Révolution . Formes narratives et pratiques de lecture*, thèse d'Etat , Université de Tours, 1992, à paraître aux éditions Minerve et l'excellente thèse, exhaustive sur la question, de Véronique Costa, *La lecture romanesque et ses dangers. "Le Péché de lecture"*, Université de Grenoble, 1994.

12. *La Folle de Paris*, op. cit., p. VIII.

un accident survenu sur la voie publique.[13] Conformément à une conception stictement mécaniste et imitative de l'imagination, la femme peut reproduire dans sa chair les marques mêmes du spectacle qu'elle a passivement enregistré.

A partir d'une définition traditionnelle de l'imagination, Boissier de Sauvages récuse en partie cette conception de la folie. Il s'oppose aux matérialistes qui prétendent "vouloir déduire la folie et la saine raison de l'homme, de la seule consonnance et dissonance des fibres du cerveau."[14] Aspirant à rétablir la liberté du sujet et la responsablité qui lui incombe dans une conduite qu'il interprète comme un abandon aux passions et comme une déchéance morale, il évoque "les affections de l'âme" qu'il définit comme "les effets violents que la nature fait pour se procurer le bien ou pour éviter le mal, conséquemment à la cupidité ou à l'aversion sensitive : c'est à dire à la liberté de les supprimer ou de les modérer" Il ajoute : "son empire est d'autant plus étendu, qu'on cultive mieux sa raison et qu'on travaille avec plus d'ardeur à la perfectionner."[15] La démence est présentée comme l'impossibilité de résoudre un conflit violent entre la nature instinctive et la raison. Chez les êtres capables de maîtriser leurs pulsions et leurs démons intérieurs, on constate une adéquation entre la volonté et les désirs. En revanche, chez ceux qui ont rompu cet équilibre, l'instinct l'emporte sur la volonté.

Nous retrouvons ici, mêlée au sensualisme triomphant, la représentation classique de la folie assimilée à une chute inquiétant vers l'animalité : "...il y a d'autant moins d'harmonie entre la volonté et les désirs, que les hommes approchent plus près des brutes, et qu'ils n'ont point assez de raison, de philosophie et de religion, pour mettre le calme dans leur âme"; et le théoricien d'ajouter : "la folie naît donc, parce qu'asservis à nos passions, nous nous laissons entraîner par elles, et parce que nous ne sommes pas accoutumés à les réprimer et à les modérer. De là viennent l'érotomanie et le délire amoureux.[16]

La passion amoureuse, est donc présentée comme un flux désirant irrépressible et violent, qui peut mener, plus que les

13. Roussel Pierre, *Système physique et moral de la femme*, Paris, Vincent, 1775, in-12 et *De la femme considérée au physique et moral*, Paris, 1788-1789, 2 vol. Virard Pierre, *Essai sur la santé des filles nubiles*, 2e éd. revue et augmentée, Londres et Grenoble, 1779, in-8°. Chambon de Montaux, *Des maladies des femmes*, 1784, 2 vol. in-12.

14. Boissier de Sauvages, *Nosologie*, 1771, 3 vol., tome 3, p. 592.

15. *Ibidem*, p. 591.

16. *Ibidem*, p. 591.

autres, quand il est contrarié, à tous les excès. Qu'ils appartiennent au courant matérialiste ou vitaliste, qu'ils tentent de préserver le pouvoir du libre arbitre en maintenant le dualisme cartésien,[17] les médecins affirment tous que la femme est plus sujette que l'homme au désordre passionnel. Quant à l'influence exercée par l'imagination sur les mécanismes physiologiques, elle fait l''objet d'une classification et d'une descritpion de plus en plus précise. Boissier de Sauvages décrit les syncopes, les palpitations et les hoquets qui s'emparent des femmes dominées par une démence subite. Même si le mot n'est pas prononcée, il s'agit bien d'assimiler à l'hystérie le désordre passionnel.

Si nous revenons maintenant à nos folies romanesques, il va de soi que les petits romanciers ne s'embarrassent pas des subtilités du discours médical. Il s'agit seulement pour eux d'exploiter l'air du temps, en grossissant des traits pour séduire un public frivole, avide de sensationnel et d'émotions fortes. L'étude d'un corpus étroit et inscrit dans un temps très bref nous a semblé un terrain favorable pour relier des phénomènes généralement disctincts. D'abord une pratique éditoriale exploitant un succès théâtral, la *Folle par amour* de Marsolier de Vivetières, représentée au théâtre italien en mai 1786. Des romanciers entreprennent, dans l'urgence, d'exploiter un scénario codé, selon des recettes commerciales. La gestion du temps, notons-le au passage, est ici primordiale. L'infatigable Nougaret qui a choisi le roman plutôt que la nouvelle organise son récit de façon à rendre possible une suite, qu'il annonce lourdement et naïvement dans sa préface.[18] La série des fous par amour succéderait ainsi à celle des folles par amour. Il n'est pas sûr toutefois que les lecteurs y trouvent leur compte ! La configuration de textes en recueils offrant des variations et parfois des reprises d'une édition à l'autre, présentée pourtant comme inédite, nous conduit à nous interroger sur la notion de mode éditoriale et littéraire à la fin de l'Ancien Régime.Les auteurs tentent un succès de librairie en exploitant des rumeurs diffuses dans le monde des lettres autant que les réactions d' une critique de plus en plus active. L'apparition d'une presse frivole, inventant de toutes pièces des récits sentimentaux présentés comme des faits divers modifie à son tour les instances de légitimation du récit de fiction et lui confère une nouvelle segmentation, tandis que la

---

17. Sur les différentes écoles médicales de la fin du XVIIIe siècle et leur philosophie respective, voir Paul Hoffmann, *Théories et modèles de la liberté au XVIIIe siècle*, Paris, P.U.F. , 1996.

18. Nougaret, *op. cit.*, p. XI.

quête des composantes émotionnelles finit par l'emporter sur l'invention narrative et la mise en place d'une intrigue charpentée, ménageant de réelles surprises. On aura deviné que l'esthétique n'y trouve pas son compte.

Quant à la folie amoureuse, elle apparaît comme une variante du romanesque sentimental et, en un sens comme sa forme extrême, bien qu'on ne trouve pas ici la grandiloquence de Baculard d'Arnaud ni sa prédilection pour les dilemmes pathétiques. L'avertissement des *Folies sentimentales* met clairement l'accent sur la quête de l'effusion sensible en privilégiant l'effet obtenu sur le spectateur (*Nina ou la Folle par amour*) ou le lecteur : "les extravagances nées de l'ambition sont froides comme l'ambition, mais celles qu'enfante l'amour, sont brûlantes comme cette passion. L'amour étant une espèce de délire, quand ce délire est poussé à l'éxcès, on le prend pour une suite de l'amour même, on le prend pour l'amour prolongé,et voilà pourquoi Nina fait verser tant de larmes." [19]

Reste que ce thème récurrent en dépit de la simplicité des effets programmés reflète une inquiétude doublée d'une incertitude généralisée. Hésitation d'abord quant au statut de la folie, dans la fiction. Les troubles engendrés par l'amour contrarié sont présentés parfois comme un ressort comique, parfois comme un élément pathétique. Le moralisme traditionnel des dénouements qui mettent platement en garde le lecteur contre les extravagances et les dangers des passions, sont évidemment démentis par la fascination réelle qu'inspire une conduite hystérique. Plus radicalement, on a le sentiment que la multiplication des stéréotypes narratifs et la rigidité de la structure dissimulent une attirance pour tout ce qui évoque, de près ou de loin, la perte de l'indentité, l'écroulement des répères, et les symptômes d'un profond bouleversement intérieur. Alors que Diderot a réhabilité les pouvoirs de l'imagination dans Les *Eléments de physiologie*, que Sébastien Mercier cultive avec enthousiasme les états limites dans *Mon bonnet de nuit*, de petits romanciers tentent de satisfaire, dans un registre simplifié et vulgarisé, le goût des lecteurs pour la désintégration psychique. L'homme apparaît alors comme un être dont la fragile équilibre subit une menace de tous les instants, tant il est soumis aux caprices imprévisibles de l'implacable machine corporelle : "Voici ce que je pense : la folie et la raison se touchent presque dans la tête humaine. Elles

19. *Les Folies sentimentales, op. cit.*, Avertissement, p. 2.

ne sont séparées que par une membrane délicate que le moindre effort peut déchirer : il en est de même du plaisant, du pathétique et du ridicule, de la douleur et de la joie : pincez la membrane d'un côté, les yeux versent des larmes ; pincez-là d'un autre côté le rire se déploiera sur les lèvres ; et ce qui vous fait rire aurait pu vous faire pleurer. " [20] Incertitude, aussi, quant au statut du récit de fiction, dans une période de remise en question des codes institués par les belles-lettres. A la faveur de cette rupture, certains récits deviennent des caisses de résonance, reproduisant et amplifiant toutes les rumeurs du jour, drainant des représentations éparses. Dans le cas de Nougaret, par exemple, le thème de la folie d'amour permet de rassembler la croyance aux esprits, l'évocation des sociétés d'illuminés et le mesmérisme ambiant qu'il présente comme des attitudes à la fois bouffonnes, inquiétantes et attirantes.

Enfin, la clef de cet épisode éditorial est à rechercher, selon nous, dans les pratiques de lecture en vigueur à la fin de l'Ancien Régime. Les effets de surenchère propres au romanesque sentimental trouvent ici un nouveau mode d'emploi. La folie d'amour est censée plonger le lecteur dans cet émoi fiévreux que les Baculard d'Arnaud et autres spécialistes du genre s'entendent pour déclancher sur commande. Mais le cas des folles par amour offre quelques différences. Il s'agit cette fois de faire vaciller le lecteur, en multipliant les ambiguités d'un état affectif, hésitant entre l'identification et la distance, la compassion et les délicieux frissons de l'inquiétude. Le lecteur peut avoir la tentation d'épouser les souffrances de la victime, de retrouver en elle comme un écho de ses propres atermoiements. En ce sens, le récit réveille une crise ; il fait surgir le refoulé, il réactive confusément les troubles de l'expérience vécue. De l'autre, il place le lecteur en position d'observateur qui contemple les ravages illimités de la folie. De toute façon, la lecture repose sur une fascination trouble, sur le désir et la peur de perdre ses repères, de cultiver les états limites. Etrange moment d'incertitude qui se grise de son incertitude.

Didier MASSEAU
Université de Tours

20. *Ibidem*, p. 2.

LA FOLIE AU MIROIR

VÉRITÉ DE SOI ET FOLIE ROMANESQUE : L'*INDIGENT PHILOSOPHE*, ENFANT DU BAROQUE ?

Karine Bénac

Indigent et philosophe, le narrateur de *L'Indigent Philosophe* réunit deux qualités qui pourraient sembler conciliables — comme la figure de Diogène peut en témoigner —, et qui ne cessent au fond de se heurter pour produire une œuvre où l'indigence constitue tantôt le levier d'une nouvelle approche de l'être et de soi, tantôt, sous la forme de l'ivresse notamment, une entrave à la connaissance de soi.

Ainsi apparaît en lui une scission entre deux versants : d'un côté l'abîme qui guette le sujet coupé de l'échange social et voué au risque perpétuel de l'engloutissement dans la spécularité ; de l'autre, puisque la volonté autobiographique montre que le sujet cherche à se réinsérer dans les circuits de la parole socialisée, un mode original d'appréhension de l'être et de soi, fondé sur la reconnaissance de notre identité personnelle comme identité à la fois plurielle (recoupant effectivement plusieurs voix) et fondamentalement sociale.

L'écriture pseudo-autobiographique de l'*Indigent Philosophe*, qui brouille toutes les pistes, crée l'illusion là où l'on attend la vérité, clame sa folie avec une étonnante sincérité, illustre ce moment aporétique où le fondement de l'être est à reconstruire. La référence baroque — art de la représentation, du mouvement, de l'illusion, de la feinte — découle donc logiquement d'une période où l'être n'est plus conçu comme fondé sur une essence immuable, mais livré à la variation et l'éclatement intérieurs.

L'*Indigent Philosophe*, œuvre et personnage, paraît apporter de ce fait une intéressante conciliation entre une inspiration romanesque baroque et une véritable quête philosophique dont le but, la dénonciation de l'illusion en vue de la vérité, est peut-être moins antagonique du baroque qu'il n'y paraît : car la vérité que la quête philosophique se propose d'atteindre se présente plutôt, dans l'écriture marivaudienne, comme une quête infinie que comme la possession d'une évidence.

L'INDIGENT PHILOSOPHE,
OU UNE FOLIE ROMANESQUE D'INSPIRATION BAROQUE

Bien qu'inspirée par une volonté d'authenticité et de vérité, l'écriture autobiographique de *L'Indigent philosophe* est le lieu d'un dérèglement scriptural dont les caractéristiques, qui rappellent celles des œuvres baroques, indiquent l'affrontement du narrateur avec sa propre folie.

De fait, notre œuvre semble répondre aux critères dégagés par J. Rousset,[1] et repris par Henri Coulet,[2] afin de caractériser l'œuvre baroque.

L'"instabilité" ainsi que la "métamorphose" se rencontrent tout au long du procès énonciatif ; celui-ci en effet, s'il se présente à la première ligne sous la forme d'une autobiographie, ne cesse par la suite de se morceler, de se déstructurer, de se faire autre qu'il ne s'est annoncé, comme gagné par une véritable folie discursive.

L'*Indigent Philosophe* se présente en effet comme un projet autobiographique, puisque Marivaux met en scène un personnage qui veut faire son autobiographie : "je m'appelle L'Indigent Philosophe."[3] Immédiatement, une contradiction saute aux yeux du lecteur : ce nom propre n'est qu'un nom commun flanqué d'une majuscule et de l'article de notoriété, ce qui fait de notre narrateur non un individu singulier mais bien plutôt un être d'élection représentatif d'une espèce, celle des penseurs marginaux. Le projet autobiographique est alors détourné de ce qui deviendra sa forme traditionnelle. Le fait que le personnage ne se nomme plus par un patronyme qui l'inscrirait dans une généalogie annonce peut-être déjà une crise de l'identité. L'autobiographie se dérègle presque immédiatement, et, plus qu'à un récit circonstancié de ses faits et gestes, c'est à une réjouissance que nous convie le narrateur : "je me suis fait un plaisir d'écrire, et je n'irai pas m'en abstenir dans la crainte que ce que j'écrirai ne vaille rien."[4]

---

1. *La littérature de l'âge baroque en France*, Paris, Corti, 1995.
2. *Le roman jusqu'à la Révolution*, Paris, A. Colin, 1991.
3. *L'indigent philosophe* (abrégé en *IP*) in *Journaux et Œuvres diverses*, Paris, Classiques Garnier, 1988, p. 275.
4. *IP*, p. 276.

La trame discursive ne cesse de se perdre et de se retrouver, car tout entier abandonné au plaisir et à son présent, le discours débridé ne saurait en aucun cas laisser la place au récit autobiographique en bonne et due forme :

"Mais voilà assez de préambule : je suis naturellement babillard, il faut que cela se passe. Parlons de ma vie, à cette heure : je vais vous en donner des lambeaux sans ordre, car je n'ai pas chargé ma mémoire de dates, mais il faut remettre la partie à une autre fois, car le jour me manque, et je n'use pas d'autre lumière [...]"[5]

En outre, la voix du "Je narrant" ne cesse de se métamorphoser en différents rôles : moraliste, philosophe, comédien, récitant.

La "mobilité" de l'œuvre éclate ainsi au grand jour, et culmine au moment du relais de parole (après l'Indigent, c'est le Comédien qui se lance dans l'autobiographie), relais de parole qui oblige le spectateur à "multiplier ses points de vue", selon la formule de J. Rousset, comme si le "Je" originel ne pouvait décidément rester le maître de son énoncé. Ce relais d'énonciateur se fait d'ailleurs au gré d'un changement de lieu qui paraît bien prouver le "primat du décor" — quatrième critère de l'œuvre baroque dégagé par J. Rousset :

"A propos de folies, l'autre jour je me trouvai dans une salle où un homme charitable de la ville assemble quelquefois des pauvres pour leur distribuer de l'argent, et d'autres charités. Il y avait un grand miroir dans cette salle ; je m'en approchai pour voir ma figure qu'il y avait longtemps que je n'avais vue : j'étais si barbouillé que cela me fit rire, car il faut tirer parti de tout ; je me regardais comme on regarde un tableau, et je voyais bien à ma physionomie que j'avais dû me ruiner, et il n'y avait pas l'ombre de prudence dans ce visage-là, pas un trait qui fît espérer qu'il y en aurait un jour ; c'était le vrai portrait de l'homme sans souci et qui dit : 'N'ai-je rien ? je m'en moque.'[6]"

Le jeu d'illusions s'instaure autour du miroir : ainsi, la contemplation du reflet indique le mode d'existence d'un philosophe qui ne coïncide jamais avec soi mais ne se rencontre que dans l'effet de miroir — direct ici, indirect dans l'écriture. Etranger à la honte, il se rit de lui-même comme s'il s'agissait d'un autre. Le discours adressé à soi-même redouble la scission de l'être :

5. *IP*, p. 277.
6. *Id.*, p. 281.

"Voilà donc celui qui a mangé tout mon bien, dis-je en m'approchant de ma figure [...] voyez-vous le fripon ? Tout ce qu'il a fait, il le ferait encore." [7]

Au lieu que la quête de soi, à laquelle se livre vainement le "Je" dans l'écriture, trouve ici un aboutissement, dans une image de soi qui rendrait immédiatement compte d'une vérité de soi, l'effet de reflet procure le sentiment de se saisir soi-même dans son authenticité, sentiment démenti aussitôt par la mise en scène verbale où l'utilisation de la troisième personne, "celui-ci", indique l'engloutissement de la quête de soi dans un jeu de miroirs où soi-même se perçoit comme autre.

Certes, on pourrait aussi, à l'inverse, interpréter ce passage comme un moment de lucidité riante, où notre Indigent se moque avec alacrité du discours de l'honnête homme soucieux de sa réputation, puisque toutes ses paroles visent précisément à glorifier l'image de gueux qu'il offre, et dont il paraît se réjouir sincèrement : l'expression "voyez-vous le fripon" pourrait en ce sens être comprise comme une invitation à s'admirer, à se réjouir de son étrangeté.

Quelle que soit la pertinence de ce niveau de lecture, il demeure que l'Indigent porte aussi sur lui-même un regard qui exprime un jugement social implicitement négatif — s'il est vrai qu'un "fripon" ne peut être honnête homme.

Un second aspect de cet engloutissement dans la quête de soi apparaît avec l'entrée en scène à ce moment du narrateur-relais, lequel peut alors se comprendre comme une reduplication de soi qui rendrait impossible la rencontre de l'autre :

"Quelqu'un de mes camarades entra comme je finissais la conversation par un saut. Ami, vous êtes bien gaillard, me dit-il. Vraiment oui, répondis-je, je viens de voir un homme qui ne doit rien, et qui n'a rien à perdre. Pardi, je vaux bien cet homme-là me dit-il ; aussi, vous n'avez qu'à faire une gambade en me voyant ; sautez, sautez, je le mérite. Et pour m'en donner l'exemple, il sauta lui-même, et puis je sautai. Il me le rendit, je le rendis : je crois que nous sauterions encore, si nous n'avions pas entendu ouvrir la porte de l'appartement." [8]

Le saut n'exprime pas seulement un affect de joie ; par sa répétition, il devient un jeu infini de miroirs teinté d'"inquiétante étrangeté", et qui ne peut s'interrompre que par une intervention extérieure — en l'occurrence l'arrivée de l'"homme

7. *Ibid.*

8. *IP*, p. 281.

charitable ". Le ton est donné : le narrateur-relais est un double de l'Indigent Philosophe, et sa parole ne fera que frôler la vérité de soi. Témoin le prétexte de départ :

"Je vous aime de cette humeur, me dit-il, allons boire chopine pour entretenir notre joie ; je vous dirai qui je suis, à charge de revanche [...]. "[9]

L'autobiographie devient véritablement fille de joie, puisque sa naissance et sa fin sont placées sous le signe du délire bachique : "Nous n'avions plus de vin ; mon camarade paya, et nous descendîmes. "[10] De ce fait, la vérité n'est toujours que pressentie, dérobée à chaque instant par la parole de l'ivresse, à la fois source d'inspiration et de dénégation de soi :

"Je passe une partie de ma vie dans cette bachique obscurité-là, et à cause de cela vous croyez que ce n'est rien qu'un homme comme moi : si je n'avais pas du vin, *j'en pleurerais*, de la pensée que vous avez. Mais je ne suis pas si sot que de pleurer, quand j'ai de quoi boire. "[11]

Parole de la lucidité et du contournement se côtoient, dans ce conditionnel qui laisse seulement affleurer la possibilité des retrouvailles avec soi. La parole du narrateur-double finit par perdre tout ancrage dans la chronologie du récit, pour puiser sa possibilité et sa continuité dans l'acte même de boire : dans un renversement inattendu, la parole du délire bachique est seule habilitée à rendre l'énonciateur à son fil directeur, et donc à soi-même :

"Allons, retournons où j'en étais ; je sais bien que je voulais boire, et jamais je ne me trompe, quand je reprends là ; versez derechef ; à vous, que le ciel vous le rende ; ah ! je me retrouve ! "[12]

Banni du réel, le discours romanesque se perd dans une circularité où la scène de l'existence n'est énonçable que sur le mode de l'ivresse, lequel en est la condition nécessaire, sinon suffisante :

"Primo la vie, ensuite du vin ; car si on ne vivait pas, comment boire ? mais quelquefois boire console de vivre. "[13]

Au terme de cette étude, on s'aperçoit que l'écriture de l'*Indigent Philosophe* se fonde sur une série de surprises, de contrastes et d'audaces caractéristiques du baroque. La définition que l'énonciateur donne de son style est à cet égard bien révélatrice :

9. *IP*, p. 282.
10. *IP*, p. 301.
11. *IP*, p. 301. Nous soulignons.
12. *IP*, p. 297.
13. *Ibid.*

"D'abord on voit un gaillard qui se plaît aux discours d'un camarade ivrogne, et puis tout d'un coup ce gaillard, sans dire gare, tombe dans les réflexions les plus sérieuses ; cela n'est pas dans les règles, n'est-il pas vrai ? Cela fait un ouvrage bien extraordinaire, bien bizarre : eh ! tant mieux, cela le fait naturel, cela nous ressemble." [14]

Le "bizarre" et le "naturel" deviennent ici synonymes, preuve que la nouveauté de cette écriture, toute en "effets surprenants", se fonde sur une réelle quête de la vérité ; quête de la vérité de l'homme, vérité de soi, vérité de soi-narrant déchiré entre toutes les possibilités de dire "Je" et révélant peut-être par-là la vérité de la complexité du "Je" philosophe au siècle de Marivaux.

LA VÉRITÉ DE SOI MISE EN ABYME PAR LA FOLIE ROMANESQUE

L'écriture de l'*Indigent Philosophe* s'inscrit de fait dans la lignée de celle des "beaux-esprits", dont Marivaux s'attache à définir les caractéristiques dans ses *Réflexions sur l'esprit humain*:

"Ainsi ils ne nous apprennent rien qui nous soit inconnu ; mais le portrait le plus frappant qu'on nous ait donné de ce que nous sommes [...] le portrait qui nous peint le mieux l'importance et la singularité de cet être qu'on appelle homme, et qui est en chacun de nous, c'est à eux que nous le devons." [15]

C'est donc à une représentation de notre vérité que nous convie l'*Indigent Philosophe*, dans une narration en circonvolutions : de la contingence de son existence naît un récit discontinu, frappé de ruptures chronologiques. Mais de la double contingence — existentielle et narrative — naît un discours capable de vérité. On relèvera notamment la satire sociale d'inspiration pascalienne : "c'est que je vois de ma fenêtre un homme qui passe dans la rue, et dont l'habit, si on le vendait, pourrait marier une demi-douzaine d'orphelines." [16] Seul le pauvre peut, finalement, énoncer une protestation contre l'ordre social. Une vérité à la fois sociale et existentielle ne peut apparaître que du côté de celui qui a tout abandonné et n'a plus rien à défendre. Mais le revers de cet abandon serait constitué par la constante menace de dérision de soi, et le risque de mort qui s'ensuit.

14. IP, p. 310.
15. *JOD, op. cit.* p. 473.
16 *IP*, p. 307.

Comment garantir en ce cas, la possibilité d'une existence à la fois heureuse et vraie, lucide et riante ? A lire les réflexions de notre philosophe, il semble que toute la joie de l'existence suppose qu'on trangresse les règles du *principe de réalité*. L'existence réglée serait une existence triste, un *principe de réalité* considéré dans ce qu'il a de plus frustrant, ce qui pourrait signifier qu'il n'y aurait pas de *principe de réalité* heureux.

Mais le *principe de plaisir*[17] se révèle lui aussi destructeur. Dans le présent de l'énonciation, l'Indigent Philosophe pourrait passer pour un ivrogne. Il n'a pas, comme Diogène, délibérément choisi sa marginalité, puisqu'elle est la conséquence de la prodigalité de sa jeunesse, et il prend lucidement conscience du fait que : "[...] pour avoir du plaisir, il n'est pas nécessaire de se ruiner, ni de devenir pauvre : la pauvreté est une cérémonie que l'on peut retrancher, ce n'est pas elle qui m'a rendu joyeux et content comme je le suis [...]".[18] Ce que le locuteur dénonce ici, c'est une compréhension du plaisir selon le *principe de plaisir* (sa prodigalité de jeunesse). Lorsqu'il a épuisé cette illusion, il découvre que le plaisir n'exige pas que l'on soit soumis au *principe de plaisir* — la dépense totale et la ruine qu'elle implique : une réconciliation possible s'amorcerait-elle entre le plaisir, et une intelligence bien comprise du *principe de réalité* ? L'écriture revêtirait alors une fonction didactique, chargée de mettre en scène un *exemplum* dissuasif.

Reste que l'Indigence traverse au bout du compte sa situation de philosophe. Il y a une véritable misère du "Je" pensant, du "Je" philosophe qui ne parvient pas à s'inscrire entièrement dans l'espace social, puisque la femme l'exclut :

"Le mal est qu'on n'est mort qu'à leur compte, et qu'on ne l'est pas pour soi ; au contraire, jamais on ne sent tant que l'on vit, que lorsqu'elles vous retranchent du nombre des vivants."[19]

Le "Je" tel qu'il apparaît dans notre texte semble donc recouper une multiplicité irréductible à une unité : nous assistons à un éclatement du "je" qui ne cesse de dire le contraire de ce qu'il veut dire, ou de tenir des discours contradictoires. Il ne paraît plus garanti par l'unité essentielle d'une âme.

---

17. Nous nous référons ici à Freud, *Formulations sur les deux principes du fonctionnement psychique* in *Psychologie des Unbewussten*, Frankfurt, Fischer Verlag, 1975.

18. *IP*, p. 280.

19. *IP*, p. 320.

La vérité de soi se manifeste, dans *l'Indigent Philosophe*, dans un "Je" pluriforme, qui s'exhibe dans l'écriture, lieu de la relation spéculaire et des dédoublements infinis. Cette multiplicité irréductible de l'apparaître, qui est, au fond, tout notre être, est le témoignage de ce que nous sommes, et de ce que l'autre représente pour nous. C'est la découverte que notre être social est fondateur de notre identité. L'homme est un être sans cesse en mouvement, pris dans le devenir de ses multiples possibilités relationnelles. Ainsi, seule l'écoute de l'Autre (l'Indigent Philosophe écoutant le comédien ; nous lecteur écoutant l'Indigent Philosophe) redonne véritablement droit d'existence au sujet de la parole, ou à sa tentative pour le devenir : le "je vous dirai qui je suis" du comédien donne lieu à un véritable récit. Seul le dialogue semble pouvoir restructurer la parole et rendre le sujet "comme maître et possesseur" de sa parole. Observons que cette salvation est mise en abîme au sein même de l'écrit, dans la rencontre avec le comédien, dont le métier de représentation rappelle la conception baroque du monde comme théâtre, ce qui suppose non une série de monologues, mais que chacun lance sa réplique au moment opportun.

Pourtant, le silence de l'Indigent pendant le récit, le parallélisme qui s'impose entre les deux vies — de même que l'Indigent philosophe, le comédien a connu une période brillante avant de sombrer dans l'ivresse —, le dialogue clos sur lui-même autour de la bouteille, tous ces éléments suggèrent implicitement le danger d'une indépassable spécularité, qui ferait de la parole vive et insérée dans une situation de communication, une parole vouée en réalité à une répétition circulaire.

Bien sûr, la cohérence du récit du Comédien, opposée dans sa linéarité chronologique à l'autobiographie chaotique de l'Indigent, laisse entendre que la figure du Comédien ne peut être escamotée dans sa singularité, au profit d'une situation d'énonciation gémellaire. De fait, il est le seul des deux personnages à composer un récit, à ordonner sa parole. Il est celui qui mène le plus loin la remise en ordre de sa vie. Mais si on se souvient que ce sont ses succès de comédien qui fondent le noyau de son récit, on sera tenté de supposer que c'est son adhésion — dont il n'a pas fait le deuil — au domaine de la représentation, qui fonde sa capacité à se (re)présenter en bonne et due forme dans sa parole.

Au contraire la parole de L'Indigent, déliée de tout projet de représentation, signifierait au fond l'avènement d'un nouvel ordre de l'existence, davantage empreint d'authenticité. La limitation de la spécularité constituerait ainsi la direction que doit emprunter la parole, pour une vraie recherche de la signifiance (de soi, de sa propre vie, du monde). Cette direction serait, paradoxalement, celle du refus de toute direction, au profit de l'abandon au présent de l'existence comme à celui de l'énonciation, seul lieu possible de rencontre avec soi-même et avec le monde. Reste que ce présent est un présent pour le moins ambivalent, puisque l'écriture délire, au sens propre, et que l'existence de l'Indigent est affectée de manque ; il écrit ainsi, à propos des femmes :

"[...] l'état d'un vieillard n'est pas si désespéré que le mien : encore, quand il est riche, lui passent-elles qu'il est jeune ; mais quand on est pauvre, il n'y a plus de ressource, on est mort, ou bien autant vaut. "[20]

Si la question "qui suis-je" constitue la trame philosophique de toute l'œuvre (on songe à la phrase inaugurale : "Je m'appelle l'Indigent Philosophe, et je vais vous donner une preuve que je suis bien nommé "[21]), l'Indigent Philosophe, qui n'engage sa parole que dans l'écrit, court le risque du solipsisme, d'une parole qui ne laisse pas de place à l'autre : le lecteur est ainsi nié avant même que d'exister, et le pacte de lecture violé par conséquent d'entrée : "je ne suis pas sûr que ces espèces de Mémoires aillent jusqu'à vous, ni ne soient jamais en état d'avoir des lecteurs. "[22] L'un des dangers que peut rencontrer la quête philosophique serait donc, finalement, la tentation, pour la parole en quête de vérité, de se perdre en soi, au fil de l'écriture comme dans la relation spéculaire.

Le péril viendrait en outre de l'écriture délirante d'un énonciateur qui n'écrirait plus sous la garantie du droit divin, mais sous la dictée du "ça" qui parle en lui : "[...] ce qui me viendra, nous l'aurons sans autre cérémonie. "[23] Et l'absence de nom propre pourrait alors venir symboliser un jeu de rôles, dans lequel le "Je" de l'Indigent Philosophe recouvrirait une réalité multiple — indigent et philosophe, soi-même comme autre — dont on peut, au bout du compte, se demander dans quelle mesure elle ne recouvre pas une aliénation bien réelle : car notre philosophe subit l'indigence au lieu de la choisir, exilé dans un ailleurs qui n'est ni une présence à la société, ni une exclusion voulue, mais une sorte de non-lieu, où sa qualité d'ivrogne pourrait bien porter

20. *IP*, p. 320.
21. *IP*, p. 275.
22. *IP*, p. 273.
23. *IP*, p. 276.

atteinte à ses revendications de philosophe condamné bien davantage à "faire le sage" qu'à être sage...

Deux vérités coexistent donc à l'issue de cette réflexion : d'une part le jeu sur la fiction et la folie aboutit à la mise en évidence de ce qui est contraire à la folie : l'acceptation de notre être comme fondamentalement pluriel et social. Que l'écoute de l'autre conjure l'engloutissement dans la relation spéculaire montre à quel point le "je" marivaudien ne prend son sens et son ancrage que dans la relation à autrui, elle-même tissée dans le jeu de la société.

D'autre part, l'ivresse composerait une sorte de trompe-l'œil, contrepoint à l'illusion picturale chère au baroque, d'où un nouveau regard serait jeté sur le "je" du philosophe, vidé de ses assises et jeté dans la vacuité d'une indigence qui pourrait bien, au bout du compte, remettre en question la possibilité d'une véritable parole philosophique au siècle de Marivaux. D'autant que la prégnance de la spécularité dans toute l'œuvre pourrait bien indiquer, au lieu d'un dépassement de la folie, la menace de folie qui plane sur le sujet en quête de son identité.

A moins que la parole philosophique soit désormais à comprendre comme imbriquant étroitement le questionnement sur soi et son impossibilité, la conscience de soi et le risque permanent de la perte de conscience, unité et multiplicité, réflexion philosophique et discours romanesque : ce qui est ainsi proposé c'est la découverte d'un nouveau mode de parole philosophique, qui ne construirait son approche de la vérité que par le détour d'une écriture mimant, par son chaos chronologique et thématique, la complexité du soi ; car seul l'effort d'une conscience pour se trouver et se réfléchir, dans le présent tâtonnant d'une écriture soumise à la contingence, pourrait garantir la possibilité d'une rencontre de soi. En réconciliant écriture littéraire et philosophique, Marivaux montre que la recherche de soi parmi les autres peut seule offrir un fondement à l'identité personnelle.

Karine BÉNAC
Université de Toulouse Le Mirail

DE LA FOLIE AVEUGLE À LA FOLIE SPECTACLE : DOUBLE REGISTRE ET THÉATRALITÉ DANS LES *MÉMOIRES ET AVENTURES D'UN HOMME DE QUALITÉ* ET DANS *CLEVELAND* DE L'ABBÉ PRÉVOST

Florence Magnot

Les héros de l'abbé Prévost partagent tous une sensibilité hors du commun et la conscience d'un destin malheureux. La crise de folie est un épisode volontiers évoqué, et contribuant à souligner la nature exceptionnelle et héroïque des vies racontées. Les narrateurs, depuis leur retraite studieuse ou mystique, revendiquent en effet dans leurs mémoires le bénéfice de leur bref passé de fou, celui-ci étant l'un des signes de leur élection.

Je voudrais étudier, dans deux épisodes de folie, le rapport personnage / narrateur afin de montrer que, dans ce type d'épisode, les deux instances s'articulent selon une modalité que je m'efforcerai de préciser, mais dont on peut déjà dire qu'elle diffère du double registre. L'épisode de folie est particulièrement révélateur en ce qu'il thématise en quelque sorte la question du dédoublement du sujet. Je me propose de partir de la célèbre analyse que Jean Rousset fait du double registre chez Marivaux,[1] afin de montrer en quoi le fonctionnement de ces épisodes chez l'abbé Prévost s'en écarte.

Certes, chez Prévost comme chez les autres auteurs de romans-mémoires, on retrouve le dédoublement fondateur entre le personnage immergé dans les événements de sa vie et le narrateur qui les raconte, à distance, avec le recul des années. Dans la plupart des cas, la ligne de partage est nette entre l'aveuglement du personnage, incompréhensible à lui-même, et la lucidité du narrateur revenu de ses égarements, de ses "folies". Dans ces épisodes en revanche, la folie proprement dite laisse apercevoir un partage des fonctions sensiblement différent et qui mérite d'être examiné.

---

1. Jean Rousset, "Marivaux ou la structure du double registre" *in Forme et signification, Essai sur les structures littéraires de Corneille à Claudel.* Paris, Corti, 1962, p. 45-64.

La folie apparait en effet comme un épisode fondamentalement réflexif. Par "réflexivité" on se réfère à la co-présence dans l'œuvre de l'objet regardé et du sujet regardant, c'est-à-dire à l'introduction d'une conscience critique et spectatrice de soi-même, ce que Rousset définit précisément comme le "double registre".

Mais à la différence du double registre, dans ce type d'épisode, le dédoublement important ne s'opère pas entre les deux instances personnage/narrateur, mais antérieurement, chez le personnage lui-même. Je me propose d'explorer les modalités de cette réflexivité spécifique, que l'on peut dans un premier temps décrire comme un rejet de la folie sans distance, puis de montrer que ce déplacement n'est pas sans conséquence sur la position du narrateur et peut nous permettre de comprendre le malaise et l'inadéquation perceptibles dans ces épisodes.

L'ELLIPSE DE LA SPONTANÉITÉ : LA FOLIE "PRESQUE" AVEUGLE DES PROTAGONISTES.

Notre étude s'intéressera plus particulièrement au deuil de Renoncour après la mort de Sélima dans les *Mémoires et aventures d'un homme de qualité qui s'est retiré du monde* et du moment où Cleveland s'apprête à égorger ses deux fils dans *Le Philosophe anglais ou Histoire de Monsieur Cleveland*. On admet que ces épisodes relèvent de la folie, tout "simplement" parce que les narrateurs nous disent qu'à ce moment-là ils ont perdu la raison.[2]

J'aimerais montrer que la folie furieuse, aveugle et violente annoncée par le narrateur, a un mode de présence déceptif et indirect dans les deux textes. Elle est rejetée au profit d'une autre forme et ce rejet me semble significatif.

La folie furieuse est en effet "programmée" en tête des épisodes, en une sorte de précaution oratoire mettant en garde le lecteur trop sensible. Est-elle pour autant représentée dans le récit qui suit ? Dans les deux romans, on observe l'abandon d'une forme violente de folie qui priverait le personnage de

2. Renoncour : "Je perdis non seulement tout amour pour la vie, mais la raison même et tous les sentiments de religion." *Mémoires et aventures d'un homme de qualité*, p. 97, et Cleveland : "J'aurais peine à expliquer par quels degrés je parvins au dernier excès de la folie et de l'aveuglement." *Le philosophe anglais ou Histoire de Monsieur Cleveland*, p. 289. Toutes les références aux oeuvres de Prévost renvoient à l'édition des *Œuvres complètes* sous la direction de J. Sgard, P.U.G., Grenoble, 1977-78 pour les tomes I et II.

toute réflexion, de toute distance. Ainsi, après le récit de la mort de Sélima, Renoncour s'écrie :

"Pourra-t-on s'imaginer que je ne sois pas mort moi-même de douleur, ou que je ne me sois pas percé mille fois le sein de désespoir ? Que me restait-il au monde après avoir perdu Sélima ? Pourquoi ne me passai-je pas mon épée au travers du corps ? Pourquoi ne me précipitai-je pas dans le Tibre ? Tant de chemins peuvent conduire à la mort ; ne devais-je pas choisir les plus courts ? Hélas ! Je les tentais tous l'un après l'autre, et mon cœur désespéré aurait voulu pouvoir les unir tous ensemble.

On crut me rendre un bon office en éloignant de moi tout ce qui pouvait favoriser le dessein que j'avais pris de mourir ; et l'on me veilla, pendant quinze jours comme on aurait fait un furieux ou un insensé. J'étais en effet dans un état bien plus triste ; car je perdis non seulement tout amour pour la vie, mais la raison même et tous les sentiments de la religion. "[3]

Le passage évoque la réaction de fureur qui saisit dans un premier temps le personnage. Significativement, Renoncour y énumère tout ce qu'il aurait pu ou dû ou désiré faire, mais qu'il n'a pas fait. La formulation est rhétorique et ne se préoccupe pas de vraisemblance. L'excès rhétorique (notamment la redondance : se percer mille fois le sein de son épée / se passer son épée au travers du corps) pourrait être interprété comme un moyen de détourner l'attention du décalage qui est au centre de l'épisode : il a survécu à la mort de Sélima et la fureur violente programmée ne coïncide donc pas exactement avec l'histoire que l'on nous raconte. La fureur inefficace de Renoncour n'est d'ailleurs pas décrite, elle est simplement dite, qui plus est de façon négative. Il reste elliptique sur la nature de ses "tentatives", dont on sait seulement qu'elle furent nombreuses.[4] Notons aussi l'extrême brièveté de l'évocation : un très court paragraphe y suffit.

La folie aveugle est donc formulée d'une manière on ne peut plus indirecte et n'est pas représentée. On peut mettre en parallèle la "fureur" de Renoncour avec celle de la jeune fille séduite de l'histoire de Rosambert,[5] on s'aperçoit alors que les deux tentatives de suicide de celle-ci sont représentées : elle aussi tente une pre-

---

3. *Mémoires et aventures d'un homme de qualité*, op. cit., p. 97.

4. Il est intéressant de noter comment l'hyperbole et le discours généralisant sont utilisés pour éluder le récit des événements : tant de chemins peuvent mener à la mort, certes, mais on ne saura pas les chemins précis que Renoncour a tenté d'emprunter.

5. *Mémoires et aventures*, op. cit., p. 36 à 42.

mière fois de se saisir d'une épée pour se transpercer le cœur sous le coup de la fureur, mais, contrairement à Renoncour, elle trompe la vigilance de son sauveur et réussit lors d'une seconde tentative à s'ôter la vie, avec un couteau de cuisine[6]... Certes le récit postule et requiert la survie de Renoncour mais rien ne rend compte de l'ellipse de ses tentatives désespérées, qui sont racontées lorsqu'il s'agit d'un personnage secondaire[7]. L'ellipse puis l'abandon de cette forme de fureur peuvent s'expliquer par le refus d'une improvisation de la folie : très vite, le personnage s'empare de cet épisode de sa vie et ne le subit pas totalement passivement. Il n'y a pas chez les deux héros d'abandon passif à l'événement douloureux et, loin de se cantonner à être les spectateurs de leur cœur, ils s'en font les metteurs en scène.

Chez Cleveland, la folie est présentée d'abord comme un accès pathologique mais elle est rapidement transformée et réorientée — "récupérée" — par le personnage. Le modèle "anglais"[8], présenté dans les textes théoriques de l'époque comme un égarement totalement subi et inexplicable, est écarté pour céder la place à un suicide philosophique mûrement pesé :

"Ce fut le troisième jour que j'eus fait divorce avec mes livres que je ressentis le premier accès de la maladie dont je parle. Il fut si vif et si pressant que si j'eusse eu un poignard à la main, dans le premier moment je me serais percé le cœur sans réflexion."[9]

6. Et cette seconde tentative est rapportée par sa femme de chambre.
7. *Mémoires et aventures d'un homme de qualité*, op. cit., p. 36 à 42. Une telle mise en perspective va dans le sens de ce que souligne R. A. Francis dans "The additional tales in the 1756 edition of Prevost's *Mémoires et aventures d'un homme de qualité* : technique and functions" in *French studies* XXXII, 1978, pp. 408-419. Les récits insérés permettent de présenter les autres réactions possibles face aux passions : réactions moins nobles, ou plus violentes, qui conduisent à la mort. Les histoires intercalées sont une intensification de l'histoire centrale, celle-ci gardant toujours une certaine retenue, un recul.
8. On se réfère ici à la distinction soulignée par Michel Foucault : "Longtemps certaines formes de mélancolie ont été considérées comme spécifiquement anglaises ; c'était une donnée médicale, c'était aussi une constante littéraire. Montesquieu opposait le suicide romain, conduite morale et politique, effet voulu d'une éducation concertée, et le suicide anglais qui doit bien être considéré comme une maladie puisque 'les Anglais se tuent sans raison qui les y détermine ; ils se tuent au sein même du bonheur.'" Michel Foucault. *Histoire de la folie à l'âge classique*, p. 385. Jean Starobinski souligne également l'existence de ces deux types extrêmes des images du suicide dans la culture occidentale : le suicide philosophique à la Caton, chef-d'œuvre d'autonomie volontaire, et l'égarement démentiel qui appelle plutôt la figure d'Ophélie. Starobinski, Jean. *Trois Fureurs*, Paris, Gallimard, 1974.
9. *Cleveland*, op. cit., p. 289.

Cleveland ne disposant pas de poignard, la fureur qui lui aurait été fatale est suspendue. Il y a un effet déceptif ici aussi : non seulement la folie furieuse annoncée ("transports furieux" p. 289, "délires frénétiques" p. 288) n'est pas représentée, comme chez Renoncour, mais elle ne se manifeste par aucune tentative de réalisation qui serait suggérée dans un ailleurs du texte, le personnage s'orientant immédiatement dans ses actes vers une folie méthodique et organisée.

Prévost nous invite à mettre en regard les fureurs projetées de ses héros avec le suicide on ne peut plus sanglant de la jeune fille de l'histoire du marquis de Rosambert : en mettant violemment un terme à sa vie, elle figeait son histoire en un destin tragique avec lequel elle coïncidait brutalement. L'"action sanglante" de Cleveland reste au contraire de l'ordre du discours et Renoncour, qui aurait voulu se transpercer mille fois le sein, ne se blesse pas. Cela illustre deux attitudes fondamentalement différentes face au monde : la jeune fille séduite vit les événements sans la moindre distance, en coïncidant totalement avec sa douleur et son désespoir ; les deux protagonistes principaux au contraire semblent sortir très vite de cet état de "spontanéité obscure" évoqué par J. Rousset à propos de Marianne. Ils accèdent dès le temps de l'événement douloureux à la distance, sinon du critique, du moins du metteur en scène. La folie improvisée, spontanée et obscure est repoussée au profit d'une folie plus consciente et plus "travaillée".

Dans les deux cas, toute limitée et elliptique soit-elle, la folie furieuse figure dans le discours des narrateurs, comme s'ils ne pouvaient renoncer malgré tout à la violence et au tragique qu'elle comporte, mais la véritable folie, celle qui aurait fixé leur histoire en destin, ne figure pas dans leur récit. Les deux textes présentent donc un schéma déceptif comparable : les narrateurs évoquent le moment où ils ont presque été des fous furieux, où ils sont presque morts. C'est toute la distance critique qui s'insinue dans ce "presque". Le fonctionnement du double registre devient impossible.

LE FOU METTEUR EN SCÈNE DE LUI-MÊME

Ce qui vient en lieu et place de la fureur hypothétique ou mise en échec, est une folie plus "réfléchie" aux deux sens du terme. Elle est "réfléchie" parce qu'elle est le fruit d'un dessein du personnage qui manifeste sa volonté. "Réfléchie", aussi et sur-

tout parce qu'elle fait retour sur elle-même, parce qu'elle se met
en scène : il s'agit d'une extériorisation, d'une mise à plat des
signes de la folie.

Bien sûr, il peut être parfois malaisé de distinguer ce qui
relève de la recomposition par le narrateur et ce qui est de
l'ordre d'une mise en forme dans le passé, procédant du personnage, mais dans la plupart des cas on se trouve en présence de
cette deuxième forme : une mise en scène et pas seulement une
mise en récit. Le dédoublement perceptible ne recoupe pas
l'opposition personnage/narrateur. Le "fou"[10] ne cesse en effet
de se regarder et il s'attache à accomplir le programme qu'il
s'est fixé, à jouer le rôle de fou qu'il s'est lui-même assigné. Il
se met en scène dans un espace bien déterminé, décrit avec une
attention et une précision remarquables chez Prévost, qui évite
habituellement la description.

Lorsque Renoncour renonce au suicide direct pour se mor-
fondre en un deuil hyperbolique,[11] et a-t-on envie de dire, littéral, puisqu'il réalise littéralement ce qui est normalement figuré
et symbolique, son souci dramaturgique et esthétique ne fait pas
de doute :

"Mon premier soin fut de faire couvrir les murs et le pavé de la
chambre que j'avais choisie pour ma demeure, d'un drap noir. Les
fenêtres furent bouchées, n'ayant plus envie de la lumière du
soleil, mais de me servir seulement de celle de quelques flambeaux. Je fis suspendre aux murailles les habits de Sélima, afin
qu'ils pussent frapper continuellement mes yeux. Je posai son
cœur sur une table couverte d'un grand tapis noir, au-dessus de
laquelle était un tableau qui la représentait au naturel et dans toute
sa beauté. Aux deux côtés de la table étaient des guéridons qui
soutenaient les flambeaux dont ce triste lieu devait être sans cesse
éclairé. Quelques livres, un lit et une robe de couleur noire com-
posaient le reste des meubles. Telle était la disposition de ce tombeau dans lequel j'étais résolu de m'ensevelir tout vivant."[12]

On remarque au début les marques de la volonté organisatrice
du personnage (qui insiste sur son "dessein"), mais on note sur-

10. Et la distance perceptible dans cette folie est reflétée par l'emploi de
guillemets dont on sent la nécessité.

11. Ce deuil est hyperbolique et, une fois encore, l'hyperbole sert à masquer
le fait que quelque chose n'est pas atteint, qu'on est sur le mode du "presque"
et du renoncement : "Je formai alors le projet d'un genre de vie qui ne serait
guère différent de la mort, et qui, selon mes idées, ne tarderait pas longtemps à
me l'attirer" *Mémoires et aventures, op. cit.,* p. 97.

12. *Ibid.*

tout leur disparition progressive, et le passage à une description
"pure", et non plus commentée et expliquée selon les visées du
sujet : la description se vide des marques personnelles, le point
de vue est de plus en plus neutre. L'adoption d'une perspective
plus matérielle renforce l'impression d'une mise à distance de la
folie. Cette extériorisation donne l'image d'une folie contrôlée.
D'où l'importance du champ sémantique du choix et de la décision, le mot "choix" revenant d'ailleurs à plusieurs reprises
dans les deux textes et traduisant bien le caractère volontariste et
systématique de cette folie.[13]

Le deuil représente une rationalisation et une ritualisation de la
douleur destinées à la rendre supportable pour le sujet. D'un point
de vue psychologique, cette mise en scène est parfaitement cohérente : elle favorise le travail du deuil[14] et permet la survie du sujet.
Dans notre perspective, cela veut dire aussi que la folie aveugle et
spontanée est paradoxalement écartée par cette folie mise en scène
et jouée, comme la mort est évitée par la mort symbolique. En exa-
gérant, en parodiant presque, les gestes du deuil de telle façon que
les autres l'identifient comme une folie, Renoncour fait de sa folie
un rôle, et la maintient ainsi à distance : il ne coïncide donc pas parfaitement avec le personnage du fou et c'est pour ça qu'il survit. Ce
qui signifie que la succession des deux phases spontanéité obs-
cure/réflexion spectatrice n'est pas respectée.

Cleveland réorganise également l'espace et redispose les
objets en fonction de ses sentiments. Il repousse aussi la tentation du suicide "sans réflexion" au profit d'un suicide mûrement médité et ordonné :

"Il y avait dans le jardin plusieurs allées profondes, et écartées du
corps de la maison : je choisis celle qui me parut la plus favorable à
mon dessein. Un cabinet de verdure qui était dans le plus obscur
enfoncement devait être le théâtre de mon action sanglante."[15]

13. On pourrait dire en d'autres termes que de "manie" elle devient "mélancolie", selon les définitions données par l'article "manie" de l'*Encyclopédie* :
"Si les malades n'avaient qu'un ou deux objets déterminés de délire, et que
dans les autres sujets ils se comportent en personnes censées, ils seraient censés
mélancoliques et non pas maniaques."
14. Sur la définition de la notion de "travail du deuil" et sa description, voir
l'article de S. Freud, "Deuil et mélancolie", *in Métapsychologie*, vol XIII des
Œuvres complètes, Paris, PUF, 1988, p. 261. Freud décrit le conflit qui s'instaure pendant le deuil entre l'examen de réalité (l'objet aimé n'existe plus) et la
rébellion du sujet qui "n'abandonne pas volontiers une position libidinale" (le
sujet pouvant même essayer de maintenir l'objet par une "psychose de souhait
hallucinatoire"...), article cité, p. 263.
15. *Cleveland, op. cit.*, p. 290.

Le parti-pris de théâtralisation est net et l'évocation de son projet suicidaire fait songer à la préparation d'un spectacle, d'une tragédie plus précisément. Le terme "devait" se charge d'un sens programmatique et inéluctable.

En outre, dans les deux textes, l'action s'immobilise en tableaux et les personnages portent sur leur propre corps un regard de spectateur. Ainsi le temps se suspend pour Renoncour, figé en une posture presque immuable qu'il a lui-même ajustée. Une fois la douleur mentionnée, le narrateur s'attache à figer le récit de sa folie en gestes et en postures (Renoncour parle de sa "posture ordinaire". p. 202). La folie et la douleur sont donc présentes dans le texte essentiellement sous la forme de manifestations extérieures et visibles :

"Deux mois se passèrent sans que je pensasse même à me jeter sur mon lit. Ma situation ordinaire était de me tenir assis près de la table sur laquelle reposait mon trésor, de le contempler en soupirant, de lui adresser la parole comme si j'eusse Sélima devant les yeux, et de lui donner souvent mille baisers, en l'arrosant de mes larmes." [16]

Lors de l'épisode où Cleveland est sur le point de tuer ses enfants, le regard sur son propre corps est le fait du personnage, Cleveland ayant une conscience anormalement aiguë du dualisme cartésien :

"Je souris même de la faiblesse de mon corps et le regardant avec dédain : ton règne est passé, lui dis-je ; rentre dans la poussière dont tu es sorti." [17]

Le lecteur lui, est en droit de sourire d'un tel manque de naturel, qui n'en est pas moins révélateur d'une façon de vivre les événements de sa vie, et surtout la folie, à distance : l'attention à soi et le dédoublement sont exprimés encore plus nettement un peu après. Lorsque ses enfants surviennent, juste avant qu'il ne se transperce de son épée, il ne sait plus que faire et déclare :

"Mon cœur, que je sentais si libre et si tranquille auparavant, s'était appesanti tout d'un coup ; et par un effet de ce changement dont je ne m'apercevais point encore, il sortait de temps en temps des larmes de mes yeux. Cependant lorsque je vins à faire attention à l'incertitude où j'étais, je la regardai comme une faiblesse." [18]

Chez Cleveland, le détour par le signe visible constitue une étape obligée de la prise de conscience. L'état d'âme se manifeste à l'extérieur, et c'est grâce à la lecture de son signe que le

---

16. *Mémoires et aventures*, *op. cit.*, p. 97.
17. *Cleveland*, *op. cit.*, p. 290.
18. *Id.*, p. 291.

sujet en prend conscience. Mais le décalage temporel entre le moment où le signe extérieur de la confusion est perçu et celui où il est interprété par le sujet n'est pas du tout du même ordre que chez Marianne par exemple. Le sujet prévostien frappé de folie enregistre des signes qu'il ne peut encore comprendre, mais la phase d'analyse procède du même personnage et non du narrateur revenu depuis longtemps de la folie. Ce qu'il désigne comme incertitude c'est bien le moment où le personnage est obscur et incompréhensible à lui-même. Or, cette phase d'obscurité du sujet à lui-même, même lorsqu'elle est présente dans le texte, est considérablement écourtée chez les héros de Prévost. En particulier, la personnalité de Cleveland (le philosophe anglais) fait qu'il peut devenir non seulement son propre metteur en scène, mais aussi son propre "herméneute", avant même d'être le narrateur de ses mémoires.

L'évocation de la folie est liée à une image, à un spectacle, mental ou réel. Chez Cleveland, c'est l'expression corporelle des larmes qui manifeste ce qui se passe à l'intérieur de la conscience. L'image de soi est donc chez les deux narrateurs l'une des médiations qui leur permettent de se voir en "fous", au moment de leur folie. C'est pourquoi le double registre romanesque devient impossible : le personnage s'est déjà contemplé en fou, la "fonction" de traduction du narrateur a donc déjà été partiellement remplie.

LE MIROIR DES PERSONNAGES LATÉRAUX COMME AUTRE PROCÉDÉ D'EXTÉRIORISATION DE LA FOLIE

La spontanéité obscure du sentiment ne laissait guère de place aux autres. Le corollaire de cette mise à distance et de cette mise en scène est de ménager au contraire un espace et un temps dans lesquels les autres personnages peuvent intervenir. Au cours du spectacle du protagoniste, les autres peuvent entrer en scène. Les interventions des personnages latéraux enrichissent et précisent le tableau de la folie des protagonistes.

Le fou reste toujours sous le regard d'un autre, qui n'est pas fou, et le narrateur, pour faire le récit de sa folie, passe par les regards et les discours des autres. Renoncour convoque d'emblée le jugement des autres pour définir sa folie : d'une part sous la forme d'adresses à son lecteur ("pourra-t-on s'imaginer", "ne devais-je pas choisir les plus courts") ; en déclarant d'autre part qu'il aurait été jusqu'au bout de sa folie si "on", les autres, ne l'en avaient empêché. Du fin fond de sa retraite (à une demi-lieue de Rome...), Renoncour reçoit la visite de nombreuses personnes dont l'abbé de la Trimouille. Il saisit et rapporte l'effet de sa folie sur l'autre, ici encore la folie est dite par ses effets comme on a vu qu'elle était décrite par ses manifestations les plus extérieures :

"Je fus surpris de voir cet illustre abbé entrer dans ma chambre, sans m'avoir averti de son arrivée. Où suis-je ? dit-il en m'embrassant. Dois-je en croire mes yeux ? Et n'est-ce point une ombre que je vois sous la figure d'un homme ? [...]" [19]

De même le valet Comtois sert de relais au narrateur : ses larmes et ses interventions renforcent "l'auto-portrait en fou" du narrateur :

"Je jetais des cris, et je poussais des soupirs qui attiraient Comtois à ma chambre, dans l'appréhension qu'il ne me fût arrivé quelque fâcheux acident. Ce pauvre valet se mettait à pleurer, en voyant le pitoyable état où j'étais." [20]

Enfin, soulignons, dans l'épisode de folie, l'importance des autres, du "bruit" que fait l'aventure de Renoncour dans le monde, de ce que les gens de qualité [21] en racontent, autre relais puissant qui complète l'image de la folie du personnage :

"Quelque solitaire que soit la situation de Venisi, il était impossible qu'étant si proche de Rome, le bruit de mon aventure ne s'y répandît pas à la fin. On en apprit toutes les circonstances ; et chacun plaignit mon malheur, en même temps qu'on admirait ma résolution." [22]

Il est enfin un autre type de détour par l'autre, immédiatement réutilisé et traduit par le personnage. Celui-ci lit sa folie sur le visage des autres et en rend compte immédiatement. On en

19. *Mémoires et aventures, op. cit.*, p. 98.

20. *Ibid*. Dans ce cas une autre modalité du relais est suggérée : le relais du discours de l'autre sous la forme d'un récit de Comtois fait à Renoncour par exemple...

21. Notons l'insistance du narrateur sur la "qualité" et le rang social de ses visiteurs : "M. l'abbé de la Trimouille fut le premier que l'amitié et la compassion amenèrent à Venisi. Quoique j'eus défendu à mes gens d'ouvrir la porte de ma maison, ils ne crurent point que mes ordres regardassent un homme de cette distinction. Je fus surpris de voir cet illustre abbé entrer dans ma chambre (...)" p. 98 ; "Je me vis en peu de temps, assiégé par un nombre considérable de personnes de distinction, que la curiosité ou l'amitié attirait chez moi." *Ibid.* Conclusion possible : ce sont les personnes de qualité qui donnent son sens à l'épisode, eux qui identifient et nomment la folie, mais aussi qui "consacrent" le narrateur à son destin d'amant tragique.

22. *Ibid.*

trouve un exemple chez Renoncour, ayant pour interlocuteur ce même abbé compatissant :

"Vous n'y pensez pas, reprit l'abbé de la Trimouille ; savez-vous que votre vie appartient à Dieu, et que vous devez travailler à la conserver tant qu'il la juge nécessaire au monde ? Moi, répliquai-je, moi nécessaire au monde ! Hélas ! que fais-je parmi mes vivants ? Je les importune par mes gémissements. Je les épouvante par mes cris. Vous me paraissez vous-même effrayé de ma présence !"[23]

L'usage que Cleveland fait des discours et réactions de ses interlocuteurs est plus systématique : il voit le reflet de sa folie sur les visages des autres et c'est à travers l'écho qu'il en fait dans sa narration que le lecteur le voit "en fou".

A plusieurs reprises, il fait le récit de sa vie à ceux qu'il rencontre et enregistre notamment les réactions de deux de ces lecteurs intradiégétiques, la princesse Henriette d'Angleterre et Mylord Clarendon. Dans le passage ci-dessous Cleveland est sur le point de retrouver sa femme, qu'il croyait infidèle, et l'excès de joie dans lequel il se trouve, le met dans un état d'esprit étrange, qu'il a tenté de décrire à son ami milord Clarendon. Voici la réaction de Clarendon :

"Je m'arrêtai pour lui laisser la liberté de me répondre. Il me regardait, autant qu'il pouvait s'aider de quelques faibles rayons qui nous venaient de la lune, et le ton agité de ma voix servant encore plus que les mouvements de mes yeux et de mon visage à lui faire comprendre ce que j'avais tâché de lui expliquer, il parut d'autant plus surpris d'une si étrange confidence, qu'il ne connaissait qu'imparfaitement mon caractère. Cependant après m'avoir confessé que, de la manière dont la fortune avait conduit les événements de sa vie, il avait eu peu d'occasions de connaître la joie par ses excès, il ajouta que sur la seule idée qu'il s'en formait, il concevait sans peine une partie de ce qu'il venait d'entendre. Cette dissipation que je nommais légèreté, et que j'aurais pu, me dit-il, nommer aussi bien égarement d'esprit et oubli de soi-même, lui paraissait convenir assez à la nature de cette passion."[24]

Cleveland nous livre la réaction, en vérité peu flatteuse, de son interlocuteur face à son caractère "atypique".[25] Outre l'effet d'ironie évidemment créé ainsi à l'encontre du narrateur, ce pas-

---

23. *Ibid.*

24. *Cleveland, op. cit.,* p. 509.

25. Jusque là nous sommes dans une situation très répandue d'ironie exercée par l'auteur à l'encontre de son narrateur, celui-ci rapportant des choses qui nuisent à son crédit, mais sans qu'il s'en aperçoive.

sage illustre là encore le fonctionnement profondément réflexif de la folie, lue sur le visage de l'autre, puis confirmée ensuite par son discours. Mais l'originalité de Cleveland réside dans l'incessant va-et-vient entre la description des impressions de l'assistance, et le retour sur lui-même, sur ses propres impressions.[26]

En saisissant immédiatement l'effet de sa folie, le signe extérieur qu'elle produit sur le visage de son interlocuteur et en l'intégrant à son discours de personnage, il se l'approprie. La folie est déjà extériorisée par le personnage : en vivant cette expérience, il exerce un certain contrôle sur elle, il la considère déjà avec soin.

RENONCOUR ET LES MOTS À DISTANCE : LE SURPLOMB IMPOSSIBLE

Le statut particulier et si radicalement réflexif de cette folie frappe d'ambiguïté la position du narrateur. Le personnage ayant déjà effectué sa propre traduction, sa propre lecture de sa folie, le narrateur ne peut tout-à-fait souscrire aux jugements portés par les autres. Il est dans une position intermédiaire, entre les sains d'esprit et ce fou lucide qu'il a été, et dont il ne renie pas nettement, surtout Renoncour, le comportement. La phrase qui signale l'entrée de ce dernier dans la folie, après la mort de Sélima, est emblématique du statut de la folie dans son récit : " Et l'on me veilla, pendant quinze jours, comme on aurait fait un furieux ou un insensé. " [27]

Le narrateur ne dit pas qu'il a été fou mais qu'" " on ", les autres, l'ont traité comme s'il l'était, comme on traite les fous. La présence de ce " comme " rend visible la distance entre le personnage et l'expérience de folie évoquée. Ce mot matérialise l'interposition constante d'une médiation entre le sujet et son expérience. Cette distance est extrêmement délicate à situer : cela signifie-t-il que les autres l'ont vu et traité comme le fou qu'il n'était pas ou bien qu'il était alors fou mais qu'il ne l'est plus ? Dans les deux cas, et d'où que provienne cette distance, le sujet refuse de se définir directement comme fou et de coïncider exactement avec sa définition. Renoncour n'adhère pas vraiment au discours sur sa folie. La suite du texte confirme l'existence d'un écart :

---

26. On ne peut s'empêcher de comparer ici Cleveland à Marianne qui, lorsqu'elle rapporte les commentaires souvent peu flatteurs pour elle de la Dutour, s'abstient de toute "réflexion", ainsi les discours de la Dutour ne sont pas "récupérés" par la narratrice, comme c'est le cas chez Cleveland.

27. *Cleveland, op. cit.,* p. 97.

"J'étais en effet dans un état bien plus triste ; car je perdis non seulement tout amour pour la vie, mais la raison même et tous les sentiments de religion."[28]

Il renchérit sur le jugement que les autres ont porté sur lui autrefois en apportant une précision sur son état, pire encore que celui d'un furieux ("dans un état bien plus triste", "non seulement", "la raison même"). On peut lire encore dans cette correction le signe d'une inadéquation, d'une non-coïncidence, le narrateur n'adhérant jamais parfaitement à telle ou telle désignation : il dit avoir été dans un état équivalent à la fureur (il était "comme" un furieux) ou au-delà de la folie (son état était bien plus triste que celui d'un furieux) sans formuler positivement ce qu'il était, demeurant donc toujours à l'extérieur de la sphère qu'il évoque.[29] Ne serait-ce pas parce que le dédoublement a déjà eu lieu et ne peut donc se reproduire parfaitement ? Le narrateur se trouve privé de sa fonction de traduction des sentiments.

Une étude précise des points d'interférence entre le discours toujours fou et le discours devenu "raisonnable" montrerait combien il est malaisé de vouloir distinguer nettement entre discours immergé dans le passé de l'acteur et palinodie plus ou moins nette et plus ou moins sincère du narrateur, les deux s'entremêlant inextricablement dans la narration.

Ainsi, l'instauration d'une distance et d'un dédoublement dans le personnage prive de netteté le dédoublement narrateur/personnage qu'on attendait et frappe d'incertitude ce qui aurait "dû" être le discours de la sagesse triste mais repentante.

Le fonctionnement de l'épisode de folie est plus complexe et révèle un narrateur réticent pour ainsi dire à occuper sa "place", à correspondre à son discours. Il reprend des discours appris et visiblement hétérogènes. Le passage suivant illustre l'attitude contradictoire de Renoncour à la fois vis-à-vis de son passé de fou et de sa sagesse reconquise :

"Il est certain que les hommes ayant reçu de Dieu la vie et tous les autres biens qu'ils possèdent, le même pouvoir qui les leur a donnés peut les ravir sans injustice. Le créateur exerce un

28. *Mémoires et aventures*, *op. cit.*, p. 97.
29. On peut voir ici une analogie avec l'analyse que fait R. Démoris de la première phrase des *Mémoires et aventures*, il souligne le décalage qui s'y manifeste entre l'énoncé de la phrase et son énonciation : le contenu affirme l'appartenance du récit à la prose aristocratique où seules les motivations nobles importent, mais le fait qu'il éprouve le besoin d'énoncer une telle appartenance suggère qu'il est à l'extérieur de la sphère qu'il évoque... cf. *Le Roman à la première personne du classicisme aux Lumières*, Paris, Colin, 1971, p. 414.

empire absolu sur tout ce qui est sorti de ses mains ; s'il nous en accorde un usage passager, c'est en se réservant toujours le droit d'en disposer en maître. Qui peut douter de ces vérités ?

Mais si le murmure et la révolte sont interdits aux créatures ; si elles doivent respecter, même en périssant, la souveraine volonté qui les frappe et qui les détruit, la douleur et les larmes ne doivent-elles pas du moins leur être permises ? Leur ôtera-t-on jusqu'à cette malheureuse ressource dans leurs maux et dans leurs pertes ? Hélas ! puisque nous sommes sans force et sans résistance contre les malheurs qui nous accablent, qu'on accorde au moins ce triste privilège à notre faiblesse, de pouvoir nous affliger avec liberté. Est-ce trop se flatter, que se réduire à ce misérable partage ?"[30]

Dans cette entrée en matière dogmatique précédant le récit de la mort de Sélima, le narrateur récite les arguments et la logique du discours religieux et les principes de soumission totale à la volonté divine.

Pourtant "La douleur et les larmes", "le triste privilège à nous affliger avec liberté" sont bien pâles par rapport au deuil pathologique et hyperbolique qui suit. Ce décalage initial incite le lecteur à questionner le statut de ce discours "raisonnable" qui ouvre le passage consacré à la folie. Il semble en effet qu'il soit prononcé tout en étant maintenu à distance : n'y a-t-il pas une certaine prétérition dans l'écart entre le contenu de l'énoncé (ces vérités sont irréfutables et il est inutile de les rappeler) et l'énonciation (je les rappelle quand même et je les discute) ? Le narrateur le profère mais en même temps il s'entend le proférer. On ne peut décider de reconnaître ici un emploi "en usage" ou "en mention": l'énonciateur utilise et il cite, il est simultanément à l'intérieur et à l'extérieur de son discours.

Parmi les mots repris du discours de folie sans qu'on puisse dire quel statut ils ont pour l'énonciateur, l'exemple du mot "trésor", désignant le cœur de Sélima prélevé sur son corps inhumé, est particulièrement révélateur :

"Fier de la possession d'un si précieux trésor, je ne songeai plus qu'à remplir promptement mon dessein."[31]

"Ma situation ordinaire était de me tenir assis près de la table sur laquelle reposait mon trésor, de le contempler en soupirant, et de lui adresser la parole comme si j'eusse Sélima devant les yeux(...)."[32]

30. *Mémoires et aventures, op. cit.,* p. 96.
31. *Ibid,* p. 97.
32. *Ibid,* p. 97.

Là aussi, impossible de décider si le mot "trésor" est prononcé comme un écho de ce qui a déjà été dit ou comme une réalisation nouvelle. Dans tous les cas, on voit que la coupure personnage/narrateur est loin d'être nette.

Cette réflexivité qui ne synthétise rien et ne permet pas de conclure rend énigmatique l'attitude du narrateur par rapport à cet épisode de "folie". La difficulté de situer et d'ancrer ces discours traduit la position ambivalente d'un narrateur qui ne peut choisir nettement entre une perspective en rupture avec le passé et une perspective qui prolongerait une lucidité partielle, déjà approchée dans le passé.

Le personnage prévostien tend constamment à interposer une médiation entre lui et les choses. On a vu que l'essentiel du travail de traduction de la folie est fait dans le passé et que la narration ne bouleverse pas fondamentalement ce qui a déjà fait l'objet d'une traduction. Cette transformation consiste principalement en une extériorisation systématique de la folie, que ce soit en la traduisant en gestes et en postures ou bien en observant les effets qu'elle produit sur les personnages-témoins.

Il se produit donc, si l'on peut dire, une sorte de "court-circuit" narratif, le fonctionnement du double registre étant compromis par l'ellipse de la phase de l'abandon au tumulte. Cela rend la position du narrateur ambiguë. Sa position de retrait relatif ne permet pas vraiment au lecteur d'élucider les doutes quant à son attitude actuelle par rapport à sa folie.

Les protagonistes sont paradoxalement en retrait, ils s'abandonnent rarement sans médiation, ou alors pour très peu de temps, aux événements de leur vie. L'épisode de folie thématise et accentue les traits d'un clivage qui est en eux.

Ce clivage antérieur explique que le narrateur ait du mal à placer sa voix, à ajuster son regard à la bonne distance. Dans les deux cas, la violence de la folie est suspendue et ce délai permet une distance critique du personnage, mais aussi autorise l'intervention de personnages secondaires, de postures, de gestes, de décors, d'objets, d'accessoires... De drame intimiste la folie s'est muée en un grand spectacle tragique.

Florence MAGNOT
Université de Paris III

LA FOLIE DU ROMANESQUE
DANS *HISTOIRE DE LA JEUNESSE DU COMMANDEUR*

Éric Bordas

Les principaux romans de Prévost se caractérisent presque tous par le développement d'un romanesque souvent ostentatoire dans sa charge d'imaginaire et qui peut sembler une atteinte à la plus élémentaire vraisemblance. La simplicité d'intrigue de l'*Histoire du chevalier Des Grieux et de Manon Lescaut*, exception remarquable, ne doit pas faire oublier les extravagances des *Mémoires et aventures d'un homme de qualité* ou de *Cleveland*. Les aventures spectaculaires sont les conventions même du genre narratif à l'époque, et en 1736 déjà, bien avant la désécriture de *Jacques le fataliste*, Crébillon fils raille ces "situations ténébreuses et forcées", "ces événements extraordinaires et tragiques qui enlèvent l'imagination et déchirent le cœur", ces héros qui ne passent les mers "que pour y être à point nommé pris des Turcs."[1] Pourtant, loin d'atténuer cette tendance stylistique, Prévost semble au contraire la redévelopper dans l'un de ses trois romans rédigés entre 1740 et 1741 : *Mémoires pour servir à l'histoire de Malte ou Histoire de la jeunesse du commandeur de ****, mais avec une ambiguïté d'intention et de valeur qui oppose catégoriquement la composante *romance* et la composante *novel* dans l'écriture de la fiction.[2] Ce dualisme intenable, mais profondément dialectique, entre irrationnel et vraisemblance, n'est proposé que pour illustrer une rivalité d'énonciation qui entend instaurer un possible narratif construc-

---

1. Crébillon fils, *Les Égarements du cœur et de l'esprit*, "Préface", éd. J. Dagen, Paris, Flammarion-GF, 1985, p. 65.

2. Rappelons que la langue anglaise dénomme *romance* une "histoire généralement en prose, comportant des scènes et incidents très éloignés de la vie réelle quotidienne", et *novel* une "fiction en prose narrative, le plus souvent longue, qui met en scène des personnages et des actions représentatifs de la vie réelle, selon une intrigue cohérente". Sur cette distinction, voir les précisions historiques d'E. Leborgne, *in* M. Delon éd., *Dictionnaire européen des Lumières*, Paris, PUF, 1997, art. "Roman", p. 950.

tif sur les ruines d'un impossible romanesque obsolète.

Le héros-narrateur de ces *Mémoires* raconte comment, après beaucoup de péripéties maritimes et batailleuses, il a appris à se "dégager éternellement de l'amour" des femmes et à tout sacrifier à "l'amour du devoir et [au] goût de [sa] profession" (240, 241 ; *370, 374*).[3] Édifiante histoire donc que celle de cet apprentissage de la raison[4] qui regarde rétrospectivement les aventures de la jeunesse comme des folies, sinon à oublier, du moins à maîtriser. Que faut-il en penser ? Comment doit-on lire la confession du commandeur ? Jean Sgard a proposé d'y voir une inversion négative de l'*Histoire du chevalier Des Grieux*.[5] Mais pourquoi Prévost en est-il venu ainsi à récrire un chef-d'œuvre d'équilibre et de simplicité par le détour d'un très impur roman d'aventures en Méditerranée ? Pourquoi le retour à ces conventions romanesques moquées par Crébillon, alors que le texte immédiatement précédent dans l'ordre de rédaction, *Histoire d'une Grecque moderne*, laissait apparaître un réalisme psychologique d'une consistance apte à suppléer aux déficiences d'un romanesque désormais jugé insatisfaisant ? Pour tenter de répondre à ces questions, on développera ici la problématique suivante, comme une hypothèse de lecture. Le romanesque invraisemblable, romanesque des pirates et des enlèvements, des hasards et des reconnaissances, est, dans l'*Histoire de la jeunesse du commandeur*, le discours de la folie, présentée et vécue comme un risque dont le danger d'instabilité est peut-être moralement préférable à la sécurité rationnelle du récit vraisemblable, condamné à toujours renvoyer à des motivations bien douteuses. La maîtrise de la folie du romanesque, à laquelle parvient le

---

3. Toutes les références font l'objet d'un double renvoi : d'une part à l'édition des *Œuvres* de Prévost, publiées sous la direction de J. Sgard (Grenoble, PUG, 1978-1986, huit tomes. Le texte de l'*Histoire de la jeunesse du commandeur*, précédé d'une "note" sur son établissement, est au t. IV (p. 123-242) ; l'introduction et les notes de H. Coulet, consacrées à ce récit, sont au t. VIII (p. 323-348) ; d'autre part à l'édition préfacée par R. Démoris (Paris-Genève, Slatkine, coll. "Fleuron", 1996, numéros des pages en italiques).

4. "[...] ma raison s'était fortifiée" (241 ; *374*).

5. "La belle passion s'est enlisée ; seuls survivent le sens de l'honneur ou de la gloire, avec la suffisance, la bonne conscience et l'hypocrisie dont Prévost les crédite habituellement. Il avait donné avec l'*Histoire du chevalier* un 'Tout pour l'amour'; il esquisse maintenant, avec une cruelle ironie, un 'Tout pour la carrière'", J. Sgard, *Vingt études sur Prévost d'Exiles*, Grenoble, Ellug, 1995, p. 276-277. L'idée avait déjà été avancée par R. Quinn : "Deux moments dans l'œuvre de l'abbé Prévost : *Manon Lescaut* et *La Jeunesse du Commandeur*", *French Studies*, 1972, vol. XXVI, p. 405-420.

héros et qui propose ainsi un nouveau type de roman à venir, doit se comprendre comme l'aveu d'un échec poétique valorisé par le déplacement des intérêts de production narrative.

Semblable lecture doit d'abord s'appuyer sur une analyse de l'isotopie de la chose insensée, à travers ses matérialisations lexicales et actantielles, telle qu'on la retrouve, toujours possible, au fil du texte. Énoncée en un discours ambigu du fait de la position analytique rétrospective qui tend à la tenir à distance comme un risque connu, la folie est fondamentalement un des schèmes énonciatifs qui permet la réunion de pistes dispersées. Mais la folie est un actant prestigieux, du point de vue romanesque, et quasi attirant : Prévost ne l'ignore pas, et le parcours de son personnage-narrateur ne cesse de s'appuyer sur un principe de dégradation, généralisé, qui tend à saper tous les objets discursifs dont le roman se compose. La folie du romanesque est alors celle de son existence, condamnée à une impossibilité d'être autrement que sur le mode de la caricature ridicule. À travers cette morale des styles romanesques confrontés à la langue des discours narratifs qui les récusent, se dessine le pessimisme du texte, qui n'admet la supériorité morale de la folie sur la raison des intérêts que pour en souligner l'aporie concrète de réalisation. La contradiction est intenable, et seul reste le choix de l'ambiguïté du silence.

Esprit exalté dans sa jeunesse, le commandeur doit sa vocation à "la lecture" (129 ; *30*), lui qui, de famille noble et riche, abandonne à ses cadets les prétentions "d'une grosse maison" (*ibid.*) pour aller défendre l'Ordre maltais : "Rien ne m'avait paru si noble et si grand que ma première vocation, et je ne pus me persuader que des avantages aussi frivoles que les biens de la fortune dussent balancer un sentiment qui me paraissait fondé sur l'honneur et la raison" (*ibid.*). Cette "raison" est d'inspiration romanesque (voir les lectures) et non sociale ou religieuse — par la suite, le narrateur confesse : "Mon respect pour la religion n'était pas le plus vif de mes sentiments" (197 ; *239-240*). La carrière du commandeur débute donc par le paradoxe et l'inattendu, par la soumission des règles mondaines à la sincérité de l'inspiration. Ce comportement est-il positif, et surtout est-il viable dans la durée ? Le texte s'ouvre sur une étrangeté psychologique, sympathique du reste.

Par la suite, tout au long de sa confession, le narrateur ne cesse d'avoir recours à l'idée de la folie pour expliquer certains gestes, certaines actions inexplicables. Sa volonté de séduction d'Helena est présentée comme "une folle résolution" (146 ; *80*), et, bien plus loin, certaines "réflexions" font naître en lui "une des plus folles résolutions dont on ait vu jusqu'ici d'exemple dans [sa] conduite" (205 ; *261*). Récurrent, le vocabulaire de la folie vient expliquer par son non-sens l'incohérence de certaines propositions narratives qui s'avouent illogiques. Ainsi le fait de plonger en pleine tempête pour essayer de sauver un homme en train de se noyer est présenté comme une "folle générosité" (131 ; *35*) ; les facéties de déguisements inattendus relèvent d'une "folle idée", d'une "folie" (162, 185 ; *131, 200*) ; un établissement qui répare les désordres de l'héroïne ne peut être refusé "sans folie" (224 ; *322*). Récurrentes, ces occurrences s'appuient sur des présupposés souvent radicalement différents, qui inversent le négatif en positif par un déplacement des valeurs sémiques élémentaires. Une "folle générosité" crédite l'action d'une grandeur insensée de désintéressement, tandis qu'une "folle résolution" tend à disqualifier le référent ainsi caractérisé par une évolution discutable et péjorative. S'agit-il toujours de folie, voire même du vocabulaire de la folie ? ce n'est pas certain. Les énoncés voient leur dimension pragmatique de représentation s'orienter différemment ; perdure l'énonciation appuyée d'un vocabulaire de la folie, qui est censé découvrir le discours de la folie. La ruse du narrateur vieilli qui récrit son histoire en la déguisant sous un lexique, prestigieux dans son mystère d'incompréhensible, se découvre ainsi. Mais il n'en demeure pas moins que c'est à cet actant énonciatif précis, la folie, que le narrateur a recours pour dire son histoire et en faire un objet de Mémoires. Le vocabulaire — emprunté et fallacieux, souvent contestable — de la folie prend donc valeur de référence pour rendre l'histoire dicible en discours romanesque. Mais pourquoi précisément ce vocabulaire-ci ? tel est le problème.

La folie est toujours présente, toujours menaçante, et le paradigme lexical serré trouve son aboutissement à la fin du texte, avec le personnage de l'Espagnole à "l'esprit tout à fait dérangé" (239 ; *365*), femme "tout à fait folle" (238 ; *364*), victime du "dérèglement de son imagination" (236 ; *359*) et de "quelque altération dans son esprit" (238 ; *364*). Or, quelle est la bizarrerie de ce personnage surgi aux toutes dernières pages, comme en un ultime défi de l'irrationnel à la sagesse annihilante ? D'être soumis à "la plus folle imagination qui pût tomber dans l'esprit d'une fille qui joignait à la naissance tous les avantages de la fortune" (236 ; *359*), et de vouloir, de ce fait, une réalisation immédiate et absolue de ses désirs les plus intimes, sans souffrir les hypocrisies de l'usage et du temps. Comme toute folle, l'Espagnole repousse sur les autres sa propre insanité, et renverse l'identité en une affirmation menaçante, à qui ne partage pas sa propre morale : "Je te crois fou, chevalier" (238; *364*). Qui est fou ici, de celle qui affirme son désir, ou de celui qui le refuse ? Inséré dans le discours constructif du récit, le discours subversif de la folie sape les trop confiantes certitudes en la pérennité des équilibres pour laisser deviner des possibilités de retournement qui travailleraient à défaire la fiction proposée dans toute sa cohérence isotopique. De la sorte, la reprise thématique du sème de la "folie" — type de classème, ou sème contextuel relevant d'une paradigmatique — produit dans le texte des relations d'équivalence entre les termes qui les énoncent, que ce soit au niveau littéral désignatif ou au niveau figural connotatif.[6] La folie est autant dans le discours qui la prend en charge que dans l'objet qui conditionne ce discours. Telle est la contradiction de ces *Mémoires*, entre les hésitations destructrices de la folie parlée et la maîtrise du discours construit qui énonce cette folie[7] : l'effet de décalage et de reprise, de l'écriture mémorielle, suggère la victoire de la raison sur la folie, et du *novel* sur le *romance* — la folie restant pourtant l'objet même du discours de la raison, comme une motivation dangereusement fascinante. On ne voit guère qu'une seule notation, dans le texte, d'incompréhension totale du passé par le présent : "Le jour fut marqué pour la cérémonie de mon engagement. [...] Il vint ; je n'ose décider si ce fut trop tôt ou trop tard, et c'est le mystère de ma vie le plus obscur et le plus funeste" (175; *172*). Étrange "mystère", qui fait conclure Henri Coulet à la mauvaise foi du narrateur[8] : l'humanisme psychologique de sa lecture atteste du malaise face à l'aveu d'un non-

6. Dans la multiplicité des pistes, lexicales et énonciatives, avancées par le texte, on peut alors souligner "la permanence d'une base classématique hiérarchisée, qui permet [...] les variations des unités de manifestation, variations qui, au lieu de détruire l'isotopie, ne font, au contraire, que la confirmer", A.-J. Greimas, *Sémantique structurale,* Paris, PUF, 1986 (première édition, 1966), p. 96.

7. A ceci près que, pas à un seul moment, la raison ne rend véritablement compte de la folie. Mais, le peut-elle ? le langage de la folie est au-delà du discours ; voir Sh. Felman : "ce langage nous est précisément impossible à articuler : en cherchant à 'dire la folie elle-même', on ne peut que tenir un discours sur elle ; en voulant 'parler la folie', on est nécessairement réduit à parler sur la folie", *La Folie et la chose littéraire*, Paris, Seuil, 1978, p. 13.

8. H. Coulet, PUG, t.VIII, p. 328, 339.

sens, et de la volonté d'expliquer ce qui est, fondamentalement, l'inexplicable — et comme la revanche du *romance* sur le discours du *novel*. De façon très comparable, René Démoris insiste sur l'inadéquation disproportionnée de ce vocabulaire de la chose insensée pour rendre compte d'actions finalement assez quelconques sur le plan romanesque, comme enlever une fille consentante, sauver un homme qui se noie, se battre avec des pirates, etc. Selon lui, le narrateur cherche à "travestir" en inexplicable et prestigieuse folie une conduite tout simplement désordonnée[9]. Il n'en demeure pas moins que c'est précisément à cette isotopie du dérèglement irrationnel que le narrateur a recours pour disqualifier un discours dont il (on) ne veut plus. La motivation de cette énonciation vise tout de même à neutraliser (en l'expliquant) un romanesque qui n'a peut-être jamais existé, mais qui n'en demeure pas moins une *lecture* possible — en séquence isotope —, telle que le dispositif narratif l'énonce et la propose. Une lecture possible, mais ouvertement donnée comme leurrante. L'inscription du vocabulaire de la folie travaille alors à miner de son risque la sécurité du discours du *novel* présentement admis. Le problème n'est pas de savoir si le narrateur est hypocrite ou sincère dans son incertitude, mais de constater qu'il y a une proposition — et une orientation isotopique — herméneutique dans l'enchaînement des séquences énonciatives, qui énonce la présence d'une folie *possible*. La lecture contestataire est inscrite par Prévost dans son texte, fonctionnant comme un programme narratif subversif, de type paradigmatique, déclinant la folie comme un thème qui viendrait légitimer un prédicat ahurissant. D'où le côté *cliché* de cette folie revendiquée par le discours narratif, dont la dimension conventionnelle est soulignée par la lecture de René Démoris par exemple. Mais, précisément, la *Jeunesse du commandeur* "fonctionne" dans son imposture énonciative en ce que le texte assume une structure logique du cliché romanesque, définie comme "intégration à un thème [l'aventure, l'apprentissage] d'un ou de plusieurs prédicat(s) définitionnel(s) obligé(s) [la folie, bien sûr], comme intégration à un thème de constantes de prédicats."[10] La fiction relie ainsi les clichés comme "structures signifiantes figées"[11] au processus même du *clichage* — ou tentative de

9. R. Démoris, discussion du 12 décembre 1997, Université de Paris III, Colloque du CERLAV 18 : "Folies romanesques au siècle des Lumières".

10. A. Herschberg Pierrot, "Problématiques du cliché", *Poétique*, Paris, Seuil, 1980, n° 43, p. 336.

11. A. Herschberg Pierrot, *ibid*.

reproduire un modèle figé — qui menace l'écriture du roman. C'est au *romance*, ici, de venir justifier l'énonciation d'un *novel*, sans laquelle son énonciation tourne à vide, faute d'un énoncé cohérent dans son invraisemblance. La folie est une justification possible — le phénomène est d'autant plus remarquable dans le cas d'un texte qui tend à disqualifier ce *romance*: celui-ci serait-il un mal nécessaire de l'anti-*romance* ? [12]

Mais de quelle folie s'agit-il, au juste ? La folie est la perte du contrôle de soi : elle effraye par ses capacités à faire entrer l'incontrôlable dans le monde de la raison, figuré par l'énonciation narrative. Toutes les aventures du héros proviennent d'une insuffisance de la raison : "La moindre de ces réflexions m'aurait fait regarder tous mes projets comme un excès de folie ; mais dans l'aveuglement où j'étais, il ne vint pas même à l'esprit qu'avec de l'argent, de la jeunesse [...], j'eusse le moindre obstacle à redouter" (146 ; *82*). Trop prompt à s'abandonner "à toute la chaleur de [ses] sentiments" (154 ; *107*), le narrateur doit faire l'apprentissage de la maîtrise des passions pour vaincre cette *ubris* qui risque de le perdre sur le plan mondain. Perés ne cesse de le lui rappeler, par son contre-exemple : "je n'ai ni folie, ni passion qui m'aveugle" (206 ; *265*). Le langage n'est pas métaphorique, mais littéral, et il souligne avec netteté la valeur négative de tout emportement au-delà des limites de la pensée raisonnable. Et le héros, devenu narrateur, c'est-à-dire maître d'un discours et donc d'un pouvoir de contrôle de la représentation, analyse lui-même ses dangereuses dérives. Elles sont, le plus souvent, mises sur le compte de l'ardeur sensuelle : "[...] cette ardeur de jeunesse qui me faisait sacrifier quelquefois toutes mes lumières à l'emportement du plaisir" (178 ; *179*) ; elles peuvent être aussi, en termes très malebranchiens, imputées à "une bizarre imagination" (174 ; *166*). [13] Quoi qu'il en soit, raison et transports s'opposent catégo-

---

12. Sur la dimension rhétorique de l'énonciation autodiégétique au XVIIIe siècle, et ses possibilités romanesques du point de vue de la représentation de la conscience, voir R. Démoris, *Le Roman à la première personne,* Paris, Armand-Colin, 1975; J.-P. Sermain, *Rhétorique et roman au dix-huitième siècle*, Oxford, *Studies on Voltaire and the Eighteenth Century*, 1985. Sur Prévost, voir R. Francis, *The Abbé Prévost's first-person narrators*, Oxford, *Studies on Voltaire and the Eighteenth Century*, 1993.

13. Malebranche, dans la *Recherche de la vérité* (1674), avait montré que les gens à "imagination forte" étaient des esprits visionnaires, incapables de juger sainement les choses, et il évoquait les "dérèglements d'esprit" des "passionnés" et

riquement, tout comme s'opposent actions passées et discours analytique présent : "Ce n'est point d'ailleurs ma raison et ma prudence que je cherche à justifier, puisque tous les mouvements dont j'étais agité étaient autant d'égarements et de transports" (197 ; *238*). L'*ubris* semble irrésistible, le héros "cédant sans réflexion à l'ardeur de [son] transport" (131 ; *35*), soumis à "une espèce de transport qui [le] rendait insensible à toute [...] considération" (145 ; *78*). C'est là un autre langage de la folie, et l'isotopie se développe dans une perspective, non plus strictement lexicale, mais énonciative pour laisser entrevoir les capacités de dépassement ouvertes par la dynamique de l'excès. "Ne me possédant plus", "à quel excès ne me serais-je pas porté ?", se demande le narrateur (186, 189 ; *203, 213*). Même le calme peut être susceptible d'une détermination furieuse, et sa mention est un autre repère de la folie conductrice de l'énergie dépensée : "Je quittai Perés, avec une espèce de calme dont il n'y avait qu'un excès de passion qui pût me rendre capable" (197 ; *238*).

Contre cette tendance, ce risque, Perés, précisément, oppose dans le texte de ces *Mémoires* la sagesse d'un discours construit, qui exclut catégoriquement, hors du monde porté à la conscience par l'articulation du discours, l'isotopie de la folie. Ce fidèle Mentor fait entendre la voix de la sagesse, qui est aussi la voix du renoncement à la passion peu constructive. Les critiques ont généralement vu en ce personnage une image de l'ami parfait.[14] L'objectif du généreux Espagnol n'est pourtant rien moins

---

des "emportés" (*De la Recherche de la vérité, in* Malebranche, *Œuvres*, éd. G. Rodis-Lewis, Paris, Gallimard-La Pléiade, 1979, t. I, p. 245-246). Pourtant, et l'ambivalence du roman de Prévost le rappelle à sa façon, si les passions font intervenir le pouvoir du corps sur l'esprit, elles ont aussi leur utilité, parce qu'elles "gagnent le cœur" et "appliquent l'esprit" (Malebranche, *ibid.*, p. 556) et que cette application conduit parfois à la vérité. "Elles ont en tout cas une espèce de logique qui peut masquer, dans le cas des fous, l'incapacité du cerveau à fonctionner normalement", commente H. Coulet, qui a remarqué la convergence d'idées entre Prévost et Malebranche à propos de ce récit : "L'apparente différence de degré du dérèglement mental entre les passionnés et les fous recouvre en réalité une différence de structure ; c'est du moins ce qu'on peut déduire des propos de Malebranche", H. Coulet, *ibid.*, p. 347-348. Voir également J. Deprun, "Thèmes malebranchistes dans l'œuvre de Prévost", *in L'Abbé Prévost*, Aix-en-Provence, Publication des annales de la Faculté des Lettres, 1965, pp. 155-172.

14. Voir, entre autres, R. Démoris, préface citée, p. 17-18. J. R. Monty est d'un avis contraire : elle insiste sur l'ambiguïté de ce personnage, sur son conformisme et son arrivisme (*Les Romans de l'abbé Prévost : procédé littéraire et pensée morale*, Genève, *Studies on Voltaire and the Eighteenth Century*, 1970, p. 201-203).

qu'une castration de ce jeune ami, coupable d'avoir "un fond de vivacité et de penchant au plaisir" (175; *170*). Adepte de l'ataraxie stoïcienne, Perés vise au dépouillement des émotions qui pourraient nuire à une maîtrise qui, seule, peut assurer, sinon le bonheur, du moins l'absence de malheur. Le narrateur est très clair sur ce point : "Ses plaisirs n'étaient qu'une faible image des miens, et je le forçais souvent de le confesser ; mais il me faisait avouer aussi que ne connaissant ni mes erreurs, ni mes peines, l'espèce de bonheur auquel il s'était réduit était préférable à celui qui m'avait causé les plus délicieux transports. Un honnête homme, me disait-il, doit toujours conserver un juste empire sur lui-même ; sans quoi, ses principes suivent continuellement la loi de ses passions. Je sentais la vérité de cette morale." (175-176 ; *172*) La périphrase désignative de type générique "l'espèce de bonheur", et le choix du verbe pronominal à la voie passive "s'était réduit", attestent de la valeur incertaine de cette morale volontariste quant à l'épanouissement individuel, mais le vocabulaire convoqué pour décrire l'aboutissement et le but de semblable règle de vie fonctionne comme un efficace viatique contre les débordements de toute sorte. L'ambiguïté de Perés apparaît surtout dans les finalités qu'il propose à son ami : seul compte ce qu'il y a "de plus glorieux, de plus sage, de plus utile pour votre fortune et votre réputation", et le terme de toute carrière doit être "un amas de richesses et de gloire" (175 ; *170*). On comprend, avec de tels objectifs, que l'amour ne l'ait guère intéressé lui-même[15] et que la peu contrôlée liaison du commandeur avec Helena ne l'ait jamais enthousiasmé. Et, lorsque la maladie de l'héroïne rend intenable une situation amoureuse, le narrateur ne manque d'ailleurs pas de remarquer la "satisfaction que [Perés] e[u]t au fond du cœur de [le] voir délivré du plus grand obstacle [...] pour [sa] fortune et [sa] réputation" (218 ; *302*). Si du moins les motivations de celui qui énonce ainsi, si régulièrement, le contre-discours de la folie, travaillant à laminer toutes les forces de l'irrationnel qui assaillent le héros, étaient absolument désintéressées, on pourrait à la rigueur souscrire à cette morale dégrisée, mais certaine réplique ne laisse pas de susciter la perplexité. À une nouvelle folie du narrateur, Perés en colère lui répond, pour une fois parlant de lui-même : "Vous croyez que je compte pour

15. A juste titre, d'ailleurs : à peine découvre-t-il l'amour en la personne d'une femme qu'on le presse d'épouser pour conclure sa réussite sociale (232 ; *345*), qu'il en meurt. Sur la signification exemplaire de ce choix de représentation qui fonctionne comme un praxème stylistique, cf. *infra*.

rien l'estime d'un ordre où je me suis fait d'illustres amis, et où je me suis peut-être attiré quelque considération par ma naissance et par mes sentiments ? " (206 ; *265*). Et l'on se souvient, alors, du marché par lui proposé à son nouvel ami : comme celui-ci voulait lui donner de l'argent pour lui permettre de continuer sa vie après ses premiers malheurs, Perés, au nom de l'amitié, avait demandé la " lieutenance " de ce futur commandeur pour pouvoir travailler à une gloire qui serait aussi une carrière respectable[16]. Derrière la référence évidente au féodal, il y a une composante ambiguë et dérangeante par son anachronisme même dans le discours de la sagesse castratrice énoncé en permanence par l'Espagnol. Enfin, est-ce par amitié ou par horrible machiavélisme que Perés, connaissant la maladie d'Helena, oblige son amant, au nom des convenances, à attendre plusieurs jours à Gorze, ce qui a pour conséquence que celui-ci ne la retrouve que totalement défigurée ?[17] La lecture critique de cette si belle amitié est d'ailleurs, à ce point, suggérée par le narrateur lui-même : " j'aurais soupçonné Perés d'une cruelle ironie, s'il ne m'avait protesté avec mille serments que son intention était droite et sincère. " (217 ; *298*)[18]

La question de la sincérité de Perés ne doit pas être sous-estimée : elle est une ouverture sur la représentation d'une censure de la folie thématique qui parcourt le texte à travers une isotopie fort cohérente dans le discours narratif. Son ambiguïté n'est que le négatif de la franchise de Lirno qui, lui, en homme fruste et peu connaisseur des ressources du double discours, avoue ses visées malhonnêtes au narrateur, et est d'ailleurs sacrifié pour cette clarté d'intentions.[19] Lirno prend le relais de Perés, dans l'économie du récit, pour valoriser l'apprentissage accompli du commandeur, et il

16. Cf. p. 142-143 ; *70-71* .

17. Cf. p. 214-215 ; *289-292*.

18. " Quoiqu'il n'eût pas ignoré que la maladie d'Helena avait été la petite vérole, et qu'il me l'eût même appris en partant de l'île de Gorze, il n'avait pas su qu'elle eût été absolument défigurée par ce cruel ennemi de la beauté, et ce n'était du même jour qu'il en était instruit par ses propres yeux " (*ibid.*). Semblable ignorance est assez peu crédible de la part de celui qui a conduit la malade dans son couvent (214 ; *289*). On peut objecter qu'il a désiré éviter la très dangereuse contamination, image récurrente dans la littérature du XVIIIe siècle, mais le soupçon reste thématisé par sa mise en discours narratif : Prévost l'a donc voulu structure signifiante de représentation critique, contestation possible de toutes les perfections prétendument incarnées par Perés.

19. Cf. p. 239-240 ; *367-368*. Leurs propositions se ressemblent, pourtant, on ne peut plus : l'Espagnole amoureuse " était un nouvel obstacle [...] pour vos courses militaires et pour l'avancement de votre fortune ", constate Lirno, bienveillant (239 ; *366*).

remplace le discours de l'amitié désintéressée par le discours de la complicité d'intérêt.[20] Le discours de l'un est l'inversion brutale du discours de l'autre, mais dans la même perspective de raison pratique qui entend commander à la destinée par une maîtrise de la matière humaine. Le héros est désormais assez maître de son propre destin, autant que d'*un* discours pour dire ce destin, pour assumer son propre renoncement à une folie qui le conduisait prétendument au début de ses aventures : il peut entreprendre la rédaction de ses *Mémoires*, attestant ainsi de sa promotion au statut de narrateur qui témoignera, par le décalage action passée *vs* jugement présent, de la victoire de la raison énonciatrice sur la folie thématisée en objet de discours romanesque, et quasi chosifiée par cette mise à distance.[21] La folie dont on parle n'est plus une folie

20. R. Démoris voit en Perés une incarnation d'un héroïsme romanesque non sentimental, mais ambitieux, qui opposerait aux valeurs incertaines de l'amour les prestiges de la gloire (discussion citée, n. 9). Il n'en demeure pas moins que ce héros glorieux est vaincu, et même quelque peu ridiculisé, par Clementia d'abord (du point de vue connotatif figural), par l'Espagnole ensuite (du point de vue actantiel). Son manque de noblesse à l'égard de sa fidèle compagne dévouée est le contraire même de l'attitude chevaleresque glorieuse qui ferait de son parcours un exemple - tant il est vrai que pour Perés la résurgence anachronique du *féodal* (cf. *supra*) n'implique pas la *courtoisie*. De plus, et surtout, actantiellement, ce personnage est relayé par Lirno, dont le discours ne fait que reconduire le sien (cf. *supra*, n. 19) : Prévost a voulu l'ambiguïté qui découle d'un tel rapprochement. Le romanesque "héroïque" de Perés - si on le comprend ainsi - ne semble plus donc viable (voir sa défaite), ni surtout totalement crédible (voir Lirno) : c'est là encore une folie romanesque, désormais repoussée comme anachronique, et caricaturée (caricaturable isotopiquement, par des séries sémémiques de type virtuème négatif) en un trivial discours d'intérêt. L'échec de Perés est la leçon de la folie romanesque qu'il a prétendu possible, et qui se complète exemplairement par sa "passion" finale, martyr dérisoire des (fausses) valeurs mondaines, qui sont une autre folie, autrement plus redoutable

21. P. Hoffmann a souligné les contradictions de cette écriture qu'il comprend comme une énonciation de la passion réfléchissant aux conditions de sa propre impossibilité. Ce serait, là encore (cf. *supra*, n. 13), un écho de Malebranche, mais dans son interprétation de l'augustinisme, selon l'auteur : "En vertu de la logique même de l'indélibération [...], la pensée se trouve dépouillée de sa fonction de délibération et n'a pas apparemment d'autre rôle sinon de constater qu'elle est mue par une force prévenante ni d'autre pouvoir sinon de l'identifier comme telle. Discours contradictoire, cependant, qui, d'un côté, développe les linéaments d'une théorie de la nécessitation des mouvements internes (sentiments, décision), et, de l'autre, en affirme la validité, à l'intérieur d'une structure syntaxique délibérative ", "Figures de l'amour dans l'*Histoire de la jeunesse du commandeur*", *Cahiers Prévost d'Exiles*, Publication de l'Université des Sciences Humaines de Strasbourg, 1985, n° 2, p. 56-57. Dès lors, "la contradiction, dans le discours, est comme la marque objective d'une conscience en arrière de l'inconscience et de l'indélibération ", *ibid.*, p. 60.

inconsciente et donc dangereuse. Mais le discours restera, impitoyablement, un discours troué, lacunaire, accusant d'imposture par ses apories et par ses contradictions lexicales, un locuteur expéditif.

Un parcours, même rapide, de la *Jeunesse du commandeur* découvre d'abord un vocabulaire de la chose insane, avancée comme une interprétation possible, une piste sémantique qui unifierait des propositions de lecture bien éclatées et parfois peu cohérentes. Le paradigme s'ordonne en une isotopie de la folie, à entrées lexicale et actantielle, elle-même exemplifiée par le métadiscours de l'*ubris*, récurrent et tendant à palier les insuffisances de la narration du point de vue de la logique attendue. On a donc une thématisation de ce propos dans la langue narrative, sinon en matière romanesque assumée, du moins en matière verbale porteuse de ce romanesque. À cet égard les figures discursives de la contre-folie que sont Perés ou Lirno, avec leur vocabulaire de l'intérêt, de la richesse et de la carrière, participent du projet global de dévalorisation, voire de dégradation, d'un romanesque fait de qualités incontrôlables et que la langue narrative ne sait plus (ne veut plus ?) énoncer quand elle remplace le principe de la dynamique sans cesse renouvelée par l'inattendu et l'exceptionnel bouleversant par le principe d'une continuité solidifiée par l'usage des valeurs mondaines.

Le monde de la *Jeunesse du commandeur* n'est guère héroïque. Les personnages y sont pour la plupart hypocrites et ridicules, d'un ridicule qui n'est pas loin d'être une forme, sinon de folie, du moins de non-sens absurde. Le commandeur d'Orbitello est soumis au "mouvement d'une passion aveugle qu'il avait mis tout son bonheur à satisfaire" (129 ; *31*), vieillard libidineux prisonnier de ses propres désirs. Junius est plus riche actantiellement. Roi des Maniotes porté en triomphe presque malgré lui, son histoire est l'ouverture sur un romanesque spectaculaire qui réunit toutes les composantes de l'exotisme, de l'ambition, de la sensualité.[22] Il n'est pas surprenant de le voir réactiver la dynamique du risque non calculé, de la folie audacieuse, en une scène éminemment porteuse de ce romanesque que combat Perés et que le récit même du narrateur tend à neutraliser en en assignant les apories réalistes. Sur la suggestion de son harem personnel, il propose à ses jeunes amis, un coup d'état en Albanie avec l'assistance de tous ses Maniotes : "si l'on

22. Cf. p. 169-173 ; 152-165

pouvait se fier sans imprudence à l'avenir, je vous ferais envisager que nos forces étant réunies, nous nous élèverions peut-être à un point d'indépendance qui nous ferait mépriser tous les efforts des Turcs. Ajouterai-je, reprit-il, que si nous nous lassons de commander à des barbares, il sera toujours temps de proposer au grand maître des conditions qui seront facilement acceptées ? Nous lui soumettrons nos États, et l'ordre sera trop heureux de trouver un établissement qui sera toujours préférable à cette misérable île" (179 ; *183*). Semblable projection ambitieuse dans l'avenir qui n'existe pas est une forme de déraison pour qui ne croit qu'en la matière des faits, et Perés n'accepte le projet, après avoir demandé des "garanties" à Junius,[23] qu'à condition de soumettre l'entreprise individuelle à la caution de la collectivité rassurante de Malte.[24] Mais l'idée enthousiasme les deux jeunes héros, et en particulier Helena : "nous irons faire régner l'amour dans les montagnes de l'Épire. [...] L'amour [...] était mon seul motif dans une si étrange entreprise" (180 ; *185*). La dimension exotique et ambitieuse de l'aventure est donc complétée par une dynamique amoureuse indispensable, qui confère à cette piste narrative sa dimension éminemment romanesque. Cet héroïque Junius finit pourtant sa vie, peu de temps après cet épisode prometteur qui va vite tourner court, en se cachant avec discrétion pour échapper à la colère du grand maître et en s'occupant à tresser des perruques avec sa maîtresse.[25] Le grotesque semble la conclusion du romanesque dans la *Jeunesse du commandeur*, et l'on comprend que la vision de Malte ainsi présentée n'ait guère plu.[26] Mais qu'attendre d'un Ordre qui cautionne tous les abus de pouvoir "pour étouffer plus promptement le scandale et les plaintes" (238; *263*) ? L'héroïsme se dégrade, comme il se doit, sans doute, dans l'histoire d'un personnage déclassé, qui a renoncé aux devoirs de son groupe social, la noblesse, pour satisfaire d'abord à son goût individuel d'aventures, puis à un confort d'égoïsme.[27]

---

23. "Nous garantirez-vous, dit-il à Junius, de réunir vos gens à votre arrivée" (p. 179 ; *183*).

24. Condition d'ailleurs repoussée, cf. p. 180 ; *185*.

25. Cf. p. 216; *295*.

26. Sur le scandale des *Mémoires*, voir J. Sgard, *Prévost romancier,* Paris, José-Corti, 1968, p. 405-406, 411-412.

27. C'est là un trait commun aux productions romanesques de l'époque : "considérés dans leur ensemble, les romans d'aventuriers qui se multiplientautour des années 50 expriment moins un nouveau confort moral et intellectuel qu'un malaise ressenti comme une rupture de l'âge d'or et vécu comme l'expulsion hors de

Mais le principe de dégradation qui vient saper tout développement des pistes romanesques sans cesse avancées dans ce récit ne se limite pas aux figures maltaises. L'aventure elle-même dégénère étrangement en caricature bouffonne. Les terribles combats avec les pirates du début de la carrière du héros ne conservent pas longtemps leur prestige, et le plus déterminant de tous, par la longue séparation avec Helena qu'il va imposer, d'où naîtra la dissolution absolue de toute perspective passionnée, se réduit même à un piteux tour de passe-passe : "Les corsaires s'étant laissés accrocher sans avoir lâché non plus leur bordée, nous fûmes aussitôt sur leurs ponts avec la meilleure partie de nos gens. Mais au lieu de nous y faire tête, ils passèrent sur notre vaisseau avec une vitesse qui surpassait beaucoup la nôtre, et tandis que notre surprise nous faisait prendre leur mouvement pour une fuite, ils retirèrent les grappins qui tenaient leur vaisseau au nôtre, et s'éloignèrent de nous en un instant" (185 ; 202). Le narrateur peut bien noter : "La honte et la rage nous auraient rendus capables de toutes sortes d'excès dans ce furieux moment" (*ibid.*), ce n'est plus l'isotopie de la folie qui peut venir assurer sa consistance à cette aventure en déréliction et à ce discours qui cherche une thématique respectable : seule reste la possibilité d'un style grotesque qui saura du moins en assurer la lisibilité. Plus tard encore, et alors que le narrateur a déjà pris son parti de renoncer à la folie du romanesque au profit de la sagesse de la carrière — et de la narration —, l'aventure avec les pirates se réduira à une simple rapine crapuleuse et sans intérêt, rapidement expédiée par Lirno, qui, lui aussi, en professionnel averti, parvient à piller un vaisseau espagnol puis à rejoindre ses amis sans que ceux-ci ne se doutent de rien.[28] Le raccourci est saisissant et atteste de la désagrégation du temps dans ces dernières pages qui se déroulent dans une sorte d'abstraction spatio-temporelle.[29] L'épisode actantiel n'a plus aucune consistance, et se réduit à une micro-séquence narrative d'une page, sans suspens et sans investissement informatif ou affectif : l'intérêt

l'éden aristocratique", J. Rustin, *Le Vice à la mode. Essai sur le roman français de la première partie du XVIIIe siècle*, Paris, Ophrys, 1979, p. 222. Que cette expulsion soit le fait du héros lui-même, comme dans la *Jeunesse du commandeur* n'en rend que plus lourde la responsabilité.

28. Cf. p. 231 ; *342*.

29. Voir J.-P. Schneider, "Batailles, saisons, amours : le sentiment du temps perdu dans les *Mémoires de Malte*", *Cahiers Prévost d'Exiles, op. cit.*, p. 104.

romanesque semble avoir totalement épuisé ce mode de production de sollicitation de l'imaginaire par des repères représentatifs, attendus dans leur extravagance.[30]

Avec l'aventure, l'amour est l'autre grande proposition romanesque qui subit, dans *La Jeunesse du commandeur*, le nivelle-
ment du renoncement raisonnable. Là encore, la courbe du récit
est déceptive. La naissance de la passion, et sa maturation, sont
suivies d'un détachement redoutable de la part du sujet focal.
Quel que soit le cynisme de la lucidité de Prévost dans ce texte,
il semble, pourtant, que les coups les plus redoutables portés à
la mythologie littéraire de l'amour-passion ne soient pas tant
dans l'histoire d'Helena que dans la dévalorisation générale du
féminin et du sentimental. Les femmes, dans ce texte, composent une galerie de viragos, menaçantes et agressives. La
Rovini et Clementia se battent sauvagement avec leurs amants,
et le texte insiste sur les "meurtrissures capables de [...] faire
jeter des cris" (151 ; *98*) infligés par ces femmes aux bras
"puissants" (*ibid.*), "de la plus haute taille, et d'une vigueur
extraordinaire" (223 ; *318*) : Clementia saisit Perés "à la gorge.
Quelque vigoureux qu'il fût lui-même, elle le renversa si
promptement de sa chaise, qu'ayant l'avantage de le tenir sous
elle, il se trouva tout d'un coup suffoqué jusqu'à perdre la res-
piration" (*ibid.*). Le narrateur ne cesse de noter les torrents
"d'injures" (152, 174, 219, 220, 229, 238 ; *99, 168, 306, 308,
337, 364*) que ce sexe faible vomit sur eux. Là encore le grotesque n'est pas loin, voire la parodie du dérisoire.[31] Par opposition, Helena incarne toutes les valeurs attendues de la jeune
héroïne secondaire dans une histoire d'hommes. Étant bien
entendu que "toutes les perfections de son âme se réduis[ent] à
la douceur" (218; *301-302*), et que celle-ci ne saurait faire
oublier "la tache de sa naissance" illégitime, nettement rappe-

30. Ce principe de dévalorisation progressive fait la cohérence thématique
et narrative du texte. Ce que ne semble pas avoir compris J. Monty quand elle
dénonce la superficialité de la composition linéaire et l'arbitraire des enchaîne-
ments, *op. cit.*, p.190-191. On préfère l'hypothèse de lecture de P. Hoffmann,
selon laquelle "tous les événements dans le récit sont organisés en système", art.
cit., p. 79.

31. C'est la raison pour laquelle J. Sgard lit ce roman comme une parodie de
Manon (cf. *supra*, n. 5). J. Rustin se demande pour sa part "s'il ne faudrait pas
inverser les signes et voir dans la trilogie [de 1740-1741] une image de la réalité obsédante que cache encore, dans *Manon*, une insoutenable prétention à la
grandeur et à la noblesse, le caractère burlesque de certains épisodes ayant pour
fonction de déceler la brisure qui apparaît déjà dans l'univers aristocratique traditionnel", *op. cit.*, p. 229.

lée par le narrateur (159 ; *121*), sa beauté est donc sa principale composante sémique. C'est pourquoi la disparition de celle-ci assure à la jeune fille une originalité proprement romanesque, que développe son statut de victime sacrifiée à l'égoïsme masculin. Mais ce romanesque n'est guère valorisant et dégénère vite en trivialité pseudo-réaliste : "Une peau difforme ; les yeux louches, une blancheur fade et dégoûtante" (216 ; *297*). La dégradation est totale : littérale et symbolique. La femme n'existe que dans un rapport de souffrances à l'homme, qui la fonde, la légitime et la constitue du double point de vue, actantiel et figural. Ce que démontre également fort bien, mais d'une toute autre façon, le personnage de Donna Clementia, personnage totalement passif et muet pendant tout le récit, qui ne fait que suivre les hommes dont elle dépend,[32] elle à qui "le goût du plaisir" fit "oublier" une première fois "son devoir" (147 ; *85*), et qui en subit désormais les suites. Cette figure n'acquiert d'existence actantielle, et n'est hissée à la catégorie de personnage que dans son affrontement final et soudain avec Perés. Elle gagne un nom : "Clementia, dont je ne devais pas tarder si longtemps à faire connaître le nom" (220 ; *307*).[33] Et c'est à elle qu'il appartient de faire entendre les ultimes accents romanesques du récit dans le serment qu'elle arrache par la force physique à son amant : "Je veux que tu m'aimes toute ta vie" (224 ; *319*). Serment "qui aurait paru ridicule à toute autre qu'une femme passionnée" (*ibid.*), note aussitôt le narrateur pour mieux en signaler l'anachronisme, et dont le non-respect par celui qui résout de s'en débarrasser en la mariant avec son lieutenant conduira à la mort de la femme. Héroïne romanesque sauvée de l'inconsistance par cette ultime péripétie d'intrigue, Clementia meurt en lançant des "imprécations" terribles (226 ; *328*), avant de revenir se venger elle-même sous la forme de son double symbolique, mais entièrement négatif, qu'est l'autre Espagnole promise à Perés et qui le fera mourir à son tour, caricature d'un romanesque qui ne cherche même plus à convaincre. La femme est un danger, que le grand maître de Malte semble d'ailleurs redouter, lui qui est prêt à tout

32. "Elle avait suivi constamment l'heureux Perés, avec peu de trouble et d'interruption dans leurs amours" (202 ; *253*).

33. Le narrateur oublie d'ailleurs, de façon très révélatrice, qu'il l'a déjà nommée "Donna Elvire" (152 ; *101*) : semblable "oubli" témoigne de l'entière disponibilité de cet actant tout entier soumis aux besoins de la manipulation masculine, manipulation érotique ou narrative. De façon plus empirique, on peut aussi rappeler que "ce roman est peut-être celui que Prévost a écrit avec le plus de hâte", comme le constate H. Coulet devant le nombre étonnant de répétitions et de négligences d'expression dont le texte abonde, *Ibid.*, p. 335).

pardonner à ses chevaliers à condition qu'ils se libèrent de ce genre d'entraves.[34] Il y a une incontestable misogynie parmi les hommes de ce récit. C'est dire que l'image du féminin n'est guère valorisée dans le discours du commandeur, et la principale conséquence en est cette éviction de l'amour qui est le but de son éducation.[35] Par une incarnation, la figure de Perés, avec son héroïsme de la gloire — qui peut être lu aussi comme un égoïsme et une pauvreté de cœur[36] —, a tenté d'affirmer le romanesque non sentimental. Mais la défaite amoureuse finale de ce personnage, lui aussi soumis au romanesque de l'amour, et aussitôt puni par une caricature obscène de ce romanesque, témoigne de la folie de tout romanesque, glorieux ou amoureux. Le pessimisme est radical : l'isotopie de la folie ordonne même les déconstructions figurales des *valeurs* reconnues. L'amour de Perés, ce schème narratif qui est aussi une matrice romanesque, est l'aboutissement de cette ambiguïté voulue, qui ne propose des pistes, existentielles et stylistiques, que pour travailler à les subvertir méchamment en les soumettant au ridicule ou au dérisoire de le représentation, quand, du point de vue de la morale, le destin du *personnage* s'achève au contraire dans le tragique. Le romanesque est une valeur *obsolète*, autant qu'un style impossible. Perés n'a plus qu'à mourir, vaincu, et privé de la grâce (actantielle) de l'ambiguïté. La rupture thématique introduite par Prévost dans *La Jeunesse du commandeur* est d'abord une rupture stylistique qui introduit à un nouveau type de romanesque, déceptif et contradictoire.

Un certain genre de romanesque n'est donc énoncé que pour être ruiné, dans ce récit. Le romanesque de l'aventure, de l'ambition et de l'amour avoue ses limites, ses conventions, ses insuffisances et suggère même des caricatures risibles. Folie invivable, parce qu'irrationnelle, au début du texte, le romanesque est progressivement dévitalisé de ses composantes les plus spectaculaires pour se réduire à une trame thématique qui

34. Cf. p. 221-222 ; *312-313*.
35. R. Démoris (discussion citée, n. 9) me fait remarquer que cette présence physique des femmes dans le roman est, au contraire, une originalité : version noire, mais romanesque, de la femme forte venue des mythologies italiennes, telle une héroïne virile du Tasse ou de l'Arioste. Soit, mais encore une fois, le discours narratif (*vs* le discours romanesque culturel intertextuel codé) travaille à disqualifier ce prestige référentiel. L'anachronisme de la valeur virile désigne en "folie", ou pire, en "bizarre" (version prosaïque d'une folie dévitalisée) ce qui fut une référence positive constructive.
36. Cf. *supra*.

rend le discours du récit encore possible et justifie, de ce fait, la parole fictionnelle. Mais cette défaite d'un imaginaire au profit d'un existentiel plus sûr, plus concret, telle que l'accomplit la dégradation générale des unités actantielles dans ce texte, n'en demeure pas moins une victoire stylistique en ce que le récit illustre une fracture esthétique entre le discours narratif (déceptif et décevant) et le contre-discours d'un romanesque sacrifié mais bien présent, dont la contestataire présence, étouffée, n'en finit pas de faire entendre le scandale de sa folie en liberté. Que reste-t-il, à faire, à dire, lorsque la matière, d'action, de parole, se dérobe au statut d'objet ? Quel roman pour celui qui refuse la folie du romanesque, qui ne veut plus en subir le risque ? Prévost hésite, et propose, sans grande conviction, quelques pistes stylistiques qui pourraient assurer une lisibilité à cette histoire qui dégénère.

La tentation du roman libertin, sinon du libertinage lui-même, est une de ces pistes.[37] Tout au long du texte, et comme pour anticiper sur le vide final causé par la mort de l'amour-passion, les personnages ont avancé quelques propositions libertines : Perés fait toujours preuve d'une désinvolture langagière très orientée[38] et courtise des femmes qu'il n'aime pas mais dont il attend les faveurs ;[39] ces femmes sont généralement présentées par le narrateur comme des "femmes galantes [qui] font bien plus de fond sur un amant forcé au célibat, que sur ceux qui peuvent leur échapper par des dispositions qui leur font rompre tôt ou tard un commerce d'amour, pour songer au mariage " (148 ; 87). Lui-même, au plus fort de son amour, envisage très sérieusement de se venger de Junius en couchant avec ses trois maîtresses attitrées, ne croyant pas ainsi "blesser la tendresse d'Helena par une infidélité où le cœur n'aurait point de part " (180 ; 187). Le récit comporte même d'étranges scènes de travesti (féminin, puis masculin) et les malentendus plus ou moins cocasses qui en découlent.[40] Enfin, le commandeur sait fort bien manier le style périphrastique euphémistique pour désigner les plaisirs du lit quand il décrit Junius aux prises avec "les besoins du tempérament qui le pressaient " (180 ; 187), ou la placide Helena gagnant de la "vivacité par l'exercice continuel du plai-

---

37. J. Sgard a beaucoup insisté sur l'aspect libertin de la *Jeunesse du commandeur* : voir *Prévost romancier*, p. 411, *Vingt études*, p. 124.
38. Exemple : " nous n'avons point affaire à des vestales " (148 ; 89).
39. Cf. p. 152 ; *101*.
40. Cf. p. 162-163, 185 ; *132-133, 200*.

sir" et ne pensant "qu'à l'augmenter par de nouveaux excès" (155 ; *109*). Il y a donc une isotopie du libertinage dans *La Jeunesse du commandeur* qui pourrait assurer une cohérence de lisibilité. Cela fait-il, pour autant, un roman libertin ? Non, car cette énonciation et cette thématique tournent à vide et ne donnent rien d'autre à représenter que leur aporie et leur déception. L'énergie des plaisirs n'est pas ici une dynamique valorisée, mais un pis-aller censé suppléer aux carences d'un romanesque qui se dérobe à la continuité du discours de la représentation. Le sommet de cette tendance stylistique déceptive et inaboutie est sans doute dans le double projet de Perés et du narrateur de se débarrasser de Clementia et d'Helena en les mariant à un lieutenant et à un maître d'hôtel.[41] Nulle perversité cérébrale ici, nul hédonisme égoïste, nulle éthique exigeante, nul style expressif ou représentatif non plus : le sens libertin du discours, qui pourrait être un substitut à un romanesque déficient, s'inverse en non-sens narratif, découvrant alors le scandale d'une autre "folie", tout aussi suspecte d'insincérité que la folie thématisée par le discours narratif : celle d'une énonciation qui refuse tout élargissement à l'imaginaire qui la conditionne inévitablement.[42] Perés peut bien raconter "l'histoire de [leurs] amours, en donnant un tour badin à des aventures dont la plupart n'étaient pas assez sérieuses pour en recevoir un autre" (221 ; *311*) : cette rouerie morale est également une imposture stylistique. L'aporie du style libertin, proposition possible d'une énonciation narrative développée et représentative d'un genre, témoigne de l'impasse à laquelle se ramène le récit lorsqu'il entend condamner la folie de la chose romanesque, pour privilégier la pauvreté des intentions de ceux qui travaillent à défaire le roman au profit de la vraisemblance — tout comme Perés travaille à censurer la vie du narrateur au nom de la sécurité.

L'éviction d'un romanesque trop ostensible ne peut donc se faire sans que celui-ci ne se venge en faisant sentir, par le vide qu'il laisse, l'imposture de l'écriture du roman ainsi dévoilée. C'est tout le discours narratif qui se trouve disqualifié par cette

41. Cf. p. 224-225 ; *320-323*.
42. P. Hoffmann voit "dans les ultimes péripéties de l'aventure amoureuse du héros, une disparate (ou, mieux encore, une rupture) par rapport à la logique de l'indélibération, l'établissement d'un autre système d'intelligibilité des comportements", art. cit., p. 80. Rupture stylistique. Et le "système d'intelligibilité" proposé fonctionne, certes, dans la perspective narrative qui l'énonce, mais ruine le romanesque qui l'a conditionné.

entreprise de rationalisation réaliste que découvre le texte du commandeur. Tel est le pessimisme de ce texte étrange : combattre le romanesque comme on combat le risque de la folie, c'est retirer au roman son sens et sa finalité. Sans la folie du romanesque, il n'est pas de raison narrative pour l'écriture de fiction.[43] René Démoris lit la *Jeunesse du commandeur* comme le roman de "la dissolution du sujet"[44] : dissolution du sujet romanesque, en tant que thème linguistique porté par l'énonciation qui le constitue. Le sujet n'existe plus dès lors que la continuité des *valeurs* lui est refusé — et même des anti-valeurs. Les développements prédicatifs tournent tous à vide, à travers leurs propositions stylistiques avortées, et laissent à deviner l'absurdité d'un monde qui refuse la morale de l'imaginaire au nom d'un risque de dépassement, de perte, que la contre-morale des intérêts matériels a pris l'habitude de nommer "folie". Reste alors à "effectuer une nouvelle fondation du langage", qui attestera de ce que "le sujet de l'écriture se refuse à *répondre* du savoir qu'il possède, sinon pour un usage purement critique, et préfère se représenter ailleurs, dans ce qui est l'esquisse d'une histoire personnelle."[45] L'histoire personnelle de la jeunesse du commandeur devenu narrateur — romancier ? Un nouveau romanesque est à naître, celui de l'argent et des ambitions, celui de la bourgeoisie et de la troisième personne — qui sera aussi la non-personne de Benveniste —, un romanesque

43. Le récit serait alors l'exploration du signifiant romanesque, et ce signifiant est fondamentalement une folie subversive, du point de vue de la raison raisonneuse : "De ce signifiant, il recherche non pas tant le sens, que la force ; non pas tant ce qu'il est (signifie) mais ce qu'il fait — les actes textuels et les événements énonciatifs qu'il déclenche et auxquels il donne lieu", Sh. Felman, *op. cit.*, p. 31.

44. R. Démoris, préface citée, p. 21.

45. R. Démoris, "L'écrivain et son double : savoir et fiction dans le texte classique", *in* J. Deccotignies éd., *Les sujets de l'écriture*, Lille, PUL, 1981, p.74-75. L'auteur appuie son analyse du dédoublement du savoir et de la fiction dans l'énonciation des romans de la fin du XVIIᵉ et du début du XVIIIᵉ siècles par une lecture historique d'une grande pertinence, qui commente idéalement les suggestives propositions de M. Foucault sur la déstabilisation du sujet occidental (voir Foucault, *Les Mots et les choses*, Paris, Gallimard, 1966) : "Peur et désir à la fois d'une action des mots sur les choses, peur et désir à la fois de cette invasion des choses par les mots, telle est l'ambivalence de laquelle participe l'écrivain, coupable, en donnant des noms, d'usurper un privilège paternel, royal, divin. Lorsque, dans le texte classique, se manifeste le sujet de l'énonciation, il importe qu'il ne soit pas sujet d'un savoir : les mémoires personnels de type historique renvoient à de grands noms, situés du côté des choses, non du côté des livres. Ou bien il faut que ce sujet relève d'un au-delà du savoir, autrement dit d'un verbe divin, d'un langage qui est l'ordre des choses" (*Ibid.*)

qui réunira *romance* et *novel* en une texture polyphonique qui fera de la disparate et du feuilleté des styles une composante esthétique à figure de représentation.

Dans son *Histoire de la folie à l'âge classique*, Michel Foucault accordait au *Neveu de Rameau* une position emblématique en tant que "dernier personnage en qui folie et déraison se réunissent", en même temps qu'il préfigure leur définitive séparation.[46] Le commandeur de Prévost semble, un temps, saisi du même vertige, mais, moins audacieux que le héros de Diderot, parce que moins affranchi des résistances incarnées à ses côtés par Perés, il n'ose courir le risque de la folie du romanesque que pour y renoncer. La séparation se matérialise dans la distinction entre le monde du *romance* et l'énonciation du *novel*. L'équilibre des deux composantes n'est réussi que par le sacrifice de la première, qui travaille alors, par son impossibilité, à dénoncer les impostures et les apories de la seconde. Sade aimait les "fables implexes" de Prévost, qui soutiennent "toujours l'intérêt, quoiqu'en le divisant."[47] L'originalité de ce grand roman n'est pas dans le romanesque thématisé, qui relève de tous les lieux communs de l'époque, mais dans la dévalorisation de ce romanesque, qui n'a pas encore acquis, en France, le statut de l'auto-parodie. Seul reste alors le choix du silence.[48] Pour Jean Sgard, "le roman commence où les lumières finissent ;"[49] l'*Histoire de la jeunesse du commandeur* inverse la proposition : les lumières commencent où le roman s'arrête. Récit, où est ta victoire ? Le romanesque est une folie dans le monde de l'ordre et d'une certaine raison — celle des intérêts collectifs —, dont la menace, même maîtrisée sous "les applaudissements du public" (242 ; *375*), travaille l'énonciation des récits dans le sens de certaines impossibilités. Ainsi se découvrent, dans cette inégale opposition fortement dialectisée, la duplicité narrative et la morale romanesque.

Éric BORDAS
Université Michel-de-Montaigne - (Bordeaux 3)

46. M. Foucault, *Histoire de la folie à l'âge classique*, Paris, Gallimard, 1972, p. 364.

47. *Idée sur les romans* (1800), in Sade, *Les Crimes de l'amour*, éd. É. Le Grandic, Paris, Zulma, 1995, p. 28.

48. Pour J. Sgard, les héros de la trilogie de 1740-1741 "ont cherché la liberté et ne la trouvent que dans le silence", *Prévost romancier*, p. 409.

49. J. Sgard, "Aventure et politique : le mythe de Bonneval", *in Roman et Lumières au XVIIIe siècle*, Paris, Éditions Sociales, 1970, p. 148.

LE TEXTE EN DÉLIRE

LE CHEF-D'ŒUVRE D'UN INCONNU
DE THÉMISEUL DE SAINT-HYACINTHE (1714) :
FOLIE RAISONNANTE

Aurélia Gaillard

> "[...] *là où il y a œuvre, il n'y a pas folie*, et pourtant la folie est contemporaine de l'œuvre, puisqu'elle inaugure le temps de sa vérité. "
> (Michel Foucault) [1]

Par où commencer ? Le vertige du lecteur ou du critique face à cet édifice que constitue le *Chef-d'œuvre d'un inconnu* de Thémiseul de Saint-Hyacinthe n'a d'égal que le délire qu'on prête volontiers au narrateur voire à l'auteur d'une telle œuvre. Par où entrer dans l'édifice ? Quelle porte ouvrir parmi toutes celles qui s'offrent à moi, au fil des éditions, encore multipliées ? Cherche-t-on à m'égarer ou suis-je devenu imbécile, frappé de *stupiditas*, cet équivalent classique de la démence ? Suis-je fou ou est-ce lui ? Où s'achève la raison et débute la déraison ? Car tel est, entre autres, le questionnement qu'ouvre immanquablement le *Chef-d'œuvre* : dans le délicat rapport qu'entretiennent la déraison et la rationalité, où situer cette entreprise ? Et où situer, du même coup, toutes les instances qui participent à l'aventure, auteur(s), narrateur(s), personnages, lecteurs, critiques ? Qui sont les médecins, qui les malades ? Qui tient le rôle du fou et qui celui de l'érudit ? Est-on bien, comme on le considère généralement, dans une condamnation satirique de l'érudition ou dans un éloge retors ? Ou encore, l'érudition ne serait-elle pas la forme ultime de la folie ? Sa ruse ? Chaque critique, face à une telle œuvre, est ainsi tenté par l'exégèse, et même l'exégèse frénétique : l'édition Leschevin de 1807 comme

---

1. *Histoire de la folie à l'âge classique*, Paris, Gallimard, "TEL", 1993, (Gallimard, 1972), p. 557.

celle d'André Lebois de 1965[2] accompagnent le narrateur-éditeur dans sa folie raisonnante et son délire interprétatif — ce qui ne signifie nullement, bien entendu, que le délire en question soit dénué de vérité, au contraire, il semble bien être la forme de vérité que prend le texte. Mais tentons une lecture autre de l'entreprise : non plus historique ni esthétique mais une lecture sous les traits du pathologique.

Souvent tenu comme un témoignage sur un monde érudit aujourd'hui disparu, comme le livre d'une actualité périmée (celle de la dernière Querelle, celle d'Homère), un livre à la mode qui s'est vite démodé, je voudrais esquisser une approche différente du texte : non pas le considérer comme un ouvrage savant pour savants (ce que suppose évidemment tout texte qui, pour dénoncer le pédantisme et l'érudition excessive, use des instruments mêmes des pédants) mais comme une fiction délirante, une œuvre obsessionnelle qui entraîne tout lecteur dans la logique de sa folie et pas seulement les plus érudits et finit par s'abolir elle-même, outrepassant les limites de la lisibilité. L'indice (ou la garantie, comme on préfère) d'une telle lecture, ce qui, semble-t-il, m'y autorise est, paradoxalement, une donnée historique : le succès, inattendu, immédiat et durable, de la plaisanterie, sorte de canular qui ne semblait destiné qu'au tout petit monde érudit du *Journal littéraire* fondé à La Haye en 1713 par un groupe de jeunes gens, Saint-Hyacinthe, son ami Justus Van Effen, Guillaume Jacob van 'S-Gravesande, Albert-Henri de Sallengre, et Alexandre, le secrétaire de la société, et qui a néanmoins trouvé un public beaucoup plus large comme en témoignent les éditions de la première moitié du XVIIIᵉ siècle (trois éditions dès 1714 et de nombreuses jusqu'en 1758). Selon Daniel Mornet, suite à ses sondages dans les catalogues des bibliothèques privées, le *Chef-d'œuvre* vient au quatorzième rang des ouvrages les plus fréquents, avant tous les romans.[3] C'est bien que quelque chose en l'œuvre résiste et intéresse au-delà des frontières d'un tout petit monde. Choisissons donc de mener l'étude comme une enquête, enquête sur un sujet malade, sujet qui comprend autant le livre que son auteur, voire, par contamination, son public.

2. Respectivement : Saint-Hyacinthe, *Le Chef-d'œuvre d'un inconnu*, P.-X. Leschevin (éd.), Paris, Impr. bibliographique, 1807, 2 vol. in 8° et André Lebois (éd.), Avignon, Aubanel, 1965.

3. Voir Elisabeth Carayol, *Thémiseul de Saint-Hyacinthe (1684-1746)*, Oxford, The Voltaire Foundation, "Studies on Voltaire and the Eighteenth Century", vol. 221, 1984, p. 40.

I. DÉLIRE INTERPRÉTATIF ET NÉVROSE OBSESSIONNELLE : LA MANIE

D'abord, rappelons les faits. En 1714, parut à La Haye, un petit volume in-12 de 195 pages intitulé *Le Chef-d'œuvre d'un inconnu, poème, heureusement découvert et mis au jour avec des Remarques savantes et recherchées, par M. le Docteur Chrisostome Matanasius, avec une Lettre à Monseigneur le Duc de ***,*[4] suivi d'une *Dissertation sur Homère et sur Chapelain*[5] de 50 pages et des tables. L'ouvrage se présente comme le commentaire d'un "poème" et plus exactement d'une chanson (d'un auteur inconnu) en cinq strophes mettant en scène Colin et Catin : commentaire prolifique donc mais pas plus disproportionné que pouvait l'être celui de certaines éditions de l'époque, exégèse à la manière du *Pervigilium Veneris* par Pithou ou Lipse qui servent de modèle manifeste à Saint-Hyacinthe.[6] Ce n'est pas tant la longueur de la paraphrase qui est en cause que sa sinuosité et surtout son apparente insignifiance : rappelons-nous Freud : "la névrose obsessionnelle se manifeste en ce que les malades sont préoccupés par des idées auxquelles ils ne s'intéressent pas."[7] L'importance du détail comme du lapsus ou du mot d'esprit tient précisément à cette insignifiance apparente, révélatrice d'un déplacement et donc d'un sens latent. Ainsi narrateur et lecteur du *Chef-d'œuvre* sont conduits à s'intéresser à une virgule, un "ah" exclamatif, un "qui" relatif, ou sont amenés à déterminer l'étendue d'une nuit, si la porte est une meilleure entrée que la fenêtre ou la cheminée, pourquoi "frappa" à cette même porte est préférable à "heurta"[8] ou encore si "fragile" marque bien un "acte de fragilité."[9] La recherche systématique du détail et sa motivation forcée et forcenée contribuent largement au caractère obsessionnel du discours : chaque mot est paraphrasé sans exception (ou à une très infime,

---

4. La Haye, Aux dépens de la Compagnie, 1714, pp. 183-195.

5. Qui n'est pas de Saint-Hyacinthe mais de son ami Van Effen.

6. Voir la préface de la première édition : "l'on sait qu'en 1577. Pierre Pithou fit imprimer à Paris chez *Mamert Patisson* un petit Poème qu'il avoit découvert parmi des MSS. et qui a pour titre *Pervigilium Veneris*. [...] Les soins que tant de Grands hommes ont pris pour donner au Public ces deux petits poèmes, m'ont servi d'exemple pour lui offrir celui-ci Intitulé *Le Chef d'œuvre d'un Inconnu*.", *op. cit.*, non pag.

7. Sigmund Freud, *Introduction à la psychanalyse*, Payot, "Petite bibliothèque", 1994 [1922], p. 240.

8. *Op. cit.*, p. 63.

9. *Op. cit.*, p. 70.

l'article défini "la" au début de la troisième strophe), parfois même à plusieurs reprises, dans une technique du grossissement (on part du syntagme pour arriver au mot) et cette insistance sur certains termes permet déjà d'esquisser une lecture parallèle, paradigmatique, du commentaire : l'obsession s'attarde ainsi sur les expressions faciles à associer, "son lit", "dormir", "aime", "toute nue en sa chemise", "honnête" et propose donc sous la froide exégèse, un récit second, discrètement érotique. Le délire interprétatif n'est pas seulement une satire des paraphrases érudites de l'âge classique qui s'achève là, avec la Querelle des Anciens et des Modernes et le refus de se soumettre aux "auteurs", modèles et garants de toute pensée, il dit peut-être aussi ce qu'il en est de tout discours : forcément motivé, forcément animé de forces souterraines et suggère ce qu'est au fond toute lecture, une satisfaction de pulsions et de désirs.

L'édition critique la plus récente, celle de Henri Duranton,[10] permet d'ailleurs, en distinguant les strates des trois principales éditions, celles de 1714 (la première), de 1716 (la quatrième) et de 1732 (la sixième et définitive, la plus complète), de voir que le choix de termes "obsessionnels" était fixé dès la première édition et que les ajouts ne portent pas sur de nouveaux termes à commenter mais sont de nouveaux commentaires apportés aux mêmes termes : l'ajout est une simple "boursouflure", elle marque seulement l'ampleur de l'obsession. Une exception peut-être, là encore, le mot "lit", le premier de la série que nous avons déterminée : certes, comme tout mot, il était bien commenté dans l'édition de 1714 ("le lit est naturellement la place d'un malade"[11]) mais n'était pas redoublé et donc pas particulièrement mis en valeur. C'est l'édition de 1716 qui le met en évidence en le redoublant (après un commentaire sur le syntagme "son lit", le texte en propose un sur le mot seul de "lit") et en lui consacrant un long paragraphe. Regardons-y de plus près.

Alors que la première édition se concentrait uniquement sur l'usage qui était fait du lit, donc sur la personne qui se trouvait *au lit*, la quatrième édition ne considérait plus que l'objet *lit* :

"Ce mot a un grand nombre de significations. On dit un *lit de plume*, un *lit de repos*, un *lit de gazon*, un *lit de fleurs*. Et lit

---

10. Thémiseul de Saint-Hyacinthe, *Le Chef-d'œuvre d'un inconnu*, Henri Duranton (éd.), Paris, CNRS et Saint-Etienne, Publications de l'Université de Saint-Etienne, "Lire le Dix-huitième Siècle", n° 1, 1991.

11. Ed. de 1714, *op. cit.*, p. 18.

dans ce cas se prend pour la chose sur laquelle on couche ; les deux derniers sont fort en usage dans les opéras. On dit un *lit de soie*, un *lit de drap* ; et *lit* alors se prend pour les rideaux, ou autres choses sur lesquelles on ne se couche point [...]. "[12]

Suit un long paragraphe, inspiré du *Dictionnaire* de l'Académie, qui développe les sens du mot, notamment par métonymie. Les citations pseudo-savantes mêlent, sur le mode burlesque, Quinte-Curce, le *Phaéton* de Quinault et Lulli, un poème anonyme de 1713 mais aussi une expérience personnelle : "C'est ainsi que dans un voyage que je fis en Hollande, j'écrivis à une illustre abbesse de mes amies, que j'avais couché dans un *lit de faïence*."[13] L'amplification confine bien ici au délire interprétatif, mais elle sert aussi à brouiller le discours et à éloigner, narrateur et lecteur, du noyau obsessionnel : le lit précisément, non pas en tant qu'objet, mais en tant qu'usage, en tant, justement, comme le suggère le texte tout en le réfutant (on reconnaît là la fameuse dénégation), qu'on y "couche". La longue paraphrase sur le "lit" n'a alors d'autre rôle que de détourner narrateur et lecteur du seul usage *intéressant* du lit : sa fonction érotique, bien entendu. D'où le très insistant et paradoxal silence sur tous les emplois sensuels du mot : "je passe sous silence plusieurs autres significations du mot *lit*."[14] D'où, à l'inverse, l'insistance de la première édition sur un seul usage, anodin, celui-là, et *inintéressant*, la maladie : comment lire, sinon de manière ironique, "naturellement" dans "le lit est naturellement la place d'un malade" ? D'autant que la citation à l'appui d'un tel jugement de valeur vient le contredire : il s'agit du distique :

> "Iris ce Chef d'œuvre des cieux
> Est au lit toute languissante."[15]

La langueur d'Iris indique clairement de quelle nature est, au fond, cette "maladie" qui maintient au lit. Enfin, remarquons en passant l'emploi de "chef-d'œuvre" associé justement à la sensualité et au lit, qui ouvre peut-être une première piste de lecture : le *Chef-d'œuvre d'un inconnu* pourrait aussi se lire comme le *Chef-d'œuvre de l'inconnu*, de l'enfoui, du caché. Nous commençons maintenant à voir comment fonctionne et se construit le

12. Ed. H. Duranton, *op. cit.*, p. 66.
13. *Ibid.*
14. *Ibid.*
15. Ed. de 1714, *op. cit.*, p. 18.

délire interprétatif. Matanasius est semblable à ces "cas" de névrose obsessionnelle qu'on rencontre chez Freud : la dame qui, plusieurs fois par jour, se précipite dans une pièce, à une place fixe, pour y sonner sa femme de chambre ou la jeune fille aux rites de coucher très compliqués, lui aussi produit à la fois des actes (ici, des écrits) obsédants et parfaitement insignifiants :

"Les actions que le malade accomplit réellement, les actes dits obsédants, ne sont que des actions inoffensives, vraiment insignifiantes, le plus souvent des répétitions, des enjolivements cérémonieux des actes ordinaires de la vie courante, avec ce résultat que les démarches les plus nécessaires, telles que le fait de se coucher, de se laver, de faire sa toilette, d'aller se promener deviennent des problèmes pénibles, à peine solubles." [16]

Lisons sous cet éclairage le commentaire que fait Matanasius de "à la porte":

"Quoi que pour aller voir sa Maîtresse on entre quelquefois par la fenêtre, et même par la cheminée ; il est pourtant plus ordinaire d'entrer par la porte. On pourroit le prouver par plusieurs endroits des Histoires que nous ont données M. de Bussi Rabutin, M. de Scudéri, Madame de Ville Dieu [...]." [17]

Matanasius est donc bien cet insensé très (trop) sensé, atteint de folie raisonnante dont l'indice le plus sûr reste sans doute ces "boursouflures" d'une édition à l'autre, qui touchent le texte lui-même mais aussi tout le paratexte, pièces liminaires et adjonctions diverses - même si, dans une telle entreprise, scinder texte et paratexte n'a guère de sens puisque, précisément, le texte (le commentaire, les *Remarques*), c'est le paratexte.

Faisons-en rapidement l'inventaire pour mesurer l'importance de la "boursouflure" et de l'obsession. L'édition de 1714 comprend déjà cinquante pages (non paginées) avant le poème de Colin : la page de titre est suivie d'une citation de Lucrèce, d'un *Errata* savoureux ("on avertit qu'on le trouvera à la fin du Livre"), de trois *Approbations*, de plusieurs pièces d'éloge, en grec, latin, anglais, hollandais (quatre pages !) et français, d'une épître "A Monsieur..." (Samuel Masson), auteur d'une *Histoire critique de la République des Lettres tant ancienne que moderne* (1712-1718), ridiculisé par la suite sous l'appellation d' "Aristarchus Masso", d'une préface et de tables (des noms propres, des livres et des manuscrits), enfin d'une ode. Les éditions suivantes, poussant la même logique jusqu'à son comble, étoffent

16. Freud, *op. cit.*, p. 241.
17. Ed. de 1714, *op. cit.*, p. 47.

encore l'appareil paratextuel : la quatrième édition (1716) présente ainsi en sus une nouvelle approbation en hébreu, avec sa
traduction, une nouvelle pièce d'éloge, en gascon, une nouvelle
préface, nouvelle épître ("de Monsieur Chloeus"[18]) et celle de
1732, un avertissement au lecteur composé d'un distique latin et
d'un quatrain gascon. Ce qui frappe, outre l'inflation délirante
des ajouts, c'est aussi leur caractère ostensiblement saugrenu,
presque d'une *inquiétante étrangeté* : le choix de l'hébreu et du
gascon, la mise en regard du gascon et du latin. Et l'appareil
paratextuel n'est bien entendu pas seulement pré-liminaire,
diverses pièces, pas toujours de la main de Saint-Hyacinthe,
viennent grossir la fin du livre : la *Lettre à Monseigneur le Duc
de **** et la *Dissertation sur Homère et Chapelain* déjà men-
tionnées, des *Remarques sur l'Ouvrage en général et sur l'origine de la maison de Catin en particulier,*[19] suivies en 1716
d'une *Dissertation touchant les personnes de Catin et Colin*, de
"nouvelles" *Nouvelles Remarques et diverses leçons*, d'une
*Lettre de M. Chrisologos Carítides à M. le Professeur Burman-
dolius*, et surtout en 1732, d'une *Déification de l'incomparable
Docteur Aristarchus Masso* et d'une traduction de la préface de
Don Quichotte, que Henri Duranton juge "franchement incon-
grue"[20] : mais si cette incongruité était justement la clef de
l'œuvre ? Rappelons-nous le début de cette préface :
     "Ainsi, que pouvait produire mon esprit stérile et mal cultivé,
sinon, un sujet sec, bizarre, extravagant, plein de mille fantaisies
qui n'ont jamais tombé dans l'imagination de personne."[21]
     Il n'y a alors rien que de très normal dans le fait que Matana-
sius soit lui aussi atteint de don-quichottisme : le narrateur du
Chef-d'œuvre reconnaît d'ailleurs "l'analogie qui existe entre
l'esprit de cette pièce [*Don Quichotte*]) et le *Commentaire du
Chef-d'œuvre,* Michel Cervantes ayant eu aussi l'intention de
ridiculiser les Commentateurs."[22] Le *Chef-d'œuvre* entretient
une relation mimétique avec *Don Quichotte* ; comme lui, il est
une parodie d'un genre dépassé, non pas du roman de chevalerie
mais de l'exégèse humaniste, comme lui, il témoigne donc d'un
âge dégradé, d'un réel impossible, et Matanasius, comme Don

18. Ed. H. Duranton, *op. cit*, p. 48.

19. Ed. de 1714, *op. cit.*, pp. 158-177.

20. *Op. cit.*, p.12.

21. Traduction de la préface de *Don Quixote de la Manche* par Saint-Hyacinthe, éd. Leschevin, *op. cit.*, vol. 2, p. 29.

22. Ed. Leschevin, *op. cit.*, vol. 2, p. 493.

Quichotte, est un héros aliéné, atteint de folle imagination, qui
ne possède, pour lutter et finalement sombrer, que des livres...
La seule (et immense) différence est que Matanasius reste toujours grotesque sans jamais atteindre au sublime, le *Chef-
d'œuvre* reste parodique, jamais poétique. Mais les enjeux ne
sont pas si éloignés : *Don Quichotte* est à l'horizon du *Chef-
d'œuvre*. Et c'est en ce sens qu'il s'inscrit dans la Querelle :
non pas comme texte engagé dans l'un ou l'autre parti, même
si plusieurs passages prennent très explicitement, pour qui
connaît la période, la défense des Modernes,[23] mais en tant
qu'il fait le deuil d'un mythe classique (celui d'un savoir éternel, non relatif) et qu'il engage, par la folie, le monde dans un
non-sens et ouvre la voie à un réel problématique, dégradé,
bref, "moderne".

II. SAINT-HYACINTHE, MATANASIUS ET LES AUTRES: L'ALIÉNATION

Matanasius, héros-narrateur aliéné, avons-nous dit, narrateur
obsessionnel d'un texte délirant : mais qu'en est-il des autres, de
tous ces autres qui peuplent ou hantent le *Chef-d'œuvre* ? Là
encore, rappelons quelques données : le spectre de la rédaction
collective qui plane sur l'ouvrage (il serait né au sein du groupe
des fondateurs du *Journal littéraire*), l'attribution d'abord hési-
tante de l'ouvrage (des noms comme celui de Fontenelle, de La
Monnoye ou de Jean-Pierre de Crousaz ont été suggérés), puis
de certaines pièces comme le *Parallèle entre Homère et Chapelain*, ou la recherche obstinée, par un certain Hyacinthe Cordonnier, de pseudonymes adéquats, tantôt Chrisostôme Matanasius,

23. Deux exemples : dans la préface, d'abord, où l'on peut lire : "on a bien
vu, dans les disputes des savants sur Homère, les défenseurs de ce poète, vouloir faire passer pour ignorants, pour gens sans goût, sans pénétration, gens
bouffis d'orgueil, sots, impudents, ridicules, téméraires, vanteurs d'eux-mêmes,
ceux qui ont osé trouver quelques défauts dans ce grand poète" (éd. H. Duranton, *op. cit.,* p. 46). Dans le texte même, ensuite : "Perrault *dans ses parallèles*
s'est moqué de cette versification [celle d'Horace], et pour la tourner en ridicule, il fit la chanson suivante. "L'autre jour dans nos bois le Berger Tricis,
qui/ Endure de Philis cent rigueurs inhumaines/ Lui faisoit une longue Ki/ rielle
de ses peines/ rielle de ses peines." Si cet Academicien avoit vû le Chef
d'Œuvre que nous donnons aujourd'hui au public, il auroit apris à respecter
dans Horace une chose qu'un excellent Poète François n'avoit pas dédaigné de
mettre en œuvre" (éd. de 1714, *op. cit*, pp. 66-67). Ainsi Saint-Hyacinthe prend
la défense du *Moderne* Perrault mais surtout, par un ironique renversement de
perspective, il invite à juger des œuvres anciennes à l'aune des œuvres nouvelles.

tantôt (à partir de 1715) Thémiseul de Saint-Hyacinthe,[24] sans parler, bien entendu, du plus évident, la place centrale et rayonnante de cet "inconnu", auteur de la chanson. Brouillant ainsi les limites entre le réel et la fiction (la fiction se jouant du réel par l'anonymat ou le pseudonymat de certaines pièces), le *Chef-d'œuvre* est le texte de l'identité instable, défaillante, qui oscille sans cesse entre une identité multiple, foisonnante, celle des pseudonymes les plus imaginatifs, D. de Satiriac, le Docteur Ixixius, Fr. Pancrace de Barbafoin, Bougayos et Briochis, Burmandolius, ou encore Chilpéric Asiatides, Aristarchus Masso, le plus connu,[25] et une identité nulle, elliptique, celle de l'"inconnu". Encore est-il difficile de savoir si l'on est toujours dans la situation du pseudonymat : en effet, les appellatifs sont parfois des masques transparents, Masso pour Samuel Masson, Burmandolius pour Burman, professeur à l'université de Leyde, Briochis pour Brioché, le directeur célèbre d'une troupe de marionnettes, parfois des surnoms qui nécessitent des clefs et comme tels restent suspects, ainsi selon la tradition le Docteur Ixixius serait mis pour 'S-Gravesande et Chilpéric Asiatides, selon Leschevin, pour Alexandre, tous deux membres de l'équipe du *Journal littéraire*, enfin, les appellatifs sont parfois aussi de purs personnages de fiction à forte motivation onomastique, Satiriac et Barbafoin (sans commentaire), Bougayos ou "celui qui se vante". Quant à cet "inconnu", il procède, semble-t-il, de la même logique, alliant identité multiple et nulle : il pourrait être Guillaume de Lorris, Jean de Meung ou Geoffroy Rudel, Pierre d'Auvergne, "Anseaume" (Anselme ?) ou encore Chartier, Villon, Scève, Malherbe, La Jessée, Vauquelin, il pourrait donc être à peu près tout poète du XIIIe au début du XVIIe siècle, ce qui est déjà une réhabilitation d'un âge particulièrement peu prisé par les contemporains de Saint-Hyacinthe, mais aussi, il pourrait n'être rien : car celui qui semble avoir la préférence de Saint-Hyacinthe, Guillaume Crétin ("Entre Chartier, Villon, Scève, Crétin, Bouchet, dont on parla, les sentiments ne furent guère partagés ; on l'attribua plutôt à Crétin qu'à aucun autre, [...]"[26]) est bien sûr le poète grand rhétoriqueur, qui manie la langue avec adresse et se présente, à ce titre, comme le père ironique de la chanson de Colin, particulièrement simple et peu adroite, mais

---

24. Voir Elisabeth Carayol, *op. cit.*, pp. 40-43.
25. Ed. H. Duranton, *op. cit.*, respectivement pp. 33, 41, 24, 25 (les deux), 189, à nouveau 33. Enfin, pour Masso, la première occurrence est p. 23.
26. Ed. H. Duranton, *op. cit.*, p. 41.

la motivation de son nom peut également être tout autre. Le sens moderne de "crétin" (atteint de crétinisme et, par affaiblissement, personne stupide) n'est pas attesté dans les dictionnaires de l'époque (rien dans le Furetière) et n'apparaît qu'après 1750 en référence aux "crétins" du Valais : mais le mot donnait déjà l'occasion à de nombreux jeux de mots avec un homonyme, le "cretin", panier d'osier à anse :

"C'est un petit cretin, Madame, plein de bons et notables dits, sentences fructueuses et graves. C'est un cretin, non de joncs, d'ousier ou de festu, mais d'argent plein de mots dorez."[27]

Le *Chef-d'œuvre* peut donc déjà être "un petit cretin" plein de mots dorés, c'est-à-dire, ironiquement, un panier, un réservoir où l'on trouve tout... et n'importe quoi. Mais, de plus, peut-être l'habitude de ce jeu de mots autorise-t-elle, avec prudence, une extension du calembour : si le sens contemporain, affaibli, de "crétin" (idiot) n'est attesté qu'au XIXe siècle et si au sens plein de la maladie du crétinisme, le mot apparaît seulement dans l'*Encyclopédie* (1754), un sens ancien de "crestien" (l'origine est la même que celle de chrétien) nous intéresse : un hapax de "crestien" en ancien français atteste le sens de "patient, malade", quelqu'un de malingre et de faible ; et des régionalismes (notamment l'ancien gascon) donnent le sens de "cagot, lépreux". En outre, plus tard, mais dès 1659, le sens "moderne" du mot, idiot de naissance, inepte, est en usage en Suisse romande, en Isère et plus particulièrement dans la région de Grenoble :[28] il n'est donc pas impossible de penser qu'il est déjà employé en ce sens (celui de malade, chétif, voire celui d'idiot de naissance) par un auteur qui, par ailleurs, prétend connaître la plupart des langues connues à l'époque et cite des quatrains gascons : le jeu de mots s'appliquerait particulièrement bien à cette œuvre et à son auteur, qui deviendrait un pauvre inconnu, quelqu'un aux facultés déficientes, quelqu'un qui ressemble fort à personne. L'œuvre (le chef-d'œuvre) serait alors à la fois œuvre de tous et de personne.

---

27. Charbonnier, *Ep. à la reine de Nav.*, en tête de l'édition des *Œuvres* de G. Cretin, cité par Ed. Huguet, *Dictionnaire de la langue française du seizième siècle*, Paris, Champion, 1932, tome II, p. 640. Voir également Fr. Godefroy, *Dictionnaire de l'ancienne langue française et de tous ses dialectes du IXe au XVe siècle*, Vaduz, Kraus Reprint Ltd, 1965 (Paris, 1883).

28. Voir Walther v. Wartburg, *Französisches Etymologisches Wörterbuch*, Tübingen, J.C. Moher (Paul Siebeck), 1949, II, 654, I, 2 [*christianus*] et *Trésor de la langue française*, Paris, C.N.R.S., 1978, tome VI, p. 472.

Qu'on retienne ou non l'hypothèse, l'aliénation paraît, de toute façon, généralisée : tous sont *autres*, et tous les *autres* qui signent dans le *Chef-d'œuvre* ne procèdent finalement que du même ; enfin, l'identité de tous et du même se dissout. Un dernier exemple : l'une des pièces d'éloge, en latin, est destinée au très illustre Chrisostome Mathanasius et signée des initiales "P.D.S.H.D.T." — Paul de Saint-Hyacinthe de Thémiseul, comme le suggère une note manuscrite portée sur un exemplaire de la Bibliothèque Nationale ?[29] Le même est donc bien l'autre, l'être est dissocié, l'identité, le résultat d'une schize.

Mais qu'en est-il de cet autre, apparemment radicalement autre, qu'est le lecteur ?

"Ceux qui ne sont pas de mon sentiment peuvent se dispenser de lire ce Livre, je n'écris que pour les personnes qui ont de la connaissance et du goût [...] pour les autres, je les regarde comme des profanes indignes d'entrer dans le sanctuaire des Muses."[30]

Le lecteur est clairement assimilé au narrateur, comme lui, il se doit d'être homme de savoir et de jugement, comme lui, il se distingue du reste de l'humanité, peuplée d'"ânes". Car celui qui critique Mathanase est un âne :

"Lou que critique Matanase,
Nou pot estre res qu'un Massou,
On pot li dire ambé razou,
Quel a las oureilles d'un Aze."[31]

Quant à celui qui ne le lit pas, c'est un "fat":

"Qui ne lou legis n'es qu'un Fat,
Qui ne lui gouste n'est qu'un Aze."[32]

Le lecteur est alors contraint à être ou à devenir un autre Mathanase, contraint d'une certaine façon à s'aliéner. Mais bien entendu, dans Mathanase, il y a "aze", l'âne des poèmes gascons ; quant à la fatuité, les préfaces sont rédigées à "Pedantstadt", la ville des pédants et les deux premières approbations à "Calf-City" et "Eselberg", respectivement "Cité des veaux" et "Mont aux ânes". Lire et goûter Mathanase revient donc stricte-

29. Voir éd. H. Duranton, *op. cit.*, p. 29.

30. Ed. de 1714, *op. cit.*, *Praeface*, non pag.

31. "Celui qui critique Mathanase/ Ne peut être qu'un maçon [Masson] / On peut lui dire avec raison / Qu'il a les oreilles d'un âne." Avertissement *Au lecteur*, éd. H. Duranton, *op. cit.*, p. 23.

32. "Qui ne le lit pas n'est qu'un fat / qui ne le goûte pas n'est qu'un âne." Ed. H. Duranton, *op. cit.*, p. 33.

ment à ne pas le lire : dans les deux cas, c'est être un "âne" et un "fat". L'alternative entre lire ou ne pas lire est impossible : le livre emprisonne le lecteur dans sa folie. Et de fait, le lecteur est très vite pris de vertige et de folie à la lecture du *Chef-d'œuvre* : qu'il en sache ou non beaucoup, il devient bien dès les premières pages un "âne", n'en sachant forcément jamais assez, tant l'érudition appelle toujours plus d'érudition. Tout lecteur, quel qu'important que soit son savoir, est défaillant, arrêté par quatre pages en hollandais (ou par le gascon, ou par l'hébreu, le grec) ou par des allusions à la typologie des syllogismes qu'on trouve dans la *Logique* de Port-Royal :

"Ceci, qu'on y prenne bien garde, renferme plusieurs syllogismes. Car premièrement, c'est comme si l'on disait par un argument en DATIS. [...] Plus, par un syllogisme complexe et disjonctif qui, réduit, se trouve en CAMESTRES. [...]. Plus en DARII. [...]"[33]

Comprenne qui peut. Ainsi auteur(s) et lecteur(s) se rejoignent dans des folies parallèles : l'un, plutôt fou délirant, l'autre plutôt fou stupide (atteint de *stupiditas*), l'un ardent, furieux et obstiné, l'autre immobile, muet et endormi. On reconnaît aisément, sous ces traits, les deux figures traditionnelles de la manie et de la mélancolie, folies opposées et complémentaires :

"D'un côté, un monde détrempé, quasi diluvien, où l'homme reste sourd, aveugle et endormi à tout ce qui n'est pas sa terreur unique ; un monde simplifié à l'extrême, et démesurément grandi dans un seul de ses détails. De l'autre, un monde ardent et désertique, un monde panique où tout est fuite, désordre, sillage instantané."[34]

Et pour le XVIIIe siècle déjà, les deux folies n'en forment qu'une seule, alternant des phases d'exaltation et de dépression (le futur cycle maniaco-dépressif), la manie "dégénère en stupidité."[35] Lecteur et auteur, ou narrateur, sont donc bien les résultats d'un même mécanisme, d'une même logique : le *Chef-d'œuvre* est une machine folle, qui s'emballe, une machine aliénée et aliénante à la fois.

III. ÉLOGE DE LA FOLIE : LA RAISON DU FOU

On peut lire, dans l'édition de 1732, la remarque qui suit :
"Dire qu'il n'y a point de magie ni de sortilège, c'est donc

33. Ed. H. Duranton, *op. cit.*, pp. 84-85.
34. Michel Foucault, *op. cit.*, p 292.
35. *Ibid.*, p. 293.

dire que non seulement l'Église œcuménique peut se tromper, et dans ses Conciles et dans ses Docteurs, mais de plus, c'est dire qu'il y a des opinions erronées qui sont universellement reçues de toutes les nations, et en conséquence de quoi, de l'aveu des ecclésiastiques et des princes, les magistrats font souffrir les plus cruels supplices à des gens qui ne seraient tout au plus que des *imbéciles ou des fous*."[36]

Des "imbéciles ou des fous" : non plus des hérétiques, non plus des démoniaques, voilà le nouveau masque de l'hétérodoxie. Si ne pas se conformer à l'opinion reçue, c'est être (tout au plus) "imbécile" ou "fou", il devient aisé de jouer la folie pour s'opposer à l'orthodoxie. La leçon est ancienne : c'est celle de la "folie qui parle" chez Erasme, auteur auquel Saint-Hyacinthe consacra un de ses *Mémoires littéraires*,[37] publiés à partir de 1716. On connaît le procédé ironique de l'*Éloge de la folie* : le "fou" qui s'exprime est le seul véritable être sensé, tous les "savants hommes" sont, en fait, des fous. Dans le *Chef-d'œuvre*, le procédé est plus ambigu : il n'y a pas de "fou" officiel, mais Mathanase, savant parmi les savants, est ce fou véritable dont se moquait déjà Erasme. Ainsi, un "savant homme" chez Erasme s'employait à justifier et prouver par des arguments rationnels le mystère de la Sainte Trinité :

"J'ai moi-même entendu un fou tout à fait réussi — excusez-moi, je voulais dire un savant homme — expliquer dans une assemblée fameuse le mystère de la Sainte Trinité. [...] Il en déduisit que la Sainte Trinité se trouve tout entière figurée dans le rudiment des grammairiens, et que les figures mathématiques ne représenteraient pas ce mystère avec plus de clarté [...]."[38]

De même, Mathanase s'essaye à montrer que "trois" est le nombre parfait : pour cela, il a également recours à des arguments saugrenus, pseudo-rationnels, "que les Anciens établissaient trois dieux pour le gouvernement du monde", qu'il y avait "trois Grâces, trois Sibylles, trois Sirènes, trois Hespérides, trois Destinées, trois Parques, trois Furies, trois Gorgones, trois Harpies" et que "parmi les Modernes, les assemblées religieuses se font ordinairement trois fois par jour, les sermons sont composés de trois parties, les bénédictions se répètent trois

36. Ed. H. Duranton, *op. cit.*, pp. 94-95. Nous soulignons.

37. La Haye, C. Le Vier, à partir de 1716 (tome premier). Voir E. Carayol, *op. cit.*, p. 53.

38. Erasme, *Eloge de la folie*, Paris, Garnier-Flammarion, 1964, p. 71.

fois " etc.[39] A ce titre, Mathanase est bien semblable au véritable fou de l'*Éloge de la folie*, le théologien visé par Erasme. Mais, Mathanase évite justement le terrain de la religion, il n'aborde jamais, dans cette très longue remarque de plusieurs pages sur le chiffre trois, le mystère de la Sainte Trinité. Par prudence ? Rien n'est moins sûr, car sa façon de contourner la question est très peu orthodoxe : dire que le "Pape a une triple couronne" et que les Jésuites ont "trois cornes à leur bonnet, comme étant vicaires nés du S. Siège, et devant par cette raison se conformer aux modes d'Italie, où les bonnets n'ont que trois cornes "[40] sans aborder la Sainte Trinité, c'est présenter le mystère comme une simple anecdote, un phénomène de "mode", relatif et artificiel, un détail sans importance :

"Si j'avais voulu entrer dans un certain détail, j'aurais pu augmenter ces remarques d'une infinité d'exemples ; mais je me contente d'indiquer des choses générales. "[41]

La Sainte Trinité selon Mathanase ? Un minuscule exemple, plus infime encore que l'exemple du bonnet tricorne des Jésuites ! Aussi l'argument premier et principal en faveur de la perfection du nombre trois est-il particulièrement hétérodoxe : "parce que le nombre impair a toujours été agréable aux dieux. "[42] Mathanase est alors plus proche du "fou qui parle" chez Erasme que du "savant homme". Mathanase mime la folie raisonnante pour mieux dénoncer les opinions toutes faites et la religion catholique, en particulier le papisme. Ainsi, on peut lire, en commentaire du vers "le galant qui fut honnête", un poème d'un "savant" de sa connaissance[43] sur les effets de la "superstition" qui, à propos des "cruautés" exercées contre les Vaudois, s'achève comme suit :

"On eut vû des *Français* devenir des sauvages,
Des Chrêtiens l'emporter sur les *anthropophages*.
Le *Catholique* (on tremble à ces affreux récits)
Manger du *Huguenot*, et le mettre en hachis.
Tant d'autres faits hideux séans à l'*Atheïsme*,
O Ciel ! ô juste Ciel ! sont les jeux du *Papisme*. "[44]

39. Ed. H. Duranton, *op. cit.*, pp. 87-95.
40. *Ibid.*, p. 90.
41. *Ibid.*
42. *Ibid.,* p. 87.
43. D'après Henri Duranton, il s'agirait de François de La Pillonnière, ancien jésuite, réfugié en Angleterre, *op. cit.*, p. 119.
44. Ed. de 1714, *op. cit.*, p. 114.

Qui sont les fous ? Les catholiques papistes, et d'une façon générale tous les croyants, tous ceux qui acceptent une opinion, une idée, sans avoir à la prouver — car Saint-Hyacinthe, contrairement au reste de l'équipe du *Journal littéraire* ne défend pas le protestantisme mais paraît plutôt déiste voire athée.[45] Le savant, en tant qu'il est fou, dit la folie du monde. L'éloge ironique de l'érudition est donc bien aussi un paradoxal *éloge de la folie :* mais le savant et le fou ne sont pas renvoyés dos à dos comme chez Erasme, ils sont, au contraire, confondus. C'est sans doute ce qui fait l'épaisseur du personnage de Mathanase : il n'est pas qu'un portrait-charge de l'érudition, il est aussi parfois la voix du fou qui parle vrai. Et c'est sans doute ce qui fait la difficulté de la lecture : comme l'atteste la critique du papisme ci-dessus, l'ironie n'y est pas constante. Certaines remarques sont à considérer *littéralement*, par exemple les jésuites, cette société qui a "causé des désordres affreux et à jamais déplorables", ou le nombre trois qui "sert souvent moins à main tenir les lois et la liberté qu'à entretenir la corruption et la licence,"[46] d'autres, la plupart, sont à lire comme des antiphrases : ainsi toute la dissertation sur "l'origine de la maison de Catin", vaste parodie de l'histoire biblique de Noé et du Déluge. On y reconnaît aisément le comparatisme allégorique d'un Huet, ridiculisé par l'ironie du discours de Mathanase : Olybama (lire Noé), l'ancêtre commun de Catin et de Colin, est aussi connu sous les noms de "Vandimon, d'Uranus, de Coelus, de Sol, d'Ogyges, de Janus, Oenotrius, Gallus, Proteus, Vertumnus [...], Osiris, Bacchus, Prometheus, Saturnus, Deucalion, Noach, Noa, Noachus et Noé."[47] De la même façon, prétendant démontrer, aussi sûrement qu'avec des axiomes de géométrie, la vérité de la religion chrétienne, le Père Daniel Huet, dans sa *Demonstratio Evangelica*, affirmait que Moïse était la figure originelle de tous les autres dieux, le "Taautu" des Phéniciens, le Toth des Égyptiens, mais encore Adonis, Mercure, Bacchus, Osiris etc.[48] A travers

---

45. C'est encore plus net dans ses *Mémoires littéraires*. Sur cette question, voir E. Carayol, *op. cit.*, notamment pp. 46 et suiv.

46. Ed. H. Duranton, *op. cit.*, p. 92.

47. Ed. H. Duranton, *op. cit.*, p. 146.

48. Pierre Daniel Huet, *Demonstratio Evangelica*, Amstelodami, J. Waesbergios et H. et Th. Boom, 1680, 2 vol. in 8°, pp. 99 et suiv., chapitres 3 à 10. Sur cette question voir Alphonse Dupront, *P.-D. Huet et l'exégèse comparatiste au XVIIᵉ siècle*, Paris, Er. Leroux, 1930 et notre ouvrage, *Fables, mythes, contes - L'esthétique de la fable et du fabuleux (1660-1724)*, Paris, H. Champion, "Lumière classique" n° 9, 1996, pp. 92 et suiv.

l'ironie, on peut retenir la leçon de Fontenelle, il faut se débarrasser des extravagances des Fables et il n'y a aucun peuple dont
"l'Histoire ne commence par des Fables."[49]

Le *Chef-d'œuvre* est donc bien un nouvel éloge de la folie où
le fou a raison contre la norme du monde dit sensé : Mathanase,
à la fois érudit et "âne", n'a d'autre fonction que de *faire le fou*
et de "donner scandale". Car "donner scandale", c'est, dit la
voix du texte, "agir contre les préjugés communs", alors que,
"ne pas donner scandale", c'est devenir "hottentots avec les
Hottentots, chinois avec les Chinois, superstitieux en Portugal,
hypocrites en France, pédants en Hollande" etc.[50]

IV. FOLIE ROMANESQUE: LE ROSSIGNOL ENCAGÉ

Terminons rapidement par là : rapidement, car tout ou presque,
sans le savoir, a déjà été vu. Il n'est pas besoin de revenir sur le
caractère romanesque des personnages du *Chef-d'œuvre*, Mathanase surtout, mais aussi Burman et Masson, les savants ridicules et
tous ces caractères de fiction, les docteurs Ixixius ou De Satiriac. A
la différence de l'*Éloge*, le *Chef-d'œuvre*, comme le suggère
(même ironiquement) le titre n'est pas d'ordre uniquement discur-
sif, il s'agit bien d'une œuvre, de fiction. Aussi, y a-t-il déjà, avec
ces lieux (Pedantstadt) et ces personnages, *du romanesque* dans
l'œuvre. Et ce romanesque semble pris de folie tant il est difficile
de lui assigner une place, un statut : à la marge entre la réalité et la
fiction, entre la vérité et le mensonge, la folie et la raison, ce roma-
nesque-là est très peu ordinaire. De qui, dans l'œuvre, peut-on dire
qu'il est véritablement personnage de fiction ou figure réelle ?
L'auteur, lui-même, n'y échappe pas : sa biographie (très floue)
multiplie les anecdotes extraordinaires, Saint-Hyacinthe serait le
fils de Bossuet, aurait fui Troyes pour se réfugier en Hollande après
avoir séduit, au cours de leçons d'italien, la nièce d'une abbesse et
dix autres aventures sans plus, semble-t-il, de fondement.[51]

Enfin, le *Chef-d'œuvre* se lit bien comme un roman : la lecture paradigmatique que nous avons soulignée dès le départ,
permet de discerner une trame érotique. Ainsi l'action, au fil

---

49. Fontenelle, prudent, mais d'une prudence toute conventionnelle qui ne
trompe personne, ajoutait la restriction "hormis le Peuple élu" (*De l'origine
des fables*, dans *Œuvres Complètes*, Paris, Fayard, "*Corpus*", Alain Niderst
(éd.), 1989, tome III, p. 198.)

50. Ed. H. Duranton, *op. cit.*, p. 126.

51. Voir E. Carayol, *op. cit.*, p. 4 et p. 23.

des remarques du pédant, progresse : d'un lit, celui où l'amant
est malade d'abstinence et transi de désir, à l'autre, celui de la
"belle" Catin, justement nommée, où s'unissent les amants,
jusqu'au chant orgastique de l'alouette. L'érotisme est discret
mais clair : Colin "droit se coucha" ("les personnes qui ont
aimé" en "devineront aisément la signification"), quant aux
alouettes, on apprend que "selon les observations des naturalistes", "les mâles des oiseaux chantent mieux et plus souvent
que les femelles."[52] Un ensemble de références et de citations,
bien différent de celui qu'on pouvait imaginer au départ sous
la parodie de l'exégèse savante, prend alors sens : on y trouve
Horace, l'*Art d'aimer* d'Ovide et Anacréon, "le tendre Anacréon,"[53] mais surtout La Fontaine, celui des *Contes*, bien sûr,
à tel point que l'hypotexte de la parodie parait bien plus *Le
Cuvier, Le Tableau, Le Diable de Papefiguière* ou, mieux,
certain conte alors attribué au fabuliste, *Le Rossignol*,
qu'Homère, La Mothe et Mme Dacier ou même le *Pervigilium
Veneris*. Dans le récit cité deux fois[54] par Saint-Hyacinthe, *Le
Rossignol*, tiré d'une nouvelle de Boccace,[55] également connu
au début du XVIIIe siècle sous le titre *L'Oiseau dans la cage*,
Catherine (ou "Cato") trouve un prétexte pour faire déplacer
son lit de la chambre de ses parents dans une galerie plus
facile d'accès qui donne sur le jardin : elle veut prendre le
frais et écouter le chant du rossignol. Son amant, Richard,
l'ayant rejointe, "le Rossignol chanta pendant toute la nuit".
L'analogie entre les deux récits, la chanson de Colin et celui
du *Rossignol* est donc claire : l'alouette et le rossignol sont
tous deux métaphoriques et même doublement métaphoriques
puisqu'ils sont à la fois le chant orgastique et l'organe du
chant lui-même, celui que, "selon les naturalistes", les
"mâles" possèdent "mieux" que les "femelles". Dans le
Rossignol, en effet, au matin, le père surprend les amants
endormis et en informe sa femme en des termes non équivoques pour le lecteur :

"Je ne m'étonne pas pourquoy,
Cato nous témoignoit si grand desir d'entendre
Le Rossignol : vrayment ce n'étoit pas en vain

52. Ed. H. Duranton, *op. cit.*, respectivement p. 121 et p. 137.
53. Ed. H. Duranton, *op. cit.*, p. 58.
54. Ed. H. Duranton, *op. cit.*, p. 116 et p. 152.
55. *Decameron*, 5e jour, 4e conte.

> Elle avoit dessein de le prendre,
> Et l'a si bien gueté qu'elle l'a dans sa main. " [56]

Enfin, il existe un autre conte de La Fontaine, jamais cité mais toujours présent, que nous tenons volontiers comme le véritable hypotexte du *Chef-d'œuvre*, *Janot et Catin* : outre les similitudes entre les deux récits (l'anecdote simple d'une séduction sans péripéties, le ton populaire et le style archaïsant), voici l'avis préliminaire qu'on trouve chez La Fontaine :

" J'ai composé ces stances en vieil style, à la manière du blason des fausses amours, et de celui des folles amours dont l'auteur est inconnu. Il y en a qui les attribuent à l'un des Saint-Gelais. Je ne suis pas de leur sentiment, et je crois qu'ils sont de Crétin. " [57]

L'inconnu serait donc bien un certain *Crétin*, relu par La Fontaine et le *Chef-d'œuvre*, dès lors, est bien semblable à un roman aux intrigues multiples, un roman quelque peu borgésien, *aux chemins qui bifurquent* et nécessitent, de la part du lecteur, une enquête active, ou encore, semblable à un roman à la manière de *Feu Pâle* de Nabokov, un commentaire qui dissimule un roman. Quant à la folie d'un tel roman, elle est aussi, simplement, la folie de la " chose ", folie du refoulé, de l'inconnu, au sens déjà vu de ce qui est enfoui, caché : ainsi en parle, d'ailleurs, le père de Cato dans *Le Rossignol*, s'adressant à sa femme :

> "[...] Oh qu'est-cecy !
> Dit le Bon homme, et quelle fantaisie,
> Vous êtes folle et vôtre Fille aussi,
> Avec son Rossignol. [...]" [58]

Le *Chef-d'œuvre* se lit bien comme un roman, avons-nous dit : en fait, c'est inexact ou incomplet. Le *Chef-d'œuvre* se lit bien et *mal*, se lit aisément par endroits et difficilement dans l'ensemble, tant il étourdit et égare son lecteur, tant il l'assomme de références qui finissent par s'annuler : grand succès illisible

---

56. *L'Oiseau dans la cage*, dans La Fontaine, *Contes*, Amsterdam, H. Desbordes, 2 vol. in 8°, 1710, tome 2, p. 54, [B.N. : Rés.Ye-2249]. Sur les illustrations ambiguës ou non de la scène (on voit tantôt un phallus, tantôt un véritable oiseau, tantôt rien), voir Philip Stewart, *Engraven Desire. Eros, Image and Text in the French Eighteenth Century*, Durham and London, Duke University Press, 1992, pp. 320-324.

57. La Fontaine, *Contes et Nouvelles en Vers*, G. Couton (éd.), Paris, Garnier, "Classiques", 1961, p. 319.

58. *Op. cit.*, p. 51.

ou aux marges de la lisibilité, jouant du lisible et de l'illisible, la fiction délirante de Saint-Hyacinthe est bien un "chef-d'œuvre", une œuvre d'exception, au sens où Foucault parle d'œuvres qui "par la folie" ont l'air "de s'engloutir dans le monde, d'y révéler son non-sens et de s'y transfigurer sous les seuls traits du pathologique", des œuvres qui, ainsi, engagent et maîtrisent le "temps du monde."[59] Lire, relire le *Chef-d'œuvre d'un inconnu* de Saint-Hyacinthe, sous les traits du pathologique, c'est ainsi rendre compte du "scandale" de l'œuvre, d'une œuvre qui s'essaye justement à ne pas être "hottentots avec les Hottentots" mais tente d'être autre et ailleurs, bref, une œuvre qui expérimente *la marge*.

Aurélia GAILLARD
Université de la Réunion

59. Michel Foucault, *op. cit.*, p. 556.

FÉÉRIE ET FOLIE SELON CRÉBILLON

Jean-François Perrin

Qu'il souffle un vent de folie dans les contes de Crébillon, ses contemporains l'avaient bien noté ; en 1735, Voltaire écrivait ainsi au comte d'Argental à propos de *Tanzaï* : "L'histoire japonaise m'a fort réjoui dans ma solitude ; je ne sais rien de si fou que ce livre ; "[1] presque vingt plus tard, dans *L'année littéraire*, Fréron présentait encore *Ah, quel conte !* récemment paru, comme une suite de "fictions folles, bizarres, extravagantes même ; "[2] en réalité, les contes de Crébillon exploitent moins le filon de l'extravagance qu'ils n'en interrogent ironiquement les enjeux moraux ou la convention admise, interrogation caractéristique de ce genre rongeur qu'est le conte parodique et satirique dont *Tanzaï*, à la suite des contes d'Hamilton, lance précisément la mode en 1734.[3] S'il est donc bien question, et tout à fait centralement, de la "folie romanesque" dans les fééries parodiques de Crébillon, ce qu'il importe de déterminer surtout, c'est l'angle original sous lequel il reprend le problème, qu'il mette en scène l'amour idéal saisi par le désir, ou le débat du conteur et de son public dans cette expérience des limites de la raison narrative qu'est "un certain genre" de conte. J'étudierai ainsi les rapports du désir et de l'imaginaire à travers *Tanzaï*, puis le consentement de la conscience au délire dans *Ah, quel conte !*, pour en venir enfin à la manière dont le dispositif énonciatif des contes de Crébillon vise à démystifier divers égarements de la lecture.

1. Cité dans Crébillon, *L'écumoire ou Tanzaï et Néadarné*, éd. E. Sturm, Nizet, 1976, p. 82. Pour toutes les citations de *Tanzaï*, les chiffres entre parenthèses renverront à cette édition.

2. *Année littéraire*, Lettre 9, 9 déc. 1754, cité dans R. Jomand-Baudry, édition critique d'*Ah, quel conte !* (thèse dactylographiée, Grenoble, U. Stendhal, 1994, à paraître dans les *Œuvres de C. Crébillon* en préparation aux "Classiques Garnier ").

3. Voir notamment R. Robert, *Le conte de fées littéraire en France de la fin du XVIIe à la fin du XVIIIe*, P.U. Nancy, 1982.

Comme dans les premières œuvres de Marivaux, l'imaginaire chez Crébillon, qu'il prenne forme de rêve, de songe ou de rêverie, est toujours mis en scène et ironiquement désigné comme hanté par un romanesque à l'ancienne ; c'est bien sous cet angle qu'est présentée dès l'ouverture d'*Ah, quel conte !* l'étrange froideur du séduisant roi d'Isma à l'égard des femmes ; rien dans son tempérament et sa constitution n'empêcherait en effet qu'il soit sensible, écrit Crébillon, "s'il n'eût pensé de la façon la plus extraordinaire, sur ce mouvement que nous nommons amour ;"[4] (288) c'est en effet un cousin de Pharsamon et de Cidalise :

"soit qu'il eut l'esprit gâté par la lecture des anciens romans, ou qu'il fût né romanesque, il croyait qu'une véritable passion est toujours prédite à notre cœur par des événements singuliers ; qu'il s'en faut de beaucoup que les désirs soient de l'amour ; que l'on n'aime point, lorsque l'on ne se sent pas, dès la première vue, entraîné par un penchant irrésistible." (288)

Tous les récits de Crébillon exhibent ironiquement cette surdétermination ou ce codage romanesque de l'imaginaire amoureux chez certaines femmes ou chez les jeunes gens ; mais chez lui, on ne guérit pas de la folie romanesque, car elle est coextensive à l'imaginaire du désir ; et si c'est une folie, il faut l'entendre chez lui comme la mieux partagée de toutes, comme le lot commun des sujet amoureux, du moins tant que l'usage du monde ne les a pas convertis au "quiétisme de l'amour", cet art du dédoublement intérieur qui permet de continuer à jouir de l'amour sublime, tout en se livrant sans remords à tous les charmes de l'occasion.

Si Crébillon met donc en scène ironiquement la folie romanesque, ce n'est pas tant pour la condamner : il la sait au contraire irréductible, que pour y voir matière à réflexion, voire à expérimentation[5], une expérimentation qui porterait notamment sur la manière dont le désir (ou la nature), disons l'ordre du pulsionnel ou du libidinal, affronte la symbolique idéaliste qui devrait en principe le forclore de l'imaginaire du sujet amou-

---

4. *Collection complète des œuvres de M. de Crébillon*, fils, t. V, Londres, 1777, rééd. Slatkine, Genève, 1968. Pour toutes les citations d'*Ah quel conte !*, les chiffres entre parenthèses renvoient à la pagination de la réédition.

5. J. Dagen voit dans "la succession des œuvres" une "suite d'expérimentations développant autour d'un sujet constant, la relation amoureuse, des analyses diversifiées." ("*Crébillon ou l'illusion de l'intériorité*", in *Songe, illusion, égarement dans les romans de Crébillon*, dir J. Sgard, Ellug, Grenoble, 1996, p. 136).

reux ; c'est par exemple tout l'enjeu des épreuves de la princesse Néadarné dans *Tanzaï* : elle qui tient que hors le sentiment et la fidélité élective, il n'est pas de bonheur ni de plaisir possible, est contrainte par l'amour même, mais aussi par tout un système de déterminations indépendantes de sa volonté comme les lois du royaume, celles du destin, et celles du désir, à accepter de passer par les bras d'un autre que son prince pour retrouver un sexe qui lui avait été retiré par enchantement.

Ce qui intéresse Crébillon dans une telle situation, c'est d'examiner ce qui se joue de la liberté du sujet à l'égard de son propre désir et de celui de l'autre, un désir lié à la pulsion, au moment, aux circonstances et au hasard, et que la structure romanesque des imaginaires et les valeurs qui lui sont liées, ont précisément pour fonction de nier. Ce qu'il observe alors, c'est une étrange aliénation : dans l'intrigue de *Tanzaï*, le consentement de la princesse au plaisir érotique avec un autre que son époux conditionne absolument son désenchantement ; or ce consentement ne viendra que par une illusion, une sorte d'hallucination qui lui fait prendre les charmes du génie Jonquille pour ceux de son époux : "elle alla s'imaginer, écrit Crébillon, que Jonquille ressemblait à Tanzaï ; et en s'étonnant fort en elle-même que cette ressemblance ne l'eût pas frappée plus tôt, elle se livra à son erreur, et par amour pour le Prince ne laissa rien à désirer à l'ardeur du génie." (262)

Mais si le conte admet bien qu'il y a eu là consentement effectif de la princesse aux exigences du sentir, puisque comme le disait Malebranche à propos de la grâce, il faut d'abord "sentir avant de consentir,"[6] Crébillon souligne ironiquement que ce consentement est aussi en quelque manière consentement à un mirage, à une hallucination érotique que la princesse intègre tant bien que mal à son système de pensée romanesque, en s'assurant qu'elle n'a jamais "cessé d'adorer le prince" et que c'est précisément "l'effet de la passion la plus forte de lui avoir fait ressembler à Jonquille." (262)

Or c'est précisément à cet endroit, celui du consentement à ce que le mirage tienne lieu du réel, que Crébillon l'attend ; car elle va très vite comprendre qu'elle ignorera toujours désormais à qui, de son prince ou du génie, s'adressera son désir : "vous ne saurez jamais si c'est à lui ou à moi que vous livrerez votre cœur", lui dit le génie, (264) mécontent de son refus déterminé

---

6. Malebranche, *De la recherche de la vérité, 1ᵉʳ éclaircissement, Œuvres* 1, Gallimard, bibliothèque de la Pléiade, 1979, p. 813.

de le revoir ; Néadarné l'éprouvera avec angoisse lorsqu'elle retrouvera Tanzaï, et demandera sans succès à son alliée la fée Moustache de la délivrer de cette "crainte" :

"Ah, Moustache ! [...] Jonquille m'a menacée de prendre la figure de mon époux, quand il voudrait m'arracher des faveurs ; et je suis si frappée de la crainte qu'il n'exécute ses menaces qu'à l'instant même je doutais si c'était lui ou Tanzaï, qui exigeait de moi une explication. Serai-je toujours dans la même crainte ? " (278)

Un pas de plus, et le récit pourrait basculer dans l'inquiétante étrangeté, mais Crébillon s'arrête là et la fin du conte est heureuse.

Dans *Ah, quel conte !*, en revanche, on pénètre dans un univers où songes heureux et illusions merveilleuses virent au cauchemar et au délire, selon la manière dont on les déchiffre ; ce déchiffrement ambivalent est partie prenante de l'intrigue, puisque celle-ci associe en permanence au roi d'Isma, fou romanesque de la plus belle espèce, un commentateur ironique et désabusé de ses aventures, en la personne du conseiller Taciturne, froid raisonneur et esprit caustique, que les récits d'une autruche couronnée ou les avances indécentes d'une grue amoureuse ne font que conforter dans l'idée que son maître et lui-même sont victimes d'enchantements féériques auxquels il faut résister. Le récit intègre en effet dans sa polyphonie des voix qui analysent comme insensée, aliénée et dangereuse par ses conséquences pour son peuple, la folie romanesque d'un roi amoureux d'une fée puis d'une oie.

Je rappelle rapidement l'argument du récit : la fée Tout-ou-Rien procure à Schézaddin, le jeune roi d'Isma, esprit romanesque réputé insensible, une série de rêves érotiques qui le rendent amoureux d'une "Dame du songe" qui n'est autre qu'elle-même ; il lui suffira d'apparaître en réalité pour que le roi trouve dans cette coïncidence du rêve et du réel le signe indubitable d'une élection par le destin ; l'erreur de la fée sera de lui révéler son subterfuge, désenchantant ainsi leur relation, laquelle se dégrade au point que la fée finit par promettre ironiquement au roi un coup de foudre de sa façon. Peu après leur séparation, Schezaddin tombe ainsi amoureux fou d'une oie rencontrée lors d'un somptueux bal nocturne d'autruches, de grues, d'oies et de dindons, auquel il participe avec son conseiller Taciturne. Il apprend bientôt que l'oie au domino couleur de rose est en réalité la fille d'un roi métamorphosé avec tout son peuple par un génie, et que leur désenchantement dépend de ce qu'un homme consente à l'épouser telle qu'elle est ; Schézaddin s'y engage mais commet l'erreur de pousser Taciturne à en faire autant avec une grue ; sur quoi celui-ci s'abouche avec l'opposition parlementaire emmenée par Quamobrem, le Grand raisonneur, pour persuader le pays que le roi est fou.

Dès les premiers chapitres, l'amour du roi pour la dame du songe est immédiatement identifié comme délirant par Taciturne, dont il est dit qu'il "ne pouvait assez s'étonner que de semblables chimères fissent sur un cerveau, d'ailleurs si bien rangé, une impression si vive et si constante" (302) ; il l'interprète quant à lui comme un produit de dérèglements physiologiques auxquels le roi peut remédier en surveillant son alimentation, lecture médicale bien digne d'un conseiller réputé géomètre et physicien, mais qui ne suscite évidemment aucun intérêt chez le romanesque Schézaddin, bien qu'il reconnaisse paraître sans doute ridicule "de concevoir les sentiments les plus tendres [...] pour un objet qui peut-être n'existe pas." (302)

Néanmoins, et en dépit de cette apparente prudence à l'égard des illusions du songe, toute la trajectoire de Schézaddin, d'un bout à l'autre du roman, peut se ramener à une adhésion de plus en plus ferme au rêve romanesque qu'il poursuit ou qui le hante. A la différence du héros des *Égarements* ou de ceux de *Tanzaï*, qui apprennent à composer avec le réel de leur désir et de celui des autres au prix de coûteux (ou d'hypocrites) renoncements, aucun obstacle, aucune désillusion, aucun ridicule, y compris lorsque son pouvoir est en jeu, ne peuvent faire que le roi d'Isma renonce à l'idéal de la rencontre prédestinée, non plus qu'à sa résolution d'épouser son oie. Chez Crébillon, "il n'y a d'égarement que pour qui consent à s'égarer" écrit Jean Sgard ;[7] je dirais que ce consentement à ce que les autres désignent comme extravagance, dérangement ou folie, est un trait quasi originaire du caractère du roi, chez qui on compte sur les doigts d'une seule main les moments où surviennent, malgré tout, quelques épisodiques bouffées de lucidité (ou d'accord virtuel avec une lecture prosaïque de ce qui lui arrive). Bouffées de réel si l'on peut dire, d'ailleurs vite chassées par le grand souffle du principe de plaisir.

Prenons par exemple le ch. XVI du livre II, 3e partie ; c'est la soirée de bal où Schézaddin rencontre pour la première fois l'oie au domino couleur de rose ; mais voici qu'il éprouve de la jalou-

---

7. "*La notion d'égarements chez Crébillon*", *Dix-huitième siècle* n° 1, 1969, p. 246.

sie, et pour qui ? — pour un dindon trop faraud qu'il croit son rival ; du coup voilà l'enchantement suspendu par le ridicule avéré de la situation : "l'impression douloureuse que cette idée faisait sur lui, dit le conteur, le tira de cette espèce d'enchantement dans lequel, jusques alors il avait été plongé ; " (332) il se souvient des récentes menaces de la fée, la soupçonne de s'être encore une fois substituée au destin pour se jouer de lui, et décide donc de "s'armer, dit le conte, contre un goût trop peu naturel." (*ibid.*)

Néanmoins, cet accès de lucidité ou de réalisme fait long feu, puisque la suite le montre retournant délibérément aux prestiges de son imaginaire :

"sa tendresse pour l'oie l'emportant sur toutes les raisons qui auraient dû l'obliger à la combattre, il se figura que ce serait en vain qu'il voudrait se défendre de ses charmes, si, comme il aimait mieux le croire, les dieux, non Tout-ou-rien, voulaient qu'il l'aimât." (332)

"Il se figura", "il aimait mieux le croire": ce qui se recompose là sous nos yeux, c'est l'assentiment à l'illusion, le consentement au mirage par abandon aux déterminismes d'un imaginaire et d'une sensibilité ressentis comme tout puissants. On retrouve bien là ce qui intéressait déjà Crébillon dans *Tanzaï*, c'est-à-dire le processus de cet "insaisissable consentement de la liberté" au "mirage des apparences"[8] par où une conscience s'abandonne au délire. Un peu plus loin dans le récit, c'est l'oie elle-même qui laissera entendre au prince qu'il est parvenu au dernier point de l'extravagance consentie, lorqu'il se précipite pour embrasser une aile qu'elle veut bien lui abandonner : "en vérité, lui dit-elle, il faut que vous m'aimiez bien, pour croire que c'est une main que vous baisez ! " (396)

Mais il existe une différence importante entre l'univers de *Tanzaï* et celui d'*Ah, quel conte !* : si les deux récits présupposent dans leur fonctionnement une logique du merveilleux admise par tous les personnages, l'histoire du roi d'Isma est reçue par certains acteurs d'*Ah, quel conte !* comme relevant d'un ordre de féérie inassimilable par la féérie ordinaire ; ainsi lorsqu'à la fin du récit les instances parlementaires sont mobilisées par Taciturne et le grand raisonneur, qui veulent les persuader que le roi a décidé de généraliser à tout son royaume ses amours singulières, c'est par rapport à la compétence de chacun en matière de contes qu'est posé le problème de sa

8. J. Lacan, *Ecrits*, Seuil, 1966, p. 187.

folie. Voici un passage du discours du grand raisonneur à la chambre :

Seigneurs et messieurs, votre goût pour les lettres est trop connu, pour qu'on puisse un instant présumer qu'il y ait ici quelqu'un qui n'ait pas lu beaucoup de contes [...] or [...] j'ose vous répondre que quelque étonnants que puissent être les contes que vous avez lus, il ne vous en est jamais tombé entre les mains d'aussi extraordinaire, et j'ose même ajouter de si absurde, puisque tout conte doit l'être plus ou moins, que l'histoire que j'ai à vous raconter aujourd'hui. (411)

C'est donc par référence à un certain horizon de vraisemblance ainsi qu'à une certaine logique de l'absurde admise par tous en matière de fééerie (ou d'Histoire, puisque les contes sont les annales du royaume comme les *Mille et une nuits* sont celles du Sultan Schah-Baham [9]), qu'est jugé l'égarement du roi : si bien que le grand raisonneur avait d'abord considéré comme pur délire ou comme cauchemar le récit de Taciturne : "Tout cela parut si peu vraisemblable à Quamobrem, qu'il crut d'abord que Taciturne avait perdu l'esprit, ou qu'il venait achever chez lui quelque mauvais songe qui lui avait troublé le cerveau." (404)

Mais si le fou du conte est encore plus fou que la folie du genre, c'est sans doute que chez Crébillon, le conte parodique s'emploie à transgresser les frontières mêmes de la transgression ; au-delà des folies et des absurdités tolérées, s'ouvre le *no man's land* de l'égarement, le grand Dehors jacassant de l'aliénation pure, qu'est la basse cour de la folie romanesque dans *Ah, quel conte !* — un espace où le lecteur moderne familier de l'humour absurde de Lewis Caroll ou de Benjamin Péret, se trouve en pays de connaissance lorsqu'il rencontre au sortir d'une porte dérobée tel "jeune dindon à mine mystérieuse enveloppé dans une redingote couleur de muraille," (393) ou lorsqu'avec un aplomb digne de Lichtenberg, Taciturne remet au roi tel billet doux de son oie : "Elle m'a écrit ! s'écria le roi. Ah ciel ! Oui, Sire, reprit Taciturne, et de sa patte encore ! vous allez voir un beau griffonnage." (391)

A la même époque, les inventions de Mlle de Lubert dans *La princesse Camion* ou dans *Le prince glacé*, sont sans doute aussi

9. A cet égard, et puisque, comme dans *Tanzaï*, une rébellion parlementaire orchestrée non plus par un grand prêtre mais par un conseiller philosophe, menace le pouvoir royal, il faudrait articuler ce qui d'une critique du pouvoir - pouvoir d'Etat mais peut-être aussi pouvoir des discours légitimants : celui de l'histoire, de la science ou de la philosophie -, s'allégorise dans ce "conte astronomique et politique", comme transgression des codes reçus de la fééerie.

extravagantes, sinon plus, que celles de Crébillon ;[10] néanmoins on n'a sans doute pas chez elle cet humour à froid, cette ironie souveraine du grand joueur à l'égard des règles mêmes du jeu. "Je voudrais bien savoir de quel genre est un certain genre ?" (372) demande ironiquement le sultan Schah-Baham à sa sultane à propos de ces questions auxquelles celle-ci refuse de répondre, précisément parce qu'elles sont "d'un certain genre" trop équivoque à son goût ; j'y entendrais volontiers la formule de ce conte qui se commente lui-même dès son titre,[11] ce titre qui le résume et l'exhibe comme énonciation et comme commentaire, et finalement comme point de vue ironique sur le genre lui-même.

Dans le *Pharsamon* de Marivaux, l'enjeu du débat du narrateur avec le narrataire intégré était à la fois la question du lecteur fou et la construction d'un art romanesque ; ce dialogue se faufilait en contrepoint de la trame narrative, sans être formalisé ;[12] chez Crébillon, on retrouve ce contrepoint dans *Tanzaï*, avec les titre de chapitres ironiques à la manière de Scarron, ou les adresses incidentes du narrateur au lecteur ; cependant, quelque chose de nouveau apparaît avec le récit de la fée Moustache, puisque le marivaudage parodique de la fée narratrice fait l'objet d'un débat sur la manière de raconter et la clarté de l'expression, entre le prince et la princesse. C'est à partir du *Sopha* que ce dispositif vient au premier plan comme récit-cadre ; l'art du conte devient l'objet d'un débat permanent, au sein d'un trio où la sultane et le conteur s'opposent le plus souvent au sultan.

C'est le même dispositif qui fonctionne dans *Ah, quel conte !*, avec cette différence que la sultane a cette fois une approche très critique du récit ; leur débat porte sur les questions formelles, mais aussi sur la question du sens et de l'interprétation, et en particulier sur le degré de folie qu'autorise le genre ; selon la sultane, il y a une folie ordinaire du conte : "le merveilleux le plus outré, les exagérations les plus puériles, les métamorphoses les plus absurdes, sont de l'essence du conte ;" (330) cela, elle

10. Son conte *Tecserion ou le prince des autruches,* publié en 1737, a été récemment réédité par J. Cotin et E. Lemirre dans la collection Le promeneur, Gallimard, 1997.

11. Voir Régine Jomand-Baudry, "*Lectures du récit dans Ah quel conte !*", *Recherches et travaux* n° 51, Université Stendhal-Grenoble III, 1996, p. 109 suiv.

12. Voir Véronique Sala-Costa, *La lecture romanesque au XVIIIe siècle et ses dangers,* thèse dactylographiée, U. Grenoble III, 1994, t. I, 4e partie : la lecture libérée (Marivaux, Prévost, Crébillon).

veut encore bien l'admettre ; mais avec ce conte-ci, vraiment, on passe toutes les bornes : on y trouve en effet "des choses qui sont si visiblement hors de la nature, que, quelque indulgent que l'on veuille être, elles ne peuvent pas avoir le droit d'amuser" ; selon elle en effet, ce genre ne souffre pas plus qu'un autre la transgression de certaines conventions : "il n'y a rien qui n'ait ses règles ; et cette misère que l'on appelle un conte, a les siennes, comme toute autre chose ;" (330) ces règles sont celles d'un vraisemblable propre à la féérie telle qu'elle la conçoit.

Elle retrouve ainsi l'opinion commune du public cultivé : celle des Parlementaires du royaume ; Taciturne réagit comme eux lorsque que le roi lui révèle l'identité de ses amours de la dame de ses rêves et de la fée ; il trouve "que ce qu'il lui disait n'était pas plus vrai qu'il n'était vraisemblable", si bien qu'il lui demande ironiquement "quelle conséquence (on peut) tirer d'un fait qui n'est pas dans l'ordre naturel des choses." (305) Le naturel, le vrai le vraisemblable, on retrouve ici, parodiquement, trois catégories clefs de l'esthétique classique ; et voici la quatrième : "je ne crois pas, dit la sultane, que depuis que l'on fait des contes, on en ait imaginé un aussi ridicule, aussi dépourvu de raison." (369) Or c'est bien le comble de l'hérésie selon Schah-Baham : "de raison ; s'écria le sultan ; plût au prophète qu'il n'y en eût pas tant ! c'est précisément de ce qu'il y en a trop que je me plains. Ce serait le roi des contes, s'il n'y en avait pas tant." (369)

C'est l'autre discours que le conte tient sur lui-même, l'autre lecture qu'il demande ou suscite : c'est celle l'enfant, du naïf, du pilier de cabinet des fées, du fou de féérie en un mot, qui juge non selon la vraisemblance ou le naturel, comme la sultane, Taciturne et l'élite du royaume, mais selon la seule logique du merveilleux :

"il vous paraît donc bien extraordinaire que les dindons jouent du violon et de la flûte (*s'exclame le sultan*). Eh ! si vous aviez vu comme moi des pies danser en rond, en prenant du café, qu'auriez-vous dit ? j'ai pourtant, moi qui vous parle, lu cela dans un livre." (330)

Ce que veut absolument Schah-Baham, ce qu'il aime à la folie, c'est justement "de l'extraordinaire, même de l'incroyable," (288) il réclame "de ces propos qui n'ont point de suite, et que tout le monde n'entend pas," (296) il raffole du "galimatias," (293) à commencer par le sien d'ailleurs : "ce n'est pas ma faute dit-il au conteur, si ce que je dis m'amuse plus que ce que j'écoute, et si interrompre ceux qui me parlent est ma

manière de les entendre" (296) ; c'est un autre aspect de la nouveauté de Crébillon par rapport à Marivaux : un peu comme
lorsque le nouveau roman détruira le récit en faisant proliférer la
description, le discours du narrataire tend dans *Ah quel conte!* à
concurrencer celui du narrateur ; les interventions du sultan et
les débats qui s'ensuivent forment un discours envahissant, un
discours qui mine la narrativité, qui tend à dissoudre la matière
du conte dans un commentaire sans rivage : avec le personnage
de Schah-Baham, c'est un coup d'Etat permanent du narrataire à
l'égard du narrateur que Crébillon introduit dans l'univers romanesque ; tel est le miroir aux alouettes qu'il tend au lecteur en lui
offrant au fond la place du conteur ; mais voici le revers de la
médaille.

"Ah, pour beau, c'est que cela l'est beaucoup," s'écrie soudain le sultan aux premières pages du conte, alors qu'il venait de
réclamer de l'absurde ; mais ce que vous ne croirez sûrement
pas, c'est que je suis encore à comprendre comment cela peut se
faire." (294) Il y revient un peu plus loin : "je demande […] si
tout ce qu'on vient de me dire s'entend, et si je suis dans mon
tort, quand je ne l'entends pas ?" (299) la sultane a beau jeu
alors de lui demander pourquoi il s'était "si ouvertement déclaré
en faveur des choses inintelligibles" ; cette problématique de
l'interprétation dérobée, cette béance herméneutique ironiquement ouverte dans le tissu narratif, est une constante du jeu provocateur de Crébillon avec son public ; on lit par exemple ceci
dans *Tanzaï* : "cette idée peut n'être pas claire, mais tant mieux
pour le lecteur ; il aura le plaisir de l'interpréter à sa fantaisie."
(229) Dans le fantasme du lecteur représenté, l'auteur se
retrouve alors investi de tous les pouvoirs du sujet supposé
savoir ; ainsi lorsque le sultan dit au début du roman à propos de
ses clefs supposées, qu'"il est certain que (le vizir) ne nous a
pas encore dit un mot qui ne fût, dans le fond, tout autre chose
que ce qu'il nous a paru." (290)

Ah, quel conte! est donc aussi une chronique de l'égarement
de l'écoute ou de la lecture, de cette inquiétude quant au sens
qui surgit à l'adresse du conteur, réintronisé maître du récit par
le lecteur en perdition ; le vizir de Crébillon, toujours attentif à
se défausser de la place où le vise le désir de son auditeur, continue bien évidemment à jouer avec lui dans ses réponses ; s'il
consent par exemple à énoncer le mot magique qui convertit
l'obscur en raison merveilleuse pour qui veut encore y croire, ce
n'est certes pas sans ironie :

"Eh ! sire, dit le vizir, la féérie ! Il a ma foi raison, dit le sultan, la féérie : cela est lumineux ; je n'y avais pas pris garde. Parbleu ! j'ose en répondre, on ne me verra plus de ces distractions-là (...). " (294)

Mais si la naïveté ridicule de Schah-Baham nous fait rire, prenons garde à sa version savante, car aucun fantasme de lecture, pas même la folie érudite, n'échappe à l'ironie de Crébillon :

"Sire, (*dit le vizir à l'occasion d'un autre reproche de nonsens*), je n'ignore pas qu'il y a dans ce que je raconte à votre majesté, des choses d'une obscurité révoltante ; et je crois même devoir lui dire que dans le cours de ce conte, il y en aura plusieurs du même genre ; mais je l'assure qu'aussitôt qu'il sera fini, je le lui donnerai avec des notes, et un commentaire à son usage, qui seront d'une érudition si peu commune et d'une si grande sagacité qu'elle en sera très contente. " (299)

Chez Crébillon, l'ironie de la féérie parodique démonte les mécanismes de ce genre surcodé qu'est le conte merveilleux. Depuis *Tanzaï*, il écrit des récits expérimentaux où la prolifération du discours métatextuel pervertit la narrativité, et où les contradictions d'un propos critique résolument polyphonique mettent systématiquement en question tous les aspects de l'attente du lecteur à l'égard du genre, et sans doute de tout le romanesque ; le véritable sujet du conte, est peut-être alors la folie de la lecture car tous les fous romanesques sont d'abord de monstrueux lecteurs ; l'intérêt de Crébillon serait de rendre plus difficile ou plus problématique un certain genre de lecture enchantée propice à tous les égarements, par l'exhibition ironique des mécanismes énonciatifs (et des rapports de forces) qui l'agencent à son insu ; ce qui se laisse alors deviner en filigrane de cette analyse critique des scénographies cryptées du fantasme et de la folie romanesque, c'est l'indiscernable objet du désir, cet irréductible de l'attraction passionnée, qui suscite l'adhésion heureuse des consciences à leur propre égarement, jette Don Quichotte sur les routes et fait aimer les oies au domino couleur de rose.

Jean-François PERRIN
Université de Grenoble III

LAMEKIS DE MOUHY
OU LA TENTATION DE L'ILLISIBLE

Mathieu Brunet

On ne résumera pas l'intrigue de *Lamekis*, voyage imaginaire (presque) interminable que publie Mouhy entre 1735 et 1738 : le sous-titre, relativement explicite, suffit à en indiquer le propos général : il s'agit des "voyages extraordinaires d'un Egyptien dans la terre intérieure, avec la découverte de l'île des Sylphides, enrichis de notes curieuses "; cet Egyptien est, bien sûr, Lamekis.[1] Ce qui retiendra ici l'attention est la forme narrative élaborée par Mouhy, dont on voudrait montrer qu'elle donne un sens original à la "folie romanesque" : non pas précisément folie quichottesque, encore que celle-ci ne soit pas loin, comme on le verra, mais expérimentation et, simultanément, représentation (c'est-à-dire mise en scène) d'une écriture folle.

Lamekis reprend, dans sa composition, le procédé déjà désuet dans ces années 1730 du roman à tiroirs ; mais, comme sur de nombreux autres plans, cette reprise s'accompagne d'une modification : le schéma du récit à narrateurs multiples est en effet poussé jusqu'à un excès qui en constitue peut-être une limite, puisqu'on compte, outre le narrateur éponyme qui raconte, à la première personne, ses aventures et prend en charge l'ensemble du texte, plus de quinze narrateurs secondaires, dont les récits, emboîtés les uns dans les autres, s'interrompent et reprennent d'une manière parfaitement aléatoire, sans aucun rapport avec, par exemple, l'ordre pyramidal qui préside à la narration d'un roman

---

1. Publié en quatre volumes entre 1735 et 1738, *Lamekis* a été réédité dans la collection des *Voyages Imaginaires* de Garnier (1787-88), aux tomes XX et XXI. C'est à cette édition que renvoient toutes mes références. Les avertissements des troisième, cinquième et huitième parties n'ont pas été repris dans l'édition Garnier, et figurent seulement dans l'édition originale. On peut trouver un résumé relativement précis du roman dans l'article de Peter Fitting, "Imagination, Textual Play, and the Fantastic in Mouhy's *Lamekis*", *Eighteenth Century Fiction*, vol. 5 n° 4, juillet 1993.

comme les *Effets surprenants de la sympathie*. Dans *Lamekis*, certains narrateurs internes doivent s'y reprendre jusqu'à sept fois pour achever leur récit[2] qui se trouve du coup éparpillé sur plus de six cents pages ; leur cohérence et leur lisibilité en sont inévitablement menacées. Les interruptions de tel niveau de récit par l'intervention subite d'un récit enchâssé supplémentaire créent une telle complexité que Lamekis se voit parfois obligé de remettre les choses en place. Il précise par exemple :

"Après avoir rêvé un moment, je repris en ces termes l'histoire de la Princesse des Amphicléocles, racontée par elle-même à la Reine, à Lodaï et à Boldéon, en faisant ressouvenir Sinoüis que c'était toujours Motacoa qui parlait." (I, 412)

On ne s'étendra pas davantage sur cette profusion de locuteurs : car bien qu'elle participe de la nature déroutante de ce texte, et qu'elle en rende la lecture souvent difficile, elle n'est que le trait le plus extérieur, et le plus évident, de l'expérience dans laquelle se lance Mouhy. Plus intéressant, parce que plus radicalement original, est le fonctionnement du paratexte — notes et avertissements — qui encombre littéralement le roman. Les notes, que le sous-titre qualifie de "curieuses", occupent une place particulièrement importante : présentes parfois sur presque tout l'espace de la page, et ne laissant au texte principal qu'une seule ou quelques lignes,[3] elles se posent comme un obstacle à la linéarité de la lecture, redoublant sous une forme matériellement plus tangible l'effet que produisent les innombrables digressions et changements de niveaux narratifs dans le texte lui-même. C'est d'ailleurs ce que reconnaît l'avertissement de la troisième partie (1737), dans lequel Mouhy précise :

"Je crois devoir avertir les personnes qui verront [cette troisième partie] de passer les notes à première lecture : le sujet de lui-même est si abstrait et demande une telle attention qu'il doit être suivi sans aucune interruption."

Bien que les notes soient par définition de lecture facultative, leur présence sur plus des neuf-dixièmes de certaines pages, et l'insistance avec laquelle Mouhy souligne leur importance ("sans elles, l'ouvrage manquerait de forme et serait imparfait", précise-t-il paradoxalement, dans le même avertissement où il vient de suggérer de les passer) les imposent avec force, et per-

---

2. Tel est notamment le cas de deux narrateurs secondaires, Motacoa et la Princesse, dont les récits s'étalent sur six des huit parties que compte *Lamekis*.

3. Voir par exemple dans le premier volume les pages 251, 282, 288 etc.

turbent inévitablement la lecture du texte. Ce procédé n'est pas en lui-même novateur : un certain nombre de romans du début du siècle, dont le représentant extrême est sans doute le *Chef d'œuvre d'un inconnu* de Saint-Hyacinthe, avaient déjà pratiqué l'inflation infra-paginale. Le parallèle avec deux textes particuliers, l'*Histoire des imaginations extravagantes de monsieur Oufle* de Bordelon (1710) et *Séthos* de Terrasson (1731), permet cependant de mieux cerner la relative originalité du roman de Mouhy. Dans ces deux textes comme dans *Lamekis* figure en effet, parfois en extrême abondance, un type particulier de notes, que l'on peut qualifier d'"érudites", qui font intervenir, face à la fiction, des auteurs réputés "sérieux" ; particulièrement développé dans le roman de Bordelon, ce procédé y fait passer au second plan les aventures romanesques de Monsieur Oufle. Mouhy pourrait paraître, à première vue, n'avoir fait que reprendre cette technique. Il semble pourtant que les notes obéissent, dans *Lamekis*, à une logique inverse, qui entraîne une inflation extrême du romanesque. Selon le mode narratif caractéristique de ces trois textes, une rapide digression du côté de Terrasson et de Bordelon s'impose donc à cette étude.

Le cas du roman de Terrasson est relativement simple : *Séthos* étant censé être un Egyptien (tout comme Lamekis — ce n'est pas le seul point de contact entre les deux œuvres) auteur du manuscrit que l'on lit, les notes érudites, qui font exclusivement référence à des auteurs de l'Antiquité et confirment le récit du narrateur, sont là pour garantir la véracité du récit, et lui apporter une caution historique contemporaine de son énonciation : *Séthos* ne laisse en principe pas de place aux anachronismes, ce qui doit prouver l'originalité du manuscrit. Dans ce roman, le rapport entre notes et texte ne provoque aucun brouillage : la répartition de l'énonciation est parfaitement claire, et au récit de Séthos, qui figure en haut, répondent, en bas de page, les notes apportées par l'éditeur du prétendu manuscrit.[4]

L'*Histoire des imaginations extravagantes de Monsieur Oufle*, publiée par Bordelon en 1710, se présente comme une reprise décalée de *Don Quichotte*, et le fonctionnement des notes y est

---

4. C'est ce que précise la préface de *Séthos* : "je ne crains pas de dire que plus on aura de lecture, plus on trouvera mon Auteur d'accord avec les témoignages ou rassemblés ou dispersés dans les différents auteurs de l'Antiquité. Car quoique j'aie voulu débarrasser cet ouvrage de toute érudition importune, je n'ai pas prétendu lui ôter l'avantage et le soutien des recherches curieuses" (édition de 1731, p. XXIV-XXV).

beaucoup plus retors. La trame du roman est assez simple : le personnage principal, Monsieur Oufle, lit des ouvrages sérieux (et non pas des romans, comme son modèle espagnol), et règle sa conduite sur leurs principes. Mais comme ces ouvrages exposent un savoir et des croyances qui sont, en 1710, entièrement périmés et relèvent non plus de la science mais, pour reprendre le terme de J.-P. Sermain,[5] de la fable, Oufle apparaît aux autres personnages du roman aussi bien qu'aux lecteurs comme un fou. Voilà pour la reprise du modèle quichottesque. L'originalité principale du roman réside dans les notes, qui en occupent près de la moitié : en regard des aventures de Oufle, elles fournissent les extraits des ouvrages qu'il a lus, et qui ont réglé sa conduite, ou son discours. Leur statut est ambigu. D'une part, il est difficile de leur assigner un énonciateur : s'agit-il de Bordelon, ou de Oufle lui-même ? D'autre part, la contradiction entre le contenu absurde de ces citations, qui les apparente à la fiction, et leur nature de notes érudites, qui rappelle leur origine sérieuse, menace dangereusement la distinction entre discours sérieux et discours fabuleux. Sans doute est-ce là un des objectifs de Bordelon dans ce texte que de dénoncer le risque de folie issu non pas de la lecture des romans, mais des discours soi-disant sérieux qui tirent leur puissance néfaste du seul fait qu'ils soient imprimés. En ce sens, l'enjeu du texte est essentiellement moral, et guère esthétique. Enfin, l'extrême abondance de ces notes, qui s'enchaînent sans aucune forme de nécessité, mais de manière purement aléatoire, a pour conséquence de leur donner une place prépondérante : le romanesque bien piètre des aventures de Oufle cède le pas à ce collage de citations, et le roman disparaît entièrement, devenant ainsi *anti-roman* à la lettre.

Dans *Lamekis*, Mouhy fait un usage des notes radicalement différent. On y trouve, de même que dans *Séthos*, un certain nombre de références qui ont pour simple but d'accréditer la fiction, et d'assurer sa vraisemblance. Ainsi sont mentionnés, comme chez Terrasson, Aristote et Strabon, mais aussi, plus près des années 1730, Mme Dacier, Heinsius et Scaliger, parmi d'autres. A côté de ces simples renvois, dont la fonction pourrait être similaire à celle des notes érudites de Terrasson, figurent également des citations des mêmes auteurs qui prennent en

---

5. Jean-Paul Sermain, *Images du langage dans le roman à l'âge classique. Le leurre et la fable. La poétique négative du roman des Lumières (1670-1730)*, thèse de doctorat dactylographiée. Tout un chapitre est consacré aux "anti-romans de Laurent Bordelon".

charge pour un moment la narration et apportent des détails supplémentaires à l'histoire de Lamekis : dans la mesure où le
contenu de ces notes les désigne comme relevant de la fiction, la
démarcation entre les deux types de discours, fictif et sérieux,
s'amenuise, et la force de garantie de ces citations s'en trouve fortement menacée. Cette bifurcation de la fiction va parfois jusqu'à
l'invention, toujours en note, d'une "fausse piste", immédiatement dénoncée comme telle, mais néanmoins explicitée :

"si [Scaliger] avait été informé, il n'aurait pas avancé que
[… : suit une digression d'une page]. Heinsius, plus intelligent
sur cette matière, a bien mieux éclairé ce passage […]." (I, 250)

Dans ces cas extrêmes, tout se passe comme si le haut de la
page, occupé par le récit de Lamekis, devenait le lieu du discours sérieux (ou du discours le moins fictif), alors que le bas,
occupé par les notes "érudites", était paradoxalement le lieu de
la fiction la plus grande. On retrouve ainsi l'inversion déjà présente chez Bordelon, à cette différence près que, dans *Lamekis*,
outre que l'enjeu moral est nul, Scaliger, Heinsius, Mme Dacier
et leur éminents collègues sont très étonnamment censés avoir
déjà *écrit* (éventuellement en se trompant) l'histoire de Lamekis.

Il ne s'agit donc plus seulement de vrais discours sérieux qui,
du fait de leur obscurantisme, finissent par s'apparenter à des
discours fabuleux, mais de références sérieuses relativement
récentes, mais falsifiées, dont le caractère fictif, signalé par leur
contenu fabuleux, est souligné par les corrections qu'apporte le
récit de Lamekis. Est donc créée par ces notes une seconde version du roman, parallèle à la fiction principale, éventuellement
plus compliquée, autorisée par des noms illustres et dont
l'authenticité ne serait pas susceptible, de ce fait, d'être mise en
doute, et simultanément désignée, par son contenu même,
comme fabuleuse : non plus élimination du romanesque, comme
dans *Oufle*, mais, au contraire, amplification de ce romanesque,
dans lequel se trouvent intégrés, de manière ludique, et non critique, les textes dits sérieux. Et si Bordelon met en scène la lecture de textes sérieux, distinguant une lecture folle (celle de
Oufle, qui les prend à la lettre et se conduit de manière extravagante) et une lecture saine (celle du lecteur, qui sait les reconnaître pour aberrants), cette opposition disparaît dans le roman
de Mouhy, où la seule lecture possible reste celle d'un roman
qui s'exhibe, tant dans les pseudo-textes historiques, que dans
leur dénonciation romanesque. Seul demeure un jeu textuel, et
l'incertitude pèse désormais sur l'origine du discours. Car le

problème principal que posent ces textes sérieux en regard du
roman est celui de leur énonciation ; le brouillage des démarca-
tions entre les différents registres entraîne en effet une conclusion contradictoire, donc beaucoup moins simpliste que dans le
cas du roman de Bordelon : les textes savants écrivent l'histoire
de Lamekis, et, parallèlement, le roman écrit les textes savants.
La confusion entre le discours fictif et le discours sérieux est
totale, mais contrairement au texte de Bordelon, elle profite
entièrement au romanesque.

Cette incertitude liée à l'énonciation se retrouve dans
l'ensemble du texte. On a déjà mentionné l'extrême abondance
des narrateurs internes, qui tend parfois à devenir chaotique.
D'autres aspects viennent renforcer cette confusion générale. A
côté des notes érudites, dont l'origine est claire (si on ne sait pas
qui écrit ces textes sérieux, on sait par contre qui les cite : le *je*
de l'auteur apparaît à de nombreuses reprises), un second type
de notes, extrêmement fréquent, propose des traductions des
termes "égyptiens" qui apparaissent dans le texte : elles posent
un problème particulier dans la mesure où la "traduction" proposée n'est pas plus intelligible, ni moins "égyptienne", que le
terme traduit : ainsi le mot "Kirkirkantal" est-il traduit par
"Spilghis", ce qui, il faut l'avouer, n'avance guère le lecteur
profane...[6] Ces traductions impliquent donc un savoir qui ne
passe plus par des relais savants, mais qui est totalement intégré
au monde de la fiction, créant ainsi une circularité parfaite, analogue à ce que serait un dictionnaire des synonymes d'une
langue imaginaire : on songe à certains textes de Borgès. Ne se
distinguant plus nettement du corps principal du texte du point
de vue de l'énonciation, (sont-elles de Lamekis, de Mouhy, ou
bien encore de quelque savant ?) ces traductions ne doivent leur
statut de *notes* qu'à la nature des caractères typographiques qui
les composent et à leur place sur la page : ce soulignement de
l'arbitraire de la distinction entre fiction et réel, qui induit une
nouvelle forme de confusion, rejaillit inévitablement à son tour
sur les notes érudites.

A l'interrogation sur l'origine de la parole que soulève la profusion des personnages du roman se substitue ainsi peu à peu
une autre incertitude : d'où s'écrit le roman ? Le jeu sur le statut
de l'auteur n'est certes pas original dans ces années 1730, et les
préfaces sont bien souvent le lieu de son travestissement, notamment grâce aux inépuisables ressources du topos du manuscrit

---

6. *Lamekis*, I, p. 241, note 7. La suite de la note glose cette pseudo-traduction.

trouvé. Sur ce plan également, *Lamekis* préfère jouer la surprise. La préface, écrite à la première personne, attribue l'origine de ces histoires égyptiennes à un Arménien, qui les a racontées à l'auteur "un soir qu'il faisait un beau clair de lune" : il s'agit donc à l'origine d'un récit oral, simplement écouté puis retranscrit par Mouhy. Néanmoins, dans les toutes premières pages du roman, une note précise :

"Ici est une lacune de plusieurs pages dans le manuscrit." (I, p. 27)

Difficilement explicable dans le cadre fictif mis en place par la préface de *Lamekis*, cette "lacune", qui ne facilite guère la poursuite de la lecture, introduit une hésitation d'autant plus forte sur l'origine du récit qu'elle n'est absolument pas commentée. Quelques centaines de pages plus loin, ce mystérieux manuscrit réapparaît dans une phrase qui ouvre l'épisode de loin le plus étrange du roman et marque le début de la représentation de la folie d'écriture :

"La quatrième partie finit en cet endroit, et dans la cinquième il ne se trouve aucune trace de l'histoire de Déhahal, ce qui m'ayant fait imaginer que ce défaut venait d'une lacune considérable, ou de la perte de quelques pages de manuscrit, j'ai cru devoir y suppléer en cherchant dans les auteurs les plus savants quelques passages qui puissent m'aider à finir une histoire si intéressante [...]." (I, p. 339)

Alors que Lamekis relatait ses terribles aventures parmi les sylphes, que le merveilleux atteignait son paroxysme[7] et que toute référence à une réalité semblait très éloignée, le récit égyptien s'interrompt donc brutalement, pour se recentrer sur le Paris des années 1730 et sur Mouhy en personne, incapable d'écrire la suite du roman, ou plus exactement, pour rendre compte de l'irruption soudaine de ce manuscrit, de la recopier.

Ce passage présente une nouvelle version de la fusion entre fiction et réalité, symptôme traditionnel de la "folie romanesque". Mouhy, de retour de la Bibliothèque du Roi où il cherche en vain ce livre inexistant qui contiendrait la suite des histoires égyptiennes, croise un chien qu'il reconnaît immédiatement : c'est Falbao, un des personnages les plus frappants de l'histoire de Lamekis, grand chien bleu aux "yeux d'une dou-

---

7 Voir, sur le passage qui précède immédiatement cet épisode, Yves Giraud, "Monstres et merveilles au centre de la terre. Les fantasmes fantastiques du Chevalier de Mouhy", *Studi de letteratura francese*, XIII, 1987, p. 54.

ceur et d'une bonté infinies. " (I, p. 46) L'invasion de la fiction dans le réel[8] se poursuit par l'arrivée inexpliquée de presque tous les autres personnages plus ou moins monstrueux du roman dans la chambre, et jusque dans le lit de l'auteur totalement terrifié. Elle est encore amplifiée lorsqu'un de ces personnages commence à raconter son histoire à Mouhy, reprenant la structure narrative qui avait caractérisé la première moitié du roman, à un moment où on est censé en être sorti. Par la suite, Mouhy est entraîné par le chien Falbao "dans les fossés qui séparent Paris du faubourg Saint-Antoine" (I, 365) où il découvre, non sans émoi, une salle ornée de bas-reliefs qui retracent toute l'histoire de Lamekis. En quelques pages se déclenche ainsi une avalanche de mises en abîmes successives, qui efface tout repère, et abolit toute frontière entre monde imaginaire et monde réel.

Dans l'ensemble de ce passage à résonance fantastique, qui se prolonge sur une cinquantaine de pages, reparaît donc voilé le motif quichottesque : comme Don Quichotte, comme Oufle, Mouhy confond le livre et la réalité, et prend ce qui est écrit à la lettre. La différence, mais elle est de taille, est que ce livre est le sien. La folie n'est plus celle du lecteur, mais celle de l'auteur, et c'est en ce sens principalement que l'entreprise de Mouhy se distingue de celles de ses prédécesseurs : folie de l'écriture, donc, expérimentée, comme on l'a montré, dans le début excessivement complexe du roman, et désormais mise en scène, sur un mode ludique, en son milieu. Les pages qui suivent font en effet apparaître, de manière tout à fait inhabituelle dans le roman de la période, le processus d'écriture, qui est totalement déréglé : ainsi, alors que commence le récit d'un "rêve extraordinaire" que fait Mouhy, sous le coup de l'émotion, dans la salle aux bas-reliefs, le texte s'interrompt de nouveau subitement, et une note explique :

"Dans l'instant que l'auteur écrivait ce passage et qu'il allait tracer ce rêve mystérieux, sa main s'appesantit tout à coup et ne put remuer sa plume. Dans l'idée que le défaut de circulation était la cause de cet arrêt paralytique, il prit de la main gauche sa plume et voulut continuer à écrire ; mais par un prodige inouï, elle refusa comme l'autre son ministère. " (I, p. 376)

Cette présentation transgressive du travail d'écriture est paradoxale : car ce passage, loin de montrer l'écrivain en train

8. C'est là précisément ce que G. Genette propose d'appeler *métalepse* : voir *Figures III* (Seuil, 1972), p. 244.

de produire, le présente n'y arrivant pas. Le texte tourne à vide, et son énonciation cherche, dans cette note, à se dissimuler — Mouhy s'étant jusqu'alors toujours désigné soit à la première personne, soit par son nom, il est difficile de savoir qui dit "l'auteur". D'autres modes de représentation du dérèglement de l'écriture surgissent ensuite, notamment sous la forme d'un nouveau manuscrit dans lequel Mouhy s'attend, conformément à une logique romanesque qui aurait envahi le réel (nouveau symptôme de quichottisme), à trouver la suite des aventures de Lamekis, mais qui est écrit en caractères inconnus que personne, pas même un traducteur professionnel spécialement consulté, ne parvient à déchiffrer (ce qui, bien entendu, ne fait qu'accentuer l'aspect romanesque de la soi-disant réalité).

Ce motif de l'écriture illisible, qui semble gouverner la pratique narrative de Mouhy dans *Lamekis*, apparaît à de multiples reprises dans le roman, bien avant cet épisode parisien. Dès les premières pages du roman, l'évocation de la construction d'un temple souterrain consacré à Sérapis est l'occasion de la première apparition du motif de l'écrit : dans "une des catacombes" se trouve "le grand livre" des lois, (I, 10) "dont les feuillets étaient des lames d'airain" ; "le bruit de chaque feuillet qui retombait l'un sur l'autre était au-dessus de celui que fait la porte de la plus affreuse prison." (I, 23) A ce premier livre métallique, symbole d'une écriture pérenne, mais aussi particulièrement difficile à lire, fait écho toute une série d'autres écritures indéchiffrables — essentiellement des bas-reliefs, souvent couverts d'hiéroglyphes — et souterraines. Une note a beau préciser que "la tradition se conservait par des bas-reliefs, l'écriture n'étant point encore en usage, et cette façon était si ingénieuse, l'intelligence si claire, que les événements les plus simples d'une histoire y étaient marqués" (I, 166, note 1), ces bas-reliefs (dont on a vu qu'ils réapparaissent au cours de l'épisode parisien, présentés comme un parallèle explicite du roman de Mouhy) résistent pourtant systématiquement à toute tentative d'élucidation. Ainsi d'un "bas-relief de métaux et de pierres rapportées" Lamekis peut-il seulement préciser qu'il "composait un corps d'histoires qui *devait être* très curieux ;" (I, 131) la même expression reparaît quelques pages plus loin : les "différentes productions de ce monde intérieur étaient placées de façon qu'elles forment des espèces de bas-reliefs, qui représentaient des hommes et des femmes, dont les attitudes différentes *semblaient former* un corps d'histoire."[9] (I, 138) Enfin, la situation toujours souterraine de ces bas-reliefs, systématiquement placés au cœur de labyrinthes infinis et doués d'une capacité de régénérescence semblable à celle de l'hydre de Lerne, ("à mesure qu'on démolissait d'un côté, on rebâtissait de l'autre, c'était un ouvrage éternel," I, 33-34) évoque directement la composition du roman de Mouhy, dont un des principes de fonctionnement est, on l'a vu, l'excroissance.[10] Avant la représentation du processus déréglé de production du roman, le motif du texte illisible et monstrueux est donc installé avec une insistance extrême, et clairement mis en parallèle avec le roman lui-même.

D'illisible, l'écriture du roman devient, dans la suite de l'épisode parisien, automatique : sous les yeux médusés d'un Mouhy condamné à l'inaction, un cahier sort du tiroir de son bureau.

"Une de mes plumes s'éleva de dedans mon écritoire, comme une aiguille enlevée par l'aimant, plongea son bec dans l'encrier, et puis se mit à écrire naturellement [...] ; il me sembla, aux mouvements de cette plume, qu'elle traçait des caractères français, je devinai même quelques mots à ses mouvements ; il me parut aussi que l'écriture ressemblait à la mienne, et je ne me trompais pas." (I, 383)

9. Cette expression de "corps d'histoire", qui caractérise à de nombreuses reprises le texte illisible des bas-reliefs dans *Lamekis*, est précisément celle qui apparaît, dans un autre roman de Mouhy rédigé simultanément, *La Mouche*, dans un passage qui fait référence à une coupure opérée dans les discours d'un personnage par le traducteur : "Le traducteur les a retranchés, dans la vue d'en faire un corps d'Histoire" (*La Mouche*, 1ère partie, note b p. 109, édition de 1736). Plusieurs éléments permettent de penser que ce "corps d'histoire" réservé par le "traducteur" du manuscrit de *La Mouche* correspond au texte de *Lamekis*, ce qui confirme l'étroite correspondance qui unit, dans le cadre du voyage égyptien, ces bas-reliefs illisibles et le texte même du roman de Mouhy. Sur les rapports entre *La Mouche* et *Lamekis*, voir mon article "Un manuscrit peut en cacher un autre", in *Le Topos du manuscrit trouvé*, Colloque de Louvain, mai 1997, à paraître aux éditions Peeters.

10. Notons encore cette autre évocation de l'écrit dans le monde souterrain, où Lodaï, l'un des nombreux narrateurs du roman, présente la "terre intérieure" comme une sorte de bibliothèque de Babel : "depuis mon séjour dans ces lieux, je ne me suis pas ennuyé un moment : mes livres sont les merveilles et la connaissance de cette terre intérieure ; et quand je vivrais quatre âges d'hommes, je trouverai encore tous les jours de choses nouvelles. Chaque fois que je sors, je rapporte quelque nouveau prodige ; et comme toutes ces raretés sont en trop grand nombre pour en faire l'examen qu'elles méritent, je les rassemble dans un cabinet vaste et profond, que j'ai pratiqué dans ce rocher [...]" (I, 70). Cette bibliothèque infinie, idéalement totale, mais pure réserve jamais consultée, pourrait être le symbole de *Lamekis*, dont l'accroissement perpétuel menace la lisibilité.

Dépossédé de son rôle d'écrivain, Mouhy en est donc réduit à celui de lecteur, et qui plus est de lecteur indiscret, puisqu'une voix mystérieuse sort de son bureau pour lui interdire la lecture de ce manuscrit, qui est bien, on l'apprend plus tard, celui de *Lamekis*. Le roman s'écrit sans lui, et il ne pourra par la suite que le recopier, de même qu'il recopiait, dans les parties précédentes, les savants : doit-on voir là une allusion non dénuée d'humour à certaines pratiques de plagiat ou de réutilisation d'un même matériau d'un roman à l'autre qui étaient sans doute celles de Mouhy ?[11] Reste, dans le corps du roman, cette étonnante représentation d'une écriture déréglée, dont l'ultime avatar intervient quand Mouhy, enfin autorisé à lire ce manuscrit qui s'est écrit tout seul, est pris d'une réelle frénésie :

"J'écrivis avec une rapidité surprenante, et je ne cessai qu'au bout d'un mois et un jour. Au bout de ce temps j'eus faim, je quittai le travail, et fus satisfaire aux besoins naturels. Je mangeai et bus sans m'arrêter l'espace de trente et une heures ; après ce temps je m'endormis, mon sommeil dura trois jours et trois nuits ; le quatrième je me réveillai ; tout ce qui m'était arrivé jusque là me parut un songe, et je l'ai toujours cru depuis." (I, p. 389)

Cette chute convenue de l'épisode central du roman, qui permet de clore l'épisode fantastique en en proposant une interprétation vraisemblable (grâce au traditionnel "ce n'était qu'un rêve"), n'arrive pas à en effacer le caractère principal : représentée au centre du roman, l'écriture est désormais désignée comme *folle*, c'est-à-dire obéissant à une logique monstrueuse, gigantesque, qui défie toutes les conventions habituelles du récit (lisibilité, linéarité et cohérence relatives, etc...). Et le récit des aventures de Lamekis a beau reprendre, après cet intermède, comme si de rien n'était, en plein milieu d'une phrase, et se poursuivre sur plus de trois cents pages supplémentaires, l'ombre de cette folie continue de planer. C'est en tout cas ce que suggèrent les deux avertissements des cinquième et huitième parties, toutes deux publiées en 1738.

Dans la préface de la cinquième partie, soit juste après l'épisode fantastique que l'on vient d'examiner, Mouhy, tel Don Quichotte, finit par reconnaître sa folie :

"Ce que je puis faire de mieux pour moi, c'est d'attendre le jugement que le Public [...] prononcera. Si j'étais à sa place, je ne feindrais point de dire ou que l'Auteur est fou, ou qu'il a de

---

11. Sur les pratiques d'écriture de Mouhy, voir mon article cité ci-dessus.

grandes dispositions à le devenir. Si cet aveu n'est pas honorable, du moins il est adroit ; il y a bien des choses que l'on passe à la folie, et il n'en est pas de même pour ceux qui se sont annoncés raisonnables, et qui veulent l'être en dépit du bon sens. "

Tout à la fois valorisée et revendiquée, la folie de l'auteur apparaît donc de plus en plus centrale, et fonctionne comme principe de composition de l'œuvre. L'avertissement de la dernière partie du roman insiste à nouveau sur ce thème, mais en le déplaçant radicalement ; s'adressant à ses lecteurs, Mouhy précise :

"Figurez-vous bien que voilà celle de mes productions qui est la plus raisonnable […]. Ne souffrez pas impunément qu'une cabale ignorante et envieuse me lâche aucun trait mordicant. En Dom Quichotte nouveau, soutenez aux carrefours que je suis le plus aimable et le plus amusant des Auteurs. "

La référence à Cervantes, fortement motivée par tout le jeu textuel à l'œuvre dans *Lamekis*, n'est donc explicitée qu'à l'approche de la fin du roman. Peut-être la publication par Marivaux un an plus tôt de *Pharsamon* y est-elle pour quelque chose, Mouhy n'hésitant pas à faire feu de tout bois pour attirer l'attention, et à reprendre un thème remis à la mode. Mais s'il le fait, c'est, une fois de plus, de manière biaisée. Car c'est au lecteur potentiel, mais bien réel, de *Lamekis* qu'est censée s'appliquer cette comparaison au seigneur de la Manche : à la lecture de *Lamekis*, il doit donc lui-même, tel un personnage de roman, sombrer dans la folie romanesque, c'est-à-dire confondre, à son tour, la fable et le réel. De plus, ces deux avertissements, juxtaposés, se contredisent terme à terme : dans un cas, le *raisonnable* de l'œuvre est rejeté et la folie est revendiquée par l'auteur ; dans l'autre, ce même *raisonnable* est affirmé, et le lecteur est invité, dans sa folie, à prendre l'œuvre pour ce qu'elle n'est pas exactement… aimable et amusante[12]. Cette impossibilité à déterminer un sens, qui se retrouve à tous les niveaux du roman, constitue une dimension supplémentaire du caractère insensé de l'œuvre.

Ainsi le roman de Mouhy constitue-t-il une expérience transgressive extrême de représentation d'une écriture violemment

---

12. L'ennui, thématisé dans le roman à de nombreuses reprises (tous les personnages s'ennuient, et écoutent des histoires pour tâcher de distraire cet ennui, en vain…), est également souvent la conséquence de ces multiples sauts narratifs, qui s'accompagnent d'inévitables répétitions. De là à penser qu'il serait consubstantiel au projet de roman illisible, voué en quelque sorte à l'échec, le pas est aisé à franchir.

déréglée, que l'on pourrait qualifier de monstrueuse, à l'image des nombreux monstres qui peuplent les pages de *Lamekis*, et de ce labyrinthe souterrain qui repousse au fur et à mesure qu'on le détruit, version architecturale du polype dont les facultés de régénération fascinent les savants de l'époque, et symbole parfait de *Lamekis* : expérience limite, d'une part, qui risque à chaque instant de se heurter à l'obstacle de l'illisibilité et joue à mettre en scène ce risque ; défi radical, d'autre part, dans la mesure où la folie romanesque change de sens, cesse d'être la matière du roman, et devient, avec tout ce qu'elle comporte d'aléatoire et d'invraisemblable, principe d'écriture.

Mathieu BRUNET
Université de Valenciennes

FOLIES PARATEXTUELLES DANS LE ROMAN
DE LA SECONDE MOITIÉ DU XVIIIᵉ SIÈCLE

Martine Nuel

Nombre de romans de la seconde moitié du XVIIIᵉ siècle mettent à mal la convention romanesque et préfacielle ; trois d'entre eux : *le Grelot* de Baret (1754), *Ann' Quin Bredouille* de Gorjy (1792) et *Les Amours du Chevalier de Faublas* de Louvet de Couvray (troisième édition revue par l'auteur, an VI)[1] multiplient, dès le seuil,[2] les signes de folie.

Parmi les différentes acceptions du terme, c'est celle de folie jouée qui s'impose ici, bien qu'en vérité on puisse s'interroger à propos de la Préface d'*Ann' Quin Bredouille*: Gorjy serait-il devenu fou ?[3] Or, que penser de ces préfaces qui loin d'établir le sens du texte en instaurent la perte ou du moins la dispersion ? En employant un langage *à la limite,* au moment où la clarté du discours se doit d'être maximale, quels buts poursuit un auteur ? Quel usage fait-il de son *autor*ité dans une étape destinée à assurer une bonne réception au roman ?

Feindre la déraison dans le péritexte n'est pas nouveau : que l'on songe aux prologues de Rabelais, aux anti-dédicaces de Sorel ou encore à la préface de *La Voiture embourbée*[4] de Mari-

---

1. P. Baret, *Le Grelot ou les &c,&c,&c. Ouvrage dédié à moi*, Ici, A présent, 1754 ; J.-C. Gorjy, *Ann' Quin Bredouille ou le petit cousin de Tristram Shandy. Œuvre posthume de Jacqueline Lycurgues, actuellement fifre-major au greffe des menus derviches, par l'auteur de Blancay*, Paris, Louis, 1792 ; J.-B. Louvet de Couvray, *Les Amours du Chevalier de Faublas* (1798), édition de M. Delon, Paris, Folio, 1996.

2. Voir G. Genette, *Seuils*, Paris, Seuil, 1987, p. 8.

3. Son "texte", composé essentiellement de signes de ponctuation, n'est pas sans évoquer le langage de cris et de gestes vanté par le neveu de Rameau : "Il nous faut des exclamations, des interjections, des suspensions, des interruptions, des affirmations, des négations." Diderot, *Le Neveu de Rameau*, texte présenté par R. Desné, Paris, Editions sociales, 1972, p. 171.

4. Marivaux, Préface de *La Voiture embourbée* (1714) in *Œuvres de jeunesse*, Paris, Gallimard, 1972, p. 313.

vaux. Les discours liminaires de la veine comique et libertine de cette seconde moitié de siècle s'inscrivent naturellement dans cette tradition parodique.[5] Pourtant, loin de faiblir, la portée subversive de tels dispositifs prend un sens nouveau dans la crise esthétique et morale qui marque cette période. Objets problématiques, les trois romans que nous interrogeons sont liés par la même volonté transgressive et le désir de dénoncer l'imposture rhétorique : ils répondent à des horizons d'attente connus, mais, dépassant la dimension du pur jeu,[6] la folie qu'ils simulent et exhibent dans leur préface me semble être l'écho d'une folie, individuelle et collective, mise en scène dans le récit.

Un simple coup d'œil à la Préface d'*Ann' Quin Bredouille* suffit pour en constater la monstruosité. Dès le titre, Gorjy revendique sa filiation avec le roman excentrique, *Vie et opinions de Tristram Shandy*, traduit en 1760[7] et dans lequel Sterne expérimente toutes les folies ou écarts d'écriture, y compris la préface farfelue. (Le narrateur attendra le volume III et le sommeil de ses héros pour écrire la sienne !) Cette influence s'affirme avec un discours préfaciel pour le moins délirant et se poursuivra dans la narration à la première personne, non seulement par le choix de l'histoire (le voyage fantaisiste et sentimental) mais par son traitement. Dans *Tristram Shandy*, Sterne, dépassant les subtilités rhétoriques, multiplie les digressions et les effets visuels : pages blanches, marbrées ou noires pour symboliser le deuil, signes de ponctuation nouveaux, constellations d'astérisques, idéogrammes occultes... Gorjy, comme tant d'autres plagiaires, emprunte le principe des jeux typographiques. On trouve, dans son roman, des mots coupés, des pages disposées "poétiquement,"[8] et même un carré blanc à remplir par le lecteur. Il imite probablement d'autres effets satiriques

---

5. Selon E. Zawisza, la préface des Lumières est travaillée par une tension "entre spécifique et typique". Une "lecture rhétorique" (son envers exact étant la distanciation satirique) permet d'en dégager "la structure profonde", pourtant il ne faut pas négliger les liens privilégiés qui unissent ce type de discours au "contexte hors-littéraire" et surtout à l'œuvre préfacée. Voir "Pour une lecture rhétorique des préfaces romanesques des Lumières" in *Australian Journal of French Studies*, XXXII n° 2, May-August 1995, p. 155-175.

6. Cette dimension existe, bien sûr, et pour le plus grand plaisir du lecteur. Il serait pourtant appauvrissant de ne voir dans ces textes qu'un jeu gratuit, participant uniquement de l'entreprise de séduction inaugurale.

7. L. Sterne, *Vie et opinions de Tristram Shandy, Gentilhomme*, édition présentée par S. Soupel, Paris, G.F Flammarion, 1982.

8 Comme la page 13 du chap. XLII (t. 1) où sont représentées des pompes à eau.

comme l'organisation absurde d'un récit qui commence au chapitre 37, moment où l'auteur place le renversement du topos du
manuscrit trouvé. Ajoutons à cette liste la galerie de personnages excentriques, de "doux dingues", comme l'oncle Bredouille dont la confusion d'esprit est d'emblée signalée dans le
titre par l'onomastique et le jeu de mots (âne qui bredouille).
Précisément, on constate, à propos de la Préface d'*Ann' Quin Bredouille*, une contradiction rhétorique entre le titre et l'absence de
contenu. Elle montre plus une déconstruction du langage qu'une
négation des lois de l'exorde. Les deux niveaux d'articulation du
signe n'existant plus, la déroute du sens est totale : la machine
préfacielle déraille.

L'excès inverse, le flot verbal, caractérise le péritexte de cet
autre roman de la Révolution à la première personne, *Les
Amours du Chevalier de Faublas*. Dans la perspective choisie, il
se distingue par le discours *A mon Sosie* et l'énorme anomalie
que représente le nombre[9] des préfaces. Sept discours liminaires
(hasard ou chiffre magique ?) écrits à l'occasion de publications
successives se trouvent réunis dans cette ultime édition. Signe
de dérision puisque la norme dans le roman sérieux était, à
l'époque, la présence d'un ou deux discours, cette profusion de
textes semble un pied de nez au lecteur dont le plaisir est
constamment différé. Révisés par l'auteur et unifiés par ses
commentaires, ces discours-palimpsestes formeraient un
ensemble cohérent si l'effet de surenchère ne compromettait pas
leur lisibilité. Louvet, qui justifie dans un dernier discours, présenté en position initiale, le maintien de tous les autres, théâtra-
lise le couplet ironique sur la convention préfacielle : "Ces
préfaces, jetées à la tête de chacune des deux dernières parties,
embarrassaient ma nouvelle distribution. Les fallait-il supprimer ? Qui ! moi ? tuer mes préfaces ! moi, commettre un parricide !"[10] Dans ses propos, se mêlent, subtilement dosées,
adhésion à la tradition, avec la métaphore parentale, et ironie
envers la contrainte éditoriale qui donne au roman crédibilité et
présence au monde : "Elle n'est pas complète son édition ! Il y
manque les préfaces". L'évocation d'un lecteur déçu par

9. Le cas échéant, cet auteur sait renoncer à l'obligation de préfacer : le texte
d'*Emilie de Varmont*, Paris, Bailly, 1792, se présente nu, celui de la *Vie du
Chevalier de Faublas*, édité chez Favre en 1796, est précédé d'un unique
"Avis". Dans l'édition qui nous intéresse, Louvet s'offre le luxe d'une véritable somme préfacielle, retrouvant ainsi la dimension de feuilleton de son
livre.

10. *Les Amours du Chevalier de Faublas*, éd. citée, "Préface des préfaces".

l'absence de parole inaugurale n'est pas sans évoquer l'exorde de *La Voiture embourbée*. Ainsi le lecteur désire des préfaces : il est exaucé ! Le romancier va jusqu'à feindre de ne pas en maîtriser le flot et même d'en ignorer le nombre exact.[11] La machine préfacielle s'emballe. Et l'on atteint le comble de la prétérition avec le nom évocateur de *Préface des préfaces*. Borgès, qui reprend ce titre pour introduire son *Livre des préfaces*,[12] en se défendant d'employer un superlatif hébreu (du type "la nuit des nuits", "le roi des rois"...) qui élèverait son texte à une puissance supérieure, éclaire rétrospectivement l'intention sarcastique de Louvet.

Le Grelot, roman à la troisième personne qui compte trois textes liminaires, est déjà une illustration de l'humour lié à la multiplication des exordes. Ecrit au milieu du siècle, ce récit libertin représente un modèle du genre,[13] un "classique". Avant Louvet, Baret exprime la volonté générale d'en finir avec la préface sérieuse, rituel ou pensum auquel les auteurs continuent de sacrifier. Nombreux sont ceux qui, comme Marivaux, disent leur désir de ne plus faire de préfaces et le disent dans une préface. La transgression investit les titres : *Epître à moi*, *Sottise préliminaire* et *Tout ce que l'on voudra*. Boutades destinées à vider le discours de tout contenu sérieux et ironie sur la convention de l'éditeur font l'essentiel de ces textes. Dans *Sottise préliminaire*, le préfacier raille également le "motif" du manuscrit trouvé : "le manuscrit est, comme on peut s'y attendre, d'un Auteur merveilleux... Il fallait, dis-je un Traducteur de premier génie, ego sum."[14]

Ce sont surtout la dédicace mercenaire et ceux qui la pratiquent qu'il brocarde. De fait, il pervertit la demande de protection en se désignant comme unique dédicataire.[15] S'il n'est pas le seul auteur à opérer un détournement de la dédicace à des fins satiriques, Baret affiche dans l'ensemble péritextuel un égocentrisme insolent, en totale contradiction avec le *topos* de modestie sur lequel est fondée, le plus souvent, l'ouverture préfacielle. Je

---

11. *Ibid.* "Eh oui ! c'est précisément parce qu'il y a déjà cinq ou six préfaces, qu'il en faut encore une".

12. Borgès, *Livre des préfaces*, Paris, Folio, 1988, p. 11.

13. Le préfacier lui-même nous invite à le considérer comme tel par le jeu de l'intertextualité : "On avait lu Tanzaï ; le Sopha avait fait fortune ; on était rebattu d'Angola, on connaissait les Bijoux[...] mais le Grelot excita la curiosité..." in Tout ce que l'on voudra, *Le Grelot*, *op. cit.*

14. *Ibid.*

15. *Ibid.*, *Epître à moi*.

n'insisterai pas davantage sur le traitement satirique de la rhétorique dans ces discours : le thème de l'*utile dulci* et autres justifications éditoriales hypocrites sont moqués. L'acte d'écrire est
présenté, plus généralement, comme une corvée.

Renversement parodique de la topique préfacielle pour le *Grelot*, dispersion de la parole par la multiplication des discours
dans *Faublas*, déconstruction totale du langage articulé avec
Ann' Quin Bredouille sont les signes les plus marquants d'une
folie inaugurale qui, *de facto*, pose le problème de l'identité du
sujet.

Au cœur de toute préface, la question du moi écrivant devient
cruciale dans les seuils déraisonnables. La folie révèle ce paradoxe : le lieu de l'emprise magistrale où l'auteur instaure une
relation dialogique avec le lecteur est aussi le lieu où il se cache.
A première vue, l'ensemble que nous étudions offre un éventail
de procédés qui visent à la dissolution du sujet. Aux deux
extrêmes, l'absence complète d'énonciateur dans la préface de
Gorgy et son opposé : la superposition des visages de l'auteur,
du traducteur et du narrateur chez Baret. Entre les deux : la
figure du double avec le cinquième discours des *Amours du chevalier de Faublas* intitulé *A mon Sosie*. Laissant de côté la question du camouflage de l'auteur qui échapperait ainsi à la censure
et celle du dilemme romanesque,[16] examinons en quoi il y a pré-
sence-absence du sujet.

Choisir l'incognito n'empêche nullement Baret de se désigner
comme dédicataire dans *Epître à moi*, discours alarmant si l'on
considère que le préfacier se parle à lui-même et occupe les
deux places stratégiques de la communication, qui fonctionne,
du coup, en circuit fermé. Cependant une note, dont on ne saurait dire si elle est sérieuse ou non, réintroduit la demande de
protection et annule la déclaration précédente. Avec cette nouvelle pirouette, c'est en "fou du roi" qu'agit le romancier. Le
deuxième discours fonctionne aussi sur ce double registre du
camouflage et de la vantardise. Mais c'est dans le troisième discours, *Tout ce que l'on voudra*, à dimension fictionnelle, que la
situation d'énonciation se complique vraiment. S'ouvrant sur
une scène de préparation à la lecture, selon un effet de mise en
abyme habituel dans ce type de romans, cette dernière préface
suppose l'existence d'un autre destinateur responsable du texte.
Le préfacier lui-même pose problème : qui est ce narrateur qui

---

16. Cette question a été largement explorée par la critique depuis les célèbres
travaux de G. May.

n'appartient pas à l'auditoire et agresse, un peu à la manière de Diderot, son destinataire et complice virtuel d'une lecture licencieuse ? Au total, ces trois discours préfaciels impliquent la présence de plusieurs destinateurs : l'auteur du *Grelot*, roman fictif de la diégèse écrit cent ans auparavant et toutefois contemporain par le jeu de l'intertextualité, son prétendu traducteur, qui n'est autre que l'auteur masqué du *Grelot*, roman réel, et cet étrange narrateur. On s'y perd.

Louvet occupe une place à part dans cette stratégie de déstabilisation du sujet. Il met en scène l'aveu de paternité de son livre et ne cesse de s'exposer comme auteur de roman. N'était-ce pas de la folie de la part de l'homme politique qu'il devait devenir par ailleurs ? Entre jeux et déclarations sérieuses, le romancier développe, au fil des éditions, l'affirmation du moi comme sujet responsable. Du reste, dans L'Epître à Monsieur Toustaing, il multiplie les audaces comme l'adresse au censeur (même si, précise une note, ce dernier n'était pas très dangereux) et la signature de son nom d'auteur complet : Louvet de Couvray.[17] Ainsi, le fils de roturier se dote d'une particule et s'arroge le titre de noblesse d'homme de Lettres. D'un discours à l'autre, il réfléchit à sa pratique, aux droits d'auteur et au diktat moral qui pèse sur le roman.

Il n'en reste pas moins que dans ce lourd dispositif préfaciel, le cinquième discours, *A mon Sosie,* pose problème car il pourrait bien être l'effet de la logique du dédoublement déjà repérée chez Baret. Dans ce texte railleur, l'auteur s'adresse probablement à son homonyme, Pierre-Florent Louvet, brillant avocat et son rival sur le chemin de la postérité.[18] Face à cet homme déjà reconnu socialement, le romancier défend son statut d'écrivain mais, derrière l'écran de l'ironie, ne s'interroge-t-il pas concurremment sur lui-même, Jean-Baptiste ? Au fond, ce texte révèle une tension entre les différents versants de sa personnalité. Si l'on ajoute que son autre sosie est Faublas,[19] dont il se distancie aussi par la partie inventée de son nom (le "vrai" de Couvray s'oppose au "faux" de Faublas), on saisit toute la complexité de

17. *Les Amours du Chevalier de Faublas,* éd. citée, "Epître dédicatoire. Préface. Avertissement des Six semaines", p. 44.

18. Cf. *Discours prononcé par M. Louvet [...] le 1er décembre 1787 à l'ouverture des conférences de l'Ordre des Avocats*, Paris, Méquignon, 1787. Par la suite, Pierre-Florent Louvet interviendra fréquemment à la Convention.

19. "Du moins peut-on accepter qu'il y ait du Faublas chez Louvet" (M. Delon, Préface des *Amours du Chevalier de Faublas*, éd. citée, p. 10).

propos qui sont, à mon sens, une illustration du dédoublement fondateur de la conscience de soi. Déjà Montaigne, pour qui la connaissance de soi est dialogue avec cet être opaque qu'il est, décrivait ce mouvement d'errance et de distanciation propre à la conscience : "Nous pensons toujours ailleurs."[20] Selon M. Merleau-Ponty, qui commente Montaigne, "il y a une folie essentielle à la conscience" et "Pour rire seul, il n'est pas besoin de cause extérieure, il suffit de penser que l'on peut rire seul."[21] En somme, je pense que je pense. L'idée d'un autre qui s'interroge sur le moi et d'une conscience qui s'éprouve par le jeu de miroir, de réflexion (au sens propre) me semble convenir à la démarche de Louvet.

Mais elle concerne probablement celle des deux autres romanciers, car montrer les "absences" du sujet, sa folie, n'est-ce pas désigner, en creux, sa présence et le délogement de la conscience ? Au centre du jeu préfaciel, l'individu est aussi au centre de cette forme littéraire qui s'affirme, le roman. Certes, l'interrogation qu'il suscite n'est pas nouvelle. Après Montaigne, Descartes, son lecteur, pour qui la certitude de la pensée est indubitable, montre, dans la première des *Méditations métaphysiques*[22] les fragilités du sujet, à travers l'expérience du rêve et précisément, celle de la folie. Cette réflexion ontologique sur la complexité et la permanence du sujet se développera avec les Lumières. Hegel, lecteur de Descartes, orientera la question du "je pense" de l'activité de penser vers l'épaisseur du "je". Un nouvel individualisme émerge. Il est indissociable d'une critique sociale.[23] Mais comment le sujet qui doute de lui-même, de sa réalité comme de son regard sur le monde extérieur peut-il conduire une critique des apparences sociales ? En fait, le sujet qui doute se lie à l'objet de son doute. Là réside tout le sérieux de la folie à la fois jouée et vécue. L'enfermement dans les jeux sociaux et les codes met en péril la subjectivité mais leur critique est l'envers nécessaire de l'interrogation sur le moi.

Il existe une connivence entre ces préfaces, lieux de folie feinte, et les récits qu'elles accompagnent, où se disent la perte du sens et une démence "réelle". Il semblerait que cette folie

20. Montaigne, *Essais* (III), éd. présentée par M. Butor, Paris, Union Générale d'éditions, coll.10-18, 1965, p. 58.

21. M. Merleau-Ponty, "Lecture de Montaigne" in *Signes*, Paris, Gallimard, 1987, p. 250-266.

22. R. Descartes, *Méditations métaphysiques*, éd. préfacée par J.-M. et M. Beyssade, Paris, Garnier-Flammarion, 1979, p. 67-76.

23. La Révolution voit naître la "Déclaration des droits de l'homme".

dénoncée dans le roman, double pervers de la préface, soit individuelle et collective.

Le motif du sosie relevé dans l'appareil préfaciel de *Faublas* contamine l'œuvre dans son entier et trahit les difficultés du sujet à se constituer. Dans la préface, il était le signe d'une réflexion du sujet sur lui-même, dans le roman, il montre l'inverse. L'envers du dédoublement de la conscience de soi, c'est la schizophrénie, risque suprême auquel n'échappe pas le héros. Jeune aristocrate désœuvré, Faublas court de plaisir en plaisir jusqu'à se perdre dans un monde de reflets (lui-même se déguise en fille, la marquise se travestit en chevalier). Au thème du déguisement correspond celui du double langage : si l'on rit beaucoup dans ce roman (on rit de tout, des conventions, des représentants du vieux monde), on est aussi confronté au passage à la limite qu'implique la perte du sens. Au cours de son premier bal masqué, le jeune homme déguisé (toujours le faux) dit à un personnage : "tu deviens fou, beau masque."[24] Dans cette scène d'ouverture, qui dit la crise de la société d'Ancien Régime, s'annonce le destin du héros. Ces paroles, apparemment anodines, se retournent contre lui et se muent en prédiction qui s'accomplit : au terme de son parcours, dépassé par la gravité de ses actes et sa responsabilité, Faublas sombrera dans la démence. La logique du double discours conduit à deux lectures de l'œuvre : la folle gaieté du début (péritexte compris), qui se déroule sous le signe de Momus, dieu de la raillerie et de la folie, laisse place, dans les derniers chapitres, au tragique et à la folie furieuse.[25] Mais le dénouement heureux, sans effacer totalement cette dernière impression, ratifie l'accès du narrateur à la conscience : les temps ont changé.

Le Grelot montrait déjà l'entrée du héros dans le monde, lors de son premier bal. Il y était convié par un mauvais génie, au sens propre : un génie prenait les traits de son ami (encore un sosie), pour l'initier au monde, et à sa folie.[26] Bien que le nonsens ne soit jamais véritablement atteint dans la narration, les effets de la folie inaugurale se font également ressentir dans ce registre. Arrêts, reprises et commentaires se multiplient dans ce récit syncopé. Finalement les coupures prennent plus d'impor-

---

24. *Les Amours du Chevalier de Faublas,* éd. citée, p. 96.

25. *Ibid.* La page 1077 présente une forte lexicalisation de la folie avec des termes comme "démence", "rage", "frénésie"...

26. On trouve de nombreuses occurences du mot "folie" associé à "masque" tout au long du texte du *Grelot*.

tance que le conte lui-même. Selon la logique de la double énonciation (Baret est aussi auteur de comédies), le lecteur découvre
au fur et à mesure, les propos, souvent absurdes, des personnages qui constituent l'auditoire du *Grelot* et qu'il a vus monter
sur les tréteaux dès le troisième discours. C'est contre ce milieu
fermé et décadent que s'exerce l'ironie de l'auteur. Dès le péritexte, la critique sociale l'emporte sur le libertinage. Ce qui
commence par un jeu fondé sur les sarcasmes préfaciels et
l'autodérision se poursuit dans la satire de ce Salon. Les "petits-
maîtres" qui le composent sont un abbé, lecteur du récit libertin
et ses auditeurs : un financier complaisant et stupide, une petite
actrice ("une femme *unique*", dit la préface) et un militaire.
L'actrice marivaude avec le militaire tandis que le financier
s'ennuie ; on a même droit à la scène du chocolat ! Quand le
conte s'arrête, les commentaires continuent. La folie dans ce cas
précis émerge de ce lieu nodal fait de faux-semblants et de
paroles vaines.

Un demi-siècle plus tard, *Ann' Quin Bredouille* dénonce une
autre forme de folie sociale : celle de la guerre civile. Dans sa
préface hermétique, quelque chose se dit pourtant. Gorjy privilégie les signes de ponctuation pour exprimer le non-sens, probablement parce que la ponctuation joue un rôle important dans la
structuration du sens. De la même façon, il garde (mais peut-être
est-ce uniquement par dérision ?) le titre de Préface, indice de
discours sérieux. Une illustration accompagne ce "texte". Elle
représente un Pierrot, de dos, debout devant un magasin
d'énigmes ; sous la porte du magasin, une clef aux dimensions
démesurées. Le contenu sémiotique de l'image est éclairé par un
commentaire : "l'imbécile ! qui attend qu'on la lui apporte et qui
ne voit pas où elle est."

"L'imbécile", est-ce le lecteur incapable de déchiffrer
l'énigme initiale et de comprendre que le dérèglement du
signifiant renvoie à un dérèglement plus grave ? Une référence
(une autre clef ?) s'impose : celle de Rabelais.[27] Elle se développe avec le récit d'une nouvelle guerre picrocholine dont
l'origine est une stupide histoire de pompes à eau. Tout le
texte repose sur la tension entre ordre et désordre, entre sérieux
et rire grotesque. Au cours de leur voyage initiatique la narratrice et ses compagnons découvrent l'absurdité des affrontements entre "altidors" (les aristocrates) et "surtalons". Les

---

27. Elle est explicite dans le chap. XLVIII, t. I, *Ann' Quin Bredouille*, *op. cit.*

parades d'une armée d'opérette ou les discours insensés des inquisiteurs sont autant de signes d'un dysfonctionnement social annoncé, dès la préface, par le dysfonctionnement du signe. Le pays que parcourent nos héros est un pays abandonné par la "Dame de Liesse" et conquis par une mégère au "visage enflammé, [aux] yeux ardents, [à] la bouche contournée par la grimace continuelle d'un rire extravagant,"[28] autrement dit par la folie révolutionnaire. Elle s'associe à Momus qui, au son des grelots, conduit des gens dans le délire et mène la farandole. Le choix de l'allégorie pour exprimer la folie appuie l'hypothèse selon laquelle le roman de Gorjy, paratexte compris, se présente codé.[29]

Les fantaisies paratextuelles que s'autorise le siècle des Lumières relèvent du grotesque subjectif, tel que le définit Bakhtine[30] à propos de Sterne. Pour soumettre la réalité à l'ironie qui vient la saper et empêcher le sérieux de se figer, (et n'est-ce pas dans le discours préfaciel qu'il a le plus de chances de le faire ?) nombreux sont les romanciers qui s'exercent, avec plus ou moins de bonheur, à la préface cocasse. La folie jouée provoque le rire mais nul doute qu'elle ne soit aussi une affaire sérieuse : Erasme qui en a fait l'éloge[31] a su rappeler que l'insensé produit du sens. La préface parodique est bien le lieu où émerge le refoulé : on y entrevoit les inquiétudes du sujet sur lui-même et, dans ces exemples précis, sur l'époque déboussolée qu'il traverse.

Le Grelot donne à voir, surtout à entendre, une assemblée dans son activité favorite : la lecture de romans libertins, monde dérisoire qui tourne à vide. Chez Louvet, le même monde, incarné par les amantes de Faublas et la plupart des protagonistes, s'effondre, comme il s'effondrera avec la Révolution. Seul Faublas semble sauvé, mais guérira-t-il complètement de ses crises dépressives ? Dans le roman de Gorjy, ce monde a disparu pour laisser place à un autre tout aussi inquiétant, habité par la folie picrocholine et déchiré par des valeurs antithétiques.

---

28. *Ibid.*, t. III, p. 68. Dans ce récit, le vocable de "folie" est pris dans les deux sens d'aliénation et d'extravagance.

29. Sa préface ressemble aux lettres de course codées que l'on trouve dans certaines sociétés compagnonniques.

30. M. Bakhtine, *L'Œuvre de François Rabelais et la culture populaire au Moyen Age et sous la Renaissance*, Paris, Gallimard, 1970, p. 46.

31. Erasme, *L'Éloge de la folie*, éd. présentée par C. Barousse, Paris, Actes Sud, 1994, coll. Babel.

On trouverait l'équivalent du mouvement de doute et d'adhésion du sujet à lui-même dans le rapport de la préface à son objet, le texte qui suit. Le discours préfaciel est une étape de réflexion de l'auteur et le livre, l'objectivation de cette réflexion. Comme il existe un "réseau de sens unique"[32] entre la préface et le roman, il peut exister un réseau de non-sens. Mais jusqu'où peut aller la transgression ?

Le curieux exorde d'*Ann' Quin Bredouille* précède six tomes d'un récit farfelu, quasi illisible pour des lecteurs modernes. L'auteur du *Grelot* semble enfermé dans cette double contrainte : séduire avec un livre qu'il juge, au fond, indéfendable. Ce roman a eu un énorme succès, ce qui n'a nullement empêché la critique de l'époque de l'éreinter, comme en témoignent deux articles, l'un de Grimm, l'autre de Fréron.[33] Dans l'*Année littéraire,* ce dernier fustige précisément le péritexte et "ses plaisanteries basses et insipides". Seul l'auteur des *Amours du chevalier de Faublas* renonce, dans ses déclarations liminaires, au vertige du non sens pour privilégier une véritable réflexion et œuvrer en faveur d'une liberté esthétique. Enfin il est le seul à aborder directement le problème de l'aliénation mentale et sa médicalisation.[34] Son roman, le plus réussi des trois, représente le témoignage de la riche personnalité d'un homme capable, selon Mme Rolland, de "secouer les grelots de la folie, tenir les burins de l'histoire et lancer les foudres de l'éloquence."[35]

Martine NUEL
IUFM de Lyon, Centre de Saint-Etienne

32. E. Zawisza, *op. cit.*, p.156.

33. Grimm, *Correspondance littéraire [...] de 1753 à 1793*, Paris, Furme, 1829-31, vol.15, p.144 ; Fréron, *L'Année littéraire*, année M.DCCLIV, lettre du 2 juin 1754, Paris, Lambert, 1754, T. III. "Le titre, l'Epître dédicatoire, le discours préliminaire, la Préface, le Corps de l'ouvrage que je vous annonce, Monsieur, ne sont qu'un composé de plaisanteries basses et insipides". Voir également l'*Anti-Grelot* dans l'édition de 1762.

34. La fin du roman, marquée par un changement d'énonciation, (Faublas fou ne peut plus prendre en charge son récit) prend une forme épistolaire. Dans ses lettres au Comte Lovzinski, le père du héros décrit la thérapeutique mise en place par le médecin anglais, Willis.

35. Cité par M. Delon dans sa Préface des *Amours du chevalier de Faublas*, éd. citée, p. 8.

FOLIE ET PHILOSOPHIE

L'IMAGINAIRE AU POUVOIR ?

CHÂTEAUX EN ESPAGNE :
FOLIE CONTAGIEUSE ET ÉCRITURE ROMANESQUE
DE MALEBRANCHE À CONDILLAC

Barbara Kaech Toumarkine

I. DÉFINITIONS GÉNÉRALES

Malebranche, pour définir la faculté imaginative, à laquelle il consacre le livre second de *La Recherche de la vérité*, reprend la distinction développée par Descartes[1] dans le traité des *Passions de l'âme* entre *"imagination active* de l'âme" et *"imagination passive* du corps,"[2] mais lui fait subir un léger déplacement :

"Cela fait voir clairement, que cette puissance qu'a l'âme de former des images renferme deux choses ; l'une qui dépend de l'âme même, et l'autre qui dépend du corps. La première est l'action, et le commandement de la volonté. La seconde est l'obéissance que lui rendent les esprits animaux qui tracent ces images, et les fibres du cerveau sur lesquelles elles doivent être gravées."[3]

On est ainsi passé de la description de deux phénomènes distincts à celle d'un même phénomène envisagé selon les points de vue opposés de l'âme qui commande et du corps qui obéit. Cette atténuation de l'opposition se voit encore renforcée par le refus du philosophe d'en distinguer explicitement les deux aspects au cours de son analyse : "dans cet ouvrage, on appelle indifféremment du nom d'imagination l'une et l'autre de ces deux choses [...] parce que le sens de la chose dont on parle, marque assez de laquelle des deux on entend parler."[4] En fait, à

---

1. Descartes distingue en effet les imaginations formées par l'âme et "qui dépendent de la volonté", des imaginations involontaires dépendant du corps et produites par l'agitation fortuite des esprits animaux, au nombre desquelles il compte les songes nocturnes et les rêveries éveillées. *Passions de l'âme*, art. 20 et 21, in *Œuvres et lettres*, Gallimard, 1953, pp. 705-706.

2. Malebranche, *De la Recherche de la vérité*, in *Œuvres*, Gallimard, 1979, p. 145.

3. *Ibid.*, p. 144.

4. *Ibid.*, pp. 144-145.

la différence de Descartes, Malebranche envisage toujours la question de l'imagination sous l'angle du *rapport de force* : il la met en quelque sorte en situation sous forme d'une tension conflictuelle interne au sujet, entre son âme et son corps.

Dans la philosophie de Condillac, le problème de l'union ou de l'opposition de l'âme et du corps se trouve complètement évacué, puisque selon la perspective sensualiste le corps n'est que la "cause occasionnelle" de la sensation. Il devient par conséquent parfaitement indifférent de considérer cette dernière comme une réalité spirituelle ou matérielle.[5] On retrouve pourtant, dans la définition générale de l'imagination proposée par Condillac dans l'*Essai sur l'origine des connaissances humaines*, une opposition interne correspondant en partie à celle des cartésiens entre imagination active et imagination passive, mais ne renvoyant plus à la même chose. Dans l'histoire de la génération des opérations de l'âme, l'imagination est initialement définie comme l'opération qui "a lieu quand une perception, par la seule force de la liaison que l'attention a mise entre elle et un objet, se retrace à la vue de cet objet."[6] Un peu plus loin, le philosophe complète sa définition : l'imagination ne consiste plus seulement en une opération de pure reproduction de la sensation, mais également, si on la considère dans ses effets, en la possibilité de production d'idées nouvelles obtenues par la combinaison des "idées les plus étrangères" :

"Je n'ai pris jusqu'ici l'imagination que pour l'opération qui réveille les perceptions en l'absence des objets ; mais actuellement que je considère les effets de cette opération, je ne trouve aucun inconvénient à me rapprocher de l'usage, et je suis même obligé de le faire : c'est pourquoi je prends dans ce chapitre l'imagination pour une opération, qui, en réveillant les idées, en fait à notre gré des combinaisons toujours nouvelles. Ainsi le mot d'imagination aura désormais chez moi deux sens différents [...]."[7]

---

5. "Du point de vue de Condillac, il est tout à fait inutile de recourir au dualisme d'un Descartes ou d'un Buffon, et par conséquent il ne saurait être question de rattacher les facultés intellectuelles à une âme tandis que les fonctions élémentaires de la vie s'expliqueraient par le corps. Tout doit se dérouler sur le même plan : les sensations étant déjà d'ordre spirituel, on comprend que les opérations de l'âme le soient aussi, sans que le passage des unes aux autres comporte une discontinuité. C'est toujours à l'intérieur de la conscience que le progrès s'effectue." Georges Le Roy, *La Psychologie de Condillac*, p. 195.

6. Condillac, *Essai sur l'origine des connaissances humaines*, Galilée, 1973, p. 121.

7. *Ibid.*, p. 143.

La troisième partie du livre second de la *Recherche*, "De la communication contagieuse des imaginations fortes", s'attache plus particulièrement à étudier l'influence, médiatisée par le langage, qu'ont les esprits à "imagination forte" sur les imaginations plus faibles. La tension entre la face active et la face passive de l'imagination s'y voit ainsi transférée vers une situation de communication verbale mettant en présence un locuteur et son destinataire, qui reproduisent par analogie les rôles respectivement dévolus à la volonté et au corps. A travers ce glissement, on est passé de la question philosophique de la faculté de l'âme de se former des images d'objets absents, à celle d'obtenir un effet sur un auditeur en exprimant et en communiquant ces images, c'est-à-dire à un problème rhétorique. Cette analyse est complétée[8] par une étude des effets sur les *lecteurs* de l'imagination forte de certains auteurs — Tertullien, Montaigne et Sénèque —, telle qu'elle se manifeste dans leurs écrits.

La théorie malebranchienne de l'imagination repose sur un dispositif physiologique néo-cartésien, selon lequel la faculté imaginative ne diffère de la sensation que "du plus au moins."[9] En effet, les organes sensoriels sont reliés au cerveau par de "petits filets", et selon l'extrémité à laquelle ces filets sont agités, soit par des objets extérieurs soit, à l'intérieur du cerveau, par les esprits animaux, l'âme juge l'objet comme extérieur à elle, donc présent et produit par la sensation, ou comme intérieur à elle, donc absent et produit par l'imagination. L'agitation des filets due aux impressions extérieures étant beaucoup plus intense que ses mouvements intérieurs, l'âme peut aisément distinguer leur origine.

Cependant, sous l'effet de la maladie ou de "quelque passion violente" agitant fortement leurs esprits animaux, certains en arrivent à confondre sensation et imagination, sentant "ce qu'ils ne devraient qu'imaginer, et [croyant] voir devant leurs yeux des objets, qui ne sont que dans leur imagination."[10] Lorsqu'elle échappe au contrôle de l'âme, notre propre imagination devient ainsi susceptible de nous induire en erreur.

---

8. Aux chapitres III, IV et V de la troisième partie ("De la communication contagieuse des imaginations fortes") du livre second.

9. Malebranche, *op. cit.*, p. 142. Cf. Descartes : "Il reste ici à remarquer que toutes les mêmes choses que l'âme aperçoit par l'entremise des nerfs, lui peuvent aussi être représentées par le cours fortuit des esprits sans qu'il y ait autre différence sinon que les impressions qui viennent dans le cerveau par les nerfs ont coutume d'être plus vives et plus expresses que celles que les esprits y excitent [...]". *Passions de l'âme*, art. 26, p. 708.

10. Malebranche, *op. cit.*, p. 144.

Plus largement, l'imagination n'est séparée de la folie que par une frontière éminemment perméable. Du traité des *Passions de l'âme* au *Rêve de d'Alembert*, le songe apparaît comme le lieu privilégié et exemplaire où se réalise momentanément et dangereusement le passage d'un état à l'autre :

"C'est pourquoi, dans les songes, les perceptions se retracent si vivement, qu'au réveil on a quelquefois de la peine à reconnaître son erreur. Voilà certainement un moment de folie. Afin qu'on restât fou, *il suffiroit de supposer* que les fibres du cerveau eussent été ébranlées avec trop de violence pour pouvoir se rétablir."[11]

La notion d'imagination, telle qu'elle est envisagée par Condillac dans le chapitre "Des vices et avantages de l'imagination" de l'*Essai* est très largement influencée par ces considérations de Malebranche sur le danger des imaginations fortes, au point qu'on y reconnaît les formules, les exemples, voire les explications physiologiques du philosophe néo-cartésien. A la suite de Malebranche, Condillac affirme ainsi que seule une différence quantitative distingue l'imagination de la folie, qui "par le physique, [...] ne peuvent différer que du plus au moins", tout dépendant "de la vivacité et de l'abondance avec laquelle les esprits se portent au cerveau."[12] Plus généralement, la folie est présente virtuellement au cœur même de l'épistémologie sensualiste, fondée sur le principe de la *liaison des idées*, ainsi que le souligne Condillac au § 81 de la section seconde de

11. Condillac, *Essai*, p. 145. C'est moi qui souligne. C.f. Descartes, *op. cit.* p. 708 : "Ainsi souvent lorsqu'on dort, et même quelquefois étant éveillé, on imagine si fortement certaines choses qu'on pense les voir devant soi ou les sentir en son corps, bien qu'elles n'y soient aucunement ; mais, encore qu'on soit endormi et qu'on rêve, on ne sauroit se sentir triste ou ému de quelque autre passion, qu'il ne soit très vrai que l'âme a en soi cette passion." On voit comment Condillac prolonge et amplifie la remarque de Descartes en y ajoutant l'idée de *folie*.

12. Condillac, *Essai*, p. 145. Condillac s'est par ailleurs expliqué sur ces emprunts à la terminologie physiologique cartésienne, qui joue surtout un rôle d'hypothèse de travail commode, et dont la validité est accessoire : "Je suppose ici et ailleurs que les perceptions de l'âme ont pour cause physique l'ébranlement des fibres du cerveau, non que je regarde cette hypothèse comme démontrée, mais parce qu'elle me paroît plus commode pour expliquer ma pensée. Si la chose ne se fait pas de cette manière, elle se fait de quelque autre qui n'en est pas bien différente. Il ne peut y avoir dans le cerveau que du mouvement. Ainsi, qu'on juge que les perceptions sont occasionnées par l'ébranlement des fibres, par la circulation des esprits animaux, ou par toute autre cause, tout cela est égal pour le dessein que j'ai en vue", *Essai*, note pp. 123-124. Ce faisant, il reprend et étend un argument similaire opposé par Malebranche aux controverses sur la localisation exacte de la partie principale du cerveau où siège l'âme : "Il suffit qu'il y ait une partie principale ; et cela est même absolument

l'*Essai*: "Locke a fait voir le plus grand danger des liaisons d'idées lorsqu'il a remarqué qu'elles sont l'origine de la folie ".

II. IMAGINATION FORTE ET IMITATION

Dans l'anthropologie qu'élabore Malebranche, certains esprits sont par ailleurs *naturellement* dotés d'une *imagination forte*,[13] c'est-à-dire de la capacité de communiquer leurs erreurs aux autres esprits et de les persuader facilement par *contagion*. Le recours au vocabulaire médical souligne la nature physiologique et involontaire de cette sorte de persuasion.

L'ensemble de ce dispositif est sous-tendu par une théorie de l'imitation mécanique : "il y a certainement dans notre cerveau des ressorts qui nous portent naturellement à l'imitation, car cela est nécessaire à la société civile."[14] Cette disposition naturelle à l'imitation porte en premier lieu sur les "[actions et les mouvements] que nous voyons faire aux autres" et permet de rendre compte de la *compassion* que nous éprouvons devant le spectacle de la souffrance physique, nos esprits animaux se transportant "dans les parties de notre corps, qui répondent à celles que l'ont voit blesser chez les autres". Ce mouvement imitatif machinal est d'autant plus prononcé chez le spectateur que son esprit est faible, et que la chair de son cerveau est tendre, c'est-à-dire susceptible d'impressions profondes.

C'est à partir d'un postulat similaire que l'abbé Du Bos, dans ses *Réflexions critiques sur la poésie et sur la peinture*, rend compte de l'émotion que procure l'œuvre d'art, et singulièrement l'œuvre tragique. Se dispensant, à la différence de Malebranche, d'étayer sa théorie de la "sensibilité naturelle du cœur humain" par une quelconque explication physiologique, il attribue également à cette "disposition pour être ému facilement" la fonction essentielle de "premier fondement de la société". Il

nécessaire, comme aussi que le fond du système de Descartes subsiste. Car il faut bien remarqué, que quand il se serait trompé, comme il y a bien de l'apparence, lorsqu'il a assuré que c'est à la glande pinéale que l'âme est immédiatement unie ; cela toutefois ne pourrait faire de tort au fond de son système [...]". *De la Recherche de la vérité*, p. 145.

13. "J'entends par imagination forte et vigoureuse cette constitution du cerveau, qui le rend capable de vestiges et de traces extrêmement profondes et qui remplissent tellement la capacité de l'âme, qu'elles l'empêchent d'apporter quelque attention à d'autres choses, qu'à celles que ces images représentent." Malebranche, *op. cit.* p. 245.

14. *Ibid.*, p. 175.

insiste tout particulièrement sur la spontanéité et la soudaineté
de ce "mouvement machinal qui précède toute délibération" qui
nous porte, selon lui, à voler au secours d'un inconnu au seul
spectacle de sa souffrance. Le pouvoir de persuasion que détien-
nent "ceux qui ont besoin de notre secours" tient à la nécessaire
et immédiate identification que suscite en nous le spectacle de
l'émotion ressentie par ceux-ci, au point qu'ils "obtiennent de
nous, en nous attendrissant, ce qu'ils n'obtiendraient jamais par
la voie du raisonnement et de la conviction." [15]

Mais dans la perspective de Malebranche, l'imitation fonde plus
largement l'ensemble de la communication intellectuelle et affective entre les hommes : c'est leur penchant à "imiter quelques uns
de ceux avec lesquels ils conversent, pour former les mêmes jugements qu'ils font, et pour entrer dans les mêmes passions dont ils
sont agités" [16] qui assure la pérennité des liens sociaux.

Ainsi la disposition naturelle des hommes à l'imitation pro-
cède-t-elle soit de l'âme soit du corps ; dans le premier cas par
"l'inclination, qu'ont tous les hommes pour la grandeur et pour
l'élévation," [17] et dans le second par le pouvoir de contagion des
imaginations fortes sur les plus faibles.

Deux catégories d'esprits à imagination forte sont ensuite distinguées par le philosophe. Les premiers, "entièrement fous",
sont soumis à "l'impression involontaire et déréglée des esprits
animaux." [18] Deux raisons rendent leur pouvoir de persuasion
inopérant : "la première, parce que ne pouvant répondre conformément aux idées des autres, ils ne peuvent leur rien persuader :
et la seconde, parce que le dérèglement de leur esprit étant tout à
fait sensible, on n'écoute qu'avec mépris tous leurs discours." [19]
Le fou se voit ainsi doublement séparé des autres : par sa propre
incapacité à s'adapter à son interlocuteur, et par le caractère
manifestement délirant de son discours pour celui qui l'écoute.

15. Du Bos, *Réflexions critiques sur la poésie et sur la peinture*, [1719, com-
plété en 1733], 1746 [5ᵉ éd.], tome I, pp. 38-39.

16. Malebranche, *op. cit.*, p. 244. Le fondement de cette disposition à l'imitation est théologique. Idéalement, c'est la charité qui doit unir les hommes
entre eux et fonder la vie en société. Cependant, l'amour-propre détournant les
hommes de la charité, Dieu a voulu établir entre eux "des liens naturels, qui
subsistassent au défaut de la charité, et qui intéressassent l'amour-propre"
(*ibid.*, p. 244), l'ambition et le désir de plaire incitant les hommes à imiter
leurs semblables. En reformulant cette théorie, Du Bos la laïcise et substitue
"la nature" à l'intention divine.

17. *Ibid.*, p. 245.

18. *Ibid.*

19. *Ibid.*, p. 246.

La parole délirante, circulaire et immédiatement identifiable comme délirante, interdit la communication et n'est donc pas à même de contaminer les autres esprits.

La folie pouvant connaître des degrés divers, chacun est toutefois susceptible d'en être provisoirement affecté, par exemple lorsqu'il se trouve sous l'effet "de quelque passion violente". Mais, s'il "est vrai que les personnes passionnées nous passionnent,"[20] l'impression que leurs discours produisent sur notre propre imagination n'agit que momentanément pour disparaître dès que ces *emportés* se trouvent hors de notre vue. Ainsi, dans ce premier cas, plus le degré de folie est faible et momentané, plus son pouvoir de persuasion est grand, limité cependant par la condition nécessaire de la présence physique de l'énonciateur.

La seconde catégorie d'imagination forte consiste "dans une disposition du cerveau, propre pour recevoir des traces fort profondes des objets les plus faibles et les moins agissants"[21] dans des esprits où la volonté se trouve dominée par l'imagination. Ces demi fous ne se distinguent des fous complets que "du plus et du moins" ; les derniers croyant *percevoir* ce qui n'est pas ou ce qui est autre, alors que les premiers *s'imaginent* ce qui n'est pas ou ce qui est autre.[22]

III. IMAGINATION FORTE ET RHÉTORIQUE

Derrière cette taxinomie philosophique des esprits à imagination forte caractérisée par Malebranche, réapparaît la prescription rhétorique selon laquelle l'orateur doit être persuadé de ce qu'il énonce pour pouvoir en persuader les autres :

"Le plus important de tous [les préceptes de Cicéron et de Quintilien] est que pour toucher les autres, il faut être touché soi-même : et pour l'être, il faut se bien pénétrer du sujet que l'on traite, en être pleinement convaincu, en sentir toute la vérité et toute l'importance, se représenter fortement l'image des choses dont on veut se servir pour émouvoir les auditeurs [...]"[23] Cette

20. *Ibid.*
21. *Ibid.*
22. Lorsque Malebranche distingue ainsi les "visionnaires des sens" des "visionnaires d'imagination", c'est pour souligner aussitôt "que l'on passe souvent de l'état des uns à celui des autres". *Ibid.*, pp. 248-249.
23. Charles Rollin, *De la Manière d'étudier les belles-lettres*, t. II, pp. 309-310. Voir également la *Rhétorique française* de Jean-Baptiste Louis Crevier, t. I, p. 203 : "Pour toucher ceux qui l'écoutent, il faut que [l'orateur] soit touché lui-même".

prescription procède, chez les théoriciens de la rhétorique, d'une exigence technique : l'efficacité persuasive du discours est conditionnée au fait que l'orateur se représente lui-même ce qu'il exprime. Elle relève chez Malebranche d'une causalité physiologique : ce qui est fortement imaginé est nécessairement exprimé fortement ; et ce qui est exprimé avec force persuade profondément :

"Cet avantage [des imaginations fortes] consiste dans une facilité de s'exprimer d'une manière forte et vive, quoiqu'elle ne soit pas naturelle. Ceux qui imaginent fortement les choses, les expriment avec beaucoup de force, et persuadent tous ceux qui se convainquent plutôt par l'air et par l'impression sensible, que par la force des raisons. [...] Ainsi l'air de leur visage, le ton de leur voix, et le tour de leurs paroles animant leurs expressions, préparent ceux qui les écoutent et qui les regardent, à se rendre attentifs, et à recevoir machinalement l'impression de l'image qui les agite. Car enfin un homme qui est pénétré de ce qu'il dit, en pénètre ordinairement les autres, un passionné émeut toujours ; et quoique sa rhétorique soit irrégulière, elle ne laisse pas d'être très persuasive : parce que l'air et la manière se font sentir, et agissent ainsi dans l'imagination des hommes plus vivement que les discours les plus forts, qui sont prononcés de sang-froid : à cause que ces discours ne flattent point leurs sens, et ne frappent point leur imagination.

Les personnes d'imagination ont donc l'avantage de plaire, de toucher et de persuader, à cause qu'ils forment des images très vives et très sensibles de leurs pensées. " [24]

Ces deux mouvements consécutifs — être persuadé dans son imagination pour persuader l'autre en agissant sur son imagination — sont également liés par un rapport analogique : la marque qu'imprime le discours de l'imagination forte sur l'imagination plus faible reproduit et transmet l'impression de ce qui est imaginé sur le cerveau de celui qui imagine :

"Quand les hommes nous parlent, ils gravent dans notre cerveau des traces pareilles à celles qu'ils ont. Lorsqu'ils en ont de profondes, ils nous parlent d'une manière qui nous en grave de profondes : car ils ne peuvent parler, qu'ils nous rendent semblables à eux en quelque façon. " [25]

24. Malebranche, *op. cit.*, pp. 250-251.
25. *Ibid.*, p. 286.

Impression et *expression* apparaissent donc mécaniquement liées, s'engendrant mutuellement pour contaminer les esprits les plus faibles par les productions déréglées des imaginations fortes, sans qu'elles se trouvent altérées ou diminuées au cours du processus de communication. C'est là accorder une véritable puissance opératoire à la parole, la co-présence physique des interlocuteurs devenant la condition nécessaire à la propagation intacte de " l'épidémie ".

Le discours produit par l'imagination, contrairement à celui de la raison, interdit la possibilité du dialogue : l'échange se voit réduit à une alternative entre résistance et soumission au discours menaçant de l'autre. Dans cette perspective, les traits caractéristiques du discours de l'esprit à imagination forte selon Malebranche correspondent, nous semble-t-il, à une sorte de versant physiologique et pathologique du *sublime dans le discours* tel que l'entend Boileau traduisant Longin :

" Car tout ce qui est véritablement Sublime, a cela de propre, quand on l'écoute, qu'il élève l'âme, et lui fait concevoir une plus haute opinion d'elle-même, la remplissant de joie et de je ne sais quel noble orgueil, comme si c'était elle qui eut produit les choses qu'elle vient simplement d'entendre. "[26]

La force opératoire que Malebranche attribue au langage des images, et plus particulièrement à son énonciation orale, nous semble radicaliser la conception rhétorique habituelle du discours, considéré avant tout comme le lieu où doit s'établir un rapport de force entre un locuteur et son destinataire. Notre hypothèse est que les pouvoirs attribués par Longin et Boileau au discours de la forte pensée — le sublime — se trouvent transférés sur le discours de la forte imagination. Le discours des imaginations fortes pourrait ainsi se définir comme du sublime vidé de sa substance — la pensée — mais en ayant conservé les effets. Ce glissement est rendu possible par l'évolution de la rhétorique classique vers une " prédominance de l'*elocutio*,"[27] les images et l'action sur l'imagination tendant progressivement à être considérées comme la source première de l'efficacité persuasive du discours. En soumettant cette efficacité à un détermi-

26. Boileau, *op. cit.*, p. 348.
27. Gérard Genette, "Rhétorique et enseignement", *Figures II*, Seuil, "Points", 1969, p. 27. Gérard Genette distingue dans cet article trois états successifs de la rhétorique : une rhétorique antique dominée par l'*inventio*, une rhétorique classique dominée par l'*elocutio* et une rhétorique contemporaine scolaire dominée par la *dispositio*.

nisme physiologique, Malebranche ouvre la voie aux matérialistes du siècle suivant. Évoquant cette "curieuse filiation",
Jacques Marx note qu'à la lecture de Malebranche, "on croirait
entendre La Mettrie." [28]

IV. IMAGINATION FORTE ET ROMAN

En passant à l'écrit, le pouvoir contaminant du discours des
imaginations fortes subit consécutivement selon Malebranche
une certaine déperdition. Analysant quelques exemples de "la
force de l'imagination chez certains auteurs", il souligne que,
dans les œuvres de Tertullien, Sénèque et Montaigne, cette
déperdition se voit en quelque sorte compensée par la puissance
d'imagination hors du commun de leurs auteurs, qui confère à
leurs écrits le pouvoir de "persuader sans aucunes raisons" :
"Par exemple, le tour de parole de Tertullien, de Sénèque, de
Montaigne, et de quelques autres, a tant de charmes et d'éclat,
qu'il éblouit l'esprit de la plupart des gens, quoique ce ne soit
qu'une faible peinture, et comme l'ombre de l'imagination de
ces auteurs. Leurs paroles toutes mortes qu'elles sont, ont plus
de vigueur que la raison de certaines gens. Elles entrent, elles
pénètrent, elles dominent dans l'âme d'une manière si impérieuse, qu'elles se font obéir sans se faire entendre, et qu'on se
rend à leurs ordres sans les savoir." [29]
La réflexion malebranchienne sur la persuasion par l'imagination, rapportant tous les phénomènes de communication et de
perception au modèle de la contagion physique, ne tient aucun
compte de la spécificité de la communication esthétique. Pour
prendre un exemple mettant en jeu le langage pictural et non
plus verbal, Malebranche, lorsqu'il évoque les conséquences
physiologiques de l'imagination des femmes enceintes sur
l'enfant qu'elles portent, ne distingue pas le cas de la femme
impressionnée à la vue d'un tableau de Saint Pie au point de
modeler son enfant à l'image du personnage représenté, de celui
d'une mère communiquant à son fils une terreur insurmontable
des épées, pour avoir assisté à un assassinat alors qu'elle était
enceinte. [30] Les actions et les objets représentés par l'art se voient
ainsi implicitement investis par le philosophe d'un pouvoir

---

28. Jacques Marx, "Le concept d'imagination au XVIIIᵉ siècle", *Thèmes et
figures du siècle des Lumières*, Droz, 1980, p. 151.

29. Malebranche, *op. cit.*, p. 260.

30. *Ibid.*, pp. 181, 184.

d'action sur les esprits et sur les corps de même nature que celui des actions ou des objets réels.

A l'inverse, la théorie de la réception esthétique élaborée par Du Bos se fonde sur la distinction entre les émotions réelles, provoquées par le spectacle des passions réelles, et les fantômes d'émotion suscités par les fantômes de passions que donnent à voir les œuvres d'art : "la copie de l'objet doit, pour ainsi dire, exciter en nous une copie de la passion que l'objet y aurait excitée."[31] Affirmant que "notre âme demeure toujours la maîtresse de ces émotions superficielles que les vers et les tableaux excitent en elle", il s'ingénie à réfuter les exemples contradictoires rapportés par la tradition, au premier rang desquels le cas de folie collective provoqué chez les habitants d'Abdere par la représentation d'une tragédie :

"On dit bien encore qu'on a vu des hommes se livrer de si bonne foi aux impressions des imitations de la poésie, que la raison ne pouvait plus reprendre ses droits sur leur imagination égarée. On sait l'aventure des habitants d'Abdere, qui furent tellement frappés par les images tragiques de l'Andromède d'Euripide, que l'imitation fit sur eux une impression sérieuse et de même nature que l'impression que la chose imitée aurait faite elle-même : ils en perdirent le sens pour un temps, comme il pourrait arriver de le perdre à la vue d'événements tragiques à l'excès."[32]

Déniant dans un premier temps à cette situation exceptionnelle le droit d'infirmer la règle générale, Du Bos va ensuite dissocier le pouvoir du langage poétique de son apparent effet sur les corps et sur les esprits, en mettant sur le compte d'une maladie *contagieuse*, due aux fortes chaleurs, les délires des Abderitains :

"Lucien raconte seulement que les Abderitains ayant vu la représentation de l'Andromède d'Euripide durant les chaleurs plus ardentes de l'été, plusieurs d'entre eux tombèrent malades bientôt après, récitaient dans le transport de la fièvre des vers de cette tragédie ; c'était la dernière chose qui eût fait sur eux une grande impression. Lucien ajoute que le froid de l'hiver, dont la propriété est d'éteindre les maladies épidémiques allumées par l'intempérie de l'été, fit cesser la déclamation et la maladie."[33]

31. Du Bos, *op. cit.*,, tome I, p. 26.
32. *Ibid.*, p. 31.
33. *Ibid.*, p. 33.

Cette explication climatique vide en partie le langage dramatique de sa capacité de persuasion, c'est-à-dire d'action directe
sur l'imagination de l'auditoire. Le tableau ou le discours
avaient, chez Malebranche, le pouvoir quasi magique de modi-
fier le corps même du spectateur ou de l'auditeur, dont le cerveau constituait une véritable plaque sensible soumise au feu
continu des images projetées sur elle à travers les sens. L'œuvre
d'art devient chez Du Bos tout juste susceptible de produire des
simulacres effleurant un instant à peine la seule surface de
l'âme. La relation esthétique, réduite au double ersatz de la rencontre du fantôme de l'objet réel et du fantôme de la passion
véritable, forme comme un écran entre l'œuvre et son destinataire. On peut enfin supposer que l'exemple historique analysé
par Du Bos, qui inverse si parfaitement la théorie de Malebranche, en opposant l'action sur les corps — la maladie contagieuse — à l'action sur les âmes — le langage persuasif —, n'a
pas été choisi au hasard.

Pour illustrer le processus par lequel les esprits imaginatifs
échafaudent des représentations illusoires, Malebranche emploie
la locution familière des *châteaux en Espagne*[34] :

"Mais s'ils [les visionnaires] ont abondance d'esprits et de
sang [...], ils se repaissent de vaines espérances ; et s'abandon-
nant à leur imagination féconde en idées, il bâtissent comme
l'on dit des châteaux en Espagne, avec beaucoup de satisfaction
et de joie."[35]

L'image est sans doute inspirée par le début de l'article 20 du
traité des *Passions de l'âme* de Descartes :

"Lorsque notre âme s'applique à imaginer quelque chose qui
n'est point, comme à se représenter un palais enchanté ou une
chimère [...]"[36]

Reprenant cette expression dans l'*Essai*, Condillac la développe et la précise par une comparaison avec la création romanesque :

"Il n'y a, je pense, personne qui dans ses moments de désœu-
vrement, n'imagine *quelque roman dont il se fait le héros*. Ces

34. Malebranche, *op. cit.*, p. 249.

35. Pascal développe également l'idée que l'imagination — et à son plus
haut degré la folie — est source de grande joie et que si "elle ne peut rendre
sages les fous, [...] elle les rend heureux", au point que "rien ne nous dépite
davantage que de voir qu'elle remplit ses hôtes d'une satisfaction bien autrement pleine et entière que la raison". *Pensées*, Philippe Sellier éd, Bordas,
1991, fr. 78, p. 174.

36. Descartes, *Œuvres et lettres*, p. 705.

fictions, qu'on appelle des châteaux en Espagne, n'occasionnent pour l'ordinaire dans le cerveau que de légères impressions, parce qu'on s'y livre peu, et qu'elles sont bientôt dissipées par des objets plus réels, dont on est obligé de s'occuper. "[37]

L'image, employée incidemment par Descartes et Malebranche, aboutit chez le philosophe sensualiste à une métaphore filée passablement développée :

"Mais qu'il survienne quelque sujet de tristesse, qui nous fasse éviter nos meilleurs amis, et prendre en dégoût tout ce qui nous a plu ; alors, livrés à tout notre chagrin, *notre roman favori* sera la seule idée qui pourra nous en distraire. Les esprits animaux creuseront peu à peu à ce château des fondements d'autant plus profonds, que rien n'en changera le cours : nous nous endormirons en le bâtissant, nous l'habiterons en songe ; et enfin, quand l'impression des esprits sera insensiblement parvenue à être la même que si nous étions en effet ce que nous avons feint, nous prendrons, à notre réveil, toutes nos chimères pour des réalités. "[38]

L'évolution des valeurs accordées à une même image est notable. Malebranche insiste sur l'exaltation euphorique, qu'on pourrait qualifier de maniaque, et sur la propension à la communication de ses "visionnaires"; plus exactement, il ne conçoit pas les productions imaginaires d'un sujet indépendamment de leur communication[39] à l'autre, selon un processus de persuasion assimilé à celui de la propagation d'une maladie. Condillac, au contraire, voit dans l'individu imaginatif un mélancolique, fuyant ses semblables pour s'adonner à une auto-persuasion solitaire.

Dans la perspective de Condillac, l'image du château devient aisément exploitable. La construction de l'édifice imposant implique un ordre délibéré, une forme de rationalité totalement absente du caractère désordonné, fantasque des objets imaginés par les visionnaires de Malebranche, passivement soumis aux écarts fantaisistes de leur imagination. Le sujet condillacien s'emmure dans la forteresse qu'il s'est bâtie pour s'isoler complètement des autres, et "se distraire" de son *taedium vitae*, idée

---

37. Condillac, *Essai*, p. 145.

38. *Ibid.*, pp. 145-146. C'est moi qui souligne.

39. "L'imagination, élément corporel éminemment malléable où s'impriment les traces auxquelles sont liées les idées, est donc le lieu privilégié des influences ; elle en subit et en exerce [...]". Annie Becq, *Genèse de l'esthétique française moderne*, [1984], Albin Michel, 1994, pp. 133-134.

une fois encore complètement absente chez Malebranche : c'est dans l'amour de Dieu que réside la seule consolation possible des maux de l'homme.

Diderot à son tour, dans les *Éléments de physiologie*, recourra à l'image du château pour souligner l'enfermement caractéristique du sujet imaginatif, non plus pour fuir le monde, mais entraîné par une sorte de fascination vertigineuse pour les objets infiniment variés qui se déploient en lui :

"L'homme à imagination se promène dans sa tête comme un curieux dans un palais, où ses pas sont à chaque instant détournés par des objets intéressants. Il va, il revient, il n'en sort pas. "[40]

Si Condillac met l'accent sur la profondeur des fondations, Diderot, lui, insistera sur la richesse du décor intérieur. Bien loin de favoriser la communication, les sollicitations inopinées de l'imagination ont pour effet constant de l'interrompre : "un homme s'arrête en parlant [...], il ne sait plus où il en est, il faut que les auditeurs le lui rappellent. "[41] L'individu est comme happé hors du monde par son imagination, cet "œil intérieur" qui détourne son attention vers une auto-contemplation réflexive, dans un mouvement de "distraction" qualifié de "premier degré de la folie. "[42]

L'accent mis par Malebranche sur les dangers de la persuasion s'est déplacé sur les effets de l'auto-persuasion. Malgré ses aspects néfastes, l'imagination contribuait pour celui-ci à fonder la sociabilité humaine et à renforcer, par ce que Jacques Marx appelle "une sorte de sympathie,"[43] les nécessaires rapports d'autorité[44] organisant la société. Avec Condillac et Diderot, l'imagination devient ce qui permet à l'individu de s'exclure provisoirement de la communauté, pour jouir d'une représentation fictive de lui-même.

D'autre part, les dérèglements de l'imagination, qui n'affectaient chez Malebranche qu'une frange marginale de l'humanité,

---

40. Diderot, *Éléments de physiologie*, Jean Mayer éd., Société des textes français modernes, 1964, p. 250.

41. *Ibid.*, p. 254.

42. *Ibid.*, pp. 250, 254.

43. Jacques Marx, art. cit., p. 150.

44. "Il se trouve des exemples fort ordinaires de cette communication d'imagination dans les enfants à l'égard de leurs pères, et encore plus dans les filles à l'égard de leurs mères ; dans les serviteurs à l'égard de leurs maîtres, et dans les servantes à l'égard de leurs maîtresses ; dans les écoliers à l'égard de leurs précepteurs ; dans les courtisans à l'égard des rois, et généralement dans tous les inférieurs à l'égard de leurs supérieurs [...]". Malebranche, *op. cit.*, p. 252.

se distinguant par une disposition extraordinaire du cerveau, deviennent chez Condillac une *expérience commune*, que nul ne peut prétendre ignorer. On passe ainsi d'un "ils", dont le philosophe, parlant depuis le rivage de la rationalité, s'excluait avec son lecteur, à un "nous" les englobant tous deux. Nous n'avons plus besoin des fous pour devenir fous. De la menace que constituait la folie de l'autre, on est passé à la délectation procurée par la folie qui est en soi, à l'intérieur de la forteresse, et qui nous permet d'échapper momentanément aux autres et au monde.

Le "moment de folie" involontaire du rêve est comparé par Condillac à celui que le sujet se procure délibérément, et "d'une manière plus lente", en échafaudant ce roman imaginaire dont il est à la fois l'auteur et le héros, et pourrait-on ajouter, dont il tire jouissance comme lecteur exclusif.

C'est à partir de la description de l'expérience universelle du *roman imaginaire* que Condillac développe une critique des *romans réels*, critique conventionnelle au demeurant, puisqu'il s'agit d'en dénoncer les ravages sur les esprits des jeunes filles :

"Cette explication peut faire connaître combien la lecture des romans est dangereuse pour les jeunes personnes du sexe dont le cerveau est fort tendre. Leur esprit, que l'éducation occupe ordinairement trop peu, saisit avec avidité des fictions qui flattent des passions naturelles à leur âge. *Elles trouvent des matériaux pour les plus beaux châteaux en Espagne.* Elles les mettent en œuvre avec d'autant plus de plaisir que l'envie de plaire, et les galanteries qu'on leur fait sans cesse, les entretiennent dans ce goût. Alors il ne faut peut-être qu'un léger chagrin pour tourner la tête à une jeune fille, lui persuader qu'elle est Angélique, ou telle autre héroïne qui lui a plu, et lui faire prendre pour des Médors tous les hommes qui l'approchent."[45]

Avec une ironie certaine, Condillac assimile les "ouvrages mystiques" aux romans, dans la mesure où ils procurent des effets semblables à leurs lecteurs :

"Il y a des ouvrages faits dans des vues bien différentes [que les romans], qui peuvent avoir de pareils inconvénients. Je veux parler de certains livres de dévotion écrits par des imaginations fortes et contagieuses. Ils sont capables de tourner quelquefois le cerveau d'une femme, jusqu'à lui faire croire qu'elle a des visions, qu'elle s'entretient avec les anges, ou que même elle est déjà dans le ciel avec eux."[46]

---

45. Condillac, *Essai*, p. 146. C'est moi qui souligne.
46. Condillac, *Essai*, p. 146.

Cette analyse était déjà en grande partie celle de Du Bos dans ses *Réflexions critiques*, à la différence majeure que ce dernier se refusait à admettre le cas extrême de l'identification du lecteur au personnage de roman, c'est-à-dire à envisager la possibilité de la " folie romanesque " :

" Il est vrai que les jeunes gens qui s'adonnent à la lecture des romans, dont l'attrait consiste dans des imitations poétiques, sont sujets à être tourmentés par des afflictions et par des désirs très réels ; mais ces maux ne sont pas les suites nécessaires de l'émotion artificielle causée par le portrait de Cyrus ou de Mandane. Cette émotion artificielle n'en est que l'occasion ; elle fomente dans le cœur d'une jeune personne qui lit les romans avec trop de goût, les principes des passions naturelles qui sont déjà en elle, et la dispose ainsi à concevoir plus aisément des sentiments passionnés et sérieux pour ceux qui sont à portée de lui en inspirer : ce n'est point Cyrus ou Mandane qui sont le sujet de ses agitations. "[47]

Du Bos rappelle constamment l'étanchéité de la frontière qui sépare la réalité des romans, pâles copies dont les effets ne sauraient être source de passions véritable. Analysant, avec réticence, un cas avéré de don quichottisme, il insiste d'abord sur son caractère exceptionnel : " il est bien rare de trouver des hommes qui ayent en même temps le cœur si sensible et la tête si faible "[48], puis il s'efforce de démontrer que la cause principale de ce dérèglement est à chercher dans la réalité et non dans la fiction :

" On cite aussi un bel esprit du dernier siècle, qui trop ému par les peintures de l'*Astrée*, se crut le successeur de ces bergers galants, qui n'eurent jamais d'autre patrie que les estampes et les tapisseries. Son imagination altérée lui fit faire des extravagances semblables à celles que Cervantes fait faire en une folie du même genre, mais d'une autre espèce, à son Don Quichotte, après avoir supposé que la lecture des prouesses de la chevalerie errante avait tourné la tête à ce bon gentilhomme. [...] On peut même penser que le berger visionnaire dont je viens de parler, n'aurait jamais pris ni pannetière ni houlette, sans quelque bergère qu'il voyait tous les jours ; il est vrai seulement que sa passion n'aurait pas produit des effets aussi bizarres, si pour me servir de cette expression, elle n'eût été entée sur les chimères dont la lecture de l'*Astrée* avait rempli son imagination. "[49]

---

47. Du Bos, *op. cit.*, tome I, pp. 30-31.
48. *Ibid.*, p. 32.
49. *Ibid.*, pp. 31-33.

Pour Malebranche, le danger résidait dans la force d'imagination des auteurs. Sa critique portait sur l'auteur en tant qu'individu, dont l'œuvre écrite ne donnait à voir que le fantôme de l'énergie persuasive initiale. Dans l'*Essai*, comme dans les *Réflexions critiques*, c'est la force d'imagination des lecteurs qui est soulignée, dont les lectures servent seulement à alimenter et à préciser des représentations imaginaires préalablement élaborées. De plus, pour Condillac, la faculté imaginative constitue chaque individu en auteur de romans imaginaires, trouvant accessoirement dans les romans réels des *matériaux* susceptibles de compléter ses constructions mentales. L'activité solitaire de la lecture de romans n'intervient que comme l'appoint du procès d'auto-persuasion interne au sujet.

Nous sommes donc tous devenus des "visionnaires" en puissance. Les romans ne sont qu'une des productions possibles de notre imagination, qui n'a nul besoin de support sensible pour nous isoler dans des univers purement imaginaires. On avancera l'hypothèse que Condillac suggère les éléments d'une théorie spécifique de la "littérature", fondée sur le rapport particulier qu'entretient le lecteur avec le texte écrit, conception qui se distingue du modèle rhétorique sur lequel s'appuie encore Malebranche, c'est-à-dire un modèle de discours fondamentalement oral qui, transposé à l'écrit, subit consécutivement un relatif affaiblissement. Au contraire, pour Condillac, le texte romanesque, qui se substitue à la relation au monde réel, possède une force persuasive d'autant plus grande que le lecteur peut prendre la place de la personne absente de l'auteur en fabriquant des romans imaginaires.

Prévost avait mis en fiction avec une extrême précision le processus mental décrit par Condillac dans un épisode du tome premier des *Mémoires d'un homme de qualité*.[50] On y voit une jeune inconnue faire le récit au marquis de Rosambert, qui l'a recueillie dans la rue au milieu de la nuit, des événements qui ont abouti à la situation désastreuse dans laquelle elle se trouve : elle est enceinte d'un amant parti au loin, et vient d'échapper de justesse à une tentative d'assassinat perpétrée par ses propres frères. Reconstituant avec le plus grand sang-froid et sur un ton quasi philosophique l'enchaînement logique des causes qui ont orienté tragiquement son existence, elle souligne à plusieurs reprises que "jamais il n'y eut de malheurs si prévus, ni si volon-

50. Prévost, *Mémoires et aventures d'un homme de qualité qui s'est retiré du monde*, in *Œuvres de Prévost*, Presses Universitaires de Grenoble, 1976-1986, tome I, pp. 37-42.

taires que les [siens]". Son imagination, faible par nature, s'est vue définitivement altérée par les matériaux extérieurs dont elle l'a alimentée, pour fabriquer une chimère romanesque — un amant idéal — à l'aune de laquelle elle s'est mise à juger de la réalité :

"Je suis faible et tendre, voilà ce que j'ai apporté en naissant ; mais les lectures, les spectacles, les conversations m'ont rendue folle ; voilà ce que je dois à la manière dont j'ai été élevée. Dès l'âge de douze ans, je me formais l'idée d'un amant tel que je l'aurais souhaité pour être heureuse : ce fantôme m'accompagnait partout, et je sentais déjà pour lui les désirs qu'inspire la réalité. J'étudiais tous les hommes que j'avais l'occasion de connaître, et je les aimais à proportion qu'ils me semblaient approcher de la parfaite image que je portais dans mon cœur. Lorsque je vis pour la première fois celui que le sort avait destiné pour être mon amant, je sentis des mouvements extraordinaires, qui semblaient m'avertir que c'était là l'homme que j'aimais depuis quatre ou cinq ans sans le connaître."

La description lyrique des effets de l'imagination par Condillac semble ainsi venir en écho à l'analyse philosophique que menait le personnage de fiction de Prévost, sur l'illusion consistant à se prendre pour un héros de roman.

V. CONCLUSION

Malebranche et Condillac n'illustrent pas leur propos par le même genre de textes, la critique des romans étant venue se substituer chez ce dernier à celle d'œuvres philosophiques. Cependant, chez tout deux, les effets trompeurs de l'imagination des auteurs ont à voir avec une représentation idéalisée du "moi".

La figure de Caton, exaltée par Sénèque comme celle du sage parfait, se voit rejetée par Malebranche au nom de la nécessaire humilité de la créature. En se voulant insensible à la douleur, le stoïcien croit pouvoir s'élever au-dessus de la nature, et pèche ainsi par orgueil en prétendant égaler Dieu. La capacité de séduction dont est porteuse cette représentation du sage relève du démoniaque,[51] et apparaît d'autant plus persua-

---

51. "Mais ce n'est pas d'aujourd'hui que les hommes croient pouvoir devenir comme des dieux : ils l'ont cru de tout temps, et peut-être plus qu'ils ne le croient aujourd'hui. La vanité leur a toujours rendu cette pensée assez vraisemblable. Ils la tiennent de leurs premiers parents ; car sans doute nos premiers parents étaient dans ce sentiment, lorsqu'ils obéirent au démon qui les tenta par la promesse qu'il leur fit, qu'ils deviendraient semblables à Dieu, *Eritis sicut Dii.*" Malebranche, *op. cit.*, p. 269.

sive que c'est la vanité qui fonde la disposition naturelle de l'homme à l'imitation :

"Quand on est frappé de cet aveuglement d'orgueil, on se met au nombre des beaux esprits et des esprits forts. Les autres même nous y mettent et nous admirent. Ainsi il n'y a rien de plus contagieux que cet aveuglement ; parce que la vanité et la sensibilité des hommes, la corruption de leurs sens et de leurs passions les dispose à rechercher d'en être frappés, et les excite à en frapper les autres."[52]

De même, c'est la vanité de l'entreprise de Montaigne — se peindre soi-même — qui suscite l'indignation du philosophe chrétien, car "il faut être bien plein de soi-même, pour s'imaginer comme lui, que le monde veuille bien lire un assez gros livre, pour avoir quelque connaissance de nos humeurs", et "il fallait nécessairement qu'il se séparât du commun, et qu'il se regardât comme un homme tout à fait extraordinaire."[53] Le risque qui pèse sur le lecteur des œuvres de Montaigne ou de Sénèque, auxquels par ailleurs Malebranche ne ménage pas son admiration, relève donc de l'*aliénation*: le "moi" du lecteur se voit menacé d'invasion par le "moi" de ces auteurs :

"L'esprit ne peut se plaire dans la lecture d'un auteur sans en prendre les sentiments, ou tout au moins sans en recevoir quelque teinture, laquelle se mêlant avec ses idées, les rende confuses et obscures."[54]

Dans la perspective condillacienne, les effets de l'imagination s'exercent plus sur un "moi" fictif que sur un "moi" mensonger. On passe, avec les romans, d'un processus — médiatisé par le discours — d'aliénation par l'autre, à un processus d'*identification* à la représentation elle-même. L'individu ne subit plus passivement des attaques extérieures menaçant son intégrité, mais crée délibérément des représentations fictives de lui-même qu'il alimente de celles qu'il trouve dans les romans. Ce n'est plus le rapport à la *vérité* qui est mis en péril par les charmes sensibles des discours trompeurs de certains philosophes, mais le rapport à la *réalité*, qui se voit complètement altéré par les chimères de l'imagination. On pourrait avancer que, à travers ce glissement générique, Condillac déplace l'accent vers la catégorie de "folie" dont la nocivité avait été minimisée par Malebranche, celle des "visionnaires des sens" dont il supposait le

52. *Ibid.*, p. 271.
53. *Ibid.*, pp. 277-278.
54. *Ibid.*, p. 275.

caractère délirant tout à fait évident pour le spectateur extérieur et qui devient, dans l'*Essai*, susceptible d'affecter tout individu affaibli par "quelque sujet de tristesse" et de l'isoler dans ses châteaux romanesques imaginaires.

Barbara KAECH TOUMARKINE
Université Saint-Esprit — Kaslik — Liban

SAVOIR DÉLIRANT ET ENCYCLOPÉDIE DÉTRAQUÉE, FIGURES DE SAVANT FOU DANS *LE PRINCE RASSELAS* DE JOHNSON ET LE *COMPÈRE MATHIEU* DE DU LAURENS

Annie Rivara

Il est aisé de voir que les termes "savant", "philosophe", comportent dans ce que Greimas appelle leur "programme narratif potentiel" le prédicat "être fou" à des degrés divers. L'aveuglement de Thalès raillé par la servante Thrace, le délire du Tasse dans sa prison, les faiseurs de projets insensés qui hantent les *Nuits* de Restif, les médecins meurtriers des nouvelles fantastiques du siècle dernier en témoignent. Ceux qui s'enferment pour chercher la connaissance ou la vérité deviennent volontiers "bons à enfermer". Ils entrent dans cette catégorie mal définie et synthétique que l'âge classique voue à l'enfermement, comme l'a montré M. Foucault, pour dérober au regard les formes diverses du "désordre de l'esprit et des mœurs."[1]

Dans cette richesse topique, j'ai choisi deux textes qui encadrent par leur date le *Candide* de Voltaire et situés de part et d'autre de la Manche, l'*Histoire du Prince Rasselas* de Johnson, 1759, traduite par O. Belot en 1760 et le *Compère Mathieu* de Du Laurens (1766)[2]. Les philosophies anglaise et française ne sont pas sans lien alors et c'est la période où est achevée en France la transformation du philosophe par Du Marsais, Voltaire et l'*Encyclopédie*. La double doctrine du libertinage érudit ou la mauvaise réputation faite aux philosophes de système par la génération de Prévost et de Marivaux a fait place à l'image du philosophe engagé, d'un même

---

1. M. Foucault, "Folie et déraison", *Histoire de la folie à l'âge classique*, Plon, 1961, partie I, ch. III, p. 133.

2. Editions utilisées : Johnson, *The History of Rasselas, Prince of Abyssinia*, in *Shorter Novels, eighteenth Century*, éd. Ph. Henderson, Everyman's Library, New York, s.d. ; S. Johnson, *Histoire de Rasselas, Prince d'Abyssinie*, trad. par O. Belot, éd. F. Paknadel, avec remarques sur la traduction par A. Rivara, Desjonquères, 1994. Du Laurens, *Le Compère Mathieu ou les Bigarrures de l'esprit humain*, à Malthe, 1793.

mouvement fondé sur la raison, dans la lutte contre les préjugés et dans le rôle d'éclairer les esprits. Or c'est justement cette force de la raison que la folie de l'astronome de Johnson et du vieillard de Du Laurens mettent en situation problématique.

Les épisodes du savant fou sont très délimités dans les deux textes ; je les étudierai en trois étapes. Les deux folies seront d'abord définies comme "mélancolie" et "manie". Plus significative est leur place dans l'économie narrative, l'astronome globalisant un parcours et le vieillard ouvrant ou presque les aventures. Enfin l'analyse des structures énonciatives de ces deux récits de voyage symboliques montrera jusqu'à quel point ces textes contiennent des instances destinées à mettre à distance ou à gouverner le discours de la folie. Le conte philosophique et la "sotie" se rejoignent en ce que, même chez Johnson, il n'y a pas de conscience raisonnable indemne. Mais l'univers du *Compère Mathieu* est profondément investi par une folie assumée. Ma démarche aura valeur heuristique des déchiffrements possibles d'un champ notionnel historiquement daté, car il ne faut pas supposer, M. Foucault le dit, "un concept de folie tout armé... dans son éternel équipement psychologique dont on aurait simplement tardé à découvrir la vérité."[3]

Le fou surgit dans les récits de façon différemment progressive. Johnson l'adresse au plus sage, Du Laurens au plus étrange. Chez Johnson une familiarité s'installe entre l'astronome et le sage Imlac, qui guide Rasselas, sa sœur et la suivante de celle-ci dans leur recherche d'un "choix de vie" ("choice of life") qui leur assure un bonheur stable. Un vif retournement révèle que ce savant qui avait en apparence résolu les contradictions entre retraite studieuse et sociabilité se prend pour le "régulateur de l'année" et croit qu'il commande aux saisons, aux pluies et aux inondations du Nil. C'est un hasard burlesque qui montre, dès le premier livre, le vieillard "timbré" du *Compère Mathieu* d'abord aux yeux de Diego, Espagnol rassoté par l'éducation des Jésuites, devenu comme un serviteur du compère et de ses compagnons installés à Paris en plein jansénisme convulsionnaire : sorti pour acheter "un assaisonnement pour une tête de veau" (I, V, p. 43), celui-ci croise dans le couloir ce vieillard qu'il prend pour un loup garou[4] : il s'enfuit en hurlant

---

3. Foucault, *op. cit.*, partie I, ch. III, "Le monde correctionnaire", p. 98.
4. Diégo croit voir une chimère, monstre apocalyptique et grotesque : "il avait la tête d'un hermite, le corps d'un sanglier, les jambes d'un loup, et la queue d'un chat ; il lui sortait du nombril la moitié d'un tablier de femme, à ce

sa terreur qu'il croit chrétienne : "Sainte Marie à la coque (sic)... Je suis mort... Confession" (ibid.). Dans un long discours extravagant, ce vieillard explique à la "compagnie", le compère, le Père Jean, Jérome le narrateur et Diego caché sous un lit, son projet d'un "traité de la science universelle" en "cent soixante" et "cent quatre vingt volumes" "in folio reliés en basane". Les deux fous ont les attributs topiques du savant, l'âge et la retraite. L'astronome est encore plus nettement allégorique que les autres personnages de Rasselas, purs sujets d'expérience comme dans les Contes de Voltaire : la raison est en effet pour Johnson, comme déjà pour Locke et Fontenelle, à la fois norme et sujet de connaissance. Humanité et savoir apparentent cet astronome aux "philosophes", dont sa folie et sa retraite le séparent. Le vieillard de Du Laurens, à la fois respectable et grotesque, se dit lui-même "hétéroclite" et n'a d'autre histoire que cette rencontre, d'autre identité que ses haillons et la perte de ses dents qui obscurcit sa diction !...

Le "désordre dans les organes de la pensée" (ch. XLIV, p. 152) qui affecte l'astronome de Jonhson est dit par ce que Foucault appelle un "discours critique" sur "fond de structures raisonnables."[5] C'est la raison d'Imlac qui le désigne, puis son rapport aux autres qui, pris dans leur généralité, représentent cette même raison, au moins comme exigence. Mais l'astronome lui-même décrit la naissance et l'histoire de son délire. Dans la solitude prolongée de ses observations journalières des astres a surgi un "désir" de donner plus d'abondance aux hommes. C'est de cette "volonté de faire le bien (ch. XLII, p. 148) que naît la conscience délirante. D'abord sans illusion sur cette "domination imaginaire" (ibid.) où il s'exaltait, il a cédé à son "imagination agitée" (the hurry of imagination) (p. 149) muée en certitude : il croit "commander" réellement à la pluie. Ni "objection" ni argumentation intérieure, ni "soupçon" de sa folie n'arrête cette "conviction." (p. 149)

que j'ai pu voir par les cordons" (I, ch. V, p. 44). L'image rassemble les obsessions de cet esprit lui aussi égaré : signes sataniques ("le chat", "la femme"), signes du sacré ("l'hermite"), signes de la voracité (le "loup"), évocations mêlées de fantastique et de sorcellerie : le cordon d'un tablier de femme pourrait bien servir à d'obscures pratiques. Chez Du Laurens la chimère est figure récurrente et symbole esthétique hérité d'Horace. Voir notre édition d'Imirce, la fille de la Nature, PU St Etienne, 1994.

5. Foucault, op. cit., ch. III, "Le monde correctionnaire", passim; II, introduction, p. 202.

Comme tout l'âge classique, en outre, Johnson donne une dimension éthique à la folie, toujours parente de la culpabilité. "Le pouvoir de la volonté humaine" et le consentement du fou à sa folie" créent un "rapport obscur entre folie et mal."[6] Ce récit n'est pas d'abord observation clinique ni discours médical mais conte moral. Le problème éthique posé est d'autant plus imbriqué que le discours délirant est perversion, non seulement de la vérité scientifique, mais aussi du sentiment d'appartenance à la communauté des hommes. "Il n'y a que le méchant qui vit seul". La solitude délirante de l'astronome pose à sa manière la même question que Diderot. Le philosophe, c'est-à-dire la raison, appartient à la cité. Le langage médical apparaît cependant à la fin du récit : l'astronome est atteint de "mélancolie". On reconnaît là la nosologie du temps telle que par exemple la synthétise le traité de Colombier-Doublet : le "délire" du mélancolique "tire son origine d'une trop forte sensibilité morale qui fait que l'on attache à un objet quelconque un prix trop grand, une attention trop longtemps soutenue ; ce qui fait qu'on ne voit plus cet objet sous son véritable rapport". Pas de causalité physique chez Johnson et le mal n'atteint pas son "dernier degré", mais il est bien "la préoccupation habituelle sur un sujet soit religieux, soit moral, soit physique"... et il entraine "les idées les plus fausses et les plus ridicules sur cet objet."[7] La mélancolie est ici coupable, contraire à l'utilité collective, égoïsme, refus des "affections familiales" et des obligations.

Cependant la conscience critique se fait aussi guérisseuse : le discours de la raison, chez Imlac, et celui de la sensibilité ornée du savoir chez Pekuah, la suivante qui a appris de l'astronomie, permettent la cure du savant fou.[8] D'abord consentement apparent à ses chimères, celle-ci s'exerce de l'intérieur sur l'imagination

6. M. Foucault, *Id.*, I, ch. IV, p. 164 : deux sphères de la folie comme aliénation : "l'être tombé dans la puissance de l'Autre" et "l'individu devenu Autre", condamné moralement : il s'agit ici du second cas. Voir aussi p. 169, 172, 174.

7. J. Colombier-François Doublet, *Instruction sur la manière de gouverner les insensés, et de travailler à leur guérison dans les asiles qui leur sont destinés*, Paris, 1785, in *Enfermer ou guérir*, PU St Etienne, 1991, p. 57. Ce traité donne à "la société" la responsabilité de guérir la mélancolie.

8. Voir M. Foucault, *op. cit.*, III, chap. IV, "Médecins et malades", p. 406 à 417. M. Foucault distingue quatre sortes de cure, la consolidation des forces du malade contre la folie comme faiblesse, la purification des humeurs, l'immersion, la régulation du mouvement, par le voyage par exemple (*op. cit.*, II, ch. IV, p. 372-390).

elle-même. La persuasion, le retour à l'immédiateté, les plaisirs directs de la sociabilité écartent les médiations qui séparent la fou de lui-même. Favorisée par la solitude, la mélancolie "diminue par la communication" (ch. XLVII, p. 165), avec des rechutes quand le savant se reproche d'abandonner sa "charge"; c'est qu'"aucune maladie de l'imagination n'est aussi difficile à guérir que celle qui est compliquée avec la crainte du crime." (ch. XLVI, p. 163) Enfin l'astronome sent "les nuages sombres se dissip[er] en son âme... L'activité sans cesse renouvelée des projets à exécuter (ch. XLVI, p. 161)... l'enlèv[e] adroitement aux planètes" (id., p. 162). On songe à Tissot voulant guérir par les "plaisirs naturels". Désormais l'astronome a rejoint Imlac jusqu'au dénouement parmi ceux qui peuvent s'entretenir sur des sujets élevés comme l'immortalité de l'âme.[9]

Toute différente, la folie du savant de Du Laurens est "manie" intertextuelle et récriture ratiocinante. Sur une version incomplète, mais citée en termes propres du "système des connaissances humaines" placé par Diderot en tête de l'Encyclopédie, il dresse le plan de son traité (I, ch. V, p. 45 et sq.). Faiblement distancié, ce délire se présente comme un ensemble d'opérations textuelles d'effet hilarant qui détruisent par insertions divergentes le caractère scientifique de leur hypotexte. On peut en dénombrer au moins cinq.

1. l'utilisation fantasque des connecteurs déductifs, notamment "d'où", et par conséquent des connexions épistémologiques fondatrices entre les savoirs : "La réflexion a produit la météorologie, d'où la connaissance des goîtres du Tirol et de la nécessité des parapluies" (ch. V, p. 53).

2. le développement parasite d'une germination verbale cumulative, divergente par suppression d'éléments significatifs, notamment à propos de la théologie : supprimant "par abus", le vieillard montre ce savoir comme source de tous les maux : "l'intolérance, la persécution, la cruauté, la mission du duc d'Albe et le passetemps de Charles IX" (I, ch. V, p. 46).

3. la miniaturisation grotesque du savoir par un rattachement à la science qui les explique lointainement, d'effets exotiques, "l'écho de Woodstock" (p. 52), ou d'applications pratiques fantasques", "l'art d'étouffer les chats sous une calotte de

---

9. Il partage aussi le renoncement d'Imlac à tout projet et son simple abandon au cours du temps.

verre" (*ibid.*) ou "les bésicles de vieilles et les lunettes d'avare." (p. 51)

4. la création de sciences burlesques, la "cracologie", la "crépitologie" supposées représenter une extension naturelle du savoir par le progrès de l'esprit humain.

5. la dénivellation également burlesque de registre : l'esprit "grimpe" des individus aux espèces. (p. 45) "Les caractères sont ou idéaux ou hiéroglyphiques ou héraldiques. Les gestes sont les grimaces, les caresses, les soufflets, les coups de pied au cul et autres semblables gentillesses." (p. 48)

Le système encyclopédique ainsi réécrit est tout simplement détraqué : un dérangement dont les mécanismes sont variables et imprévisibles compromet sa rationalité et trouble la cohérence des hypothèses interprétatives du lecteur. D'une part, s'inverse la doxa ouverte de l'*Encyclopédie*, sérieux des sciences, dignité des techniques, ambition de l'entreprise, traversée par un irrationnel et brouillée par un incongru qui l'effrite. Mais les cibles sont floues car la lecture révèle aussi une autre doxa, à fonder, la critique du dogmatisme, du fanatisme des prêtres et des pouvoirs. Le traité du vieillard est donc une machine à la fois anti-encyclopédique et ultra-encyclopédique, dont les rouages grincent, grippent et s'entravent. Plus hardi que Diderot, supprimant les vérités de précaution, il accentue dans un registre voltairien la dénonciation de "l'Infâme"; mais c'est aussi l'exercice d'une "fureur" interne, folie qui dérange en tout sens car Du Laurens ne supporte ni l'ordonnancement ni la cohérence[10] : il a besoin de brouiller, miner tout ce qui sert pourtant de point d'appui à ses convictions anti-religieuses et à sa polémique anti-jésuite. La folie prend donc ici le visage problématique du bizarre. Si "la démence", comme dit M. Foucault, est "dans l'esprit à la fois l'extrême hasard et l'entier déterminisme," on pourrait voir ici selon l'article "démence" de l'*Encyclopédie* un trouble de la transmission des impressions sensibles qui n'emprunte plus les chemins habituels. Mais en elle réside un formidable pouvoir de dérision dont l'ambiguïté même trouble le lecteur qui, lorsqu'il a reconnu le texte de Diderot ainsi "truffé", ne l'oublie pas, alors qu'il ne sera plus question du vieillard.

10. Du Laurens est parfois proche du libertinage critique d'un La Mothe Le Vayer, "toute notre vie n'est à bien prendre qu'une fable, notre connaissance qu'une ânerie, nos certitudes que des contes : bref tout le monde n'est qu'une farce et une perpétuelle comédie", *Dialogue d'Orasius Tubero*, 1716, t. 1, p. 35.

L'opposition entre cette figure globalisante et cette figure d'ouverture renvoie aux deux structures narratives comme moyen de théoriser la folie. En rationaliste classique, Johnson la montre maîtrisée par le discours de la raison et c'est "une théorie de l'imagination [qui] est au cœur de la pensée de [cette] folie" et non pas une nosologie méthodique. L'imagination est la force commune de ce continuum d'extravagances ("follies") où se disent toutes les potentialités délirantes de l'homme : aucun domaine n'est indemne. Cette "transcendance du délire" (M. Foucault) est liée aux passions qui investissent l'âme raisonnable : "Il n'y a point d'homme dont l'imagination n'éclipse, ne domine quelquefois la raison... Or tout pouvoir de l'imagination sur la raison est un degré de folie."[11] (ch. XLIV, p. 152)

La structure de *Rasselas* explore la folie comme système de propositions fausses sur le monde, et sur soi, suite analytique de discours déviants,[12] jusqu'à ce que parle le plus fou, celui que la communauté raisonnable désigne comme tel : l'astronome qui lui-même s'est déjà exclu. Je voudrais rétablir ce parcours que la traduction d'O. Belot écrase en utilisant surtout le mot "folie."[13] Dans le texte anglais, le terme indénombrable "folly", absurdité, extravagance, acte, parole ou idée, prédomine jusqu'au chapitre XXIX, récit de l'enlèvement de Pekuah, où il résume l'homme en "general folly of mankind." (p. 108) Ce terme du registre intellectuel et moral fait place ensuite à "madness", qui dit un état pathologique, pour désigner la souffrance folle de Nekayah, la princesse, puis le délire présomp-

---

11. *"Omnes insipientes insaniunt"* : la sagesse philosophique assimile à la folie toute forme de non sagesse. Voir Foucault, *op. cit.*, II, ch. I, "Le fou au jardin des espèces", p. 223.

12. "L'essence de la folie peut se définir finalement dans la structure d'un discours". M. Foucault, *op. cit.*, II, ch. II, "La transcendance du délire", p. 288.

13. L'*Encyclopédie* fait un effort très net de distinction lexicale entre délire ("égarement, erreur, défaut de jugement" lié à des lésions organiques, et qui comprend la manie, la mélancolie et la stupidité) et démence (paralysie de l'esprit, abolition de la faculté de raisonner, par "défaut de conformation" ou "vieillesse", qui se distingue du délire qui en est "l'exercice dépravé", et de la manie). Mais "déraison" et "extravagance" n'y figurent pas. Au contraire, une analyse distingue bizarre, fantasque, capricieux, quinteux, bourru, traits également incorrigibles. Dans *Ac* 1765, le mot "folie" sert de définition à "extravagance", et à "démence". Extravagance commente "folie" et "bizarrerie". "Délire" est également causé par la maladie. "Déraison" est simplement défaut de raison. La langue courante est, à l'évidence, floue.

tueux de l'astronome.[14] Enfin avec le langage proprement médical apparaît tout le champ notionnel de la déraison : "insanity", "depravation of the mental faculties", "disease of imagination", et surtout "melancholy."[15] Ayant fui un éden paradoxal, "locus amoenus" où l'on s'ennuie et cachant mal un "locus terribilis" investi par le "soupçon", Rasselas et ses compagnons ont rencontré toutes les illusions insensées que construit en vain l'imagination de l'homme : le discours qui prétend dominer les passions, les présomptions de la science, de la morale et de l'éloquence, les illusions de la vie familiale et politique. S'est déployée une rhétorique riche en binaires qui conclut sur la déraison selon la topique des images du songe. La folie est un rêve. L'âme, dit Imlac, "caresse cette douce imposture" et "la vie passe dans un songe continuel agréable ou funeste." (ch. XLIV, p. 153) Il n'y a pas de différence de nature épistémologique, mais un seuil dressé par la conscience commune, entre les premiers écarts d'une invention fantasque ("fancy") et le délire du savant. Le monde de la déraison est un dans sa diversité graduelle et c'est précisément pourquoi la persuasion peut guérir : le discours de la raison a prise sur celui de la déraison. Le contrat de lecture qui ouvre le conte laisse le lecteur se livrer aux "whispers of fancy" (soufles de l'imagination fantasque) car la fiction est elle-même déraison médiatrice de la raison. Cette structure fait donc cohabiter deux formes de conscience critique, exploration d'un continuum des figures de la déraison, et mise en évidence d'un seuil, lorsque le délire devient asocial, "madness."[16] Selon la première optique tout le monde est fou à quelque degré, signe de l'imperfection humaine. Selon la

14. *"The cousciousness of his own folly"*, ch. IV (Rasselas) ; *"without folly"* (les pélerinages conçus avec bon sens), ch. XI ; *"the folly of his choice"* (la retraite d'un savant), ch. XXII ; *"without crime or folly"* (dans la vie de famille), ch. XXVI ; *"the folly or vice of one* (entraîne le malheur collectif), ch. XXVI ; *"general folly of mankind"*, ch. XXIX.

15. *"hunger of imagination"*, ch. XXXII ; *"tortured to madness* (Nekayah), ch. XXXII ; *"silent pensiveness and gloomy tranquillity"*, traduit par "mélancolie", ch. XXXIV ; *"vice and folly "* (humaine), ch. XXXVI ; *"madness "* (l'astronome), ch. XLI ; *"degree of insanity "*, *"depravation of the mental faculties "*, *"madness "*, ch. XLIV ; *"madness of the astronoma "*, ch. XLV ; *"disease of imagination "*, *"melancholy "* (2 fois), *"melancolic notions "*, ch. XLVI ; *"melancholy "*, ch. XLVII.

16. "Tout pouvoir de l'imagination sur la raison est un degré de folie. Mais tant que nous pouvons le réprimer et le rectifier en nous, les autres ne s'en aperçoivent pas, et il n'en est point remarqué comme une dépravation des facultés de l'esprit. Ce pouvoir n'est décidé folie que lorsque nous n'en sommes plus les maîtres et qu'il influe évidemment sur nos paroles et nos actions", ch. XLIV, p. 152.

seconde, le conte est une fable épistémologique constructive
d'un double concept, social et médical, "madness", "melancholy". Il ne conduit pas à enfermer le malade, au contraire : la
sociabilité peut parfois le guérir, c'est l'enfermement qui favorise la mélancolie.

Le savant fou de Du Laurens est au contraire sans lien avec les
aventures de la "petite société" philosophique qui l'oublie au
fond de son galetas. Cependant cette rencontre fortuite est signe
annonciateur : la folie se gagne, les folies se confortent mutuellement. Après l'"impertinent discours" de cet "insupportable
bavard" (I, ch. V, p. 56) où le compère voit cependant un "certain ordre de choses" qui devrait en faire le plan à suivre et "à
mettre en tête" d'un tel traité (!!), Diego et le Compère se mettent aussi à délirer : Diego réclame des bûchers pour brûler les
hérétiques car "à force de croire au Diable [on ne croira] bientôt
plus à Dieu". Le compère prophétise les persécutions qui aten-
dent cet ouvrage : un fou "s'est enfermé pendant cinquante deux
ans… pour éviter… la persécution des méchants, et pour écrire
en liberté. Que doit donc faire un homme qui a son bon sens ?"
(*id.* p. 57) Tous deux s'exclament "O temps, ô mœurs."[17] Le
choc entre le savant, le fanatique et le clerc est, en outre, en
contrepoint de la première association du roman, Mathieu,
Jérome, le Père Jean, Diego, noyau modélisant des rencontres et
des dialogues de l'œuvre. Un hasard picaresque fera ainsi surgir
ou reparaître divers fous, comme l'Anglais spleenique Whiston
qui se pend à un arbre sous les yeux médusés de ses compagnons, ou les inquisiteurs tortionnaires d'une pauvre jeune fille.
Les compagnons eux-mêmes seront atteints, fureurs épiques et
torrentueuses du Père Jean, délire animal du compère qui se met
à coasser et refuse le langage humain quand il croit avoir trouvé
la sagesse originelle chez un peuple "sauvage" de Sibérie.[18]

C'est que chaque figure prend son sens par rapport à
l'ensemble du personnel romanesque. Dans les deux textes, un
petit groupe, comme dans *Candide*, assemble une diversité de
sujets d'expérience, animés chez Johnson par la recherche du
bonheur et dans *Le Compère* d'un mystérieux dynamisme, entre
fuite et quête, que sous-tend une obscure recherche du sens. Les

---

17. Enoncé récurrent dans la bouche du Compère, devant les "abus" du réel.
18. Il déchante rapidement en découvrant un sacrifice humain : Du Laurens
ne croit pas au mythe du bon sauvage, encore qu'il soit capable de l'évoquer,
dans l'*Arrétin moderne*, notamment.

deux voyages sont vains, mais ont fait passer les héros par l'expérience observée ou ressentie, mais nécessaire, de la déraison. Echappés d'un originel monde clos, prison allégorique de la Vallée Heureuse, prison concrète du collège de la Flèche, où ont étudié Mathieu, Whiston et Jérome, les deux groupes sont bien différents.

Selon l'esthétique du conte oriental, les héros de Johnson ont des noms de consonance arabisante qui sont en réalité, selon moi, des anagrammes mélant anglais, latin et grec : Imlac (CALMY), le sage qui a trouvé la paix, Rasselas (ARSLESS), le prince honnête, Nekayah sa sœur (ANAYKH), la nécessité, Pekuah (PAUKHE), la modeste, sont des figures atendues du conte moral, le Prince et son conseiller, la Princesse et sa suivante, fidèle présence et voix du cœur. L'astronome est anonyme et tardif.[19] Les aventures des voyageurs observateurs y sont surtout celles d'autrui. Leur seul délire passionnel est le désespoir fou de Nekayah lors de l'enlèvement de Pekuah, qui, d'ailleurs, s'apaise en dépit d'elle avec le temps. Chez Du Laurens, les compagnons du compère se veulent libres et philosophes. Dès le collège, Mathieu, brillant et batailleur, contredisait ses maîtres à tout propos[20], Whiston, esprit appliqué est surtout remarquable par ses qualités de "cœur", son "caractère sociable" qui le rend tolérant. Jérome est un faible d'esprit, sans "aucune disposition pour les études" ni pour aucun emploi sauf l'état de moine : il suit son compère et avoue "je ne suis qu'un sot." (I, ch. III, p. 34) Le hasard des routes y joint Diego que le compère guérit de la vérole, et le Père Jean, oncle de Mathieu et prêtre défroqué. La déraison est la règle de leur philosophie : "parler et agir inconséquement" dit Mathieu, "c'est le propre des philosophes" (id., p. 35). L'onomastique est celle d'un clerc, qui associe les noms du terroir, Jean, Mathieu, et le retournement polémique de noms bibliques. Le clerc dévoyé Mathieu, chef de la troupe, a le nom du savant connaisseur des traditions

---

19. Cette constellation exclut la folie amoureuse des héros principaux, à moins d'inceste, ce que ce moraliste ne traite pas. Pas d'amours pour Imlac, même dans le passé. Le chef arabe qui enlève Pekuah finit par préférer l'or à ses captives. L'amour n'est traité qu'en général et comme motivation imprudente au mariage.

20. Le Compère tient de son auteur : une légende dit que pour punir sa fureur batailleuse les supérieurs de ce trinitaire rebelle l'avaient enfermé dans une cage de bois au-dessus du sol et sans papier ; mais il gravait ses arguments sur les ais de cette prison singulière ! (R.H. Duthillœuil, *Galerie douaisienne*, Douai, 1844, p. 204-205.

hébraïque et syriaque, qui enseignait la sainteté, dit-on, avec une autorité qui troublait ses auditeurs. Le prêtre défroqué Jean, vibrant de force érotique, hardi en pensée au point de défendre l'anthropophagie exercée sur le corps de Whiston par temps de disette, s'il a un nom rabelaisien, s'appelle aussi comme l'auteur de l'Apocalypse, exemple de méditation fervente. Enfin le nom du savant traducteur de l'Ecriture, Jérome, prédicateur à la verve mordante,commentateur de Mathieu justement, est donné à l'imbécile qui suit et narre les aventures tout à trac.

Encore que ces deux œuvres enfin soient une polyphonie insérée dans un récit, leurs structures énonciatives profondes sont opposées. Dans *Rasselas* un narrateur anonyme englobant exprime parfois un point de vue axiologique pour souligner "les sages réflexions" d'Imlac, (ch. XLVI, p. 160) ou la naïveté des Princes qui croient, comme Rasselas, à la prospérité de tous. (ch. XXVI, p. 73) Imlac leur laisse "le plaisir de l'illusion pour ne pas leur dérober les fruits de l'expérience." (XVI, p. 74) Les titres de chapitres ont parfois valeur évaluative, "le danger d'avoir l'imagination forte" ou "le danger de la prospérité." Ce narrateur cependant laisse le plus souvent les discours multiples des héros se rencontrer librement en dialogues argumentés de répliques souvent très longues, débordant les chapitres et appelées même "dissertations". Ces dialogues prédominent fortement dans l'œuvre : Rasselas rend compte de lui-même à Imlac qui le conseille, le frère et la sœur se communiquent leur expérience des grands et de "l'affreuse histoire de la vie privée" (ch. XXX, p. 112), Pekuah raconte son enlèvement et répond aux questions, Imlac s'entretient avec l'astronome.[21] Mais le champ notionnel de la déraison n'est traité qu'une fois par Rasselas, trois fois par l'astronome qui se l'applique à lui-même, quatre fois par Nekayah qui parle et pour elle-même et pour l'humanité. La théorisation de la folie accompagnée d'un point de vue axiologique revient essentiellement à Imlac qui s'exprime en huit moments, d'abord dispersés, puis concentrés dans les deux chapitres, proches de la fin, qui traitent de l'imagination (ch. XLIV et XLVI). Le narrateur anonyme

---

21. Trente et un chapitres sur quarante neuf sont presque exclusivement des dialogues tenus surtout par les quatre voyageurs principaux. Ceux-ci cependant s'adressent aussi à des personnages symboliques de passage, "un savant", ch. VII ; "un homme heureux et sage", ch. XVIII ; le "chef arabe", ch. XXXIX ; "un vieillard", ch. XLV. Sont exempts de dialogues les chap. II, IX, XIX, XV, XIX, XX, XXIV, XXXII, XXXVI mais ils contiennent des monologues.

ne le fait que trois fois. Cette polyphonie sous contrôle d'un narrateur un peu en retrait est donc hiérarchisée par une délégation de Johnson au personnage allégorique du sage, commentant ceux qu'il peut contribuer à éclairer et à guérir. L'esthétique rationalisante du conte philosophique déploie ici un tableau critique de la déraison mis en discours et en conversations distanciés par la parole du sage.

A l'évidence plus insaisissable est la construction du *Compère Mathieu*. Certes on y lit aussi de nombreux dialogues entre les voyageurs. Seuls le sous-titre et l'épigraphe surplombent le récit de Jérome. Mais ce narrateur autobiographique flou, n'est qu'un témoin faible. Inapte à juger, encore moins à théoriser, parfois il ne sait que dire qu'il pleure. Cette sorte de "minus habens" de la philosophie transcrit une succession de faits sans y voir ni assumer de finalité. Il juxtapose les discours divergents et récite les batailles de son compère avec la folie des autres. Il n'a, dit-il, "ni plan, ni méthode", et n'annonce qu'une "rapsodie d'aventures sans rapport, sans liaison, sans suite." (I, ch. I, p. 2) Ce narrateur minimal est l'antithèse d'Imlac. Cette polyphonie[22] n'est plus parcours commenté à deux niveaux, mais série délirante de discours tenus par des personnages souvent saisis de "transports", société voyageuse de "philosophes" délirants : aucune parole ne représente avec continuité la raison et la liberté, valeurs pourtant affirmées dès les premières pages. (t. I, p. 3) Ce n'est pas même le récit d'un Candide qui progresse vers la conscience mais "a tale told by an idiot, full of sound and fury, signifying nothing."

Jérome, l'imbécile,complète la collection de ces personnages tous "bons à enfermer": gueux scandaleux, clerc mis au ban pour avoir fait un enfant, rédacteur de libelles, prêtre échappé d'une prison ecclésiastique, Anglais suicidaire, dévôt illuminé enrôlé par le jansénisme convulsionnaire pour de l'argent. Ce dernier, Diego, incarne même et le désordre du lunatique et la fureur punitive de l'institution. Le vieillard "timbré"[23] que sa clôture volontaire a sans doute protégé est la figure sociale de ces

22. Le mot "polyphonie" est pris ici au sens où l'entend M. Bakhtine. Diverses "voix" concourent dans un texte monologique. Ces "voix" sont des fragments de discours empruntés à d'autres, ressortissant d'idéologies et d'esthétiques qui peuvent être dissonants. Sur la "polyphonie" chez Du Laurens, voir *Imirce*, PU St Etienne, 1994, notre préface.

23. "On dit d'un fou que son timbre", c'est-à-dire sa cervelle, "n'est pas sain" (Furetière). "Mal timbré": écervelé, fou (Ac. 1765).

gueux visionnaires englobés eux aussi par les mesures d'enfermement. Mais il est la figure intellectuellement synthétique de cette
danse des fous qu'est l'ouvrage. Du Laurens conjure le grand
enfermement et libère tous les enfermés pour les laisser vivre leur
démence, dans une existence précaire, bouffonne ou triste, mais
vraie, sur les routes du hasard, de Domfront à Paris en passant par
la Hollande, l'Allemagne, l'Angleterre et la Sibérie. Le galetas
parisien du vieillard, miroir gondolé de la fabrique philosophique
est un laboratoire subversif de l'esprit livré à tous les risques de
ses "bigarrures". Ainsi s'explique le sous-titre. C'est que pour Du
Laurens la folie est expérience paradoxale de la liberté. Celle-ci
réside et dans l'extravagance épistémologique du vieillard qui
s'est enfermé volontairement pour "écrire en liberté" et dans les
discours et les errances excentriques des voyageurs. "Excentrique" est à prendre au sens plein et comme l'entend G. Benrekassa. Le voyage quitte les pays de fort symbolisme philosophique,
Paris, la Hollande, l'Angleterre. La folie va jusqu'en Sibérie, c'est-
à-dire aux limites du monde et de l'homme, car c'est là que le Compère se met à coasser.

Le *Compère Mathieu* ne montre pas un "moi" dialoguant avec un
"original" qui trouble efficacement les pensées sclérosées, comme
Le Neveu de Rameau. Il ouvre et suit le chemin à la fois intime et
extérieur d'un esprit philosophique aventureux qui accorde et se
donne le droit risqué à l'erreur, l'errance et la déraison. On songe à
une nef des fous où se tiendrait une "disputatio" burlesque entre des
folies masquées en personnages en qui Du Laurens se projette et se
disperse sous la "sotie", parole de l'imbécile. L'énonciation de
l'œuvre est du côté du délire, perturbée et perturbante.

Toutefois, au cœur des deux textes apparaît un renversement.
Une brèche s'ouvre dans le conte rationaliste. Imlac le sage lui-
même est pris d'un accès délirant ("enthusiastic fit"), lorsqu'il
dépeint les pouvoirs du poète-créateur qu'il nomme le "législateur du genre humain"… "être supérieur aux temps et aux lieux".
L'ironie du Prince Rasselas à son égard est celle d'Imlac devant
l'astronome, "législateur de l'année". Un réseau d'images cos-
miques récurrentes englobe en échos ironiques toutes les formes
de l'"ubris", y compris la folie du sage guérisseur[24]. La fascination narcissique du pouvoir du poète ainsi dénoncée appelle à un
renoncement final. L'humanité ne peut que subir le cours du

---

24. Johnson revivifie les clichés qui plient la condition humaine aux lois du
cosmos : ceux-ci métaphorisent toutes les aventures, extérieures et intérieures.
Faisant dire à ces métaphores un pouvoir illusoire Imlac va droit à l'impossible

temps et l'ordre cosmique de la Providence. Y aurait-il là démence de l'auteur au miroir ?[25] Le conte rationaliste recèle la menace d'une folie de l'écriture. Inversement et sans crier gare, le Jérome de Du Laurens se met dans les tout derniers chapitres à dire " le discours de la raison même ", comme dit le Père Jean, sur la liberté, sur les lois, sur l'esprit évangélique, rupture incompréhensible après "dix ans d'abrutissement." (IV, p. 35) Jérome se met à faire la leçon aux autres (ch. XXXIX à XLIII), et Du Laurens laisse le lecteur sur cette inexplicable rupture.[26]

En conclusion, les épisodes du savant fou créent un effet d'homologie opposée dans les deux œuvres, homologie de l'ordre chez Johnson, homologie du désordre, chez Du Laurens. L'évolution de l'astronome mime le cheminement analytique du conte, accroissement de folie et apaisement par le renoncement à l'ambition. Le tableau du vieillard, boursouflé de toutes les germinations extravagantes et mal connectées de l'esprit humain figure les aventures sans raison des héros dans une géographie philosophique. D'autre part et cependant, même la raison s'échappe à elle-même chez Johnson, même de l'imbécillité peut surgir de la raison chez Du Laurens. Mise en narration d'un point aveugle des Lumières, ces deux récits tendent au mythe, celui de la présomption humaine " dans la mélancolie, celui des "bigarrures de l'esprit humain " dans la manie. Chez Johnson, le pessimisme augustinien et une tendance mystique limitent le rationalisme. Chez Du Laurens, règne l'ambiguïté entre un exercice de la raison, ratiocinant jusqu'à sa propre destruction, et un droit revendiqué à la folie jusque dans ses formes les plus dangereuses. L'univers se joue entre le désordre scandaleux du réel et la folie du savoir.

Annie RIVARA
Université de Lyon II

radical ; c'est à la fois déraison du contenu et perversion du langage. Ce qu'il fait être n'est pas la puissance d'un langage mais la négation du langage vrai.

25. Une suggestion inévitable, quoique sans rigueur linguistique, rapproche la parole d'Imlac de la voix auctoriale qui conduit à la désespérance raisonnée.

26. Il est vrai que le Compère a pensé qu'il pourrait "devenir un jour un philosophe de cinquième ou de sixième ordre" (t. I, ch. III, p. 34) mais il n'en a rien été jusque là. Les vérités de Jérome assomment Jean qui s'enivre et font fuir le compère (IV, ch. XLIII, p. 82). Seul le fou Diégo resté "bouche béante" (ibid.) célèbre "la voix des foibles et des idiots" (ch. XLIV, p. 90) ou même des "animaux ", instrument du ciel, "organe de la vérité" (p. 91) !

BELLE CAPTIVE EN ENFANCE :
DÉRIVES D'UN TOPOS LITTÉRAIRE
DANS LES *MÉMOIRES DE DEUX AMIS*
DE HENRI-FRANÇOIS DE LA SOLLE (1754)

Christophe Martin

> " Le désir n'est jamais assuré (quand bien
> même sa victime veloutée serait-elle cla-
> quemurée au fond de la tour) qu'un démon
> rival ou un dieu au bras trop long ne va pas
> abolir le triomphe prévu "
>
> Vladimir Nabokov, *Lolita*

Si les *Mémoires de deux amis ou Les Aventures de Barniwal et Rinville* (Londres, 1754) de Henri-François de La Solle (17..-1761), peuvent encore retenir l'attention, c'est, pour l'essentiel, en raison d'un épisode inséré dans la deuxième partie du roman : au beau milieu de ses "mémoires", le marquis de Rinville interrompt son récit pour exposer l'étrange histoire de son oncle, le chevalier de Borille. L'insistance de La Solle, dans sa préface, sur la "bizarrerie" de cet épisode montre qu'il n'ignorait pas que l'intérêt de son roman se concentrait dans cette lointaine séquence de son récit[1] :

"Je crois que l'on trouvera le chevalier de Borille bien bizarre dans son goût et sa conduite. C'est cette bizarrerie qui me fait frémir, et pour laquelle je demande grâce. Bien des hommes ont à peu près les mêmes projets que lui parce qu'ils ont de la fidélité des femmes la même opinion. Les seules difficultés leur font abandonné le dessein ; pourquoi ne me serait-il pas permis de réaliser dans un roman des idées qui sont dans l'esprit de beaucoup de mes lecteurs ? " (Préface, p. IX).

La "bizarrerie" du personnage consiste en la séquestration longuement préméditée d'une petite fille d'environ dix-huit

---

1. C'est aussi ce qu'indique la modification du titre dans la réédition de 1774 : *L'Heureuse découverte et la cachette intéressante, ou Les Aventures de MM. Barniwal et Rinville* .

mois, nommée Tiamy, afin d'en faire une épouse si parfaitement ignorante qu'il puisse compter sur sa fidélité, "sans être aussi fou que les autres hommes, qui ne pouvaient jamais, selon lui, être sûrs du cœur d'une femme." (tome III, p. 147) Cette folie, qui se désigne dans le mouvement même de sa projection universelle sur "les autres", est voisine en somme de celle d'Arnolphe dans *L'École des femmes* qui déclarait : "épouser une sotte est pour n'être point sot." (acte I, scène 1) Mais, à vrai dire, le projet de Borille fait de Tiamy l'héritière non seulement d'Agnès, mais d'une longue série de belles captives maintenues dans une éternelle enfance par un amant geôlier et jaloux. Pour éclairer le récit de La Solle, nous ne retiendrons de cette tradition que des références classiques : *Le Jaloux d'Estramadoure* de Cervantes (dans les *Nouvelles exemplaires*, 1613), *La Précaution inutile* de Scarron (1656),[2] et *L'École des femmes* de Molière (1662).

Aucune de ces œuvres ne manquait de suggérer que le comportement du tyran domestique relevait d'une folie plus ou moins inquiétante. Qu'il suffise ici de rappeler que, dès la première scène de *L'École des femmes*, une question de Chrysalde place dans les mains d'Arnolphe le fameux bâton qui distingue les fous : "Une femme stupide est donc votre *marotte* ?"[3] Cette tradition est si bien établie qu'*a priori*, on ne voit guère pourquoi la bizarrerie du chevalier de Borille serait aussi choquante que La Solle semble le craindre ou le désirer dans sa préface. Mais ce serait méconnaître le malaise très particulier que suscite la lecture de ce texte.[4] À mieux observer les liens qui unissent l'épisode de Tiamy au topos de la belle captive en enfance, on s'aperçoit que le récit de La Solle se caractérise d'abord par une accentuation systématique de toutes les composantes du scénario.

2. Rappelons qu'il s'agit d'une traduction de la nouvelle de Maria de Zayas y Sotomayor, *El Prevenido engañado* (1637).

3. Nous soulignons. Sur cette "folie" d'Arnolphe, voir les analyses de Patrick Dandrey dans *Le "cas" Argan. Molière et la maladie imaginaire*, Klincksieck, 1993, p. 387 et sq. ; ainsi que celles de Max Vernet dans *Molière. Côté jardin, côté cour*, Paris, 1991, p. 68 et sq.

4. On pourrait trouver un signe de ce malaise dans le fait que la seule étude consacrée à ce texte s'achève par ces lignes quelque peu surprenantes : "Sans doute aurions-nous dû ne pas nous contenter d'un récit linéaire [...]. Mais nous avons préféré faire confiance à l'érudition et aussi à la fantaisie du lecteur" (Jacques Rustin, "Une "expérimentation" libertine dans le roman du XVIIIᵉ siècle : l'épisode de Tiamy dans les *Mémoires de deux amis* (De La Solle, 1754)", *Travaux de linguistique et de littérature*, IX (2), 1971, p. 95).

La donnée initiale de ce topos est le désir qu'un homme vieillissant et riche éprouve pour une enfant (ou une très jeune femme explicitement rattachée à l'enfance) sans bien ni ressource.[5] Qu'on se rappelle notamment l'aveu d'Arnolphe dans *L'École des femmes*: "Un air doux et posé, parmi d'autres enfants, / M'inspira de l'amour pour elle dès quatre ans." (I, 1) Chez La Solle, un désir analogue s'exprime sous un jour crûment libertin : "Quand [Tiamy] eut atteint l'âge de quinze mois, il crut remarquer qu'elle serait extrêmement jolie, et forma le dessein de l'enlever pour ses plaisirs." (III, 137) L'enlèvement lui-même accroît la violence de l'appropriation : Carrizalès négociait la main de Léonore auprès de ses parents, Dom Pedre recueillait Laure abandonnée par sa mère, Arnolphe achetait Agnès...

Tout se passe, en outre, dans le récit de La Solle, comme si l'enchaînement "normal" des séquences avaient été court-circuité : la phase intermédiaire du couvent, bienséance à laquelle se pliaient Dom Pedre et Arnolphe étant donné l'âge de leur victime, est supprimée, et Tiamy est d'emblée séquestrée dans la maison de Borille. Le spectre de la pédophilie devient naturellement très insistant.

Le deuxième moment du scénario consiste en la séquestration de la femme-enfant dans une maison où le tyran domestique dissimule son trésor : simplement mentionnée dans *La Précaution inutile*, rapidement évoquée par Arnolphe,[6] elle est longuement décrite chez Cervantes et chez La Solle. Car le fantasme d'exclusivité de Carrizalès et Borille s'étaye sur l'architecture complexe d'une forteresse entièrement conçue pour la claustration du corps féminin. Les fenêtres sont d'ailleurs condamnées dans les deux cas, mais chez Carrizalès, elles laissent encore filtrer le jour. Ce n'est plus le cas chez Borille.[7]

---

5. Dans la nouvelle de Cervantes, Léonore a certes treize ans, mais Carrizalès estime que "ce n'est encore qu'une enfant" (trad. de Jean Cassou, Paris, 1949, Folio, p. 310). Dans *La Précaution inutile*, Laure, recueillie à la naissance par Dom Pedre, est mise au couvent à l'âge de trois ans.

6. "Je l'ai mise à l'écart, comme il faut tout prévoir / Dans cette autre maison, où nul ne me vient voir" (I, 1).

7. "[Borille] donna ordre qu'on revêtît [les pièces] en dedans d'un double mur : à l'égard des fenêtres, il prévit que la nécessité de changer d'air ne pouvant pas se parer, il lui était impossible de les faire murer : il les fit seulement revêtir de fortes grilles de fer en dehors, et en dedans, il fit placer des contrevents garnis de paillassons ; et sur tout cela fit passer une boiserie à coulisse bien jointe, dont lui seul savait le secret [...]" (III, 138-139).

Avec le récit de La Solle, on se trouve confronté aux liens très étroits qui se nouent au XVIIIe siècle entre architecture et folie : que l'on songe en particulier à ces demeures libertines que l'on nommait "folies" ou "petites maisons."[8] Ignorant, comme tous ses contemporains, l'étymologie du terme, Furetière explique par exemple qu'une "folie" est une maison qui a coûté de folles dépenses ou qu'on a "bâtie de quelque manière extravagante". Ce qui conviendrait d'autant mieux à la maison de Borille que celle-ci n'est pas sans rappeler la "folie" que s'était fait construire le Comte de Charolais en 1739 (au 26, rue de Belle-fond), ainsi décrite dans un volume intitulé *Les Folies d'amour au XVIIIe siècle* : "La petite maison du Comte de Charolais, pour laquelle il avait dépensé sans compter, [...] était entourée de hauts murs, et faite à souhait pour cacher aux yeux de tous ce qui s'y passait. Cette maison de plaisir avait quelque peu l'air d'un couvent. C'était d'ailleurs la maison d'un maniaque, car Charles de Charolais [était] comme tous les Bourbons, prédisposé à la folie."[9] Et d'expliquer, en se référant aux *Mémoires* du marquis d'Argenson, que cette folie le portait à "calfeutrer des beautés malgré elles", en particulier une "fillette de 16 ans" nommée Mlle de Varennes. Les fantasmes dont se nourrit le récit de La Solle n'avaient, on le voit, rien de solitaire ou d'inactuel en ce milieu du XVIIIe siècle...

La troisième composante du topos est la dimension essentiellement négative de l'"éducation" reçue par la femme-enfant. Il s'agit avant tout de maintenir celle-ci dans une totale ignorance, et la pédagogie du geôlier ne vise qu'à une rigoureuse infantilisation. Carrizalès nourrit Léonore de sucreries et la fait jouer à la poupée. Dom Pedre donne ordre "que Laure n'eût aucune connaissance des choses du monde". Et Arnolphe a pour seul souci de rendre Agnès "idiote autant qu'il se pourrait".

8. Pour l'étymologie de ces deux termes ("folie", altération de "feuillée, abri de feuillage", et "petite maison" dérivation par antonomase des "Petites-Maisons" de Paris), voir la préface de R.-C. Yve-Plessis dans l'ouvrage de Gaston Capon, *Les Petites maisons galantes de Paris au XVIIIe siècle* (Paris, 1902). Le roman du XVIIIe siècle se plaît à jouer de ces polysémies, comme en témoigne ce dialogue extrait des *Spectacles nocturnes* de J.-B.-M. Magny (1756) : "Oh ! que les hommes sont fous avec leurs petites maisons ! — Dites plutôt que c'est là le lieu qui leur convient, et qu'ils devraient s'y enfermer continuellement." (t. I, p. 92).

9. Tome II (p. 32) de l'*Histoire des petites maisons galantes*, (Paris, 1910-1912) de F.-R. Hervé-Piraux, qui d'ailleurs, pour l'essentiel, pille l'ouvrage cité de G. Capon, ce dernier s'appuyant lui-même sur les rapports de police d'un certain Meunier.

Chez La Solle, cette éducation négative est radicalisée au point de maintenir Tiamy dans les franges de l'animalité : "Elle n'eut aucune occupation règlée, et fut réduite précisément à la condition des bêtes. " (IV, 7) " [Borille] ne lui apprit même pas à parler ; seulement, il lui nomma les choses de l'usage le plus commun, comme le pain, la viande, un lit, une chaise et il fut content quand il la vit en état de lui dire qu'elle avait faim ou soif, froid ou chaud. " (IV, 5) Ce qui est visé, c'est désormais une infantilisation comprise en son sens le plus littéral : Tiamy est maintenue dans l'état proprement *infans* de la créature qui ne parle pas et ne sait pas même dire "je ".

Il n'est pas certain toutefois que cette radicalisation des traits constitutifs d'une folie "classique" suffise à expliquer le malaise suscité par le récit de La Solle. D'Arnolphe à Borille, c'est peut-être la nature même de la folie qui a changé. Chez Molière ou Cervantes, les tyrans domestiques motivaient leur conduite par des lieux communs sur l'inconstance des femmes. Chez eux, ces lieux communs tournaient à l'obsession maladive et c'est là que résidait leur folie. Aussi le terme de jalousie permettait-il encore, sinon d'en épuiser les manifestations, du moins d'en définir le principe.[10] Autrement dit, ces maniaques du XVIIe siècle savaient encore, jusque dans leurs plus grandes folies, se plier au principe de la vraisemblance classique tel que Gérard Genette l'a défini : "la conduite d'un personnage [...] est incompréhensible, ou *extravagante*, lorsqu'aucune maxime reçue n'en peut rendre compte. "[11]

Or, même si le récit de La Solle continue de se référer à ces lieux communs pour expliquer la conduite de Borille, celle-ci excède visiblement la caractérisation classique de l'obsession jalouse, au point que le mot ne soit même jamais prononcé.[12]

10. Le titre de la nouvelle de Cervantes l'indique assez pour Carrizalès. Quant à Arnolphe, Horace le définit de la manière suivante : "C'est un fou n'est-ce pas [...]. Jaloux à faire rire ?" Sur les interférences entre caractérisations morales et types de folie, voir Michel Foucault, *Histoire de la folie à l'âge classique*, Paris, 1972, p. 212-215.

11. Gérard Genette, "Vraisemblance et motivation", *Figures II*, Paris, 1969, p. 75.

12. S'il fallait absolument assigner à Borille un "caractère", sans doute faudrait-il le chercher du côté de celui qu'analyse Freud dans "Caractère et érotisme anal" [1908] puisqu'en lui se réunissent idéalement les trois traits constitutifs relevés par Freud : *ordonné* (surtout si l'on entend par là le goût de la propreté, comme Freud y invite. Voir plus loin nos remarques à ce sujet) ; *économe* (Borille est défini d'emblée par sa passion de la spéculation financière) ; *entêté* (son projet demande environ dix-sept ans de préparation...).

Cette absence du mot de jalousie est sans doute le premier signe d'une infraction majeure dans le scénario de la belle captive en enfance. Car le texte n'omet pas de désigner le mal dont souffrirait le personnage, mais celui-ci n'a, *a priori*, guère de rapport avec sa conduite dans le récit : "C'était un de ces hommes singuliers [...], *malade de la peur de mourir*, content de ce qui déplaît aux autres, et fâché souvent de ce qui les amuse." (III, 131) Le lien entre cette peur maladive de la mort et la séquestration d'une enfant pour en faire un objet sexuel reste totalement implicite, et finalement mystérieux. Ce qui, dans un récit classique, ne saurait être anodin : si, entre la psychologie et l'action, entre le portrait et le récit, le lien de motivation en vient à se dénouer, c'est sans doute que l'on a affaire à une extravagance dont le système de la vraisemblance classique ne peut plus rendre compte. D'où, dans ce portrait initial, le passage à une autre forme de discours, fondée sur la notion toute moderne d'ambivalence : "Il aimait les femmes qu'il méprisait, et désirait avec ardeur les plaisirs que ce mépris lui empêchait de se procurer".

Mais là n'est pas la principale déviance du texte par rapport au topos. Celui-ci reposait en fait sur le vieux canevas de la "précaution inutile" (variation ancestrale sur le thème de la tromperie et du cocuage) qui donne d'ailleurs son titre à la nouvelle de Scarron.[13] C'est dire que le projet du jaloux était, par définition générique, voué à l'échec. Celui-ci prenait le plus souvent le visage d'un jeune séducteur[14] qui, nouveau Persée délivrant Andromède, pénétrait dans la forteresse ou aidait la jeune captive à sortir de sa cage et à déjouer les précautions du vieux barbon. Mais, plus fondamentalement, l'échec était inscrit dans la nature même de la belle captive, corps et âme irréductibles à toute objectivation. Cet échec était d'autant plus essentiel à la logique du scénario qu'il manifestait l'inadéquation de la jalousie et du réel et permettait, par là même, de désigner celle-ci comme pure folie. C'est dans cette douloureuse (quoique fictive) confrontation au principe de réalité que le délire du personnage se révélait comme tel.

Rien de tel chez La Solle. La parfaite réussite du projet de Borille est bien l'un des aspects les plus troublants de ce récit,

---

13. Ce sera encore le sous-titre du *Barbier de Séville* de Beaumarchais en 1775.

14. Rôle tenu par Loayasa dans le *Jaloux d'Estramadoure*, par un gentilhomme de Cordoue dans *La Précaution inutile*, par Horace dans *L'École des femmes*.

qui n'en manque pas. Jusqu'au moment de sa mort (elle-même tout à fait naturelle), nulle intervention extérieure ne vient perturber ses plans et la naissance de quatre enfants semble venir couronner le succès de son entreprise, comme une récompense à sa longue patience, ainsi qu'il est de règle dans le conte merveilleux.

C'est seulement après la mort de Borille qu'a lieu ce qu'on ose à peine appeler la "libération" de Tiamy et de ces enfants. Le narrateur, Rinville, hérite de la fortune de Borille, dont il est le neveu, ainsi que de sa maison. Une nuit, il entend des bruits étranges, et finit par découvrir la cachette de Tiamy et de ses enfants. Au lieu de se précipiter pour les libérer, il commence par introduire de la nourriture dans leur chambre et observe avec la curiosité d'un naturaliste le repas de "cette famille de sauvages". Le lendemain, Rinville laisse Tiamy sortir de la chambre, moins en un geste de libération que pour jouir du spectacle de son étonnement devant l'éclat du soleil, les fleurs et les arbres d'un jardin.[15] Le même soir, Rinville succombe à "une faiblesse criminelle": Tiamy, éduquée par Borille à être un pur objet sexuel, entre dans sa chambre, lui fait des avances peu équivoques, auxquelles il cède sans grande résistance, mais non sans culpabilité : "je me reprochais de m'être en un instant rendu aussi coupable que mon oncle avait pu le devenir." (IV, 114) On ne saurait mieux dire. Loin d'être un libérateur, Rinville apparaît comme un relais, et presqu'un double de son oncle.[16] Comme s'il héritait de Borille non seulement sa fortune et sa maison, mais aussi sa folie.

Reste à s'interroger sur les raisons de cette subversion complète du schéma de la "précaution inutile". En d'autres termes, comment expliquer l'efficacité de l'éducation négative dont Tiamy a été la victime ? Assurément, cette "réussite" n'est pas seulement liée à une radicalisation de la méthode d'Arnolphe. De Molière à La Solle, c'est en fait toute la question des rapports entre nature et culture qui a été bouleversée, et l'efficacité de l'éducation négative a sans doute un lien direct avec un changement d'*epistémè* : le passage de l'innéisme classique à l'empi-

15. "Les arbres du jardin, le parterre, chaque fleur en particulier l'occupait d'une manière *ravissante*. Le hasard avait interrompu mon sommeil, *le plaisir de jouir de la surprise de Tiamy* le suspendirent entièrement" (IV, 109. Nous soulignons).

16. J. Rustin note fort justement : "tout se passe comme s'il prenait le relais de son oncle, non pas tant dans ses actes que dans l'exercice d'une insensibilité particulière" (*art. cité*, p. 92).

risme des Lumières. En dépit de tous les efforts d'Arnolphe, le désir restait chez Agnés (de même que chez Laure ou Léonore) ce fragment de nature non dénaturée, cette donnée naturelle ultime sur laquelle l'éducation négative n'était pas parvenue à exercer son emprise. La nature de Tiamy, au contraire, a pu être patiemment travaillée et modelée en sorte qu'elle devienne cette poupée vivante, seulement désireuse d'assouvir le désir de son maître. L'inquiétante réussite du projet de Borille n'est au fond que la conséquence logique d'un principe fondamental de la pensée empirique, dégagé autrefois par Ernst Cassirer : "toute déviation dans l'adaptation *organique* de l'homme doit inévitablement avoir pour effet un changement complet de sa nature *spirituelle.*"[17] Par le postulat d'une malléabilité presque parfaite de l'être humain,[18] l'empirisme offre à Borille l'anthropologie qui manquait à Arnolphe.

Le sensualisme qui préside au récit de La Solle n'est certes pas absolument radical puisque, par la bouche du narrateur, une place est concédée aux "lumières naturelles"; mais le texte précise aussitôt que celles-ci ne seraient rien sans "le commerce des hommes."[19] (IV, 11) Position assez proche, en somme, de celle de Condillac dans son *Essai sur l'origine des connaissances humaines* (1746). Pour réduire Tiamy à l'imbécilité, l'ouvrage de Condillac lui fournissait d'ailleurs obligeamment (quoique bien involontairement) quelques recettes : "Refusez à un esprit supérieur l'usage des caractères [...]. Otez lui encore l'usage de la parole [...]. Enfin enlevez-lui l'usage de toutes sortes de signes [...]: vous aurez en lui un imbécile." À la lumière des "applications" de Borille, la suite du propos de Condillac laisse rêveur : "Il serait à souhaiter que ceux qui se chargent de l'éducation des enfants n'ignorassent pas les premiers ressorts de l'esprit humain."[20]

17. Ernst Cassirer, *La Philosophie des Lumières*, trad. Pierre Quillet, Paris, 1966, p. 171.

18. Ce postulat est aussi au fondement de l'expérimentation que Mme de Merteuil pratique sur elle-même pour atteindre à une totale dissociation de la sensation et de l'expression (voir la fameuse lettre LXXXI des *Liaisons dangereuses* où Merteuil analyse la manière dont elle a su "se travailler").

19. Sur ce point, ainsi que sur les conséquences générales de l'empirisme dans les théories de l'éducation, voir les analyses de Jean Ehrard : "Naissance d'un mythe : l'éducation" in *L'Idée de nature en France dans la première moitié du XVIIIᵉ siècle*, Paris, 1963, en particulier les p. 761-762.

20. Condillac, *Essai sur l'origine des connaissances humaines*, 1746, t. I, p. 186.

Borille, à la manière d'un "savant fou", les ignore si peu qu'il s'efforce méthodiquement de les anéantir.[21] D'où, pour lui, la nécessité de priver Tiamy de tout commerce avec le monde (même la socialisation minimale du couvent n'est plus envisagée). D'où aussi son refus de lui apprendre à parler, ou du moins la restriction de cet apprentissage à la seule nomination de ses besoins. Il s'agit de la maintenir dans un état tout à fait primitif de l'usage des signes, quand l'homme ne connaissait pas "d'autres mots que les noms [donnés] aux objets sensibles."[22] Il faut ne laisser à Tiamy que "le peu d'idées" qu'on a quand on est "sans l'usage de la parole."[23]

D'où enfin, la séquestration de Tiamy dans un lieu hermétiquement clos dès l'âge de deux ans. Il ne s'agit pas seulement de l'emprisonner, ni même de tenir son existence secrète, mais plus essentiellement de plier son corps à la loi d'airain de l'empirisme : *Nihil est in intellectu, quod non antea fuerit in sensu.* C'est en vertu de ce principe que Tiamy est privée des sensations de l'air et du soleil. Car, comme l'indique encore Condillac, "les premières idées" sont liées à "certaines sensations de lumière, de couleur..."[24] La réduction maximale du champ de ses expériences purement sensorielles est essentielle au projet puisque l'existence corporelle de Tiamy doit se réduire à la satisfaction de ses besoins, et à celle des désirs de son maître.[25] Et si Borille renonce à lui apprendre à lire, en dépit de l'agrément qu'il pourrait alors tirer de sa compagnie, c'est seulement pour ne pas lui ouvrir les yeux sur des sensations et des réalités qu'il s'est acharné à lui dissimuler :

"En lisant [...] elle trouverait dans les livres des détails sur les ajustements qui lui *ouvriraient les yeux* sur sa nudité ; elle saurait qu'il y a des pays, des villes, des maisons *que le soleil éclaire, que la nuit couvre de ses voiles*, et il fallait qu'elle crut

21. C'est peut-être à cette lumière qu'on pourrait mieux comprendre l'insistance du récit sur les allures de "philosophe" que se donne Borille avant d'exécuter son projet ("il menait une vie retirée, qui avait tous les dehors de la philosophie." III, 132).

22. *Ibid.*, t. II, p. 119. Condillac donne comme exemples les mots "arbre, fruit, eau, feu". Tiamy, quant à elle, sait user des mots "pain, vin, viande, lit, chaise" (IV, 5) : où l'on voit, entre autres, que la primitivité dans laquelle elle est maintenue n'a rien de "naturel"...

23. *Ibid.*, t. I, p. 192.

24. *Ibid*, t. I, p. 219.

25. "Elle ne connaissait d'autre plaisir que de satisfaire aux besoins de la nature, d'autre devoir que celui de caresser son maître, et ce devoir avec l'âge devint pour elle un amusement" (IV, 9).

qu'elle existait seule avec son maître, et que son appartement était tout l'univers, qu'il n'y avait *point d'autre lumière que celle de sa lampe* [...]." [26]

À vrai dire, la réussite de Borille n'est pas totale : "La raison de Tiamy, par le secours des années, perçait à travers les ténèbres épaisses dont l'ignorance la couvrait" (IV, 12). Mais l'essentiel est que le projet érotique n'en soit nullement perturbé : "Tiamy se livrait au plaisir sans art, et son maître sans réserve : ils s'en aperçurent bientôt par la grossesse de la belle." (IV, 17).

Dans cette logique empiriste qui fonde la réussite du projet de Borille, on aura reconnu le principe des fictions expérimentales de l'origine si fréquentes dans la littérature du milieu du XVIIIe siècle. Que l'on songe, entre autres, à *La Dispute* de Marivaux, (1744) à *L'Élève de la nature* de Guillard de Beaurieu, (1763) ou à *Imirce ou la Fille de la nature* de Du Laurens (1765) [27]... Les tentations purement expérimentales, ou plutôt non directement érotiques, ne sont d'ailleurs nullement étrangères au projet de Borille. Il envisage un instant, par exemple, d'enseigner le dessin à Tiamy : "...Le défaut de connaissance du monde, et la vivacité naturelle pourraient faire de singuliers effets sur l'imagination de cette élève et produire des dessins dont la bizarrerie mériterait l'admiration des connaisseurs." (IV, 6) C'est peut-être aussi à ce goût de l'expérimentation qu'il faut attribuer le fait que Borille nomme leurs quatre enfants par les quatre premières lettres de l'alphabet. Comme si, sadiquement, il ne laissait à Tiamy une chance de s'alphabétiser qu'à partir de la vingt-sixième naissance...

La fiction de La Solle semble donc se situer au croisement de deux traditions *a priori* étrangères l'une à l'autre : celle de la "précaution inutile" et celle, au moins aussi ancienne puisqu'elle remonte à Hérodote [28] mais d'une actualité beaucoup plus brûlante en ce milieu du XVIIIe siècle, d'une expérimentation sur l'origine. Et c'est bien l'entrelacement de ces deux motifs qui explique l'ambiguïté du rôle tenu par Rinville : s'il hérite de la fonction traditionnelle de libérateur dans le schéma

26. Nous soulignons.

27. Sur ce thème de l'enfant de la nature, on se reportera à l'article de Jean-Michel Racault, "Le motif de l'"enfant de la nature" dans la littérature du XVIIIe siècle ou la recréation expérimentale de l'origine" in *Primitivisme et mythe des origines dans la France des Lumières, 1680-1820*, Paris, 1989, p. 101-117, et à la préface d'Annie Rivara pour son édition d'*Imirce* de Du Laurens (Presses de l'Université de Saint-Étienne, 1993).

28. Voir sur ce point l'article cité de J.-M. Racault.

de la précaution inutile, il prend aussi le relais du fantasme expérimental de son oncle.

Ainsi, par le biais d'une répartition des rôles, l'épisode de Tiamy se conforme parfaitement à la structure ordinaire des fictions de l'origine, telle que Paul Vernière l'a analysée[29]: le premier temps consiste en l'aménagement d'un milieu observable et en la préparation du sujet de l'expérience, phase baptisée par P. Vernière d'un nom, en l'occurence, particulièrement adapté : "séquestration" (Borille en est le maître d'œuvre). La seconde, dite d'"accommodation et l'acculturation", a pour objet l'observation des réactions du sujet après sa réinsertion dans l'univers social ou dans un environnement "naturel"; tâche dont hérite le narrateur, Rinville : "Que l'éclat du jour doit faire une impression bien charmante sur quelqu'un dont les yeux n'y sont pas accoutumés ! Quelle foule d'idées doivent se présenter à son esprit !" Formules où l'on peut entendre un nouvel écho à Condillac : "Quel tableau que l'univers à des yeux qui s'ouvrent à la lumière pour la première fois !"[30]

Si le récit de La Solle parvient à tisser un lien entre ces deux traditions, c'est que, plus ou moins souterrainement, elles sont travaillées par un mythe commun : celui de Pygmalion. Car l'importance fondamentale de ce mythe dans l'imaginaire des Lumières[31] tient sans doute essentiellement au fait qu'il permet de représenter une fiction de l'origine directement liée à un investissement libidinal. Autrement dit, d'offrir un scénario où la *libido sciendi* s'entrelace étroitement à la *libido sentiendi*.[32]

Or, que cette figure de Pygmalion ait quelque rapport avec la folie, nul ne pouvait l'ignorer au moment où La Solle invente sa fiction. On peut songer en particulier à une parodie de Gaubier de Barrault créée par les Italiens en 1753 et intitulée *Brioché, ou*

29. Paul Vernière, "L'enfant de la nature, d'*Imirce* à *Gaspard Hauser*" in *Lumières ou clair-obscur*, Paris, 1987, p. 225. P. Vernière distingue dans le thème de "l'enfant de la nature" une troisième étape : la critique de la société occidentale par le sujet de l'expérience. Phase dont on ne peut trouver qu'une expression très embryonnaire dans le récit de La Solle, lorsque Tiamy annonce, quelques années après sa libération, sa décision de se retirer dans un couvent.

30. Condillac, *op. cit.*, p. 256.

31. Pour un panorama des représentations du mythe au XVIIIᵉ siècle, voir d'Annegret Dinter *Der Pygmalion-Stoff in der europaïschen Literatur*, Heidelberg, 1979, en particulier les p. 65-119.

32. Nous renvoyons à l'étude de Walter Moser, "Le Prince, le philosophe et la femme-statue. Une lecture de *La Dispute*", *Études Littéraires* (Québec), été 1991.

l'origine des marionnettes.[33] On y entendait le marionnettiste s'écrier : "L'ouvrage de mes mains, une marionnette, / A donc pu m'enflammer, ma folie est complète ". Et, en lieu et place du trône de Vénus, la parodie s'achevait par un triomphe de la Folie.[34]

On ne saurait douter que le mythe de Pygmalion soit fondateur dans le récit de La Solle. Tout l'indique dès l'origine du projet : "[Borille] voulait [...] passer toute sa vie entre les bras d'une beauté qu'il aurait le plaisir de *former à son gré*, et d'élever pour lui seul. " (III, 146) Et, à l'autre bout de la séquence, la jouissance de Rinville observant l'éveil de Tiamy à la sensation du soleil n'est nullement étrangère au mythe, comme en témoigne la parenté de sa réaction avec l'émoi de Diderot devant la Galathée sculptée par Falconnet : "Quelle innocence elle a ! Elle en est à sa première pensée. Son cœur commence à s'émouvoir ; mais il ne tardera pas à lui palpiter. "[35]

C'est en fait la totalité du processus d'éducation négative qui est rêvée par Borille comme l'exercice d'un pouvoir absolu de création. Preuve en est son désir d'être regardé comme un dieu par sa nouvelle Galathée : "Il fallait qu'elle crut qu'elle existait seule avec son maître, et que son appartement était tout l'univers, qu'il n'y avait point d'autre lumière que celle de sa lampe que son maître seul savait rendre perpétuel en y mettant de l'huile. " (IV, 4) L'identification au Dieu créateur de la Genèse est d'autant plus manifeste que la chambre hermétiquement close dans laquelle Tiamy et lui-même vivent dans une originelle nudité[36] est, de toute évidence, conçue comme une recréation du jardin d'Eden.[37]

Il s'agit donc de fabriquer une créature à son image, pour en jouir dans une clôture éminemment spéculaire et narcissique.[38] On conçoit que l'atmosphère de ce nouvel Eden soit quelque peu étouffante : "Comme il n'y entrait point d'air étranger, il y faisait

33. Parodie de la cinquième entrée du *Triomphe des Arts* de La Motte.

34. Sur cette parodie, voir les analyses de Hans Sckommodau et Heinrich Dörrie citées par Annegret Dinter, *op. cit.*, p. 71.

35. Diderot, *Salon de 1763*, à propos du groupe de marbre de Falconnet *Pygmalion au pied de sa statue qui s'anime* (in *Œuvres*, éd. L. Versini, Paris, 1996, t. IV, p. 286). Chez La Solle, t. IV, p. 107-111.

36. Cf. III, 147 ("Il voulait accoutumer sa belle à être toujours nue...").

37. Participe aussi de ce code édénique la crainte que les livres, comme les fruits de l'arbre de la connaissance dans le récit de la Genèse, n'"ouvrent les yeux " à Tiamy (cf. *supra* et Genèse, v. 5 et v. 7).

38. Cette spécularité rêvée, négation de toute altérité, se lit jusque dans le quasi anagramme des noms qu'il choisit : "TIAMy " (diminutif de petite amie) est comme le reflet inversé de "MAÎTre ".

fort chaud ;" (III, 147) "le défaut d'air rendit bientôt malade cette petite fille accoutumée au grand air […] M. de Borille s'en aperçut lui-même parce qu'il étouffait quand il restait longtemps dans cette chambre." (IV, 1) Au prix de quelques concessions de la part de Borille (l'ouverture quotidienne d'un contre-vent), Tiamy et sa progéniture s'acclimatent finalement si bien à cet air confiné qu'au moment de leur libération, le seul enfant mâle, de santé fragile, ne peut "résister à la vive impression du grand air" et meurt brutalement. En cet air vicié, on l'aura compris, se manifeste la véritable nature de l'Eden recréé par Borille : cela croit être un paradis, cela se révèle, de nom exact, un inceste.

Que l'inceste soit au cœur de la folie de Pygmalion, c'est ce que le dix-huitième siècle, ou du moins Sade, n'ignorait nullement. Dans *Eugénie de Franval* (nouvelle qui entretient d'évidents rapports avec la fiction de La Solle, même si elle repose sur le principe d'une éducation non pas négative mais délibérément libertine), Franval avoue en ces termes l'inceste qui le lie à sa fille : "La folie de Pygmalion ne m'étonne plus."[39] On peut supposer que La Solle n'en était guère plus étonné : le récit des circonstances de la naissance de Tiamy comporte quelques aspects suffisamment troublants pour suggérer l'idée que Borille pourrait bien être son véritable père.[40] Au reste, son seul titre de parrain suffit largement, dans une société catholique, à indiquer la nature de l'interdit ici transgressé.

Dès lors, on s'expliquerait mieux, peut-être, cette peur maladive de la mort, dont on a vu qu'elle constituait une motivation problématique dans le scénario de la "précaution inutile". Ne pourrait-on y lire le signe déplacé d'une culpabilité directement liée à ce fantasme incestueux ("L'angoisse de la mort", on le

39. *Eugénie de Franval* (1788-1800) in Sade, *Les Crimes de l'amour*, éd. Michel Delon, Paris, 1987, p. 315.

40. On est en droit de s'étonner du jugement péremptoire de Jacques Rustin sur ce point : "on n'a aucune raison — littéralement— de douter que Monsieur Dubois ne soit le père [de Tiamy]" (art. cité, p. 86). Rappelons d'abord que lorsque Borille se lie d'amitié avec les Dubois, son projet est déjà formé de longue date (cf. III, 132). Soulignons ensuite la curieuse incohérence narrative qui laisse planer un doute sur le motif des assiduités de Borille chez les Dubois, alors que le narrateur est censé avoir sous les yeux le journal de son oncle : "*il paraissait* que le goût des [récits de guerre] était le principe de son amitié pour cette maison." C'est après avoir instillé ce doute dans l'esprit du lecteur que le narrateur enchaîne, sans transition : "Madame Dubois étant devenue grosse, il accepta la proposition d'être parrain, à condition qu'elle serait-elle même la nourrice de l'enfant." (III, 137).

sait au moins depuis Freud, étant "issue le plus souvent d'une conscience de culpabilité "[41]) ?

Mais, à vrai dire, cette hantise de la mort peut aussi être entendue pour elle-même. À mettre en relation cette angoisse avec la séquestration de Tiamy, avec une évidente obsession de la propreté corporelle,[42] et la persistance d'une théorie sexuelle infantile assimilant les enfants à des excréments,[43] on percevrait le fantasme récurrent d'un corps féminin associé à la claustration, au déchet et à la mort. C'est dans cette perspective qu'on pourrait, en particulier, s'interroger sur certaines analogies frappantes entre la forteresse où Borille s'enferme avec Tiamy et le "tombeau" où Renoncour se cloître pour vénérer les reliques de Sélima dans les *Mémoires et aventures d'un homme de qualité* de l'abbé Prévost (1728). L'acharnement à s'emmurer ou à s'ensevelir vivant auprès d'un corps féminin conduit dans les deux cas à une dérive de l'écriture elle-même, animée par une sorte de furie et de minutie descriptives étonnantes dans le code romanesque de l'époque.[44] La comparaison des agencements extraordinairement précis de Borille et de Renoncour relèverait une même attention obsessionnelle au calfeutrage des fenêtres, au colmatage de toute ouverture et de toute brèche, à la suturation de toute faille, où se manifeste le désir de restaurer une plénitude ou une complétude originelle.[45] Construire une petite boîte capitonnée, un petit cercueil apprêté pour s'y enfermer avec son complément de chair féminine, ne serait-ce pas, sur

41. Freud, "Notre relation à la mort" [1915] in *Essais de psychanalyse*, Paris, 1981, p. 36.

42. Voir le passage où Borille initie Tiamy "aux mystères de la toilette" en construisant lui même un cabinet de bains (apporté par morceaux!) dans sa chambre (IV, 9-10) et, plus loin, les indications concernant la "fausse d'aisance" installée pour toute la "petite famille" (IV, 24).

43. "Il se repentit de n'avoir point enlevé à Tiamy son premier enfant ; ce qui aurait été facile, en lui faisant accroire que c'était un excrément de la nature" (IV, 27). Sur cette théorie sexuelle infantile, voir Freud, *Trois essais sur la théorie sexuelle* [1905-1925] Paris, 1987, p. 125-126.

44. Sur le caractère exceptionnel de la description dans le récit de La Solle, voir les analyses de Henri Lafon dans *Les Décors et les choses dans le roman français du XVIIIe siècle*, Oxford, 1992, p. 299-300.

45. "Mon premier soin fut de faire couvrir les murs et le pavé de la chambre que j'avais choisie pour ma demeure, d'un drap noir. Les fenêtres furent bouchées, n'ayant plus envie de revoir la lumière du soleil [...]. Telle était la disposition de cette espèce de tombeau, dans lequel j'avais résolu de m'ensevelir tout vivant. " (Prévost, *Mémoires et aventures d'un homme de qualité*, éd. J. Sgard, Paris, 1995, p. 201)

fond du fantasme originaire du retour au sein maternel, une manière d'anticiper sur le travail de la mort ? [46]

Quoi qu'il en soit, l'intérêt premier du récit de La Solle est peut-être de faire surgir, de la logique empiriste, des possibilités qui étaient "oubliées" ou restaient "impensées" par la philosophie des Lumières. Non que la raison empirique puisse servir de caution à la folie de Borille. Mais, pour autant, cette raison et cette folie sont-elles sans rapport ? L'histoire de Tiamy permet peut-être de comprendre à quel point, dans la fiction expérimentale de l' "enfant de la nature" qui travaille la pensée du XVIIIe siècle, l'espace clos de l'expérience a pour arrière-fond l'obscure et lointaine tradition de la forteresse où une femme est maintenue dans une éternelle enfance. À quel point aussi le mythe de la connaissance, qui fonde ces fictions de l'origine, a partie liée avec une ancestrale folie : la jalousie obsessionnelle, forme perverse du désir de tout savoir, ou plutôt du désir de savoir le tout d'une chose ou d'un être, ou encore d'un être réduit à une chose. Si le laboratoire expérimental de l'origine a pour envers cette forteresse où l'on s'enferme avec l'objet de son désir, c'est aussi parce que, dans les deux cas, d'incessantes confusions entre l'*in vivo* et l'*in vitro* font règner dans ces espaces hermétiquement clos une forte odeur d'inceste et de mort.[47] À cet égard, le retour d'une même formule dans *La Dispute* de Marivaux et dans le récit de La Solle peut sembler significative : pour le Prince de *La Dispute* comme pour le chevalier de Borille, il s'agit de construire une expérience qui ne laisse "plus rien à désirer."[48] Qu'elle s'avoue comme purement érotique ou purement cognitive, l'expérience doit conduire, par delà la jouissance, à une mort du désir. Il n'est pas interdit d'y entendre aussi l'expression d'une pulsion de mort.

Christophe MARTIN
Fondation Thiers

46. Dans les dernières lignes du *Jaloux d'Estramadoure*, Carrizalès donne cette interprétation de sa vaine séquestration de Léonore : "J'ai préparé moi-même le poison qui me donne la mort".

47. Que l'on songe aussi à l'usage qu'Imirce fait du mot "puanteur" pour désigner la mort. Voir *Imirce… op. cit., passim* et la préface d'Annie Rivara, p. 27.

48. "Mon père, naturellement assez philosophe […] résolut de savoir à quoi s'en tenir, par une épreuve qui ne laissât *rien à désirer*" (*La Dispute*, I, 2). "[Borille] n'eut pas besoin de découvrir son amour ; Tiamy ne connut les désirs de son maître que quand il n'eut *plus rien à désirer*." (IV, 16).

LA FOLIE JEAN-JACQUES

René Démoris

Fou ? Archifou ? Le doute ne semble guère possible : Rousseau passe les dernières années de son existence aux prises avec un délire de persécution, manifeste à la fin des *Confessions*, dans les *Dialogues* et encore dans les *Rêveries*, lors même que l'auteur croit y échapper et élaborer les moyens de le tenir à distance.

J'avais proposé, dans une étude antérieure, de voir dans cette folie l'étape singulière et sans doute décisive d'une évolution collective, celle qui mène l'écrivain, et particulièrement le romancier, à son sacre, faisant de lui, peu à peu, le dépositaire de vérités dernières, d'un savoir fondamental appréhendé sous la forme suspecte de la fiction, par laquelle il répond à une demande du lecteur, non pleinement consciente.[1] La folie de Jean-Jacques serait le moyen qui le punit — par lequel il se punit — d'avoir répondu explicitement à cette demande, en y exposant sa personne. Dans cette hypothèse, ce qui est châtié est moins le défi explicite que portent des œuvres comme le *Contrat* ou l'*Émile*, que des transgressions aux règles non écrites gouvernant les rapports sociaux, commises par un étranger qui n'avait pas bénéficié de l'éducation des collèges, en particulier, et ignorait un certain nombre d'inhibitions tenues pour naturelles par ses confrères en littérature. Ce n'est pas sans raison que Jean-Jacques dénonce la violence de la haine qu'on lui porte et son caractère inexplicable. C'est qu'il affronte l'impensé de son public et le sien propre, pour ce qui touche particulièrement à la fonction de l'écrivain et de l'écriture littéraire. D'où l'effort pathétique pour *ne pas penser* qui se lit dans les *Rêveries* et, en même temps, l'exhibition d'un martyre, à travers la figure christique — *ecce homo* — qui ouvre les *Rêveries* : "Me voici donc seul sur la terre…"[2]

1. "L'écrivain et son double : savoir et fiction dans le texte classique" in *Les sujets de l'écriture*, PUL, Lille, 1981.

2. *Les Rêveries du promeneur solitaire*, ed. H Roddier, Cl Garnier, 1997, p. 3.

Sur le fond de cette hypothèse, je me demanderai ici quel rapport a cette folie-là avec la "folie romanesque" du modèle donquichottesque, et plus généralement avec "l'usage des romans" pour introduire ici le terme autrefois employé par Lenglet Dufresnoy.

LA SCÈNE DE LA LECTURE

Rousseau situe les romans dans un moment originaire : celui où naît la conscience de soi. L'atteste la scène bien connue qui ouvre les *Confessions* : "J'ignore ce que je fis jusqu'à cinq ou six ans ; je ne sais comment j'appris à lire ; je ne me souviens que de mes premières lectures et de leur effet sur moi : c'est le temps d'où je date sans interruption la conscience de moi-même. Ma mère avait laissé des romans. Nous nous mîmes à les lire après souper mon père et moi."[3] En ces romans, on est en droit de reconnaître les "grands romans", ceux d'avant 1660, dont Lenglet conseillait la lecture, sinon aux enfants, du moins à la jeunesse. Dans l'interprétation que donne Jean-Jacques de l'effet de cette lecture précoce, on pourrait reconnaître la trace d'une appréciation positive du quichottisme : "Ces émotions confuses que j'éprouvais coup sur coup n'altéraient point la raison que je n'avais pas encore ; mais elles m'en formèrent une d'une autre trempe, et me donnèrent de la vie humaine des notions bizarres et romanesques et dont l'expérience et la réflexion n'ont jamais bien pu me guérir."[4] Mais Rousseau regrette-t-il cette maladie ? Le lecteur est discrètement invité à reconnaître dans cette "autre trempe" les préludes d'un héroïsme qui se donnera carrière dans le champ littéraire et philosophique, autorisant l'accès à une autre vérité. Bref un tel début est bien digne de l'auteur des *Discours* ou de l'*Emile*. Un point à retenir cependant : le rôle formateur (ou déformateur) des romans ne tient pas aux modèles qu'ils présentent, mais bien aux émotions qu'ils procurent. On y reviendra.

D'une intoxication romanesque, sur le mode cervantin, le récit des *Confessions* n'offre que peu d'exemples. Les hauts faits de l'enfance — le noyer de la terrasse, l'amitié avec Barna Bredanna (même si Rousseau se qualifie alors avec humour de "paladin"), les rapports avec Mlle Goton — ne relèvent pas de ce registre. Rousseau prononce le terme de "folie romanesque"

3. *Les Confessions*, Cl. Garnier, 1964, p. 7.
4. *Ibid.* p. 8.

à propos de Mme Basile : la scène délicieuse qui les réunit ne montre pourtant que l'effet conjugué du désir naissant et de la timidité, et même si elle relève d'un *topos*, n'a guère besoin de la caution des romans.[5] L'histoire avec Plutarque, qui succède aux romans aurait-elle plus d'effets ? Rousseau écrit : "je devenais le personnage dont je lisais la vie : le récit des traits de constance et d'intrépidité qui m'avaient frappé me rendait les yeux étincelants et la voix forte. Un jour que je racontais à table l'aventure de Scævola, on fut effrayé de me voir avancer et tenir la main sur un réchaud pour représenter son action."[6] De fait il n'y a là nul quichottisme et nulle surestimation de la réalité : Jean-Jacques n'applique pas la leçon de Scævola, il en donne une représentation qui vise à intéresser son entourage. Même s'il est pris par son rôle (comme le bon comédien selon du Bos et le mauvais selon Diderot), il ne perd pas de vue qu'il s'agit d'une fiction. Tout au long des *Confessions*, Rousseau insiste bien davantage sur les épisodes où un peu plus d'héroïsme romanesque n'aurait pas nui à son personnage (on pensera au ruban de Marion, à l'abandon du maître de musique, entre autres). On est plus près de Gil Blas que de Don Quichotte.

Pour analyser l'effet des romans, il convient de se reporter aux circonstances de la lecture. Lecture pratiquée d'abord à titre d'exercice d'apprentissage et partagée avec le père. Dans les pages qui précèdent, Rousseau a raconté l'histoire d'amour de ses parents, conclue par un mariage, auquel met fin sa naissance : "je coûtai la vie à ma mère". Puis il évoque une scène répétitive entre le fils et le père inconsolable de la mort de sa femme : "Il croyait la revoir en moi, sans pouvoir oublier que je la lui avais ôtée ; jamais il ne m'embrassa que je ne sentisse à ses soupirs, à ses convulsives étreintes, qu'un regret amer se mêlait à ses caresses ; elles n'en étaient que plus tendres."[7] Cet impossible deuil s'accompagne de propos au moins inquiétants pour un enfant ignorant des réalités sexuelles et qui doit, comme tout autre, se poser des questions sur son origine : "Ah ! disait-il, en gémissant, rends-la-moi, console-moi d'elle, remplis le vide qu'elle a laissé dans mon âme. T'aimerais-je ainsi si tu n'étais que mon fils ?" Injonction est faite à l'enfant de *tenir lieu* de l'épouse, d'être autre chose qu'un fils, et c'est de quoi faire vaciller la différence des sexes et surgir, au milieu de

5. *Ibid.* p. 79-83.
6. *Ibid.* p. 9
7. *Ibid.* p. 7

"convulsives étreintes", le fantasme d'un viol. Il se trouve aussi que de la mort de la mère, par sa naissance, le fils a été l'agent. Ce père trop aimant a toutes raisons d'être aussi un père haïssant.[8] Même si ce n'est que pour la perdre, le fils a bien pris son épouse au père, réalisant ainsi le vœu œdipien, lui causant une irréparable blessure, et s'exposant à une rétorsion pour la faute involontaire d'être né. Une double menace pèse donc sur l'enfant, celle de sa destruction et d'une atteinte à son intégrité physique. On entre dans la sphère de l'innommable. Pour écarter cette menace, il faudrait combler le *vide* du père.[9]

L'autre scène, celle de la lecture des romans, elle aussi répétitive et contemporaine de la précédente, suggère au contraire une réunion du père et du fils, lisant "tour à tour" l'un pour l'autre, tout au long de la nuit. Nuit d'amour que couronne le chant des oiseaux et qui voit le père, à l'aube, enfin *désarmé* : "Quelquefois mon père, entendant le matin les hirondelles, disait tout honteux : allons nous coucher ; je suis plus enfant que toi."[10] Un échange des rôles ? A ce jeu, le fils ne devient-il pas *moins* enfant que le père ? L'expérience révèle un père défaillant, mais non dangereux, qui partage avec le fils les objets qu'a possédés, touchés la mère disparue, le conviant à une communion sur *ce qui reste du corps de la mère*. Cela revient à enfreindre indirectement l'interdit œdipien. Qu'il s'agisse de romans n'est pas indifférent : les romans sont histoires d'amour, depuis longtemps, et explicitement depuis 1671, avec la bénédiction de Huet. Ce contenu a un rapport évident avec les questions que peut se poser l'enfant sur l'histoire de ses parents et sur sa propre origine. L'objet médiateur, dont le magique pouvoir rétablit un ordre humain entre père et fils, ramène donc doublement à la sphère sexuelle, par son contenu et par son statut d'objet de

8. J'avais le tort, écrivant ces lignes, d'ignorer la belle étude, essentielle à ce propos, d'Alain Grosrichard, "Où suis-je ?" "Que suis-je", publiée dans les *Actes* du colloque de Nice en 1978, et opportunément rééditée dans *Rêveries sans fin*, textes réunis par M. Coz et F. Jacob, Paradigmes, 1997.

9. Trois remarques : 1. la suite immédiate du texte évoque le corps malade, "l'incommodité" dont souffrit Rousseau, et l'horizon de sa mort. 2. le terme de *vide*, d'emploi assez peu fréquent, réapparaît à des moments cruciaux de l'œuvre (invention de *La Nouvelle Héloïse*, aveu de Julie sur le bonheur qui ennuie). 3. Le fantasme d'une autre paternité apparaît avec le personnage de M. de la Closure, résident de France amoureux de la mère, qui réclame pour cette raison le retour de son mari, fantasme que semble vouloir écarter la précision apportée sur la date de naissance de Jean-Jacques ("dix mois après" le retour du père).

10. *Confessions,* éd. cit. p. 7-8.

la mère. Si la lecture des romans instaure un bonheur provisoire, elle répète aussi la faute. Il y a là de bonnes raisons pour que Jean-Jacques s'arrête aux "passions" éprouvées et revendique une ignorance totale des "choses", soulignant ce que cette expérience de l'imaginaire put avoir d'ineffaçable.[11] La lecture des romans permet peut-être ici d'échapper à la folie.

LE MODÈLE CULTUREL : DU BOS

"Les romans finirent avec l'été de 1719", l'année même où du Bos publie ses *Réflexions critiques sur la poésie et la peinture*, œuvre de référence pour la réflexion esthétique du siècle tout entier, essentielle à une réhabilitation de la fiction. Rompant avec une tradition d'évaluation du contenu *moral* de cette fiction, du Bos voit dans les arts d'imitation un moyen pour dissiper une énergie libidinale, qui s'accumule douloureusement dans la stase de l'*ennui* et risque d'ouvrir la porte aux déchaînements des passions. Les "fantômes de passions" que suscitent les objets fictifs de l'art ont l'avantage de n'être ni aussi durables, ni aussi intenses que les passions véritables. Les arts d'imitation, poésie (au sens le plus large de littérature) et peinture se voient donc confier une fonction de thérapeutique sociale, à des fins essentiellement préventives, qui passe par le biais d'une identification du spectateur ou du lecteur aux héros de la peinture et de la poésie. Du Bos ne cache pas qu'il voit dans cette "sensibilité naturelle du cœur humain" une disposition providentielle (même s'il ne parle que de nature) qui contrebalance les effets fâcheux de l'amour propre et constitue de fait le "premier fondement de la société."[12] Les arts apparaissent donc comme les relais d'une sociabilité naturelle originelle. D'un trait de plume, du Bos écarte les risques d'un quichottisme, qui ne saurait menacer qu'une infime minorité de têtes très faibles. Dans la mesure où il convient que l'énergie des fantômes de passions ne fassent pas retour vers le réel, on comprend que cette culture du simulacre privilégie l'imaginaire, en particulier celui des grands genres.

11. Dans les *Lettres à Malesherbes*, Rousseau omet la lecture des romans et ne parle que de celle de l'histoire, qui fait partie des "bons livres" venant du grand-père maternel et qui d'après les *Confessions* (*ed. cit.* p.8), le "guérit un peu des romans". Dans les *Dialogues* (O.C. Pléiade, tome I, p. 819), Plutarque devient la "première lecture", les "vieux Romans" tempérant ensuite la "fierté romaine". Jean-Jacques était-il "honteux", comme son père ?
12. Voir *Réflexions critiques...*, éd. 1770, p. 39-40.

La situation de lecture n'est certes pas la même pour le père de Jean-Jacques et l'homme du monde de du Bos. Constatons cependant qu'ici et là, il s'agit bien de conjurer un vide : celui qu'a laissé la mort de la femme aimée, celui de l'âme inoccupée. La lecture permet d'échapper, dans les deux cas, au moins provisoirement, à un affect insupportable.

Le rédacteur des *Confessions* avait bien lu du Bos. Il s'était indigné notamment, dans la *Lettre à d'Alembert*, de la désinvolture que manifeste l'abbé, tout préoccupé de déplacements d'énergie et de poésie du style, à l'égard de l'exemplarité morale et de la fonction d'instruction traditionnellement attribuée à l'œuvre d'art. Quitte d'ailleurs à rejoindre à peu près ses positions en ce qui concerne les peuples "corrompus" : point de théâtre à Genève, mais à Paris c'est peut-être un moindre mal.

Il est probable qu'il n'a pas dû ignorer l'exception que proposait du Bos lui-même à sa théorie générale de la catharsis. Pour du Bos, il existe bien des êtres capables d'échapper à la fois à l'ennui et aux impressions des "objets étrangers", bref de se suffire à eux-mêmes par l'habitude de "réfléchir et méditer". Mais le nombre est nécessairement très petit de ceux qu'un "tempérament heureux", et une capacité de diriger leurs pensées par un exercice continuel, autorisent à se livrer à cette "conversation avec soi-même."[13] Dans cette voie étroite, on n'exerce son imagination que pour mieux la "dompter". Cette exception, où se dessine la figure d'un philosophe autarcique, capable de supporter la solitude (même si du Bos évite le terme de philosophe, lié pour lui à une modernité suspecte) est assez rare pour ne pas compromettre la théorie générale de la catharsis.

Rousseau, dans son récit de la conception de *La Nouvelle Héloïse*, au livre IX des *Confessions*, a insisté avec complaisance sur l'état de délire qui préside à ce voyage au pays des "chimères", qui lui permet de supporter le manque d'objet d'amour. Ce délire a pourtant sa logique, liée au texte de du Bos. Se retirant à l'Ermitage, Jean-Jacques entend mériter vraiment le nom de philosophe, échapper au *rôle* que lui impose l'univers mondain, et en finir avec l'aliénation de l'échange social qu'il avait dénoncée dans ses *Discours*, pour se faire solitaire dans un lieu au nom prédestiné. Or, à l'Ermitage, à le dire platement, ce que rencontre Jean-Jacques, incapable d'ouvrir les ballots de livres sur lesquels il entendait travailler, c'est l'*ennui*, pierre

13. *Ibid.* p. 7-9.

d'angle des *Réflexions critiques*. Il n'est pas question pour
Rousseau de recourir à la solution générale de du Bos, qui sup-
poserait un retour au circuit leurrant de l'échange social (car
c'est bien un réinvestissement de l'énergie individuelle dans des
objets sociaux que vise l'abbé). Le recours aux "chimères" peut
passer pour un banal appel aux ressources de l'imaginaire, mais
il est aussi le fruit d'une élaboration de la théorie de du Bos, permettant de combiner les deux voies qu'il suggérait, celle de la
"conversation avec soi-même" et celle des "fantômes de passions" : dans le dispositif qui prélude à l'écriture du roman, le
consommateur de fictions est en même temps leur producteur,
avec cette différence que, là où du Bos situait une activité
d'ordre intellectuel, et de mise en ordre, Jean-Jacques s'abandonne à son imagination et à sa mémoire pour mettre en jeu des
représentations productrices d'émotions. Il peut faire ainsi l'économie du passage par une écriture littéraire, toujours menacée
par l'ombre de la vénalité.[14] Le processus d'amalgame des deux
voies, large et étroite, revient à déplacer une réflexion sur la réception de l'œuvre d'art, d'ordre esthétique, du côté de la résolution de problèmes existentiels. Quelque spontané qu'ait été le
recours à l'imaginaire chez Jean-Jacques, il n'en tire pas moins
sa dignité, sa visibilité, d'avoir été inscrit dans le fait littéraire.[15]

Les chimères viennent habiter un cœur *vide*, un vide que tente
de combler la fiction. Ce vide peut faire penser à celui dont
souffrait le père de Jean-Jacques. Il est cependant de nature différente : "dévoré du besoin d'aimer", avec "un cœur tout pétri
d'amour", et donc sûr de sa vocation amoureuse, Jean-Jacques
prend conscience, qu'il n'a jamais vécu pour son compte une
grande passion, "faute d'objet". C'est à une destinée injuste que
Jean-Jacques doit ne n'avoir pas été à la hauteur de ce père
exemplairement inconsolable. Le vide qu'il connaît alors n'est
pas celui du père, consécutif à la perte de l'objet aimé, trace en
creux du plein de l'amour heureux. Le vide de Jean-Jacques est
le *vide de ce vide-là*, l'absence reconnue d'un objet qui eût été,
pour lui, ce que la mère a été pour le père. Loin d'envisager une
dévalorisation de son moi, que pourrait justifier une incapacité à
surestimer ou idéaliser un "objet déterminé", Jean-Jacques, aux
prises avec "un regret qui n'était pas sans quelque douceur"

---

14. Voir *Confessions, éd. cit.* p. 477.
15. Ce retour du littéraire à l'existentiel n'est pas le fait du seul Jean-Jacques.
On pensera au Diderot des lettres à Sophie Volland, réservant le *Neveu* à une
consommation personnelle.

garde un sentiment aigu de son "prix interne" et trouve un bénéfice narcissique à s'attendrir sur son propre sort, non sans craindre de "mourir sans avoir vécu."[16] L'effet quichottesque d'idéalisation est donc retourné vers le sujet lui-même, qui ne trouve de ressources, après la surgissement des souvenirs de jeunesse, que dans l'invention d'un "monde idéal". Même s'il se qualifie de "berger extravagant", c'est fort consciemment dans l'imaginaire que Jean-Jacques s'autorise à inventer un objet à perdre, grâce auquel il n'aurait plus rien à envier au père.[17] Tous les personnages du roman auront droit, à la fin de *la Nouvelle Héloïse,* à cet accès au vide paternel, par la mort de Julie. Ce qui revient à obéir, fût-ce par un détour, aux sages conseils de l'abbé du Bos.

Sur quoi repose son assurance quant aux capacités de son moi ? Il faut ici encore revenir à l'épisode inaugural des *Confessions.* "Je sentis avant de penser : c'est le sort commun de l'humanité. Je l'éprouvai plus qu'un autre." écrit-il avant d'aborder l'épisode des lectures. Apparemment, sensualisme banal. Mais qu'entendre par un "sentir" indissociable du penser de la lecture, qui provient d'un discours, et non d'une expérience ? Le commentaire qui suit est au moins troublant : "En peu de temps j'acquis, par cette dangereuse méthode, non seulement une extrême facilité à lire et à m'entendre, mais une intelligence unique à mon âge sur les passions. Je n'avais aucune idée des choses, que tous les sentiments m'étaient déjà connus. Je n'avais rien conçu, j'avais tout senti."[18] Que signifie *connaître* à cet endroit ? Une fois écartée l'idée d'un savoir de type intellectuel ("rien conçu"), il reste que la fiction est bien supposée permettre une "intelligence" des passions et procurer une expérience de *tous* les sentiments, indépendamment des *choses* qui sont censées les avoir suscités (tout ce qui touche en particulier au domaine sexuel où Jean-Jacques, plus loin, confessera son entière ignorance). Ce bilan fait après coup par l'auteur des *Confessions,* à la lumière de son passé, suppose que le rapport à l'objet réel ne saurait apporter au sujet rien de neuf sur lui-même. Loin de conclure que l'enfant manie un langage creux, Rousseau valide sa compétence supposée, au nom de

16. *Confessions, éd. cit.* p.504-505.
17. L'imagination n'est donc plus, pour Jean-Jacques, "maîtresse d'illusion", puisqu'il n'en est pas victime. Hors de là, il peut croire voir le monde tel qu'il est. "Ma mauvaise tête ne peut s'assujettir aux choses. Elle ne saurait embellir, elle veut créer. Les objets réels s'y peignent tout au plus tels qu'ils sont..." *Confessions, éd. cit.* p. 194.
18. *Confessions, éd. cit.* p. 7.

cette identification qui cautionnait chez du Bos la théorie de la catharsis. La transparence ainsi obtenue couvre de toute évidence le rapport médiat à une mère interdite, qui désigne le lieu de la seule réalité.

Quant à la valeur cognitive des "fantômes de passions", du Bos avait été plus prudent. Moins intense, moins durable, la passion-fantôme a-t-elle la même nature que la véritable ? Tout en supposant que l'effet produit tient à la fidélité de la copie à l'original, du Bos se garde de conférer une vertu instructive à l'exercice de la fiction. En revanche, les romanciers (et les défenseurs du roman en général) combinent volontiers l'appel à l'identification et la prétention didactique, qui fait partie des justifications traditionnelles du genre. Ainsi Prévost, dans l'*Avis* de *Manon*, transforme la théorie de l'exemple, non sans humour peut-être, en propédeutique à la vie amoureuse. On pensera aussi aux variations marivaudiennes sur le "sentiment", qui cautionne chez lui une forme de connaissance intuitive de la réalité affective.[19]

Rousseau (tirant parti du flou où se trouve, quant aux passions, la notion même de connaissance) va plus loin que ses prédécesseurs : "tous les sentiments m'étaient déjà connus", dit-il. Loin d'envisager la critique d'une immaturité savante, le rédacteur des *Confessions* confirme la validité de ce savoir dont il souligne la précocité "unique". C'est de quoi aussi défendre le sujet contre tout affect qui n'entrerait pas dans le cercle magique du savoir romanesque.

Le dispositif des "chimères" consiste à introduire un sujet producteur de fantasmes dans le système de réception décrit par du Bos, et en même temps à en supprimer la référence littéraire. Car que fait en somme Rousseau, sinon mettre en pratique le conseil que Quintilien donne à l'orateur (et que répètent à plaisir les théoriciens de la poésie et de la peinture) de faire surgir "des images des choses absentes" ? Ce qui importe ici est la suppression du projet littéraire, le sujet, dans un premier temps, ne visant plus les autres, mais d'abord lui-même.

Si folie il y a dans les préalables à la création littéraire, on voit qu'elle est moins due aux modèles véhiculés par les romans, qu'à une élaboration liée de très près à une théorie de la fiction et à l'anthropologie qu'elle suppose ou présuppose.

19. Il y a bien chez Marianne aussi une *précocité* : mais la connaissance proprement dite revient à la narratrice âgée.

DU FANTASME À SON ÉCRITURE : SE FAIRE ROMANCIER

Que le philosophe de l'Ermitage, en un moment d'ennui où du Bos eût conseillé la lecture des romans, se fasse romancier, peut surprendre, vu le mépris où il tient les romans, emblèmes de la corruption mondaine, mépris qui s'exprime dans la préface de *La Nouvelle Héloïse*. On peut penser qu'à se faire berger, puis romancier, Rousseau s'applique à rejeter l'identité que lui ont infligée les autres, à se soustraire à leur demande, en particulier à celle de Diderot, qui se plaît à reconnaître en lui le "Caton" des temps modernes. L'intensité de l'engagement imaginaire tient sans doute aussi au fait qu'il soutient un mécanisme de défense contre les "importuns". Franchir la ligne de clivage entre philosophie et fiction, c'est affirmer sa différence avec l'image antérieure qu'offrait l'auteur des *Discours*.

Dans la scène archaïque de lecture, il est un tiers dont ni l'enfant, ni le père ne se souciaient sans doute guère : cet auteur dont la parole devenue écriture, a été capable, après avoir enchanté la mère, d'apaiser un moment, de suspendre l'intolérable douleur du père. Écrivain, Jean-Jacques l'est devenu, malgré ses dénégations. Même si l'écriture des premières lettres a relevé d'un jeu permettant de donner corps aux chimères, il ne pouvait ignorer qu'il existât un roman épistolaire.[20] Si l'on admet que c'est à travers des livres et leurs signes d'écriture que Jean-Jacques a pu avoir accès au corps de la mère, on comprend que la prise en charge du roman ressuscite les supports écrits de la communion du père et du fils, fabrique un double de ce qui était la trace du corps de la mère. Répondant à l'injonction du père (combler le vide), Rousseau comble son propre vide en réinventant les objets maternels et en se les appropriant. Devenu auteur, il occupe la position du romancier, de celui qui pouvait maîtriser la menace paternelle. Ce qui témoigne, me semble-t-il, de la permanence de la motion œdipienne.

La préface du roman ne le cache guère : c'est sa propre âme que l'auteur donne à ses personnages, et en particulier à Julie, double de la mère réelle (elle paie de sa vie la survie de son fils), mais double aussi du fils : au mari-père qu'est Wolmar, elle dira, avant de mourir qu'elle n'a cessé d'aimer le fils (Saint-Preux) en

---

20. On songera en particulier aux *Lettres d'une Péruvienne* de Mme de Grafigny, qui insistait grâce à la fiction inca, sur la matérialité du support épistolaire, d'abord fait de quipos, c'est-à-dire de cordons noués.

dépit de la loi — situation où l'on retrouve l'ambivalence de l'enfant à l'égard du père. Au lecteur de décider du bien-fondé de la périlleuse expérience à laquelle s'est livré Wolmar. Le voile qui couvrira Julie morte ouvre, de manière pas toujours explicite, sur de singulières transgressions.

Dans le dispositif que suppose l'adoption du projet romanesque, on voit que, par rapport à la scène originelle, le rôle de lecteur-récepteur passe du père à une personne plurielle : le public. C'est de quoi se demander si, malgré ou à cause du succès connu par l'œuvre, ce public n'hérite pas de l'ambivalence paternelle. Faut-il dire que les "convulsives étreintes" dont Rousseau est métaphoriquement l'objet de la part de ce public ne peuvent manquer de réveiller une culpabilité, assez motivée par l'entreprise elle-même que suppose le roman, de résurrection du corps de la mère ? Il se trouve que la fiction lourde de sens de ce roman fait tenir à son auteur le rôle de père, de porteur de la loi (qu'aggravent encore l'*Emile* et le *Contrat*), c'est-à-dire d'objet à la fois d'envie et de haine. Peut-on être père sans être haï? Ce qui se trouve renvoyé sur Rousseau est peut-être le vœu de mort porté par l'enfant sur ce père qui a possédé la mère que l'enfant n'a jamais connue, ce père lui offrant en retour un partage troublant de la fiction aimée de la mère ? [21]

Il est peu douteux que le succès inouï de *la Nouvelle Héloïse* ait joué un rôle dans le surgissement de la paranoïa, conférant au philosophe-romancier une autorité sans précédent, et faisant du même coup le parvenu le plus étonnant de l'histoire littéraire.[22] On connaît le chant de triomphe de la troisième lettre à Malesherbes : "Mon imagination ne laissait pas longtemps déserte la terre ainsi parée. Je la peuplais bientôt d'êtres selon mon cœur, et chassant bien loin l'opinion, les préjugés, toutes les passions factices, je transportais dans les asiles de la nature des hommes dignes de les habiter. Je m'en formais une

21. On notera que le thème de Gygès, qui apparaît dans les *Rêveries* (6ème promenade), fait surgir dans ses deux versions (Hérodote et Platon), au sein d'une fantaisie de toute puissance, le fantasme du partage de l'épouse (le roi fait voir sa femme à Gygès) et celui du meurtre du père (Gygès grâce à son anneau peut tuer le roi), et que c'est sur une évocation érotique que Jean-Jacques, avec humour, renonce aux pouvoirs de l'anneau. On laissera de côté les divers dispositifs au moyen desquels dans l'*Emile*, Rousseau tente d'occuper à la fois la place de l'enfant et celle du père, sans parvenir à trouver, selon l'expression d'Alain Grosrichard, "sa place".

22. Voir Cl. Labrosse, *Lire au XVIIIᵉ siècle. La nouvelle Héloise et ses lecteurs*, Lyon, PUL, 1985.

société dont je ne me sentais pas indigne. Je me faisais un siècle d'or à ma fantaisie."[23] Tout se passe comme si rétroactivement le succès de l'œuvre donnait consistance aux figures chimériques de 1756, faisait partager à Rousseau l'illusion du lecteur qui fantasmerait un auteur propriétaire ou familier des figures idéales qu'il produit.[24] Ainsi se trouve placée sous le signe de la complétude une expérience qui ailleurs porte celui du manque. *Peupler d'êtres selon mon cœur* : la formule reviendra de façon obsédante dans les œuvres ultérieures, signalant une revendication démiurgique, soulignée dans les *Confessions* par le terme d'*imagination créatrice*.[25] Manière d'occuper, sans *conséquences*, l'impossible place du père, tout en assumant (à tenir compte du sens fort de peupler à l'époque : à la fois procréer et enfanter) le rôle des deux sexes. De ce moment qui voit l'invention de *La Nouvelle Héloise*, Rousseau (quitte à oublier la suite dans le réel que représente l'aventure avec Sophie d'Houdetot, mais aussi les circonstances qui ont rendu gratifiant cet exercice de l'imagination) fera l'instant de référence qui l'assure de son autarcie.

Rien de quichottesque dans cette posture : ce sont les autres qu'égarent les "fausses identités" et les "passions factices", victimes de l'imaginaire social, comme le héros de Cervantes l'était de celui des romans. Dans les *Rêveries*, ces autres sont à la fois "êtres de ténèbres" (Jean-Jacques ne saurait concevoir leurs motivations) et totalement transparents quant à leur visée dernière, qui est de lui faire tenir le rôle du Don Quichotte dupé. Mais l'étape finale de Don Quichotte est devenue le pain quotidien de Rousseau : quichottisme de la désillusion, qui ne laisse place qu'à un processus obsédant de désidéalisation, et d'idéalisation du sujet par lui-même. Folie non pas romanesque, mais qu'il faudrait dire "historique", puisqu'elle se fait événement de l'histoire de l'humanité, folie dont témoigne la figure christique que fait surgir l'*ecce homo* initial des *Rêveries*, le "complot universel" attestant que Jean-Jacques n'a jamais cessé d'être au centre de l'univers, objet de haine, et donc objet d'intérêt.

23. *Op. cit.* in *Rêveries,* éd. cit. p. 245-246.

24. La préface de *La Nouvelle Héloïse* joue évidemment avec ce fantasme.

25. *Confessions,* éd. cit. p. 506. L'expression est évidemment essentielle dans l'élaboration de la réflexion esthétique du XVIIIᵉ siècle. Sa banalisation ultérieure ne doit pas dissimuler les enjeux qu'elle comporte. Sur la bisexualité du créateur, je renvoie à l'étude citée plus haut sur "L'écrivain et son double…".

"Alors je commençai à me voir seul sur la terre, et je compris que mes contemporains n'étaient par rapport à moi que des êtres mécaniques qui n'agissaient que par impulsion et dont je ne pouvais calculer l'action que par les lois du mouvement. Quelque intention, quelque passion que j'eusse pu supposer dans leurs âmes, elles n'auraient jamais expliqué leur conduite à mon égard d'une façon que je pusse entendre. C'est ainsi que leurs dispositions intérieures cessèrent d'être quelque chose pour moi ; je ne vis plus en eux que des masses différemment mues, dépourvues à mon égard de toute moralité. "[26] L'imagerie carté-sienne ne laisse place qu'à une identification sans conséquences, les autres étant traités comme "personnages d'un drame ", dans une perspective où l'on retrouve la théorie de du Bos, où le réel tiendrait la place de la fiction. On pensera aux thèses de Diderot dans le *Paradoxe*, qui dénonce, sur un autre mode, le piège d'une identification qui médiatise une opération de pouvoir de l'homme de génie sur une victime sensible. Chez l'un comme chez l'autre, la pitié fait les frais de l'affaire. La conscience de l'artifice (qui, chez du Bos, limitait les effets des "fantômes de passions "), Rousseau la déplace du côté du rapport réel aux autres. A défaut de trouver des sources d'affect dans la fiction, il ne reste qu'à réifier l'autre, à le réduire à un fantôme, ou à le fuir. De fait, dans les *Rêveries*, c'est bien la proximité physique de l'autre — que l'on pense au tête à tête avec le père — qui devient insupportable, Rousseau attribuant aux "sens " les effets destructeurs de la rencontre avec autrui et prétendant trouver le repos en son absence, alors que son texte même ne cesse d'évo-quer l'omniprésence de l'instance persécutrice.[27]

L'analyse qui précède tend à montrer pourquoi Jean-Jacques, jusqu'à la fin, a fait de l'imaginaire son blason, à la fois lieu d'accès à la mère, et attribut reconnu, selon la *doxa* de l'époque, du génie dans les arts. Cette imagination si précieuse a-t-elle constitué une véritable ressource ? Sans en effectuer une critique ouverte, Jean-Jacques, dans les *Rêveries*, ne manque pas de signaler les effets délétères d'une imagination qu'il dit volon-tiers "effarouchée ". Dans la 7ᵉ promenade les extases de-

---

26. *Rêveries*, *éd. cit.* p. 109.

27. On songera, dans la 6ᵉ promenade (*Rêveries, éd. cit.* p.76), à l'enfant de la barrière d'Enfer qui a le tort de l'appeler M. Rousseau ("pour montrer qu'il me connaissait bien, ce qui m'apprenait assez au contraire qu'il ne me connais-sait pas plus que ceux qui l'avaient instruit ") — nom d'écrivain et nom du père.

viennent un chaos périlleux, le lieu d'une possible noyade.[28] Faisant abstraction des gratifications qui ont accompagné l'exercice de l'imagination au temps de *La Nouvelle Héloise*, Rousseau tend à s'en faire une propriété spécifique et permanente, mais c'est le plus souvent pour excuser une impuissance actuelle, due à l'âge et au malheur. De fait, le projet des *Rêveries*, qui est aussi d'enregistrer l'imaginaire pour une consommation ultérieure, tourne court : les grands moments du texte, lorsqu'il échappe au ressassement persécutoire, ne doivent rien à l'imagination et ont affaire plutôt, en cas de rêverie, avec son degré zéro, par la perte d'identité (épisode du chien danois, du lac de Bienne). Conscient d'avoir plongé, durant des années, dans un délire qui a échappé à la transcription textuelle, Rousseau fait effort au contraire pour se retrouver une réalité, à travers la pratique de la maxime delphique *Connais toi toi-même*, allant jusqu'à mettre en question, dans la sixième promenade, sa propre transparence, à reconnaître en lui-même, du "machinal". Tentant de restituer à l'intérieur de lui-même l'opacité du rapport à l'autre, mais sans parvenir, il est vrai, à définir à son usage, une forme vivable de culpabilité.

Du moins évite-t-il dans les *Rêveries* de recourir à cette imagination qui lui a fait, face à son géniteur et face au public, occuper indûment la place du père — et c'est bien au fait d'avoir connu la célébrité et de n'avoir pas suivi son destin propre que Jean-Jacques attribue son malheur.

MÉCANIQUE TEXTUELLE

Dans sa phase terminale, la folie de Jean-Jacques semble tenir à ce qu'il exige des autres, dans la vie, la transparence qu'avaient pour l'enfant les héros des romans dont l'auteur se chargeait, dans son omniscience, de sonder les reins et les cœurs. Toute opacité, toute ambivalence signifiera fausseté et intention hostile.

Le dispositif du roman-mémoires, genre dominant depuis 1730, avec Marivaux et Prévost, ouvre d'autres horizons : la narration devenant intradiégétique, il n'est pas question de se

---

28. "je ne puis plus comme autrefois me jeter tête baissée dans ce vaste océan de la nature, parce que mes facultés affaiblies et relâchées ne trouvent plus d'objets assez déterminés, assez fixes, assez à ma portée pour s'y attacher fortement, et que je ne me sens plus assez de vigueur pour nager dans le chaos de mes anciennes extases." *Rêveries*, éd. cit. p. 95.

fier aveuglément au discours du narrateur dont l'interprétation est sujette à examen. Ce discours est semé d'assez d'indices pour que le lecteur soit en droit de suspecter au moins partiellement le récit qui lui est fait. Prévost, en particulier, a fait usage de cette technique du *narrateur aveugle*, qui conduit ce dernier à des énoncés proches du non-sens, tant s'y manifeste le désir d'écarter, au moyen d'une argumentation forcée, une interprétation déplaisante de sa conduite. A l'aune du vraisemblable, le récit peut apparaître mal fait et manquer de crédibilité. Mais ce défaut est bien entendu à mettre au crédit de l'auteur, dont le projet est de mettre en scène une énonciation particulière et partielle, quitte à laisser son lecteur aux prises avec l'indécidable. On a affaire à une défaillance du sens (qui pourrait confiner à la folie), mais récupérable au niveau auctorial. Dans le système épistolaire de *La Nouvelle Héloïse*, en revanche, le texte qui n'est pas d'abord narratif, affiche sa valeur illocutoire, saisissant les sentiments *in statu nascendi*, à charge pour le lecteur de rétablir un récit cohérent à partir d'énoncés d'origine diverse. Quant aux *Confessions*, l'intention de l'écrivain est de toute évidence de confondre auteur et narrateur, et de dire toute la vérité, au risque de l'odieux ou du ridicule.

Or il se passe dans les *Rêveries*, mais aussi dès la fin des *Confessions*, un phénomène curieux. Pour le lecteur, autant certaines anecdotes précises (le chien danois, le lac de Bienne, les souvenirs d'enfance, la méchanceté de la demoiselle Vacassin) sont croyables, autant sont faibles et peu argumentées les preuves de l'hypothèse globale de la persécution, les exemples qui en sont fournis restant dans le vague, vague justifié par une argumentation parfaitement circulaire : "Mais certain qu'on ne me laisse pas voir les choses comme elles sont, je m'abstiens de juger sur les apparences qu'on leur donne, et de quelque leurre qu'on couvre les motifs d'agir, il suffit que ces motifs soient laissés à ma portée pour que je sois sûr qu'ils sont trompeurs."[29] Faut-il penser qu'à tenter d'être plus convaincant et à entrer dans plus de détails, Jean-Jacques se verrait contraint à reconnaître l'importance qu'il accorde à son identité *publique* (sa folie "historique"), et donc à s'avouer sujet à l'aliénation dont il avait fait la critique dans ses *Discours* ?

Tout se passe donc comme si le dispositif du roman à la première personne fonctionnait pour le lecteur, sans que l'auteur en ait l'intention, ni la conscience. Autrement dit, le Don Quichotte

29. *Rêveries*, éd. cit. p. 82.

leurré se montre lui-même comme tel, mais sans le savoir. L'auteur semble ici le jouet d'un dispositif textuel, dont la maîtrise lui échappe, aboutissement peut-être de la politique d'*identification critique* à laquelle se livraient Marivaux et Prévost dans leurs œuvres romanesques.

De cette démarche, la quatrième promenade offre un exemple caractéristique. Jean-Jacques y effectue précisément celle que *ne font pas* les héros narrateurs de Prévost : il examine le droit qu'il a à se réclamer de sa devise *vitam impendere vero*. La démarche critique tourne à l'examen de conscience sur la question du mensonge, donnant l'occasion d'évoquer le "crime" commis à propos du ruban volé de Marion, mais aussi de nombreux autres mensonges qui n'ont engendré aucun repentir. Bref de sa propension au mensonge, Jean-Jacques tire la conclusion, au terme d'une argumentation sophistiquée, qu'il est fondamentalement véridique, et en vient même à plaider la cause d'un mensonge gratuit, qui ne nuirait à personne, modèle de ceux que les exigences de la conversation l'ont amené à produire, par "mauvaise honte", dit-il. Il accompagne ce raisonnement, de l'exemple de deux mensonges magnanimes faits dans son enfance pour épargner le châtiment mérité par deux camarades. Étrange démarche en vérité, où le mensonge "criminel" se trouve noyé dans des exemples d'un penchant au mensonge, dont l'énonciateur entend justement s'innocenter, ne semblant pas se rendre compte qu'avec l'apologie du mensonge "gratuit", il transgresse le contrat fondamental entre sujets parlants qui est de marquer la différence entre vérité et fiction.

Dans ce développement, où la fiction romanesque a peu de place, et où Rousseau se plaît lui-même à fustiger la sottise de ses inventions, il semble que s'avouent la pression intolérable exercée par la présence de l'autre, la panique engendrée par la possibilité d'un silence, la nécessité de leurrer le partenaire pour ne rien trahir de soi, bref la compulsion à parler pour ne rien dire afin d'échapper au regard d'autrui. Dans sa bizarrerie, l'exigence du droit à mentir éclaire peut-être rétroactivement la scène originaire de la lecture des romans : cette parole qui vient d'ailleurs, quel que soit son contenu, elle est ce qui suspend l'intolérable discours où le père dit sa vérité, l'intolérable silence d'un tête à tête où tout — l'impensable — peut se produire, elle est ce qui produit passagèrement, parce qu'elle est fiction, un ordre vivable — humain, en somme. Qu'ensuite se rêve un langage dégagé de l'esclavage du référent, qui n'ait pas de comptes à rendre, qui ne soit plus le langage de la tribu, ni celui du père, ne saurait surprendre.

Pour le lecteur, Rousseau semble alors parlé par un dispositif textuel dont il a perdu la maîtrise et qui exhibe un dédoublement qui dans les *Dialogues* était du moins explicitement et volontairement mis en scène et en appelle ici au terme de folie.

ÉPILOGUE

Si le rapport de Jean-Jacques à la folie relève de la "folie romanesque", on voit que ce n'est pas pour l'essentiel, par le biais du quichottisme évoqué au début des *Confessions*, même si ce quichottisme ne cesse d'être à l'horizon, un horizon que Jean-Jacques ne parviendrait jamais à atteindre. En revanche, si sa folie est liée à l'aventure singulière d'un sujet, on voit qu'elle est indissociablement liée à la manière dont se pense la littérature, aux objectifs qu'elle s'assigne, aux fonctions qu'elle s'attribue à un moment donné de l'histoire, bref à sa dimension anthropologique. C'est à la fois aux théories de du Bos et aux romans (en tant qu'objets) laissés par la mère que Rousseau doit l'usage qu'il fait de l'imaginaire. C'est à travers du Bos (et d'autres bien sûr, mais nous nous sommes arrêtés à celui-ci) que Jean-Jacques raconte la scène archaïque de lecture comme celle de l'invention de *la Nouvelle Héloïse*, et c'est ce rapport qui nous a ici intéressé, indépendamment de la vérité intrinsèque de ces scènes, invérifiable. Cette confrontation ne laisse pas intacte l'interprétation que nous pouvons faire du texte de du Bos lui-même, dont elle permet de saisir les enjeux profonds. Une fois admises les différences évidentes entre l'enfant terrifié devant le père et le mondain sujet à l'ennui de l'abbé, on peut saisir que c'est bien le sentiment d'une perte initiale, irréparable, condamnant à l'avance les efforts du désir pour atteindre vraiment son objet, qui jette les deux écrivains sur la voie des "fantômes de passions" et des "chimères", les conduisant à recourir à une imagination dont on ne sait trop si elle rencontre le réel ou l'idéal, jusqu'au point où l'on a affaire à la folie. Jean-Jacques le met en évidence en allant jusqu'au bout de certains présupposés, bouc émissaire qui renvoie à ses contemporains leur propre image, mais c'est bien d'une aventure collective qu'il s'agit, où l'art et la littérature prennent en charge des expériences que se chargeaient de mettre en forme, autrefois, des instances religieuses. Peut-être n'est-ce que grâce à la fiction que se maintient quelque chose comme un ordre humain. Peut-être faut-il, des perspectives ouvertes par le désir, détourner le regard pour ne pas devenir fou.

RENÉ DÉMORIS
Université de Paris III — Sorbonne Nouvelle

LE DÉLIRE ET LA FEINTE :
FROMAGET, DORAT, LOAISEL, LOUVET, COTTIN

Henri Lafon

1. Dans l'univers romanesque, la folie, comme l'amour, comme la dévotion, comme la mort elle-même peut être vraie ou feinte, reconnue ou méconnue, supposée ou véritable. En effet, comme il est beaucoup plus intéressant pour un récit d'en faire un événement, une crise, qu'une caractérisation stable du personnage, elle est plus volontiers un accident qu'une essence, et sera un spectacle dont quelqu'un va nous dire le degré de vérité. Diverses figures du jeu de l'apparence et de la vérité, qui est le pain du romanesque, se cristallisent autour de la folie, plus exactement autour du comportement de la folie, plus précisément encore autour de la crise.

Pas de crise de folie donc sans que se pose la question de sa vérité. Voici un parcours dans le roman du XVIIIᵉ siècle, en trois étapes où chaque fois la crise est l'objet d'une interprétation différente, et qui illustre, je pense, une évolution.

Successivement : folie feinte que certains croient vraie et d'autres non, folie supposée, alors qu'elle n'est que passagère, folie véritable que les autres feignent dans leur bonté de ne pas reconnaître, pour la guérir.

2. Si j'en crois *Le Cousin de Mahomet, ou la folie salutaire*,[1] la folie dans sa crise peut encore être en 1742 un spectacle dont la raison est la dupe, car elle est feinte. Nous sommes très loin, on va le voir, de la feinte folie de Tristan, et l'histoire du topos[2] serait à étudier, pourtant l'enjeu est encore érotique. Qu'on en juge.

Le héros et narrateur de cette histoire, enfui du collège, suit une chaîne de galériens, passe en Turquie, est vendu comme

---

1. De Nicolas Fromaget. Nous citons l'édition de 1781, deux tomes "ornés de figures" de 198 et 240 pages. Le titre original en est abrégé, la "folie salutaire" ayant disparu, ce qui n'est pas sans rapport avec notre propos.
2. Carole Dornier dans son texte, en signale la filiation baroque (voir plus haut).

esclave. Il est un esclave heureux, du moins en amour, puisque ses conquêtes font l'essentiel de l'histoire. Un jour cependant, dans un épisode sanglant, il est surpris dans un lit et entre des bras illégitimes, est condamné (II,110) à "être empalé assis après avoir eu le nez et les oreilles coupés". C'est alors que sur le conseil de son ami Mustapha, il sauve sa vie en contrefaisant l'insensé ("feignant de perdre l'esprit, il sauve son corps" 112), puisque "la personne des insensés est sacrée et inviolable parmi ceux de sa nation".

Quelle folie exhibe-t-il ? "Folie gaillarde", faites de "joyeuses extravagances" et de "contes impertinents", folie du monde à l'envers, elle consiste à prendre le contre-pied de ce qui est attendu et normal : condamné à mort, il contraint les geoliers à danser avec lui, paraît fâché de ne pas être empalé, fuit les femmes du harem jusqu'à être poursuivi par elles au lieu de les poursuivre. Sous cette forme, sa folie est reconnue comme telle par le grand muphti, qui fait surseoir à l'exécution. Or un médecin charlatan comprendra la feinte, et s'entendra avec lui pour mettre en scène une guérison qui le rend célèbre (193) au point d'être nommé "premier médecin" du sultan. Cette "folie salutaire" détermine ainsi l'action du dernier quart du roman. De "rôle", elle manque même devenir une "charge" reconnue : "... peu s'en fallut qu'on ne créât en ma faveur une charge de Hamaka-bachi (Le premier fol de l'Empire)." (II, 133) Ayant échappé à ce danger d'institutionnalisation, elle lui permet non seulement de sauver sa vie et l'intégrité de son corps en trompant tous les pouvoirs (politique, religieux et conjugal), mais de satisfaire encore mieux ses désirs : "[...] je débutai par des familiarités qui furent reçues comme venant d'un insensé." (I, 137) Il demeure en effet toujours autant poussé par son "tempérament", et, feignant l'aversion pour les femmes de façon burlesque, il devient un objet érotique encore plus convoité : les belles enfermées, gourmandes de ce "grand brun large d'épaules et dans la force de son âge," (165) se le disputent, se le partagent, (131) l'épuisent. (169)

La folie est ici masque et adjuvant du désir, dans une représentation où la raison trop sûre d'elle-même, spectatrice amusée, est dupe. Seuls les femmes dans leur désir, et le médecin, qui s'y connaît en tromperie et manipulation, le devinent, gardent le secret et en tirent profit. Détournement dérisoire et cynique de cette "innocence" qu'une autre culture est censée accorder aux fous,[3] et qui nous montre, dans la distance de l'exotisme, la réussite d'un Tartuffe de la folie.

3. Dans une deuxième figure, une trentaine d'années plus tard, ceux que l'on prendra pour fous ne le seront pas beaucoup plus, mais ce ne sera pas l'effet d'une imposture. Ils traversent la folie pour un moment, en montrent les signes, en éprouvent les symptômes, comme une punition qu'ils s'infligent peut-être eux-mêmes pour avoir provoqué ou rêvé la mort de la femme qu'ils aiment.[4]

C'est ce qui arrive au Comte de Mirbelle lorsque après avoir erré dans la ville, il entre dans l'hôtel où Mme de Syrcé vient d'expirer, à Dolbreuse lorsqu'il voit un cercueil devant la maison de la Comtesse, à Edmond, lorsque revenant vers l'épouse trahie, Malvina, il voit une tombe qu'il prend pour la sienne.[5] L'un (Edmond) "frappe" alors "sa tête contre la pierre" (dans le froid, à la lueur de la lune, au cri du hibou), l'autre (Mirbelle) voit les ténèbres "teintes de sang", n'est "plus maître de ses transports", s'accroche au cadavre de la femme aimée, veut que "tout [son] sang coule sur ce lit de mort", l'autre encore (Dolbreuse) tombe sans connaissance sur le pavé, tient des discours insensés, voit les cieux revêtus d'un "crêpe ensanglanté" où ses crimes sont "écrits en caractères visibles à tous les yeux". Errance désordonnée, agitation, troubles corporels (spasmes, oppression, étouffement), altération de la perception de l'espace où ils "voient" des éléments qui disent la mort et une violence punitive : la crise a bien les apparences de la folie. Le discours[6] est conforme au modèle des monologues d'"égarement" de la tragédie classique (par exemple celui d'Oreste dans Andromaque) : terreur, culpabilité, hallucinations de nuit et de sang, instances de châtiment. Ainsi peuvent-ils être pris pour des

3. Potocki dans le *Manuscrit trouvé à Saragosse* fera encore dire à un sheik arabe : "Les insensés ignorant le bien et le mal sont [...] comme des types de l'ancien état d'innocence [...] Nous donnons aux insensés le nom de marabouts tout comme aux saints" (290). Et Michel Foucault note : "Il semble qu'on ait fondé assez tôt dans le monde arabe de véritables hôpitaux réservés aux fous..." (*Histoire de la folie à l'âge classique*, Gallimard, 1972, p.133)
4. "Folie du juste châtiment" dit Michel Foucault (*op.cit.*, p.48).
5. Dorat, *Les Malheurs de l'inconstance* (1772), préface par Alain Clerval, Desjonquères, 1983, lettre LI, p. 341-344 ; Loaisel de Tréogate, *Dolbreuse* (1784), introduction par Raphaël Gimenez, Minard-Lettres Modernes, Bibliothèque introuvable, 1993, II, p. 20-26; Mme Cottin, *Malvina* (1800), Lebigre, 1836, III, p.132.
6. Comme celui de Mme de Tourvel dans la lettre CLXI des *Liaisons dangereuses*, ou celui d'Edmond à la fin de *La Paysanne pervertie* (lettre CLXVIII).

insensés : "...ils me prennent pour un homme dont l'esprit est aliéné" dit Dolbreuse ; (II, 26) "on le prendrait pour un insensé", est-il dit d'Edmond, dans *Malvina*. (III, 132) Mais si les passants, les spectateurs pensent qu'ils sont fous, cette caractérisation anonyme n'est pas donnée pour vraie, seulement comme une opinion reposant sur une apparence. En effet tout finit par se calmer, la crise passe : Dolbreuse, Edmond se sont même trompés, le cercueil n'était pas celui de la dame, Malvina n'était pas morte (pas encore...) ; quant à Mirbelle il revient à lui, "hélas" dit-il. (347)

En définitive, le lecteur a partagé leur vécu délirant, le "public" a pu les croire insensés, et ce semblant momentané de folie aura été la sanction de leur faute, prolongée en désespoir si leur victime ne survit pas.[7]

Faublas aussi, après avoir voltigé de lit en lit pendant neuf cents pages, tantôt en garçon, tantôt en fille, se trouve confronté brutalement à deux morts dont il est responsable, à deux cadavres, puisqu'il retire de la Seine le corps de Mme de Lignolle, et le rapporte chez lui, où agonise déjà Mme de B*. Mais la folie qui s'ensuit n'est pas une crise passagère qui ressemble à la folie, elle est avérée. Faublas, d'abord "transféré dans une maison de Picpus où l'on traite les insensés" (1077), sera guéri dans une longue séquence narrative, l'avant-dernière du roman.[8]

Le caractère particulier de ce traitement en fait la réalisation d'une troisième figure, celle de la folie soignée par la feinte.

4. Au tournant du siècle, vers 1790-1810, très nombreux sont les avatars de la vieille folie de la passion désespérée,[9] c'est-à-dire celle qui frappe les victimes d'une relation amoureuse malheureuse, radicalement séparées de celui ou celle qu'ils aiment.

A Faublas arraché brutalement par leur mort à deux amantes, dont l'une est enceinte de lui, on pourrait ajouter, chez le même Louvet, le curé Sévin dans *Emilie de Varmont*, à qui son état de prêtre interdit tout espoir de vivre l'amour qu'il éprouve pour

7. La vue du cadavre ou du cercueil de la femme aimée peut également être la cause d'une conversion, religieuse ou morale (comme celle de Saint-Pouange à la fin de l'*Ingénu* de Voltaire), dans la lignée d'un épisode prétendu de la vie de Rancé. Le retour à la raison de Dolbreuse sera aidé par une procession qu'il croise dans la rue.

8. Louvet, *La Fin de Faublas* (1790), éd. Michel Delon, Gallimard, Folio-classique, 1996, p.1074-1076.

9. Michel Foucault, *op.cit.*, p. 49. Voir les textes de Carole Dornier et Didier Masseau.

Emilie, ou bien la Malvina elle-même, cette fois, de Mme Cottin, qui se croit (d'après les intrigues d'une méchante) abandonnée et trahie par son mari.[10] Tous sont atteints d'une folie où intervient un acteur nouveau, du moins par son importance : le médecin.[11] Il met en œuvre une thérapie qui implique des acteurs feignant d'accorder au discours et à la conduite du fou le même crédit que s'il avait sa raison. La feinte a changé de camp et la mise en œuvre d'une fiction, loin de mettre la raison en danger, permet de la retrouver.

Les amis de Don Quichotte, à plusieurs reprises, feignent eux aussi d'accepter sa folie, allant même lorsqu'il s'agit par exemple de lui faire quitter la Sierra Morena (où il imite la folie d'amour des chevaliers errants) jusqu'à déguiser le curé en fille, puis utiliser une jeune Dorothée,[12] mais c'est pour parer au plus pressé, l'arracher à telle situation dangereuse, le ramener chez lui, et non le guérir.

Dans *La Nouvelle Héloïse*, après la mort de Julie, lorsque "tout ce que dit /Claire/ approche de la folie", Wolmar entre dans ses "caprices", fait mettre le couvert de Julie, habiller Henriette comme Julie, imiter gestes et ton de voix, jusqu'au point où il décide de "supprimer tous ces jeux", car "il vaut mieux la laisser souffrir davantage et ne pas exposer sa raison". (VI, XI)

Une trentaine d'années plus tard la médecine cautionne et dirige de tels "jeux".

Faublas est conduit dans un site choisi et aménagé pour lui par le médecin, celui d'un vaste jardin anglais que traverse une rivière bordée bordée de peupliers, de cyprès et de saules pleureurs, avec un petit pont. Chaque soir on le laisse se jeter à l'eau

---

10. Dans *Valérie*, le roman de Mme de Krüdener, passe un personnage de moine devenu fou pour avoir perdu celle qu'il aimait (lettre XLIII), tandis que Gustave lui-même, désespérément amoureux d'une Valérie mariée, traverse dans son agonie des crises inquiétantes (lettre XLVIII, dans *Romans de femmes du XVIIIe siècle*, textes établis, présentés, annotés par Raymond Trousson, Robert Laffont, coll. Bouquins, 1996).

11. Dans le cas de Faublas, c'est un médecin célèbre pour avoir guéri le roi George III et la reine du Portugal, Francis Willis (1717-1807), auteur de *A Treatise on mental derangement* (1843).

12. Chapitres XXIV à XXX de la 1ère partie ; de même, placés devant une nouvelle folie, celle de se faire berger, les deux amis de Don Quichotte, "dans la crainte qu'il ne se sauvât une autre fois du pays pour retourner à ses expéditions de chevalerie", "approuvèrent sa folle pensée comme très raisonnable." (IIe partie, chap. LXXIII, traduction de Louis Viardot).

depuis le pont comme il l'a fait dans la Seine lors de la fatale soirée, chercher, sans bien entendu le trouver, le corps de la marquise ; par la suite, à la sortie de l'eau, il trouvera une tombe ("une pierre de marbre noir que Wilis y avait fait porter", 1082), puis deux, celles des deux amantes perdues ; chaque fois, son épouse se manifeste seulement comme une voix disant : "qu'il soit libre !" ; elle finira par venir au devant de lui, et il la reconnaîtra, guéri.

Malvina, elle, chaque soir à dix heures, se rend dans le bosquet où elle a lu la lettre lui révélant la trahison de son époux ; elle a voulu y faire mettre un cercueil, pour y attendre une mort qui ne vient pas ; on la laisse aller, mais on lui fera écouter une romance qui lui rappelle des temps heureux, puis on fera venir l'enfant qu'on lui a arrachée, son époux enfin, qu'elle finira par reconnaître.

Dans ces deux cas, la logique de la cure est la même. D'abord, la folie de ces personnages est racontée comme se manifestant sous la forme répétitive d'une crise quotidienne, liée à un lieu et à une heure précis[13]: l'esprit de Malvina "[…] est singulièrement frappé de l'idée qu'elle doit mourir chaque soir à dix heures," (147) dans le bosquet où elle a ouvert la lettre fatale, et le père de Faublas raconte : "le soir comme de coutume au coucher du soleil mon fils a cru voir l'épouvantable orage et entendu sonner l'horloge fatale." (1074) Le personnage paraît ainsi comme fixé dans un moment et dans un espace où il revit tous les jours la même scène, ou plutôt son interprétation d'une scène qu'il a vécue : pour Malvina, un geste de haine et de rejet de son mari,[14] pour Faublas, son impuissance à sauver Mme de Lignolle, dont il accuse les autres acteurs. ("[…] l'infortuné nous imputait la mort de cette femme que nous l'empêchions d'aller secourir... " 1081) Il ne connaît plus que cela, le projette sur tout ce qui se présente à

---

13. Pour Gustave, dans *Valérie*, c'est "un délire qui vient tous les soirs à la même heure" (Mme de Krüdener, *op.cit.*, p. 941). Un petit roman à succès de la fin du siècle : *Le Voyage sentimental ou ma promenade à Yverdon* de Vernes le fils (1786, rééd 1792) nous fait rencontrer au chapitre XII le père malheureux d'un jeune homme devenu fou parce que celle qu'il aimait est morte : "Dès qu'il entend le chant d'un coq, le son d'une cloche, quelque cri d'oiseau, ce sont pour lui la cloche et l'oiseau de mort ; il se trouble, il croit que Nina l'appelle […] des convulsions crispent ses nerfs […] " etc. (184-185)

14. "[…] depuis que l'étrangère est entrée dans son cœur, ce n'est plus qu'auprès d'elle qu'il revient ; il rejette, il hait Malvina. " (134)

lui, animé ou inanimé, qu'il n'identifie donc plus.[15] Ceux qui veulent le guérir vont entrer dans son monde en feignant d'en accepter la validité. Leur feinte consiste à "caresser (c'est à dire "entretenir avec complaisance") les idées" du malade, comme Willis le préconise pour Faublas (1085), ou bien, pour Malvina, à "satisfaire tous ses désirs." (147) Ils vont donner leur accord à des conduites jugées folles, (comme de placer un cercueil dans un bosquet et s'y rendre chaque soir, ou se jeter chaque jour dans la rivière à telle heure) non seulement en parole, par un acte illocutoire d'autorisation, mais en acte, en facilitant de telles conduites par un aménagement de l'espace.

L'essentiel de leur action est dans une manipulation des signes. Pour Faublas, il s'agit de substituer aux choses qu'ont été, dans leur brutalité, le cadavre de la comtesse noyée et le corps blessé à mort de la marquise, les "signes d'institution"[16] que sont la tombe et l'épitaphe : Faublas en viendra à l'écrire lui-même sur le sable : "Ci gît Mme de B***". Pour Malvina, il s'agit en quelque sorte de remettre le temps en marche, qu'elle retrouve un passé antérieur au choc subi, en jouant de signes plutôt "naturels" et "accidentels", ceux de la voix, d'une romance jadis entendue (contre celui, "d'institution", du cercueil) : "Il faudrait chanter un air qu'elle connût beaucoup..." (162)

5. Certes, le roman ici paraît ici illustrer le changement des mentalités, être en accord avec ce que des contemporains semblent penser de la folie, qu'elle est une maladie qui se traite, et la représentation de la cure elle-même, comme le marque la référence à Willis, se réfère à une certaine pratique médicale du

15. "Il n'a reconnu ni son père, ni mon Adélaïde, ni même votre Sophie" (Louvet, *op cit.*, p.1077) ; ; "je suis devant ses yeux et ses yeux ne me voient plus." (Mme Cottin, *op. cit.*, II, p.134). Cette façon de ne plus reconnaître l'identité des proches peut être légitimement reliée, pour Faublas, à son jeu incessant avec l'identité (voir Catherine Ramond, *Les Eléments théâtraux dans le roman et l'évolution du genre romanesque en France au XVIIIᵉ siècle*, thèse soutenue en 1993 à l'Université de la Sorbonne-Nouvelle Paris III, dir. René Démoris, p.103-104), mais on ne peut en dire autant de Malvina.

16. "Je distingue trois sortes de signes. 1. les signes accidentels, ou les objets que quelques circonstances particulières ont liés avec quelques unes de nos idées, en sorte qu'ils sont propres à les réveiller 2. les signes naturels, ou les cris que la nature a établis pour les sentiments de joie, de crainte, de douleur, etc. 3. les signes d'institution, ou ceux que nous avons nous-mêmes choisis, et qui n'ont qu'un rapport arbitraire avec nos idées" (Condillac, *Essai sur l'origine des connaissances humaines*, 1ᵉ partie, § 35, éditions Galilée, 1973, p.128).

temps,[17] à laquelle Philippe Pinel par exemple consacrera tout un chapitre dans son *Traité médico philosophique sur l'aliénation mentale*[18] : "Habileté dans l'art de diriger les aliénés en paraissant se prêter à leurs idées imaginaitres." (II, XXII) Le bilan n'est pas triomphal : Faublas est guéri, mais demeure très vulnérable, Malvina ne retrouve sa raison que pour mourir comme il faut. Reste que les bienfaisants, dans le camp desquels se trouvent mis forcément le narrateur et le lecteur, ont fait du fou l'objet d'une manipulation : leur pouvoir et leur savoir se sont exercés sur lui, pour son bien.

Le médecin fait ainsi une entrée remarquable dans le personnel romanesque. Sa présence est déjà un indice de moralité : on ne le voit pas au chevet des méchants, qui sont laissés à l'agonie dans leur fureur bestiale[19] : il ne soigne que les bons. Son autorité est manifeste : il est le maître de la feinte, dit à chacun ce qu'il doit faire, où il doit se tenir, ce qu'il doit dire, et quand il doit le dire : "Edmond fit un mouvement pour s'avancer ; un coup d'œil du docteur le retint à sa place," (166) "Sophie, docile aux ordres du docteur.. ;" (1081) "Vous son père restez là, vous sa sœur approchez ..." (1086) Cependant, l'élan d'une jeune épouse, Sophie "heureusement téméraire," (1086) celui d'une petite fille, (*Malvina*,164) c'est-à-dire des "mouvements de la nature", échappent à sa gestion du temps et de l'espace, et, quoique risqués, seront déterminants. Le médecin ne maîtrise pas entièrement le déroulement de l'action, une part d'imprévu est laissée aux personnages qui l'ont précédé, au romanesque.

6. Car c'est aussi le roman qui est guéri. Cette folie en effet menace l'histoire, la possibilité de toute histoire, enlisée dans le même et le répétitif avec un personnage qui vit chaque jour la même chose et ne reconnaît plus les autres. Cette folie nouvelle, que le médecin identifie et accepte de traiter, appauvrit le monde au lieu de l'enchanter comme le faisaient les "folies romanesques" d'antan qui enrichissaient le réel, à chaque pas, de situations et de rôles possibles. Ici la folie immobilise, rétrécit,

---

17. Décrite par Michel Foucault comme technique de la "réalisation théâtrale" (*op cit.*, p.350). Voir aussi Catherine Ramond, *op. cit.*, p.174-180.

18. Paris, an IX.

19. Voir celle du frère d'Emilie, Varmont, dans *Emilie de Varmont* de Louvet : "Ce tigre altéré de sang tourne alors sa fureur contre lui-même. Il se roule par terre , il se déchire, il met en pièces les appareils qui couvrent les plaies. On veut d'abord l'en empêcher. Je m'écrie : non ; laissez les destins s'accomplir : ne vaut-il pas mieux qu'il meure ici que sur la place publique ?" (II, 105).

fige, fait radoter. La bienfaisante thérapie est une restauration de la machine romanesque, qui peut alors se remettre en route pour le dernier épisode. Au principe qui fait que les choses se répètent et se ressemblent, il ne faut pas sacrifier, c'est plus sûr, celui qui fait que les choses se succèdent et ne se ressemblent pas. Faublas guéri peut enfin (c'est le médecin qui l'y incite (1091)) écrire le récit qui constitue le roman. On pourrait en conclure que le traitement auquel les personnages fous ont été soumis a consisté essentiellement à essayer de les remettre en état de marche romanesque, (et par exemple leur permettre de refaire éventuellement fonctionner sans danger les topoî ancestraux, comme celui du "signe mémoratif."[20])

Et ceci se passe avant tout sur le terrain de la liaison des idées. Le roman en effet n'a pas choisi de raconter les saignées, douches, purges, et autres cautères qui forment, en 1785, l'essentiel de "la manière de travailler à la guérison" des "insensés" de Jean Colombier et François Doublet.[21] Dans nos romans, la folie et son traitement sont constitués du même matériau, éléments d'une culture philosophique d'inspiration empirique et sensualiste, attentive à la "liaison des idées", à leur "connexion", à leur "association", à leur rapport avec les signes. Sur cette "liaison", classiquement considérée comme un danger,[22] repose l'essentiel de la thérapie, remède dans le mal : "penser la folie après Pinel, c'est la penser principiellement ouverte à une entreprise thérapeutique [...] se déroulant dans l'élément même du trouble psychique et en prise directe sur lui."[23]

Or cette connexion est aussi ce qui fait, depuis longtemps, qu'un personnage peut être ému par tel air qui ressemble à un autre entendu jadis, par tel lieu analogue à celui où il a souffert, etc. Cette folie peut être pour le roman l'occasion de prendre conscience des abîmes qu'il côtoie dans les topoï les plus vénérables, où sont tendus les pièges de liaisons incontrôlables. Le

---

20. Voir Jean-François Perrin, "La Scène de réminiscence avant Proust", *Poétique*, avril 1995, n° 102.

21. *Instruction sur la manière de gouverner les insensés et de travailler à leur guérison dans les asiles qui leur sont destinés* (1785), dans *Enfermer ou guérir*, textes choisis et présentés par Claude Wacjman, Publications de l'Université de Saint-Etienne, 1991.

22. "Locke a fait voir le plus grand danger des liaisons d'idées lorsqu'il a remarqué qu'elles sont l'origine de la folie" Condillac, *Essai sur l'origine des connaissances humaines*, Editions Galilée, 1973, p.145. Voir la communication de Barbara Kaech Toumarkine.

23. Gladys Swain, "Deux époques de la folie", *Libre*, n°1, 1977, p. 182.

roman conjure alors les dangers de l'imagination, qu'on lui jette à la figure depuis plusieurs siècles pour le stigmatiser, en montrant comment un usage réglé, sous contrôle de la nouvelle médecine, des puissances qui font son ordinaire, bien loin de rendre fou, vous rend la raison, vous remet en état ... d'écrire un roman.

7. Il est clair que le roman peut digérer la folie comme le reste avec une belle santé, c'est à dire la faire entrer dans ce jeu de l'être et de l'apparence où il bat toujours les mêmes cartes : tromperie, illusion, manipulation.[24] La succession des trois figures que j'ai relevées ne prétend pas suffire à en tracer l'histoire au XVIIIe siècle. Cependant, Faublas comme Malvina, à la fin du siècle, pourraient y témoigner de ce que les rapports entre folie et récit de fiction ne sont plus les mêmes. Le roman nous raconte comment les médecins et amis entrent par feinte dans le jeu de la folie pour la traiter, au moment où par ailleurs ils (les médecins) se mettent à la raconter dans leurs ouvrages savants, à pratiquer le récit clinique,[25] où romanciers et "aliénistes" vont se trouver en concurrence : qui raconte le mieux la folie ? Nous n'en sommes pas encore là : le médecin est de passage dans l'histoire et la folie demeure l'avant-dernière séquence, une épreuve sur laquelle le roman n'ose pas s'achever.[26] Toutefois, entre la folie et le roman, le rapport d'extériorité, qui pouvait faire imaginer que l'une soit l'effet de l'autre, a changé de nature. La folie est devenue un territoire que l'on traverse, d'où l'on revient ("J'en ai vu revenir de là" dit, rassurant, le médecin de Malvina, (158)) et Faublas guéri : "Eh ! d'où venez-vous donc ?... Où sommes-nous ?"(1086), où l'on peut donc retourner, où l'on retournerait peut-être si le roman, prudent, ne se hâtait de conclure...

Henri LAFON
Université de Paris III — Sorbonne Nouvelle

---

24. Et restent encore des combinaisons dont il n'est pas question ici comme par exemple faire croire à la folie de celui qui ne l'est pas, faire passer pour fou.

25. Juan Rigoli, "L'aliénisme, entre science et récit (de Pinel à Balzac)", *Littérature*, n°109, 1998.

26. A la différence de certaines nouvelles : voir texte de Carole Dornier.

ANNEXE BIBLIOGRAPHIQUE

La bibliographie proposée n'a pas l'ambition d'être exhaustive. Elle vise seulement à indiquer les textes du XVIIIe siècle relevant à des titres divers de notre champ
d'études, qu'ils aient été ou non mentionnés dans le volume, d'autre part à relever
quelques textes critiques qui nous ont paru intéressants dans notre visée.

Eléments d'une bibliographie critique

AMEND, Anne : *"Cette malheureuse et intéressante victime.* Zur Darstellung des Wahn-
sinns in den *Folies sentimentales* und *Nouvelles Folies sentimentales* (1786-87)"*,
Romanistische Zeitschrift für Literaturgeschichte, n° 16, 1992, p. 311-337 (rés. en
français).

AUTRAUD, Dominique, "La folie écrivante" (sur Louis Sébastien Mercier), *La Quinzaine littéraire,* 1978, n° 285, p. 8-9.

BARDON, Maurice, *Don Quichotte en France au XVIIe et au XVIIIe siècle,* Paris,
1931.

BEAUSOBRE, Louis de, *Réflexion sur la nature et les causes de la folie, in Mémoires
de l'Académie de Berlin,* 1759 (p. 390-432) et 1760 (p. 302-325).

BENREKASSA, Georges : « Crise, hystérie et convulsions au XVIIIe siècle », *RSH,*
n° 208, 1987.

BESSIERE, Irène ; *Le Récit fantastique* ; Paris, Larousse, 1974.

BOISACQ, Marie-Jeanne : "Un autre regard sur la folie au dix-huitième siècle" (sur
Diderot), in *Transaction of the 9th International Congress of the Enlightenment,
Studies on Voltaire...,* 1996, n° 346, p. 374-377.

BOISSIER DE SAUVAGE, François : *Nosologia methodica,* 5 vol. Amsterdam et
Genève, 1763.

BONIS, Monique de : "Une analyse logique du délire - Raisons et déraisons : analyse
des figures de raisonnement illogique dans "Histoire du précédent écrit" de J.-J.
Rousseau", *Revue Internationale de Psychopathologie,* 6, 1992, p. 181-211.

BOREL, Jacques : *Génie et folie de J.J. Rousseau,* Paris, Corti, 1966.

BOURDIL, Pierre-Yves : *Les Miroirs du moi. Les héros et les fous,* Paris, L'Ecole,
1987.

BYRD, Max : *Visits to Bedlam : Madness and literature in the eighteenth century,*
Cornell university press, Ithaca, New-York.

CALMEL L. F. : *De la folie considérée sous le point de vue pathologique, philosophique, historique et judiciaire,* 1845.

CARRÉ, Marie-Rose, *La Folle du logis. Dans les prisons de l'âme. Études sur la psychologie de l'imagination au dix-septième siècle,* Paris, Klincksieck, 1998.

CÉARD, Jean, éd : *La Folie et le corps* , PENS, 1985. *Cervantes en France aux dix-
septième et dix-huitième siècles,* CAIEF, n°48, 1996.

CHATELAIN, Philippe : *Le régime des aliénés et des anormaux au XVIIe et XVIIIe
siècle,* Paris, 1921.

CHATELAIN, Auguste : *La Folie de J.-J. Rousseau,* Paris, Fischbacher, 1890.

CLOSE, Anthony : "Don Quixote as a burlesque hero : a re-constructed eighteenth
century view", *Forum for Modern Language Studies,* n° 9, 1974, p. 365-378.

COOPER, David. *The Language of madness.* Penguin books, Harmmondsworth, 1978.

COSTE Pierre : "Les détenus de Saint-Lazare au XVIIe et XVIIIe siècles" *Revue des
études historiques,* 1926.

CRONK Nicholas : "Jacques le Fataliste et son maître ; Un roman quichottisé",
Recherches sur Diderot et l'Encyclopédie, 23, oct. 1997, p. 69-78.

DABAN, Jean-Jacques : "James Boswell (1740-1795). Itinéraire d'un jeune homme
déprimé au siècle des Lumières", *Nervure,* IX, n° 5, juin 1996, p. 23-29.

DAQUIN, Joseph : *La Philosophie de la folie, ou Essai philosophique sur le traitement
des personnes attaquées de folie,* Paris, 1792.

DAVID-MEINARD, Monique : *La folie dans le roman : Kant lecteur de Swedenborg*, Paris, Vrin, 1990.

DELAY, Jean : *Les Dérèglements de l'humeur*, Paris, P. U. F., 1961.

DEPRUN, Jean : *La Philosophie de l'inquiétude en France au XVIII* siècle, Paris, Vrin, 1979.

DESHAYES, Olivier : "L'écriture de la mélancolie", *Psychologie médicale*, 24, 6, 1992, p. 662-664.

FELMAN, Shoshana : *La Folie et la chose littéraire*, Seuil, 1978.

FERRAND, Jacques : *De la maladie de l'amour ou Mélancolie érotique*, Paris, 1623.

FOUCAULT, Michel : *Histoire de la folie à l'âge classique*, Paris, Gallimard, 1963.

GANDELMAN, Claude : *Littérature et folie*, Rueil Malmaison, Ciba-Geigny, 1989.

GILIBERT, Jean : *Folie et création*, Seyssel, Champ Vallon, 1990.

HODGSON, Richard G. : « Du *Francion* de Sorel au *Pharsamon* de Marivaux : histoire de la folie à l'âge de l'anti-roman », *La Naissance du roman en France* (colloque SATOR 1988), PFSCL, *Biblio 17*, n°54, 1990, p. 29-38.

HOWELLS, Robin : "La Folie de Chaillot. Notes sur un personnage de *La Nouvelle Héloïse*", *Australian Journal of French Studies*, mai-août 1984, 21 : 2, p. 115-123.

JOLY, Raymond : *Le "Pharsamon" de Marivaux ou comment s'inventer un sexe*, Paris, PUF, 1995.

KEPPLER, C.F. : *The Literature of the second self*, University of Arizona Press, 1972.

KOUIDIS, A.-P : "The *Praise of folly* : Diderot's model for *Le Neveu de Rameau*", Oxford, *Studies on Voltaire...* n° 185, 1980.

LUDEWIG, Bernard : " Rêve, écriture et folie dans *Le Rêve de d'Alembert* ", in *Aspects du discours matérialiste en France autour de 1770*, Annie Becq éd., Université de Caen, 1981, pp. 303-316.

MAUZY, Robert : "Les maladies de l'âme au XVIIIe siècle", *Revue des Sciences Humaines*, n° 97, 1960,

MINERVA, Nadia : "Pathologie de la sorcière. La sorcellerie en tant que maladie mentale aux XVIIe et XVIIIe siècle ", in *Littérature et pathologie*, Max Milner éd., P.U. Vincennes, 1989, p. 41-53.

MORVAN, Alain : " Savoir et folie dans le roman anglais du XVIIIe siècle ", in *Folie, Folies, folly dans le monde anglo-américain aux XVII* et XVIII* siècles. Actes du colloque tenu à Paris les 22 et 23 octobre 1982*, Aix-en-Provence, P.U. de Provence, 1984, p. 57-69.

MOUREAUX, José-Michel : "Le rôle du fou dans *Le Neveu de Rameau*", in *Le Siècle de Voltaire. Hommage à René Pomeau*, Oxford, Voltaire foundation, 1987.

NABARRA, Alain : "L'influence du *Don Quichotte* sur les premiers romans de Marivaux ", Oxford, *Studies on Voltaire...*, n°124, 1974, p.191-219.

PAULSON, Ronald : *Don Quixote in England*, Baltimore, M.D., John Hopkins 1998.

PEROTTINO, Serge : "La notion d'aliénation dans les romans du dix-huitième siècle ", in *Roman et Lumières*, Paris, Editions Sociales, 1970, p. 350-359.

PIGEAUD, Jackie : *La maladie de l'âme*, 1981. *Étude sur la relation de l'âme et du corps dans la tradition médico-philosophique*, Paris, Les Belles Lettres, 1981.

PINEL, Philippe : *Nosographie philosophique...*, Paris, Maradan, 1798, 2 vol. in-8.

PINEL, Philippe : *Traité médico-philosophique sur l'aliénation mentale ou la manie*, Paris, Richard, an IX.

POSTEL, Jacques : "Images de la folie au XVIIIe siècle : quelques différences de sa représentation dans les littératures française et britannique au Siècle des Lumières ", *L'Evolution Psychiatrique*, 49, 3, 1984, p. 707-718.

PROUST, Jacques : "Raison, déraison dans les articles philosophiques de l'Encyclopédie ", in *L'Objet et le texte*, Genève, Droz, 1980, pp., 277-294.

REICHLER, Claude : *La Diabolie - la séduction, la renardie, l écriture*, Paris, Minuit, 1979.

RISTICH de GROOTE, Michèle : *La folie à travers les siècles*. Paris, Laffont, 1967.

RONZEAUD, Pierre : "Littérature et irrationalité au 17e siècle", *XVIIe siècle*, n°182, 1994, p. 39-52.

RUDELIC, Zvejzdama : "*La Voiture embourbée* ou la non identité romanesque", Oxford, *Studies on Voltaire...*, n°256, 1988, p. 117-127.

SALA COSTA, Véronique : *La lecture romanesque et ses dangers au XVIIᵉ siècle*, thèse dactylographiée, U. Grenoble III (dir. J. Sgard), 1992 (3 vol.).

SAUVAGEOT, Agathe : "Papier filtre ou la folie est-elle soluble dans l'encre ?" (sur Rousseau), *Les Temps modernes*, mai 1988, p. 136-161.

SÉRIEUX, P. & LIBERT, L. : *Le Régime des aliénés en France au XVIIIᵉ siècle*, Paris, Masson, 1914.

SERMAIN, Jean-Paul : *Cervantes, "Don Quichotte"*, Paris, Ellipses, coll. "les textes fondateurs", 1998.

SERMAIN, Jean-Paul : *Le Singe de Don Quichotte. Marivaux, Cervantes et le roman postcritique*, Oxford, *Studies on Voltaire and the Eighteenth Century*, (à paraître).

SGARD, Jean : "Les folles de 1786", in *Du visible à l'invisible. Pour Max Milner*, Paris, Corti, 1988, p. 111-121.

STAROBINSKI, Jean : *Trois fureurs*, Paris, Gallimard, 1974.

STAROBINSKI, Jean : "Folie et littérature" (entretien), in Jacques Adout *Les Raisons de la folie : une enquête de Radio Suisse romande*, Paris, Flammarion, 1979, p. 17-26.

STILL Arthur et VELODY Irving (Ed.), *Rewriting the history of madness : studies in Foucault's Histoire de la folie*, London-New York, Routledge, 1992.

STURZER, Felicia : "Narration and the creative process in *Pharsamon ou les nouvelles folies romanesques*,", Oxford, *Studies on Voltaire...*, n°249, 1987, p.175-182.

SWAIN, Gladys : *Dialogue avec l'irraisonné : essai d'histoire de la psychitatrie*, précédé de *A la recherche d'une autre histoire de la folie*, par Marcel Gauchet,. Paris, Gallimard, 1994.

SWAIN, Gladys : *Le Sujet de la folie. Naissance de la psychiatrie* , Toulouse, Privat, 1977. (rééd. Paris, Calmann-Lévy, 1997, avec une préface de Marcel Gauchet).

SWAIN, Gladys : "De Kant à Hegel, deux époques de la folie", *Libre*, n°315, 1977.

TEGA, Walter, "La "folie" de l'ordre alphabétique et l'"enchaînement" des sciences : l'encyclopédie comme système entre le XVIIIᵉ et le XXᵉ siècle", *Recherches sur Diderot et sur l'Encyclopédie*, n° 18-19, oct. 1995, p. 139-156.

THUILLIER Jean : *La Folie : histoire et dictionnaire*, Paris, Laffont, Bouquins, 1996.

VERNIÈRE, Paul : "Un aspect de l'irrationnel au XVIIIᵉ siècle : la démonologie et son exploitation littéraire ", [1972], in *Lumières ou clair-obscur ?*, Paris, PUF, 1987, pp. 245-255.

VIGLIENO, Laurence : "Le fantasme de l'enterré vif dans les *Rêveries* ", *Actes du colloque international de Nice sur Rousseau et Voltaire*, Nice, 1979, p. 189-207.

WACJMAN, Claude éd. : *Enfermer ou guérir. Discours sur la folie à la fin du XVIIIᵉ siècle* (textes de Jean Colombier, François Doublet, Guillaume Daignan, P. J. G. Cabanis et Philippe Pinel), Publications de l'Université de Saint-Étienne (coll. "Lire le Dix-huitième siècle"), 1991.

WACJMAN, Claude : *Fous de Rousseau. Le cas Rousseau dans l'histoire de la psychopathologie*, Paris, L'Harmattan, 1992.

WACJMAN, Claude : *Les jugements de la critique sur la folie de J.J. Rousseau 1760-1990*, *Studies on Voltaire...*, n°337, 1996.

WILKINS, Kay S. "Some aspects of the Irrational in Eighteenth century France ", *Studies on Voltaire...*, CXL, 1975, p. 107-201.

WILLARD, Ned : *Le Génie et la folie au XVIIIᵉ siècle*, Paris, PUF, 1963.

SOURCES

1674-76	Malebranche, Nicolas	*De la Recherche de la Vérité.*	Lien imagination/folie.
1695	Saint Martin, Filleau de,	*Histoire de l'admirable Don Quichotte de la Manche,* t. 5 [1695], Amsterdam, P. Mortier	
1697	Bordelon, Laurent	*Les Malades de belle humeur, ou Lettres divertissantes écrites de Chaudray,* Paris, M. Brunet.	Lettres de fous. Délire textuel.
1703	Roche Guilhen, Anne de la	*Histoire des favorites, contenant ce qui s'est passé de plus remarquables sous plusieurs règnes,* Amsterdam, P. Marret.	Nouvelles historiques, centrées sur dix favorites, de l'antiquité aux temps modernes. Hystérie et fureur mortifère.
1704	Lesage, Alain René	*Nouvelles avantures de l'admirable Don Quichotte de la Manche, composées par le Licencié Alonso Fernandez de Avellaneda : et traduites de l'espagnol en français, pour la première fois,* Paris, Vve C. Barbin. *Le Diable boiteux,* Paris, Vve Barbin.	Don quichottisme Antiroman.
1707	Lesage, Alain René	*Mital, ou Aventures incroyables et toutefois et caetera,* Paris, C. Le Clerc.	
1708	Bordelon, Laurent		Délire textuel.
1710	Bordelon, Laurent	*Histoire des imaginations extravagantes de monsieur Oufle causées par la lecture des livres qui traitent de la magie, du grimoire, des démoniaques...*Amsterdam, E. Roger, P. Humbert, P. de Coup et les frères Chatelain...	Fiction/critique. Folie quichottesque.
1711	Bordelon, Laurent	*Gomgam, ou l'homme prodigieux, transporté dans l'air, sur la terre, et sous les eaux. Livre véritablement nouveau,* Paris, Veuve G. Sangrain.	Folie de l'écriture
1712	Bédacier, Catherine (Durand)	*Les Belles Grecques, ou l'histoire des plus fameuses courtisanes de la Grèce, et dialogues nouveaux sur les galantes modernes.* Paris, veuve G. Saugrain & P. Prault..	Nouvelles historiques. Hystérie et fureur (Laïs déchirée par les Bacchantes.)
1713	Challe, Robert	*Les Illustres Françaises,* La Haye, Rééd. F. Deloffre, Belles Lettres 1959, F. Deloffre et J. Cormier, Droz 1992, Livre de Poche, 1996.	
1713	Challe, Robert	*Continuation de l'histoire de l'admirable Don Quichotte de la Manche.* Paris, Compagnie des libraires. (Rééd. J. Cormier et M.Weil, Droz, 1992.)	Don quichottisme.
1714	Marivaux, Pierre Carlet de Chamblain	*La Voiture embourbée,* Paris, H. Huet (rééd. F. Deloffre, Pléiade 1972, in Œuvres de jeunesse).*	Don quichottisme en miroir.
1714	Thémiseul de Saint-Hyacinthe	*Le Chef-d'oeuvre d'un inconnu* , La Haye, Aux dépens de la Compagnie, 1714. (Rééd. Henri Duranton ,"Lire le Dix-huitième Siècle", 1991.)	Parodie délirante d'une glose savante
1714	Marivaux, Pierre Carlet de Chamblain	*Le Bilboquet,* Paris, P. Prault. (rééd. Œuv. de jeunesse, op. cit.,* et F. Rubellin, C.N.R.S-éd., P.U. Saint-Étienne, 1995,).	Récit allégorique opposant la Folie, la Bêtise et l'Ignorance à l'Esprit, la Raison et l'Amour.

1715	Anonyme	*Le Desespoir amoureux, avec les nou-velles visions de Don Quichotte. Histoire espagnole.* Amsterdam, J. Steenhower & H. Uytwerf.	Don quichottisme (montage de Cervantes)
1722	Anonyme	*Suite nouvelle et véritable de l'histoire et des avantures de l'incomparable Don Quichotte de la Manche. Traduite d'un manuscrit espagnol de Cide-Hamet Benengely son véritable historien.* Paris, C. Le Clerc.	Don quichottisme
1724	Defoe, Daniel	*Roxana, the fortunate mistress,* J. Werner, W. Meadows et alii, Londres.	Lente dérive vers la folie d'une femme partagée entre souci d'indé-pendance, souci d'honorabilité et rêves extravagants
1728 - 31	Prévost, Antoine-François	*Mémoires et aventures d'un homme de qualité qui s'est retiré du monde,* Paris, G. Martin, (réédit. J.Sgard, dans *Œuvres de Prévost,* I, PUG, 1978-1986)	Roman mémoires. Deuil extraor-dinaire du héros
1731 - 38	Prévost, Antoine-François	*Le Philosophe anglais ou Histoire de Monsieur Cleveland...*Utrecht, E. Néaul-me. (réédit. Ph. Stewart, dans *Œuvres de Prévost,* II, PUG, 1977-1986)	Roman mémoires. Délire mélan-colique du héros et folie meur-trière
1735	Bougeant, Guilhaume-Hya-cinthe	*Voyage merveilleux du Prince Fan-Féré-din dans la Romancie* (1735), (Rééd. J. Sgard et G. Sheridan, Publ. de l'Université de Saint-Etienne, 1992)	Satire des folies romanesques
1735-38	Mouhy, Charles de Fieux, Chevalier de	*Lamekis, ou les Voyages extraordinaires d'un Egyptien dans la terre intérieure, avec la découverte de l'île des Sylphides, enri-chis de notes curieuses,* 4 vol., à Paris, chez Poilly.	Voyage imaginaire, Folie de l'auteur (mise en scène), folie du texte (illisibilité)
1736 (rédigé en 1713-14)	Marivaux, Pierre Carlet de Chamblain	*Le Télémaque travesti,* Amsterdam, J. Ryck-hoff le fils, (rééd. Pléiade, F. Deloffre, *Œuvres de jeunesse,* 1972.)	Des paysans revivent le Télé-maque de Fénelon
1736	Rasiel de Selva, Hercule (pseud.)	*Histoire de l'admirable Dom Inigo de Guispuscoa, chevalier de la Vierge et fon-dateur de la monarchie des Inighistes,* La Haye, Veuve C. Le Vier.	Don quichottisme
1737	La Place, Pierre-Antoine de	*Mémoires de Milord ***, traduits de l'anglais par M. D. L. P.* Paris, Prault père.	Genre sensible, quelques scènes de fureur tragique
1737	T.F., Mademoiselle	*Histoire et aventures galantes écrites par Mademoiselle T.F. suivant la copie de Paris,* A Amsterdam, Louis Foubert.	Melle d'Hermanville se prend pour la nouvelle Talestris après avoir lu les aventures des Amazones dans Cassandre. Don quichottisme au féminin
1737 (1712 ?)	Marivaux, Pierre Carlet de Chamblain	*Pharsamon ou Les nouvelles folies roma-nesques.* Paris, Prault père. (rééd. *Œuvres de jeunesse,*v. supra)	Don quichottisme. Antiroman
1739	Lambert, Claude-François	*Mémoires et aventures d'une dame de qualité qui s'est retirée du monde,* La Haye aux dépens de la Compagnie.	Genre sensible, plusieurs scènes de fureur tragique
1740	Prévost, Antoine-François	*Histoire d'une Grecque moderne,* Amster-dam, Desbordes. (rééd. Allan Holland, *Œuvres de Prévost,* VI, PUG, 1982-1986)	Paranoïa et passion amoureuse mortifère du héros masculin

1741	Anonyme	*Dictionnaire d'amour dans lequel on trouvera l'explication des termes les plus utilisés dans cette langue par m. de ***, La Haye.*	Définition du fou. Le fou d'amour.
1741	Prévost, Antoine-François	*Les Campagnes philosophiques ou Mémoires de Montcal,* Amsterdam, Desbordes. (rééd. J. Oudart, *Œuvres de Prévost,* IV, PUG, 1982-1986)	Roman mémoires. Folie meurtrière de Mlle Fidert.
1742	Guillot de La Chassagne, Ignace-Vincent	*Mémoires d'une fille de qualité retirée du monde.* s.l.	Genre sensible, hystérie amoureuse et délire fantasmatique au début du roman.
1742	Fromaget, Nicolas	*Le Cousin de Mahomet, et la folie salutaire. Histoire plus que galante,* Leide, Frères Vamberk.	Folie feinte (épisodes 7 à 10).
1745	Baculard d'Arnaud, François-Thomas-Marie de	*Les Époux malheureux ou Histoire de M. et Mme de La Bédoyère, écrite par un ami ,* La Haye & Avignon.	Genre sensible, sensibilité effrénée, furie, frénésie, tentation du suicide, de l'infanticide, etc.
1745	Anonyme (Crébillon, Sennecterre improbable)	*Atalzaïde, ouvrage allégorique, imprimé où l'on a pu*	Conte libertin, folie narrative. Etrangeté inquiétante et comique d'un héros sans nom
1746	Moet, Jean-Pierre (attr.)	*Code de Cythère ou lit de justice d'amour,* Erotopolis, chez le dieu Harpocrates, à l'enseigne de la nuit, l'an du monde 7746.	Code "énoncé par Cupidon" qui vise à réglementer la prostitution, dont l'introduction fait l'historique. Hystérie, déviations sexuelles, compulsion taxinomiste.
1746	Condillac, Etienne Bonnot, abbé de	*Essai sur l'origine des connaissances humaines,* (réédit ; Charles Porset, Editions Galilée, 1973)	Analyse de la folie
1747	Bibiena, Jean Galli de	*La Poupée,* La Haye, chez Pierre Paupie. (Rééd. Henri Lafon, Desjonquères, 1996)	Roman "fantastique", réactualisant le mythe de Pygmalion, (pédophilie ? hallucination ?)
1747	Mouhy, Charles de Fieux de	*Mémoires d'une fille de qualité qui ne s'est point retirée du monde* Amsterdam, aux dépens de la Compagnie.	Histoire fantastique de la Beauvilliers dans la neuvième partie : hystérie et possession diabolique.
1750	La Solle, Henri-François de	*Mémoires de Versorand ,* Amsterdam.	Genre sensible, mélancolie furieuse (à la fin du roman)
1752	Tschudy, Théodore-Henri, (baron de)	*La Folle sensée ou histoire de Mlle F***, dédiée à madame la marquise de V***, par le chevalier D. L***,* Londres.	Jeune fille bourgeoise devenant actrice.
1753	Fauque de La Cépède, Marianne-Agnès	*Abbassaï, histoire orientale,* De l'imprimerie de Bagdad, et se trouve à Paris, Bauche fils.	Roman oriental, genre sensible, furie, tentation de l'inceste, du suicide, de l'infanticide, etc.
1753	Chevrier, François-Antoine	*Mémoires d'une honnête femme, écrits par elle-même,* Londres	Genre sensible, scènes de fureur tragique et de suicides enthousiastes
1753	Bastide, Jean-François de	*Les Têtes folles ,* Londres & Paris, Tilliard.	Conte merveilleux
1754	La Solle, Henri-François de	*Mémoires de deux amis ou aventures de messieurs Barnival et Rinville ,* Londres.	Épisode de Tiamy (perversion, pédophilie, pygmalionisme)
1754	Marescot, Michel	*La Folie du jour, ou la promenade des boulevards. La Folie de la nuit.,* s. l.	Critique des mœurs
1755	Guillot de La Chassagne, Ignace-Vincent	*Mémoires du comte de Baneston écrits par le Chevalier de Forceville,* La Haye & Paris, Duchesne.	Genre sensible, fureur mélancolique et misanthropique

1755	Carné (de)	*Histoire de madame la Comtesse de Mont-glas, ou Consolation pour les Religieuses qui le sont malgré elles*, Amsterdam et Paris, Hochereau.	Femme rendue folle par jalousie : inceste, meurtre, suicide.
1755 (orig : 53-54)	Richardson, Samuel (trad. abbé Prévost)	*Nouvelles lettres anglaises ou histoire du cheva-lier Grandisson*, Amsterdam.	Délire de Clémentine (folie amou-reuse).
1756	Anonyme	*La Comédienne, fille et femme de qualité, ou Mémoires de la Marquise de ***** écrits par elle-même*, Bruxelles.	Une fille de qualité qui finit comé-dienne rencontre un chevalier, sorte de Don Quichotte des salons, original extravagant. Mythomanie.
1756	Lescalopier de Nou-rar, Charles-Armand	*Les Écueils du sentiment ou le délire et l'impru-dence*, Paris, Veuve Quillau.	1ère partie : « Le Délire du senti-ment ».
1759	Tiphaigne de la Roche, Charles-François	*Bigarrures philosophiques*,A Amsterdam & à Leipsick, chez Arkstée & Merkus	Pot pourri - critique philosophique, développement sur le lien entre génie et folie.
1760 (orig : 59)	Johnson Samuel, tra-duction par Belot Octavie	*L'Histoire du Prince Rasselas, Prince d'Abyssi-nie*, Paris, (éd. Félix Paknadel, notes A. Rivara, Desjonquères, 1994)	Conte oriental : voyage symbolique d'un groupe de héros qui incarnent les degrés divers de la "folie".
1762	Courcelles, N. de (attr.)	*Suite de l'Histoire du Chevalier des Grieux et de Manon Lescaut*, Amsterdam, Marc Michel Rey.	Genre sensible, scènes de fureur mélancolique.
1762 (à partir de)	Diderot, Denis	*Neveu de Rameau*	
1764	Baret, Paul	*L'Homme ou le Tableau de la vie* Londres & Paris, Cailleau, Robin	Genre sensible, folie chimérique et visionnaire d'un personnage : M. Giblet.
1765	Rosoi, Barnabé-Far-mian de, dit Durosoi	*Clairval philosophe ou la Force des passions, mémoires d'une femme retirée du monde*, La Haye.	Genre sensible, hystérie amoureuse et délire fantasmatique.
1765	Anonyme	*Les Amours de Lais, par M. de S****, Paris, Cuissart.	Folie jalouse meurtrière : une actrice poignarde son amant en se croyant sur scène.
1765	Anonyme	*La Folie du jour ou promenade à la foire St. Germain*, Londres & Paris.	
1766	Du Laurens, Henri-Joseph	*Le Compère Mathieu ou les Bigarrures de l'esprit humain*, Londres.	Récit-mémoires de voyages symbo-liques et géographiques. Formes et degrés divers de folie
1769 (orig. 64)	Wieland Christoph Martin	*Les aventures merveilleuses de Don Sylvio de Rosalva…* Dresde et Paris, Desaint, 1769 (autre trad. en 1770, reprise in *Cabinet des Fées*).	Aventures comiques d'un jeune homme qui croit trop aux contes de fées.
1769 (orig. 68)	Sterne, Lawrence, trad. Joseph-Pierre Frenais.	*Voyage sentimental, par M. Stern* (sic) *sous le nom d'Yorick…* Amsterdam, M.M. Rey et Paris, Gauguery.	Épisode de Maria (folle par amour).
1770	Benoist, Françoise Albine	*Folie de la prudence humaine*, Amsterdam & Paris, Veuve Regnard et Demouville.	
1771	Dorat, Claude-Joseph	*Les Sacrifices de l'amour* , Amsterdam & Paris, Delalain, (réédit. Alain Clerval, Gallimard-Le Pro-meneur, 1995).	Genre sensible, fureur et cruauté amoureuse de M. de Senanges.
1771	Nougaret, Pierre-Jean-Baptiste	*Les Mille et une folies, contes français…*, Amsterdam & Paris, Veuve Duchesne.	Récit découpé en fragments appe-lés "folies".
1772	Cazotte, Jacques	*Le Diable amoureux*, Naples.	Olympia furieusement amoureuse du héros fait poignarder une de ses rivales. Hystérie.

1772 (orig. 1770)	Wieland, Christoph Martin, Trad. par le marquis F. de Barbe-Morois	*Socrate en délire ou dialogues de Diogène de Synope, traduits de l'allemand...*, Dresde & Paris, Veuve Desaint.	
1772	Dorat, Claude-Joseph	*Les Malheurs de l'inconstance, ou lettres de la marquise de Syrcé et du comte de Mirbelle*, (rééd. Alain Clerval, Desjonquères, 1983)	Sensibilité ; moments de délire, hallucinations
1773 (orig. 1752)	Lennox, Charlotte Ramsay, Trad. I.M. Crommelin	*Don Quichotte femelle, traduction libre de l'anglois, Lyon, Libraires associés.*	Don quichottisme (romans de Mlle de Scudéry)
1774	Léonard, Nicolas-Germain.	*La Nouvelle Clémentine ou Lettres de Henriette de Berville*. La Haye et Paris, Monory.	Inspiré du *Grandisson* de Richardson. Une mère abusive fait enfermer sa fille dans un asile d'aliénés. Description de l'asile et des "traitements" administrés aux pensionnaires.
1775	Ponteuil (pseudonyme de l'acteur Triboulet).	*Henriette de Berville à Séligny.* La Haye et Paris, Monory.	Reprise de l'épisode de la *Nouvelle Clémentine* dans un sens plus pathétique et plus violent.
1775	Imbert, Barthélémy	*Les Égarements de l'amour ou Lettres de Fanéli et de Milfort...*, Amsterdam.	
1775	Rétif de la Bretonne, Nicolas	*Le Paysan perverti*, éd. Daniel Baruch, UGE 10-18, 1978, 2 tomes	Venus du village, Edmond et Ursule, victimes de la "contagion des villes" : inceste, folie et meurtre
1776 (orig.1774)	Goethe, Johann Wolfgang von., Trad.S. de Seckendorff	*Les Souffrances du jeune Werther*, Erlang, Wolfgang Walter. (autre trad. en 1777)	
1776 (orig. 59-67)	Sterne Lawrence, trad. J.P. Frenais	*La vie et les opinions de Tristram Shandy*, traduites de l'anglais..., York et Paris, Ruanet, 1776	
1776 (orig. 1774)	Chassaignon, Jean-Marie	*Cataractes de l'imagination, déluge de la scribomanie, vomissement littéraire, hémorragie encyclopédique, monstre des monstres*, par Epiménide l'Inspiré, dans l'antre de Trophonius.	Folie de l'auteur (avérée) ; folie du texte ("scribomanie").
1776	Luchet, Jean-Pierre (marquis de)	*Les Folies philosophiques par un homme retiré du monde*, s. l.	Aventures romanesques et merveilleuses
1777	Domairon, Louis	*Le Libertin devenu vertueux, ou Mémoires du Comte D****, Londres et Paris, veuve Duchesne.	Roman picaresque et libertin. Le narrateur s'entretient avec un fou misanthrope à l'asile d'aliénés de Londres.
1779	Cubières-Palmézeaux, Michel de et al.	*Les Folies sentimentales ou l'égarement de l'esprit par le cœur, recueil d'anecdotes nouvelles, contenant Lucile et Lindamore...*, Paris, Royez.	
1780	Rousseau Jean-Jacques	*Rousseau juge de Jean-Jacques*, dialogues. Lichefield, Londres 1780	
1780-82	Diderot, Denis	*La Religieuse, Correspondance littéraire.*	
1782	Rousseau Jean-Jacques	*Les Rêveries du promeneur solitaire*, Genève, 1782.	
1782	Laclos, Pierre-Ambroise-François Choderlos de	*Les Liaisons dangereuses, ou Lettres recueillies dans une société...*, Amsterdam et Paris, Durand neveu.	Démence de la Présidente de Tourvel (lettre CLXI)
1782-89 (Rédaction 1764-70)	Rousseau Jean-Jacques	*Les Confessions*, Genève.	L'imagination romanesque : manifestation ou conjuration de la folie.

1783	Loaisel de Tréogate, Joseph-Marie	*Dolbreuse, ou l'homme du siècle ramené à la vérité par le sentiment et par la raison.* (rééd. Raphaël Gimenez, Minard "Lettres modernes", 1993)	Sensibilité et vertu ; épisode de délire hallucinatoire
1783	Baculard d'Arnaud, François-Thomas-Marie de	*La Nouvelle Clémentine,* (in *Délassemens de l'homme sensible ou anecdotes diverses,* Paris, l'auteur, veuve Ballard et fils, t. I).	Conte inspiré du *Grandisson* de Richardson (v. supra).
1784	Beauharnais, Marie-Françoise dite Fanny Mouchard, comtesse de, et al.	*Nouvelles folies sentimentales ou folies par amour,* Paris, Royez.	
1784	Fontère de Sommery, mademoiselle	*Lettres de mademoiselle de Tourville,* Lyon	Roman épistolaire monodique ; jeune fille rendue folle par la jalousie : auto-mutilations et suicide
1784	Rétif de la Bretonne, Nicolas	*La Paysanne pervertie,*(éd. Béatrice Didier, Garnier-Flammarion, 1972)	Démence d'Edmond
1785 (Début de la rédaction)	Sade, Donatien Alphonse François, marquis de	*Les Cent vingt journées de Sodome,* (*Œuvres,* éd. M. Delon, Gallimard, 1990)	Quatre libertins et leurs épouses s'enferment au château de Silling pour entendre raconter et mettre en pratique cinq cent cinquante "passions"...
1786	Déjardin de Courcelles, madame	*Contes sages et fous...,* Strasbourg, Librairie académique.	
1787	Nougaret, Pierre-Jean-Baptiste	*La Fole de Paris ou les extravagances de l'amour et de la crédulité...,* Londres & Paris, Bastien.	Aventures d'une jeune femme excentrique
1787-90	Louvet de Couvray, Jean-Baptiste	*Les Amours du chevalier de Faublas* (rééd. M. Delon, Folio, 1996.)	Le jeune libertin Faublas, devient finalement fou ; guéri par Willis, médecin célèbre, il écrit ses mémoires
1787	Bekford William	*Vathek, conte arabe,* ED.	
1787	André, Jean-François	*Les Fous politiques,* Paris.	Discussions sur les États généraux.
1787-89 (Orig. 76)	Brooke, Henry (trad. par Ant-G. Griffet de Labaume.)	*Le Fou de qualité, ou histoire de Henry, comte de Moreland, traduit de l'anglais...,* Bouillon & Paris, Imprimerie ducale, Royer.	Trad. de *The Fool of quality* (satire)
1789	Anonyme	*Rosa ou les châteaux en Espagne d'une jeune Anglaise, traduite de l'anglois,* Paris, Letellier.	Aventures comiques d'une jeune ingénue
1789	Rétif de la Bretonne, Nicolas	*Ingénue Saxancour, ou la femme séparée,* chez Maradan libraire, Paris, 3 volumes (éd. Daniel Baruch, UGE 10-18, 1978)	Ce que subit une jeune fille mariée "avec précipitation" malgré l'avis de son père, à un psychopathe sexuel
1791	Sade, Donatien-Alphonse-François, marquis de	*Justine ou les malheurs de la vertu,* (Paris, Girouard), dans *Œuvres,* éd. Michel Delon, Gallimard, 1990	La pure Justine raconte à sa sœur comment chacun de ses actes vertueux l'a mise à la merci d'un personnage monstrueux qui lui a fait subir un type différent de "malheur"...
1793	Anonyme	*Le Voyage du diable et de la folie ou causes des révolutions de France, Braband (sic), Liege & autres. Imprimé dans la lune, mai 1793, l'an quatrième du règne des cannibales...*	Satire politique, religieuse et médicale
1790	Anonyme	*Les Plus courtes folies sont les meilleures ou L'infidèle malgré lui* , s. l., Imprimerie de Cocatrix.	Aventures galantes
1797	Révéroni Saint-Cyr, Jacques-Antoine	*Sabina d'Herfeld, ou les dangers de l'imagination, lettres prussiennes...,* Paris, Lemierre	

1798	Révéroni Saint-Cyr, Jacques-Antoine	*Pauliska ou la perversité moderne*, Paris, Lemierre. An VI. (rééd. M. Delon, Desjonquères, 1989)	Picaresque proche du roman noir. Savants fous et sadiques.
1797	Sénac de Meilhan, Gabriel	*L'Émigré…*, A Brunsvick, chez P.F. Fauche et compagnie.	Démence de la comtesse de Liewenstein.
1798	Pagès, François-Xavier	*Le Délire des passions ou la vie et les aventures de Gérard Montclar…* Paris, Artaud.	Récit à la 1ère personne. Sensibilité effrénée, mélancolie.
1799	Révéroni Saint-Cyr, Jacques-Antoine	*Nos folies ou Mémoires d'un musulman connu à Paris en 1798, recueillis et publiés par l'auteur de " Sabrina d'Herfeld "*, Paris, Lemierre.	À la manière des *Lettres persanes*.
1799	Mérard de Saint-Just, madame	*Démence de madame de Panor en son nom Rozadelle Saint-Ophèle, suivi d'un conte de fées, d'un fragment d'antiques, d'une anecdote villageoise…*, Paris, 605, rue Helvétius.	
1799 (antidaté 1797)	Sade, Donatien Alphonse François, marquis de	*La Nouvelle Justine ou les malheurs de la vertu*, dans *Œuvres*, éd. M. Delon, Gallimard, 1990	Version hétérodiégétique et amplifiée de Justine.
1800	Quesné, Jacques Salbigoton	*Les Folies d'un conscrit*, Paris, Tiger.	
1800	Rosny, Antoine-Joseph de	*Le Délire du sentiment ou rêveries d'un homme sensible*, satire, s. l..1800	Sensibilité effrénée.
1800	Sollier, Pierre	*Dialogue des fous ou le grand festin de l'Elisée…*, Paris, Imprimerie de Cailleau.	Dialogues satiriques.
1800	Cottin, Sophie	*Malvina*, Paris, Maradan, an IX.	Sensibilité, folie finale, guérie.
1801	Pigault-Lebrun, Ch.-Ant. Guillaume de l'Epinoy, dit.	*La Folie espagnole*, Paris, s. n.	Veine comique.
1803	Krüdener, madame de	*Valérie*, (rééd. dans *Romans de femmes du XVIIIe siècle*, textes présentés par R.Trousson, Robert Laffont, 1996)	Religieux devenu fou après la mort de l'aimée (XLIII). Agonie délirante de Gustave, mourant d'amour
1804-1847	Potocki, Jean	*Manuscrit trouvé à Saragosse*, (rééd. René Radrizzani, Livre de Poche classique, 1992).	Plusieurs épisodes de folie.

CET OUVRAGE
A ÉTÉ REPRODUIT
ET ACHEVÉ D'IMPRIMER
PAR L'IMPRIMERIE FLOCH
À MAYENNE EN NOVEMBRE 1998

N° d'impression : 44661.
D. L. : novembre 1998.
(Imprimé en France)